OpenNMS

Tarus Balog (OpenNMS Maintainer), Ronny Trommer, Alexander Finger, Klaus Thielking-Riechert auf der ersten OpenNMS User Conference 2009 in Frankfurt.

Alexander Finger ist CIO eines mittelständischen Unternehmens in der Schweiz. Als Internetpionier der ersten Stunde hat er 1994 mit dem Aufbau eines Internet-Service-Providers in Lüneburg begonnen. Mit der Aufgabe, ein paneuropäsches Netzwerk aus mehr als 2500 Einzelnetzen und über 80.000 Geräten zu überwachen, ist er zu OpenNMS gekommen. Im Kernteam von OpenNMS ist er vor allem für die Ausrichtung von OpenNMS auf große Netzbetreiber und die europäische Präsenz des Projektes verantwortlich.

Klaus Thielking-Riechert beschäftigt sich seit mehreren Jahren intensiv mit Netzwerken und OpenSource Betriebssystemen wie Linux und FreeBSD. Im Anschluss an sein Informatikstudium widmete er sich während einer mehrjährigen Tätigkeit in einem Testlabor insbesondere der Güte und Leistungsfähigkeit von High-End-Routern namhafter Hersteller. Seit 2000 ist er für einen führenden europäischen Online-Broker tätig und betreut dort ein international verzweigtes Netzwerk.

Ronny Trommer ist seit mehreren Jahren im Bereich der IT-Dienstleistungen tätig. Er beschäftigt sich intensiv mit Netzwerken und Anwendungen aus dem OpenSource-Bereich. Während seiner Tätigkeit als Systemintegrator in einem Systemhaus wurde er 2004 auf OpenNMS aufmerksam. Nach seinem anschließenden Studium der Angewandten Informatik ist er seit 2007 – mit der Einführung und Schulung von OpenNMS in Kundenprojekten – bei einem regionalen ISP in Deutschland tätig.

Alexander Finger · Klaus Thielking-Riechert · Ronny Trommer

OpenNMS®

Netzwerkmanagement mit freier Software

dpunkt.verlag

Alexander Finger
af@opennms.org
Klaus Thielking-Riechert
klaus@opennms.org
Ronny Trommer
ronny@opennms.org

Lektorat: Dr. Michael Barabas
Copy-Editing: Ursula Zimpfer, Herrenberg
Herstellung: Nadine Thiele
Umschlaggestaltung: Helmut Kraus, www.exclam.de
Druck und Bindung: Media-Print Informationstechnologie, Paderborn

Bibliografische Information der Deutschen Nationalbibliothek
Die Deutsche Nationalbibliothek verzeichnet diese Publikation in der Deutschen Nationalbibliografie; detaillierte bibliografische Daten sind im Internet über http://dnb.d-nb.de abrufbar.

ISBN 978-3-89864-656-7

1. Auflage 2010

Ringstraße 19 B
69115 Heidelberg

5 4 3 2 1 0

Vorwort

Viele Bücher beginnen ihre Geschichte mit einem Vorwort. Oft ist dieses Vorwort von denjenigen, die das Buch geschrieben haben – manches Mal ist es von Personen aus dem Umfeld des Autors oder der Autoren.

So wie OpenNMS in vielen Dingen »anders ist«, gibt es hier kein »entweder oder«, sondern ein »sowohl als auch«. Denn wir hatten das Glück, während unseres Projekts immer wieder von Tarus Balog, dem Gründer und Maintainer von OpenNMS, unterstützt und ermuntert zu werden. Was liegt da also näher, als ihn in diesem Abschnitt zuerst zu Wort kommen zu lassen:

> *Network management is hard, and I mean network management in the way my relatives see the network, which is everything on the other side of the keyboard. Can't get mail? The network is down. It could be the network, but it could also be the mail server application or the client. It doesn't matter: the network is down.*
> *Modern administrators do not only need to understand network devices (routers and switches) but they are expected to be knowledgeable about server hardware, operating systems, databases and other applications, as well as how they work together.*
> *They could use good tools. Unfortunately, enterprise-grade management tools are both expensive and hard to customize. The OpenNMS Project was started to provide an alternative. By leveraging the power of open source software and an active community, the goal was to design the world's first enterprise-grade network management application platform – and to give it away for free. It was a product built by network management professionals for network management professionals.*
> *One of the biggest hurdles to the adoption of OpenNMS has been its steep learning curve. As a powerful tool, it has many, many options, and the sheer amount of configuration*

possibilities can be daunting to a new user. This problem is compounded by the lack of good documentation - at least documentation that can be easily accessed in a linear fashion.
Being a community-driven project, three people took it upon themselves to correct this problem. The results of their labor sits before you - the first ever OpenNMS book. Herein lies all that you need to know to get started with OpenNMS, from installation and configuration to troubleshooting and maintenance. It is a labor of love, and it is hoped that if you invest the time to learn about OpenNMS that you'll be paid back with the experience of using the best management tool you have ever had, and perhaps you will come to love it, too. After all, we created it with you in mind.

Tarus Balog, OpenNMS Maintainer since 2002

Es war im Oktober 2008 als die erste Mail über das »OpenNMS-Buch« ausgetauscht wurde: Klaus Thielking-Riechert und Alexander Finger hatten angefangen, sich über das Thema auszutauschen und Ronny Trommer wurde rasch der Dritte im Bunde. Alle drei sind langjährige Nutzer von OpenNMS: Ronny hatte viel Erfahrung im Bereich Reports, Alex hat das Projekt lange als Nutzer und dann als Mitglied des Projektteams begleitet, Klaus hatte bereits mit einem Buch über OpenVPN Erfahrung als Autor gesammelt und war dabei, seinen Arbeitgeber von den Vorteilen von OpenNMS zu überzeugen.

Zu dieser Zeit begannen parallel die Planungen für die erste OpenNMS-User-Konferenz. Ronnys Arbeitgeber hatte diese Konferenz mit organisiert und somit fand dort das erste – und bisher auch letzte – physische Treffen der drei Autoren statt. Von da an ging es per Skype, Jabber und ab und zu auch per Telefon voran, denn unser Trio war geografisch dreigeteilt: einer in Erlangen, einer in Fulda und einer in Frankreich, Genf oder auch auf der Strecke zwischen Fribourg und Genf. In mehr oder weniger regelmäßigen Gesprächen haben wir das Buch »entwickelt«. In unterschiedlicher Intensität haben wir geschrieben, in ein SVN-Repository »committed« und dabei versucht, den Überblick zu behalten. Das Buch selber ist in $\LaTeX$ [25] geschrieben und die wesentliche Leistung des Nicht-Informatikers war vermutlich, sich mit den bizarren Wegen abzufinden, die man beschreiten muss, um in LaTeX einen Text zu formatieren. Man kann sicherlich nachvollziehen, dass dadurch manches Schmunzeln bei den beiden Informatikern des Trios erzeugt wurde.

Gegen Weihnachten 2009 sind wir in die Endphase gegangen: die letzten Kapitel abschließen und ein Vorwort schreiben :-)

Ein Buch über eine Software ist kein Roman. Und das, was wir hier geschrieben haben, ist auch kein »Lehrbuch«. Man kann das Buch sicher von vorne nach hinten durchlesen, aber es ergibt vermutlich mehr Sinn, sich einzelne Kapitel nach Interesse auszuwählen und dann von dort weiter zu lesen. Es gibt auf jeden Fall keine starken Abhängigkeiten zwischen den Kapiteln – sie sind alle für sich abgeschlossen.

Das hat den Nachteil, dass wir manchmal Dinge doppelt erklären, aber den Vorteil, dass man zielgerichtet etwas lesen und verstehen kann.

Gleichzeitig haben wir während des Schreibens Bestätigung für eine Aussage erhalten, die wir oft von der OpenNMS-Gruppe selber gehört haben: OpenNMS ist so umfangreich, dass es vermutlich nicht einen Menschen gibt, der alles weiß. Das hört sich zuerst ungewöhnlich an. OpenNMS wird aber über Projekte entwickelt. Diese Projekte werden von unterschiedlichen Menschen durchgeführt – diese kennen natürlich die für das bestimmte Projekt entwickelten Fähigkeiten ganz genau, haben aber keine Zeit darauf verwendet, auch alle anderen Möglichkeiten von OpenNMS kennen zu lernen. Um über diesen Entwicklungszyklus hinweg »abwärtskompatibel« zu sein, muss OpenNMS aber diese Funktionen alle »mitschleppen« und am Leben erhalten. Das Ergebnis ist, dass kaum jemand alles kennt.

Mit diesem Buch liegen aber zumindest drei unterschiedliche Sichtweisen auf OpenNMS vor – so viel hat bisher noch niemand zusammengefasst und uns hat es mächtig viel Spaß gemacht!

Schließlich noch Ehre, wem Ehre gebührt: Neben OpenNMS waren an der Entstehung dieses Buches LaTeX, Eclipse, gvim und VI-improved zur Erstellung der Texte, GIMP, Grab und die Zwischenablage zur Erstellung der Screenshots, Apache und Subversion (SVN) für die Versionskontrolle, das iPhone-Developer Kit für die Screenshots vom iPhone und schließlich Perl, Aspell und Hunspell für die Qualitätskontrolle beteiligt. Die Konfigurationen wurden auf unseren Servern in Franken und Frankreich getestet.

Formalien

Vor dem Start in die eigentliche Materie möchten wir noch kurz die verschiedenen Schreibweisen darstellen:

- `In der klassischen Schreibmaschinenschrift` werden Dateinamen, Variablen oder Parameter aus Konfigurationsdateien dargestellt.
- *Kursiv* wird für Namen und Begriffe verwendet, die erstmalig im Buch genannt werden oder noch einmal explizit hervorgehoben werden sollen.
- Aufrufe und Ausgabe von Programmen sowie exemplarische Konfigurationsdateien werden eingerückt und in Schreibmaschinenschrift dargestellt:

```
# snmpwalk  -v 2c -c public localhost | grep "'/test"
```

Darüberhinaus haben wir uns entschieden, Anglizismen und Begriffe aus der OpenNMS-Welt nicht ins Deutsche zu übersetzen. Das ist nicht aus Gründen der Bequemlichkeit geschehen, sondern einzig und allein aus dem Grund, dass OpenNMS schlicht ein englischsprachiges Werkzeug ist. Wer letztlich einmal Geschmack an OpenNMS gefunden hat, der wird sicher auch bald ein Mitglied der weltweiten Community im Internet werden. Und gerade hier ist es von Vorteil, wenn man die gleichen Begriffe verwendet und auf der Basis eines gemeinsamen Vokabulars kommuniziert.

Inhaltsverzeichnis

1 Der rote Faden

Dieses Buch ist nicht als wissenschaftliches Werk gedacht. Als Leser beziehungsweise Benutzer des Buches haben wir diejenigen vor Augen, die ein Netzwerk zu betreuen haben. Vielleicht haben Sie sich schon für OpenNMS entschieden und suchen so etwas wie ein Handbuch. Vielleicht suchen Sie aber auch noch nach einer Lösung und möchten wissen, was OpenNMS kann.

OpenNMS hat bereits eine mehrjährige Geschichte hinter sich, die im Kapitel 2 beschrieben wird. Hier erfahren Sie etwas über den Werdegang dieses Werkzeugs und über die Personen, die OpenNMS zu dem gemacht haben, was es heute ist. Natürlich kann man OpenNMS benutzen, ohne in die Tiefen der Open-Source-Geschichte des Systems hinabgestiegen zu sein :-).

Wer es eilig hat und sofort loslegen und testen möchte, springe zum Kapitel 3, *Schnellkochkurs für Netwerkmanagement*. Dort wird erklärt wie man innerhalb kürzester Zeit zu einem funktionierenden OpenNMS kommt.

Die strukturierte Einführung beginnt dann im Kapitel 4 mit der genau so benannten *Einführung in OpenNMS*. Hier geht es um grundsätzliche Dinge, es werden ICMP (Ping) und SNMP erklärt. Auch eines der wichtigsten Werkzeuge, NET-SNMP, und das Vorgehen bei seiner Erweiterung werden gestreift: SNMP kann man nämlich selber machen. Die omnipräsenten RRD-Dateien werden ebenfalls erklärt, ebenso der Unterschied zwischen JRobin und dem RRDtool.

Weiter geht es mit Kapitel 5 und der *Benutzerverwaltung*. Wie legt man Gruppen an, was bedeutet das überhaupt, wie richtet man einen Administrator ein, was sind Rollen und wie kann man sich an ein LDAP-Verzeichnis anschließen? Diese Fragen werden in diesem Kapitel beantwortet.

Von grundlegender Bedeutung sind auch *Regeln und Filter* im Kapitel 6: Schließlich sind noch lange nicht alle Router, Server, Access Points in einem Netzwerk gleich wichtig! Manchmal befinden sie sich auch an unterschiedlichen Orten und werden von unterschiedlichen Menschen betreut. Mit der Hilfe von Regeln und

Filtern kann man diese Situation in der Netzwerküberwachung berücksichtigen.

Die grundlegenden Werkzeuge der Überwachung werden im Kapitel 8 *Bist Du da und funktionierst Du noch?* gezeigt. Hier stehen die Konzepte des Pollings und dessen unterschiedlichen Werkzeuge im Fokus. Dabei geht es von einem einfachen Erreichbarkeitstest bis hin zum Überwachen von Systemen, die gar keine IP-Adresse haben.

Wer sich Gedanken über das Polling macht darf auch die Systeme nicht vergessen, die überwacht werden sollen. Kapitel 7 *Die Verwaltung von Nodes und deren Monitoren* beschäftigt sich mit der Frage, auf welche Weise OpenNMS Informationen über zu überwachende Systeme erhält.

Im Kapitel 9 *Integrationen* geht es schließlich ans Eingemachte: Ein OpenNMS-System kann zwar für sich alleine stehend funktionieren, aber richtigen Nutzen zieht man dann aus OpenNMS, wenn man es mit anderen bestehenden Systemen vernetzt. Gibt es vielleicht eine Konfigurationsdatenbank (CMDB, Configuration Management Database)? Warum nicht OpenNMS mit Daten aus dieser Quelle füttern?

Wenn die zu überwachenden Server, Router und Switches einmal im System sind, stellt sich schnell die nächste Frage: Will ich wirklich einhundert Fehlermeldungen bekommen, wenn ein Router ausfällt und ich das hinter diesem Router befindliche Netzwerk nicht mehr erreichen kann? Wer jetzt *»Nee, lieber nicht!«* denkt, wird sich in Kapitel 10 mit *Topologie und kritischen Pfaden* beschäftigen wollen. In diesem Kapitelt geht es nämlich darum, OpenNMS die Topologie eines Netzwerks beizubringen.

Um konkrete Performancemessungen geht es dann wieder in Kapitel 11 bei dem Thema *Data Collection*. Nachdem das Konzept des Datensammelns erläutert wurde, zeigen wir unterschiedliche Wege auf, über die man an die gewünschten Daten herankommt. Besonders hervorgehoben haben wir das Einsammeln von Daten auf der Basis der HTTP-Datacollection. Mit dort vorgestellten Werkzeugen gibt es kaum noch etwas, von dem OpenNMS nicht auf irgendeine Art und Weise Daten einsammeln könnte.

Wenn man Daten einsammelt, möchte man auch etwas damit machen. Eine Visualisierung wird gern gesehen – und genau das wird im Kapitel 16 *Graphing: Messwerte und ihre Darstellung* beschrieben. Mit Graphen lassen sich Messwerte gut sichtbar machen. Ebenso wichtig ist es aber, auf das Überschreiten von Grenzwerten zu reagieren. Mittels Thresholding können Schwellwerte gesetzt werden, nach deren überschreiten OpenNMS reagiert –

zum Beispiel mit Hilfe von sogenannten Alarmen oder Notifications, die in den Kapiteln 13 und 14 beschrieben werden.

Wie kann man OpenNMS signalisieren, dass man sich eines Problems angenommen hat und eine weitere Eskalation nicht notwendig ist? Ganz besonders für den täglichen Betrieb eine gute Frage, die im Kapitel 15 über *Acknowledgements* beantwortet wird.

Nachdem, angefangen vom Thresholding über Alarme, Notifications und Acknowledgements, der aktive Teil der Auswertung von Messwerten beschrieben wurde, geht es in den folgenden Kapiteln um die Darstellung.

Das Graphing wird dargestellt, danach geht es im Kapitel 17 *Maps* ausführlich um Karten. Das sind die Zutaten, mit denen man Besucher im NOC beeindruckt – und wir zeigen, wie man nicht nur zu beeindruckenden, sondern auch zu aussagekräftigen Darstellungen gelangt.

Ein weiteres Element der nachträglichen Analyse von Netzwerken sind die *Reports* in Kapitel 18. In Reports werden ein oder mehrere Werte über einen längeren Zeitraum oder mehrere Quellsysteme hinweg dargestellt. In dem Text über Reports zeigen wir die unterschiedlichen Möglichkeiten auf und erläutern auch die Darstellung von Charts.

Das Kapitel 19 *Automations* schließt den ersten Teil des Buches ab: Mit ihnen lassen sich komplexere Handlungsketten in OpenNMS erzeugen. Wenn bestimmte Zustände erfasst wurden, löse eine Notification aus. Sind 80% meines Netzes nicht erreichbar, alarmiere das Management. Diese, auf Auszählungen basierenden, Notifications kann man in OpenNMS selbst integrieren.

Der zweite Teil des Buches beginnt in Kapitel 20 mit *Fallstudien*. Die dort beschriebenen Beispiele haben wir für das Buch zusammengestellt, konfiguriert und auch getestet. Die Idee dabei war, handfeste, sofort benutzbare Fälle komplett aufzuzeigen: Idee, Konfiguration und Ergebnis sind vom Anfang bis zum Ende vorgestellt.

Weiter geht es im zweiten Teil dann mit den Kapitel 21 über *Fortgeschrittene Themen*, bei denen es sich eher um Architektur großer Systeme dreht. Die folgenden Kapitel 22 *Backup* und *Troubleshooting* (Kapitel 23) beziehen sich wieder näher auf tägliche Arbeiten. Wir zeigen die bereits in OpenNMS vorhandenen Methoden zum Troubleshooting auf – dazu geben wir aber auch Hinweise zum logischen Vorgehen bei Problemen mit dem Netzwerk und seiner Überwachung.

Im vorletzten Kapitel geht es dann darum, wie man OpenNMS eigentlich in einer Organisation einführt. Welche Faktoren muss man berücksichtigen, wie spielen sie zusammen?

Das letzte Kapitel behandelt in aller Kürze dann noch einige Themen, die wir nirgendwo anders so recht unterbringen konnten, die aber auf jeden Fall in einem Buch über OpenNMS erwähnt werden sollen. Darunter befinden sich wichtige Hinweise zu bestimmten Eigenschaften, die gerade uns Umlaut-Benutzer betreffen ;-).

Das war, in Kurzform, der Inhalt dieses Buches.

2 Von den Anfängen bis heute: ein langer kurzer Rückblick

2.1 Wer steht hinter OpenNMS?

Seit August 2009 befindet sich der Quelltext von OpenNMS komplett im Eigentum der OpenNMS Group. Das erscheint etwas ungewöhnlich – man fragt sich, warum »erst jetzt« der Quelltext einer einzigen Organisation gehört – und außerdem stellt sich die Frage, wer oder was die OpenNMS Group eigentlich ist.

2.1.1 Anwender, Community, Unternehmen

Das OpenNMS-Projekt besteht aus drei Interessengruppen. Zuerst sind da einmal die Anwender und Entwickler, die nicht formell mit der OpenNMS Group oder dem Projekt verbunden sind. Das ist die größte und wichtigste Gruppe von Menschen und Organisationen. Ohne Anwender wäre das Projekt nutzlos, ohne Anwender, die ab und zu (oder öfter) entwickeln und ihre Entwicklungsarbeit zur Verfügung stellen, wäre das Projekt bei Weitem nicht so dynamisch wie es ist. OpenNMS lebt davon, dass es benutzt wird, man eine Lücke, einen Fehler oder schlichtweg ein »so könnte es gehen« findet und dass diese Erfahrungen wieder in die Entwicklung einfließen. Genauso wichtig wie die Weiterentwicklung der Software ist auch die Mailingliste – sowohl diejenigen, die Fragen stellen, als auch die, die diese Fragen beantworten, machen die Community mit aus. Dabei sind die Grenzen fließend – wer gestern noch eine Frage gestellt hat, kann morgen schon dem Nächsten helfen.

Nach der breiten Gruppe der Anwender kommt die kleinere Gruppe der Projektmitglieder: die »Bruderschaft des grünen Poloshirts« (Order of the Green Polo). Diese Gruppe ist auf der Mailingliste und dem IRC-Kanal aktiv und kümmert sich ebenfalls um Anfragen. Die absolute Mehrheit dieser »Brüder« sind Entwickler, die typischerweise an bestimmten Schlüsselfunktionen program-

OGP: Order of the Green Polo

Abbildung 2.1
Das Logo von OpenNMS

mieren oder die Fehlerliste abarbeiten. Die Mitglieder des »Order of the Green Polo« treffen sich typischerweise einmal pro Jahr persönlich, um gemeinsam am Projekt zu arbeiten, meistens an einer Universität in den USA.

Koordiniert wird die Arbeit am Code von der OpenNMS Group – das ist die dritte Gruppe mit Einfluss auf das Projekt. Die OpenNMS Group ist ein Unternehmen – sie beschäftigt 2009 fünf Mitarbeiter. Diese sind entweder mit dem Code beschäftigt oder helfen Unternehmen, die Unterstützung beim Betrieb oder der Umsetzung von Projekten benötigen. Als kommerzieller Arm des Projektes lebt die OpenNMS Group von Supportverträgen und Projektaufträgen. Klarzustellen ist, dass man OpenNMS ohne Probleme und ohne schief angesehen zu werden ohne Supportvertrag benutzen kann – es ist und bleibt Open-Source-Software.

Bleibt die Frage, warum der Quelltext nicht einer einzigen Organisation gehörte? Um diese Fragen zu beantworten, begeben wir uns kurz auf einen Ausflug in die Geschichte von OpenNMS.

2.1.2 Am Anfang waren ...

Siehe auch den Blog-Eintrag von Tarus Balog unter [13]

OpenNMS wurde von Steve Gildes, Luke Rindfuss und Brian Weaver gestartet. Diese drei gründeten eine Firma (PlatformWorks), in der grundlegende Elemente der Software geschrieben wurden. Über die Entwicklung der Firma hin wurden unter anderem Shane O'Donnell und Ben Reed, der heute für die OpenNMS Group arbeitet, in das Unternehmen und das Projekt eingebunden.

PlatformWorks wurde von einem Unternehmen namens Atipa aufgekauft, das sich schließlich zu »Oculan« entwickelte. Oculan hat sich auf Netzwerkmanagementgeräte spezialisiert, die auf OpenNMS basierten. Diese Geräte wurden mit zusätzlichen Funktionen und vor allem einem starken Supportkonzept geliefert – mit

OpenNMS selbst hatte dieses Geschäftsmodell allerdings wenig zu tun.

OpenNMS erweckte aber Aufmerksamkeit und es gab die Idee, es als Plattform eigenständig zu entwickeln. Im September 2001 wurde Tarus Balog in das Unternehmen geholt, um das Produkt zu betreuen und zu verkaufen. Im Dezember 2001 hat der erste Kunde einen Supportvertrag unterzeichnet (der bis heute stets erneuert wurde).

Im Mai 2002 fokussierte Oculan sich jedoch komplett auf die Geräte, nachdem die Firma Kapital von außen erhalten hatte. OpenNMS war gerade in der Version 1.0 verfügbar, es standen aber keine Ressourcen zur Weiterentwicklung mehr zur Verfügung.

2.1.3 Die OpenNMS Group entsteht

Tarus hatte sich zu diesem Zeitpunkt bereits seit 15 Jahren mit dem Thema Netzwerkmanagement beschäftigt. Er sah die Chance für OpenNMS und war sich auch darüber im Klaren, dass das Projekt untergehen würde, wenn sich niemand dafür engagierte.

Er verließ Oculan mit dem Recht, den OpenNMS-Code weiterzuentwickeln und die Kunden zu übernehmen.

Das Urheberrecht für den Quelltext blieb allerdings bei Oculan, was zum damaligen Zeitpunkt nicht wichtig erschien – alle Änderungen sollten unter der GNU Public License (GPL) veröffentlicht werden.

Abbildung 2.2
Das Logo der Free Software Foundation

Die GNU Public License ist eine Musterlizenz für Software. Sie sagt im Wesentlichen aus, dass die Software im Quelltext verändert und weitergegeben werden kann. Die Veränderungen müssen aber ihrerseits unter die GPL gestellt werden. Eine Kommerzialisierung über ein Softwarelizenzmodell ist für Software unter der GPL sehr untypisch.

Umfangreiche Informationen über die GPL finden sich auf www.gnu.org

Oculan als Unternehmen wurde 2004 aufgelöst, die Rechte am Quelltext kamen nach einigem Hin und Her zu einer Firma namens Raritan.

Im September 2004 wurde dann *The OpenNMS Group* gegründet: Tarus Balog, David Hustace und Matt Brozowski gründeten das Unternehmen und konnten über die Zeit neben Ben Reed auch Jeff Gehlbach ins Boot holen. Und das ausschließlich mit Software, die man nutzen kann, ohne dafür zu bezahlen.

2.1.4 Intellectual Property wird zum Problem

Mit dem Erfolg des Projektes und des Unternehmens wurde das damals als nicht so wichtig bewertete Urheberrecht am originalen Quelltext nun aber doch ein Problem. Während Raritan zwar das Recht am Code hatte, wurde die Software nur vom OpenNMS-Projekt genutzt.

In 2007 gab es dann einen Fall, in dem ein Unternehmen ein Produkt vorstellte, dass sehr große inhaltliche Ähnlichkeiten zu OpenNMS aufwies: Das Produkt hieß Watchtower und wurde von einem Unternehmen namens Cittio mit einem ansehnlichen Marketingbudget beworben. Im Prinzip ist das, im Sinne der GNU Public License, kein großes Problem – aber Cittio hielt sich nicht an die GPL und so stellte sich die Frage, wie man die Lizenzsituation klären könnte.

In diesem Zusammenhang erwies sich die Tatsache, dass das Urheberrecht an der Version 1.0 bei Raritan lag, als willkommenes Argument von Cittio: Man benutze nur diesen Code und nicht die durch das Projekt mittlerweile eingefügten Änderungen.

Ob diese Aussage wirklich die Realität widerspiegelt bleibt dahingestellt. Das Verfahren zog sich hin und in der Zwischenzeit ging Cittio pleite.

Während die rechtliche Klärung des möglichen Lizenzverstoßes ausblieb, wurde durch dieses Beispiel auf jeden Fall klar, dass das Urheberrecht eben doch eine Rolle spielt – auch wenn man es gar nicht zum Verkauf von Lizenzen verwenden möchte.

Schließlich einigten sich OpenNMS (Group) und Raritan auf eine Übergabe des Urheberrechtes an die die OpenNMS Group. Durch den Verkauf sind sämtliche Rechte am Quelltext jetzt in einer Hand.

2.2 Aus Sicht eines Anwenders

Tarus' Artikel stellt die Sicht des Projektes und des Unternehmens »OpenNMS« gut dar. Was in diesem auf das Urheberrecht konzentrierten Text fehlt, ist die Sicht eines Anwenders.

Ich, Alexander Finger, habe OpenNMS im Januar 2004 kennengelernt. Nachdem ich fast drei Jahre als Projektmanager in einem eher IT-fernen Bereich tätig war, übernahm ich die Verantwortung für die IT bei einem europäischen Wifi-Anbieter. Dieser Anbieter hatte über 2000 Hotspots in ganz Europa unter Vertrag. Ein Hotspot, das können drei Geräte sein (DSL-Router, Switch, Access Controller), aber auch ein paar Hundert: Eine Infrastruktur für den Internetzugang in Hotels erfordert eben doch einiges an Kabeln, Switches und vor allem Access Points.

OpenNMS wurde damals genutzt, um die Access Controller zu überwachen. Der Access Controller ist das Gerät, das für die Anzeige der Login-Seite und die Anmeldung der Benutzer verantwortlich ist, für die Abrechnung, das Logging usw. Auf jeden Fall ist es ein Gerät, ohne das so ein Hotspot nicht funktioniert.

Wir hatten damals eine Instanz von OpenNMS in einer Version 1.x im Einsatz – ich weiß nicht mehr genau, welche es war. Was ich auf jeden Fall weiß, war Folgendes: Das System war mit den knapp 2500 kontrollierten Geräten mehr als ausgelastet. Jedes neue Gerät erforderte einen Neustart. Der wurde deshalb auch einmal pro Nacht ausgeführt und benötigte mehrere Stunden. Die Darstellung des Netzwerkstatus war unübersichtlich, es gab keine Warnmeldungen und vor allem: Weil das System schon allein mit einem einfachen Ping völlig ausgelastet war, wurden keine Performance-Daten gesammelt. Dafür hatte ein findiger Systemengineer noch MRTG installiert (und einige meiner Kollegen hatten fünf Jahre später noch nicht verstanden, dass die Daten mittlerweile in OpenNMS waren).

MRTG: »The Multi Router Traffic Grapher« ist ein populäres Werkzeug zum Erfassen von SNMP-Daten [26].

Das System reichte auf jeden Fall nicht aus. Weder quantitativ (es fehlten sämtliche Netzwerkkomponenten in der Überwachung) noch qualitativ: Ein Ping sagt zwar mehr als tausend Worte, aber eben doch nicht so viel, wie man über SNMP aus einem Router auslesen kann.

Wir haben also ein Projekt gestartet: 80.000 Geräte, SNMP, Ping, Performance-Daten und Alarme wenn etwas schiefgeht – so ungefähr sah unsere Spezifikation aus. Nicht zu vergessen: Die zu überwachenden Geräte befinden sich im Zweifelsfall am anderen Ende Europas. Ohne den Preis in die Evaluation einzubeziehen, machten wir uns auf die Suche.

Um es kurz zu machen: Wir sind wieder bei OpenNMS angekommen, etwa zu der Zeit, als die OpenNMS Group gerade gegründet wurde oder war (das genaue Datum habe ich nicht im Kopf).

Erwähnenswert war allein ein wunderbarer Besuch in Rom. Bei einem italienischen Internetanbieter haben wir uns deren Monitoring-System angeschaut, hergestellt von einem recht großen Unternehmen. Das System war überzeugend. Saubere grafische Darstellung, Auswertung aller Systemparameter. Grenzwerte konnten mit einem Mausklick definiert werden. Nur als wir dann fragten, wie das System so mit der Last umginge, kam das Erwachen. Das wunderbare Überwachungssystem kam hervorragend mit den zehn Servern klar, die es überwachte – über ein paar (Zehn-)Tausend Systeme hatten sich weder die Kunden noch der Hersteller wirklich Gedanken gemacht. Nachdem dann auch klar wurde, dass das Pricing mit einem Modell »pro überwachtem Wert« nicht wirklich in unser Budget passte, nahm ich intensiveren Kontakt mit OpenNMS auf.

Allen Beteiligten war schnell klar, wie das damalige OpenNMS-Release auf mehrere Zehntausend Geräte reagieren würde: Gar nicht mehr! Also begannen wir ein Projekt, in dem sowohl ich als auch die gerade frische OpenNMS Group viel lernten. Hinter den Kulissen von OpenNMS begann eine komplette Neuentwicklung etlicher Hauptkomponenten, die die Verarbeitung großer Datenmengen überhaupt erst ermöglichte. Um die Performance-Daten großer Netze ökonomisch speichern zu können, wurde die Option »Store-by-Group« für die Speicherung von RRD-Daten eingeführt. Damit wir aus unserer bestehenden Asset-Datenbank steuern können, welche Systeme überwacht werden, wurde das »Provisioning« eingeführt. Dann ging es um die Darstellung der Ergebnisse – wie erzeugt man eine Übersicht in einem Netz, das sich nicht nach IP-Adressen ordnen lässt? Wie unterscheidet man zwischen dem Ausfall einer DSL-Leitung eines Hotels mit zehn Zimmern und dem Ausfall der Versorgung eines Fünf-Sterne-Hotels mit mehreren Hundert Zimmern und etlichen Konferenzräumen? Die »Surveillance Categories« wurden eingeführt. Seitdem blinkt einmal im Jahr die Kategorie »Deutsche Telekom« rot, wenn der jährlich wiederkehrende Ausfall des gesamten Netzes der Telekom stattfindet ;-).

Das Projekt war für die OpenNMS Group und für mich anstrengend und kritisch – wir mussten oft verschieben, oft waren die Spezifikationen nicht ausreichend oder wurden anders als erwartet umgesetzt. Ich stand persönlich für das Projekt gerade und es war nicht immer einfach, die Erwartungen meiner Kollegen zu mildern, sie zu vertrösten oder einen Kompromiss zwischen Wunsch und Wirklichkeit zu finden.

Gerade in einem Umfeld, in dem Nagios sehr populär ist: Man kann mit Nagios schnell eine kleine Anzahl von Servern sehr spezifisch überwachen. Mit mehr oder weniger komplexen Perl-Skripten können sehr stark angepasste Anfragen geschrieben werden – allerdings um den Preis einer weniger guten Skalierbarkeit und eines höheren Ressourcenverbrauchs. In unserem Umfeld hätten die mangelnde Integration mit dem Konfigurationsmanagement und die fehlende Leistungsfähigkeit in großen Umgebungen lähmend gewirkt.

Aber schließlich hatten wir erreicht, was wir wollten: OpenNMS überwacht mehr als 80.000 Geräte, öffnet und schließt Tickets im Request Tracker (`www.bestpractical.com`), schickt Jabber-Nachrichten und stellt sicher, dass das Netz überwacht wird. Die Geräte und Kategorien werden aus einer externen Datenbank gespeist. Ein nächtlicher Neustart ist seit Langem nicht mehr nötig.

Diese Geschichte hat sich zur gleichen Zeit in mehreren anderen Unternehmen abgespielt: Eine bezahlbare, flexible Software zum Netzwerkmanagement wird gesucht. OpenNMS deckt die Mehrheit der Bedürfnisse ab. Aber um den letzten Rest zu erfüllen, muss noch etwas ergänzt werden. Das Zusammenkommen dieser Projekte zwischen 2006 und 2009 hat der Software einen enormen Schub verliehen – es gibt vermutlich kein Szenario des Netzbetriebes, das durch OpenNMS heute nicht sinnvoll abgedeckt werden könnte.

3 Schnellkochkurs für Netzwerkmanagement

Wie kann man das Interesse an OpenNMS anders vergrößern als mit einem »Appetizer«? In diesem Sinne wird auf den folgenden Seiten demonstriert, wie flott man mit diesem Werkzeug von der Installation zum Betrieb übergehen kann und natürlich auch, wie schnell man erste Ergebnisse bekommt.

An dieser Stelle ein Hinweis an alle Interessierten: nicht nur lesen – sondern auch ausprobieren!

3.1 Installation

Vor dem eigentlichen Ausprobieren muss das System natürlich installiert werden. Auch wenn für diese Aufgabe detaillierte Anleitungen auf der OpenNMS-Homepage (`www.opennms.org`) zur Verfügung stehen – wir haben uns dennoch entschlossen, die Installation anhand eines Ubuntu-Servers exemplarisch darzustellen.

Installationsanleitungen für die gängigen Betriebssysteme sind zu finden auf `www.opennms.org`.

Die Installation gliedert sich dabei in vier Schritte:

1. Das OpenNMS-Software-Repository wird in die Ubuntu-Konfiguration eingefügt.
2. Die benötigten Softwarepakete werden heruntergeladen.
3. Der Datenbankserver wird konfiguriert.
4. OpenNMS installiert das Datenbankschema.

3.1.1 Softwarequellen

Die folgenden Schritte werden auf der Basis eines Ubuntu-Linux in der Version 9.10 durchgeführt – konkret in der 32-Bit-Server-Variante. Um das OpenNMS-Software-Repository in die Ubuntu-Konfiguration einzufügen, wird die Datei `/etc/apt/sources.list` geöffnet:

```
klaus@opennms:~$ sudo vim /etc/apt/sources.list
```

Dort wird am Ende der folgende Absatz angefügt:

```
##---------------------
#
# OpenNMS Repository
#
##---------------------

deb http://debian.opennms.org unstable main
deb-src http://debian.opennms.org unstable main
```

Prinzipiell könnte man nun beginnen, die Paketliste zu aktualisieren. Da es sich bei dem Repository allerdings nicht um ein offzielles Ubuntu-Repository handelt, wird zuvor noch der öffentliche Schlüssel für die OpenNMS-Pakete in das Paketmanagemmentsystem importiert:

```
klaus@opennms:~$ wget -O - http://debian.opennms.org/OPENNMS
-GPG-KEY > opennms.gpgkey
klaus@opennms:~$ sudo apt-key add opennms.gpgkey
```

Durch diesen Import kann das Paketmanagemmentsystem automatisch die kryptografischen Signaturen der Pakete überprüfen. Anschließend wird die Liste der Softwarepakete aktualisiert:

```
klaus@opennms:~$ sudo apt-get update
```

Nach der Ausführung dieses Kommandos beginnt das System mit dem Herunterladen der aktuellen Softwarepaketlisten. Wer dabei genau hinsieht, sollte am Ende der Ausgabe auch beobachten, dass auf den Server `debian.opennms.org` zugegriffen wird:

```
Get:2 http://debian.opennms.org unstable Release [4,546B]
Hit http://debian.opennms.org unstable/main Packages
Hit http://debian.opennms.org unstable/main Sources
Fetched 198B in 2s (75B/s)
Reading package lists... Done
klaus@opennms:~$
```

Nun ist die Paketliste aktuell und wir können mit dem eigentlichen Herunterladen der Pakete beginnen. Der Paketmanager hilft uns hierbei glücklicherweise mit dem Auflösen aller Abhängigkeiten innerhalb der Softwarepakete und man sollte daher nicht erschrecken, wenn eine ganze Reihe von Paketen erforderlich ist:

```
klaus@opennms:~$ sudo apt-get install opennms
Reading package lists... Done
Building dependency tree
Reading state information... Done
```

```
The following extra packages will be installed:
  avahi-daemon bsd-mailx consolekit dbus defoma gsfonts
  gsfonts-x11 iplike-pgsql83 java-common jicmp libasound2
  libavahi-common-data libavahi-common3 libavahi-core6
  libck-connector0 libdaemon0 libdbd-pg-perl libdbi-perl
  libeggdbus-1-0 libfontenc1 libgetopt-mixed-perl libltdl7
  libnet-daemon-perl libnet-snmp-perl libnss-mdns
  libopennms-java libopennmsdeps-java libpam-ck-connector
  libpg-java libplrpc-perl libpolkit-gobject-1-0 libpq5
  libreadline5 libxfont1 libxi6 libxtst6 mailx metamail
  odbcinst1debian1 opennms-common opennms-db opennms-server
  opennms-webapp-jetty postfix postgresql-8.3 postgresql-8.4
  postgresql-client-8.3 postgresql-client-8.4
  postgresql-client-common postgresql-common sharutils ssl-cert
  sun-java6-bin sun-java6-jre unixodbc xfonts-encodings
  xfonts-utils
Suggested packages:
  avahi-autoipd dbus-x11 defoma-doc psfontmgr x-ttcidfont-conf
  dfontmgr  libft-perl equivs libasound2-plugins dbishell
  libcrypt-des-perl libdigest-hmac-perl libdigest-sha1-perl
  libio-socket-inet6-perl postgresql opennms-doc jrrd rrdtool
  procmail postfix-mysql  postfix-pgsql postfix-ldap
  postfix-pcre sasl2-bin resolvconf postfix-cdb mail-reader
  oidentd ident-server postgresql-doc-8.3 postgresql-doc-8.4
  binfmt-support sun-java6-plugin ia32-sun-java6-plugin
  sun-java6-fonts  ttf-baekmuk ttf-unfonts ttf-unfonts-core
  ttf-kochi-gothic ttf-sazanami-gothic ttf-kochi-mincho
  ttf-sazanami-mincho ttf-arphic-uming libmyodbc
  odbc-postgresql libct1
The following NEW packages will be installed:
  avahi-daemon bsd-mailx consolekit dbus defoma gsfonts
  gsfonts-x11 iplike-pgsql83 java-common jicmp libasound2
  libavahi-common-data libavahi-common3 libavahi-core6
  libck-connector0 libdaemon0
  libdbd-pg-perl  libdbi-perl libeggdbus-1-0 libfontenc1
  libgetopt-mixed-perl libltdl7 libnet-daemon-perl
  libnet-snmp-perl libnss-mdns libopennms-java
  libopennmsdeps-java libpam-ck-connector libpg-java
  libplrpc-perl libpolkit-gobject-1-0 libpq5 libreadline5
  libxfont1 libxi6 libxtst6 mailx metamail odbcinst1debian1
  opennms opennms-common opennms-db opennms-server
  opennms-webapp-jetty postfix postgresql-8.3 postgresql-8.4
  postgresql-client-8.3 postgresql-client-8.4
  postgresql-client-common postgresql-common sharutils ssl-cert
  sun-java6-bin sun-java6-jre unixodbc xfonts-encodings
  xfonts-utils
0 upgraded, 58 newly installed, 0 to remove and 61 not upgraded.
Need to get 186MB of archives.
After this operation, 360MB of additional disk space will be used.
Do you want to continue [Y/n]?
```

Nach dem Herunterladen der Pakete werden diese automatisch entpackt und in ihre zugehörigen Verzeichnisse installiert. Als nächstes gilt es, den Datenbankserver zu konfigurieren.

3.1.2 Datenbankkonfiguration

PostgreSQL

OpenNMS verwendet als Datenbank *PostgreSQL* [36]. Dieser Open-Source Datenbankserver hat sich bereits in vielen Projekten als stabiles Rückgrat erwiesen. Wer die Liste der installierten Pakete in unserem Fall näher betrachtet, der wird feststellen, dass der PostgreSQL-Server sowohl in der Versionen 8.3 als auch in der Version 8.4 installiert ist. Das beruht auf definierten Abhängigkeiten in den Paketen – ist aber für unsere Zwecke nicht weiter gravierend, denn wir konzentrieren uns nun auf PostgreSQL 8.4. Für die Änderung der Konfigurationsdateien stoppen wir zunächst die Datenbankserver:

```
klaus@opennms:~$ sudo /etc/init.d/postgresql-8.3 stop
 * Stopping PostgreSQL 8.3 database server
[ OK ]
klaus@opennms:~$ sudo /etc/init.d/postgresql-8.4 stop
 * Stopping PostgreSQL 8.4 database server
[ OK ]
```

Anschließend ändern wir die Zugriffspolicy für den Datenbankserver und öffnen dazu die Datei `/etc/postgresql/8.4/main/pg_hba.conf` in einem Editor. Diese wird dann wie folgt modifiziert:

```
# TYPE  DATABASE    USER        CIDR-ADDRESS          METHOD

# Auskommentieren fuer OpenNMS
# "local" is for Unix domain socket connections only
# local   all    all                         ident sameuser
# IPv4 local connections:
# host    all    all     127.0.0.1/32        md5
# IPv6 local connections:
# host    all    all     ::1/128             md5

# Aenderungen fuer OpenNMS
local   all    all                          trust
host    all    all     127.0.0.1/32         trust
host    all    all     ::1/128              trust
```

Durch diese Änderungen weisen wir den Datenbankserver an, Verbindungen vom gleichen Host (`localhost`) zu akzeptieren und ohne Passwort zu vertrauen.

Anschließend wird die Datei etc/postgresql/8.4/main /postgresql.conf geöffnet. Dort wird das Kommentarsymbol # vor der Variable listen_addresses entfernt:

```
# - Connection Settings -

listen_addresses = 'localhost'  # what IP address(es)
                                # to listen on;
                                # comma-separated list
                                # of addresses;
                                # defaults to 'localhost'
                                # , '*' = all
                                # (change requires restart)
port = 5432                     # (change requires restart)
```

Durch diese Änderung wird PostgreSQL angewiesen, auf dem TCP-Port 5432 Verbindungen zu akzeptieren – allerdings nur für Anfragen vom localhost. Nun ist der PostgreSQL-Server für OpenNMS vorbereitet und wir können ihn neu starten:

```
klaus@opennms:~$ sudo /etc/init.d/postgresql-8.4 start
 * Starting PostgreSQL 8.4 database server
[ OK ]
klaus@opennms:~$
```

3.1.3 OpenNMS: Grundkonfiguration

Als erstes muß OpenNMS wissen, wo es ein passendes Java Runtime Environment findet. Damit Sie dieses nicht erst mühsam auf der Festplatte suchen müssen, lassen sie die Suche einfach durch das Programm runjava erledigen. Es speichert das Ergebnis dann auch automatisch im OpenNMS-Installationsverzeichnis. Das geschieht ganz einfach durch den folgenden Aufruf:

```
klaus@opennms:/usr/share/opennms/bin$ sudo ./runjava -s
runjava: Looking for an appropriate JRE...
runjava: Checking for an appropriate JRE in JAVA_HOME...
runjava: skipping... JAVA_HOME not set
runjava: Checking JRE in user's path: "/usr/bin/java"...
runjava: found an appropriate JRE in user's path: "/usr/
bin/java"
runjava: value of "/usr/bin/java" stored in configuration file
klaus@opennms:/usr/share/opennms/bin$
```

Anschließend ist OpenNMS in der Lage, sein Datenbankschema zu installieren. Hierzu wird das Programm install mit den Parametern -dis gestartet:

```
klaus@opennms:/usr/share/opennms/bin$ sudo ./install -dis
==============================================================
OpenNMS Installer Version $Id$
==============================================================

Configures PostgreSQL tables, users, and other miscellaneous
settings.
...
...
Installer completed successfully!
```

Im Laufe der Installation erscheinen zahlreiche Meldungen für Protokollzwecke im Ausgabefenster. Wenn abschließend die erfolgreiche Installation gemeldet wird, dann haben wir es geschafft: Wir können OpenNMS starten!

3.2 Start und Anmeldung am System

Nach einer erfolgreichen Installation von OpenNMS sollte einem Start nichts mehr im Wege stehen. Dazu wird beispielsweise unter Windows das Kommando

```
c:\>
opennms.bat start
```

oder bei dem hier verwendeten Ubuntu-Linux das Kommando

```
klaus@opennms:$ sudo /etc/init.d/opennms start
```

ausgeführt. Die anschließenden Schritte lassen sich grob einteilen in:

- anmelden,
- *Notifications* aktivieren,
- SNMP-Communities konfigurieren,
- *Discovery* einrichten und starten
- und dann auf Nachrichten vom System warten.

Unser Schnelleinstieg in OpenNMS wird keine Trockenübung. Um diesen Weg etwas anschaulicher zu gestalten, wird ein kleines Netzwerk (siehe Abb. 3.1) aus den folgenden Komponenten verwendet:

- einem OpenNMS-Server (`OpenNMS`),
- einem Router (`Router`)
- und zwei Servern (`server-gelb` und `server-blau`).

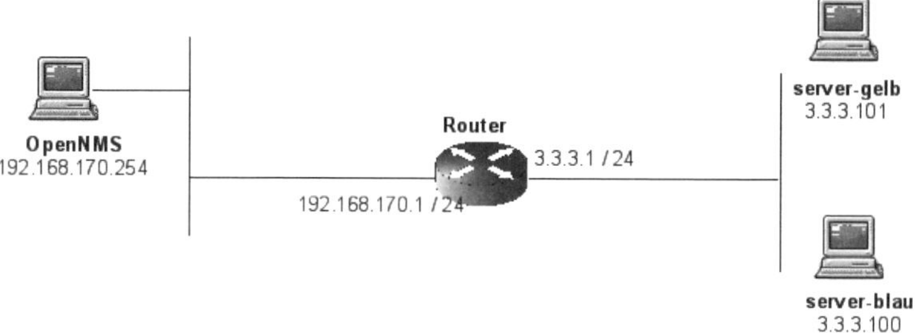

Abbildung 3.1
Das Netzwerk für den Schnellkochkurs

3.3 Anmelden am System

Kurz nach dem Start des Systems ist bereits mit dem Browser ein Login auf dem System möglich. Hierzu öffnet man im Browser die URL `http://OpenNMS:8980/opennms` (siehe Abb. 3.2).

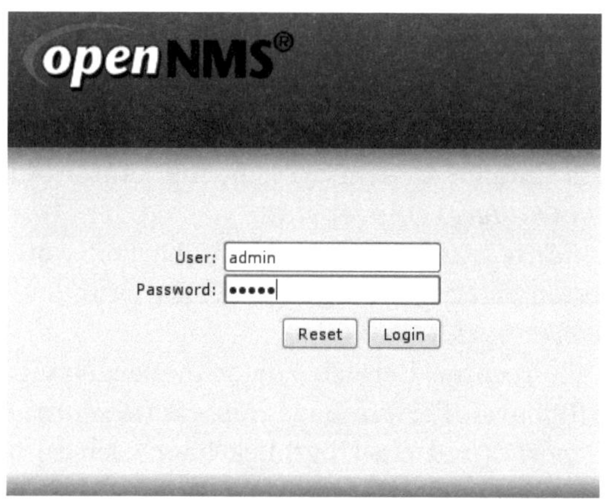

Abbildung 3.2
Erstmalige Anmeldung bei OpenNMS

Beim erstmaligen Anmelden lautet der Benutzername `admin` und das Passwort ebenfalls `admin`. Selbstverständlich sollte nun als einer der ersten Schritte das Passwort geändert werden – was sehr einfach über die *WebUI (Web-based User Interface)* zu erledigen ist (siehe Kapitel 5). Nach dem erfolgreichen Login präsentiert sich OpenNMS auf seiner Startseite typischerweise mit den folgenden Bereichen (siehe Abb.3.3):

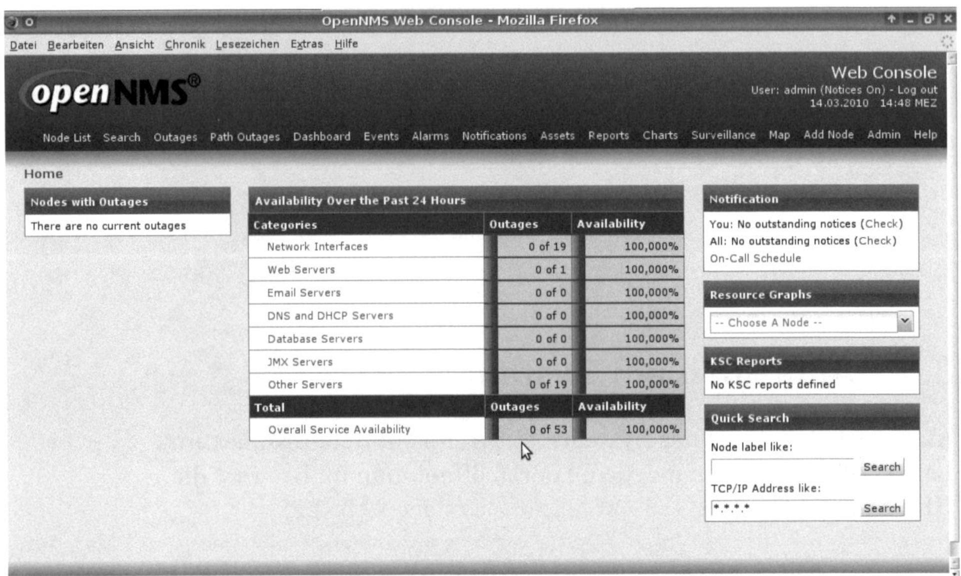

Abbildung 3.3
Die WebUI von OpenNMS teilt sich in vier Bereiche auf: ein statischer Bereich mit einer Menüleiste sowie drei dynamische Bereiche mit Informationen zum aktuellen Status.

- eine obere Menüleiste zur Navigation,
- links ein Bereich, in dem Systeme mit akuten Ausfällen (*Nodes with Outages*) gelistet sind,
- in der Mitte Angaben zur Verfügbarkeit von definierten Kategorien über die vergangenen 24 Stunden (*Percentage change over past 24 hours*)
- sowie ein rechter Bereich zur schnellen Navigation durch die verfügbaren Performance-Reports (*Resource Graphs* und *KSC Reports*) und ein Überblick über noch zu bestätigende Benachrichtigungen (*Notifications*).

3.4 Notifications anschalten

Notifications sind Nachrichten, die OpenNMS dem Anwender sendet.

»Was nützt ein Netzwerk-Monitoring, wenn es einem keine Statusänderungen oder wichtigen Ereignisse berichtet?« Wer auch immer das liest, mag sich vielleicht über diese Frage wundern – aber es ist durchaus eine sinnvolle Bemerkung, denn bei der Standardinstallation sind Benachrichtigungen über Ereignisse, im OpenNMS-Vokabular als *Notifications* bezeichnet, ausgeschaltet! Sie müssen daher explizit aktiviert werden – und das geschieht über das Menü *Admin* im Block *Operations* über die zugehörigen Checkboxen (siehe Abb. 3.4).

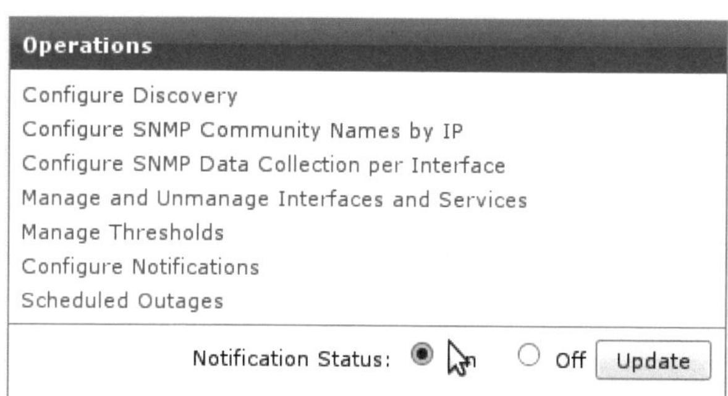

Abbildung 3.4
Aktivierung der Notifications

3.5 SNMP-Communities

Bevor es mit der Erkundung der Systeme losgeht, werden für dieses Beispiel noch *SNMP Community Strings* konfiguriert. Das ist für die Überwachung von Systemen vielleicht nicht zwingend notwendig – aber auf der Basis von SNMP, dem *Simple Network Management Protocol* lassen sich vielfältige Informationen von den jeweiligen SNMP-Agenten ermitteln. Da es sich an dieser Stelle um einen Schnelleinstieg in OpenNMS handelt, ersparen wir hier Details über SNMP – diese werden dem Leser später in Kapitel 4.2.2 präsentiert.

SNMP: Simple Network Management Protocol

Auf den Systemen unseres Beispiels ist der SNMP-Agent des Net-SNMP-Projektes installiert und für Abfragen des OpenNMS-Servers eingerichtet. Der Einfachheit halber können wir davon ausgehen, dass auf allen Geräten im Netzwerk 3.3.3.0/24 für den lesenden Zugriff der Community String `ek4voh8pie5ahX5eegh6` definiert ist.

In OpenNMS wird daher über das Menü *Admin* im Block *Operations* der Eintrag *Configure SNMP Community Names by IP* ausgewählt. Im anschließenden Dialog werden dann die zugehörigen Werte eingetragen (siehe Abb. 3.5).

Neben dem Bereich der IP-Adressen, die mit diesem Community String via SNMP angesprochen werden sollen, lassen sich in diesem Dialog auch weitere Parameter wie Timeout, SNMP-Version und der vom SNMP-Agenten verwendete Port konfigurieren.

3.6 Und los!

Nun steigt langsam die Spannung: Der nächste Schritt betrifft die Einrichtung des *Discovery*. Über den Menüeintrag *Admin* wird im

Abbildung 3.5
SNMP-Communities werden einfach über einen Dialog konfiguriert.

Home / Admin / **Configure SNMP by IP**

Please enter an IP or a range of IPs and the read community string below	
First IP Address:	3.3.3.1
Last IP Address:	3.3.3.254 (Optional)
Community String:	ek4voh8pie5ahX5eegh6
Timeout:	(Optional)
Version:	v2c (Optional)
Retries:	(Optional)
Port:	(Optional)
Submit	Cancel

Block *Operations* der Eintrag *Configure Discovery* selektiert. Nun geht es ähnlich einfach weiter wie bei der Konfiguration der SNMP Communities: Über den Punkt *Include Ranges* wird mit der Auswahl von *Add New* ein neuer Bereich von IP-Adressen definiert. Abschließend wird das Discovery über den Punkt *Save and Restart Discovery* neu gestartet.

Das Discovery ermittelt die im Netzwerk vorhandenen Geräte.

Nach diesem Schritt ist etwas Geduld erforderlich, denn OpenNMS erkundet nun das angegebene Netzwerk. Konkret bedeutet das

OpenNMS bezeichnet Geräte als Nodes. Services sind Dienste, die von Nodes bereitgestellt werden.

- ein Scannen des Netzwerks, um die erreichbaren Hosts und Geräte zu erfassen, diese Geräte werden in OpenNMS als *Nodes* bezeichnet,
- eine Überprüfung der auf den Nodes vorhandenen Dienste, die im OpenNMS-Jargon als *Services* bezeichnet werden,
- das Auslesen von Informationen über SNMP (sofern vorhanden).

Abbildung 3.6
Neu aufgetretenene Ereignisse werden im Bereich der Notifications angezeigt.

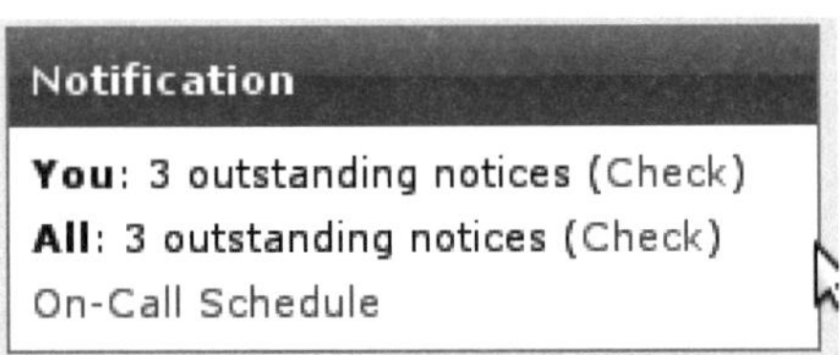

Notification
You: 3 outstanding notices (Check)
All: 3 outstanding notices (Check)
On-Call Schedule

Nach wenigen Minuten wird anschließend auf der OpenNMS-Startseite im Block *Notification* mitgeteilt, dass neue Nachrichten vorhanden sind. Diese werden als *outstanding notices* angezeigt (siehe Abb. 3.6). Als aufmerksamer Administrator möchte man natürlich gleich wissen, was sich hinter den Ereignissen verbirgt. Der schnellste Weg, diese Neugier zu stillen, besteht in der Anwahl des Links *(Check)* in diesem Bereich. Dadurch wird im WebUI die Darstellung geändert: Anstatt des generellen Überblicks werden nun die einzelnen Ereignisse aufgelistet. Aber Achtung: Hier ist darauf zu achten, dass nur diejenigen Ereignisse in der Tabelle erscheinen, die noch nicht quittiert wurden, was im Jargon von OpenNMS als *outstanding* bezeichnet wird (siehe Abb. 3.6).

outstanding notification

Die Notifications in Abbildung 3.7 belegen, dass OpenNMS im Rahmen des Discovery neue Nodes entdeckt hat: `router-nms`, `server-gelb` und `server-blau`.

ID	Event ID	Severity	Sent Time	Responder	Respond Time	Node	Int
☐ 3	356	Warning	08.03.09 21:02:07			server-gelb [+]	
			OpenNMS has discovered a new node named server-gelb. Please be advised.				
☐ 2	347	Warning	08.03.09 21:02:06			server-blau [+]	
			OpenNMS has discovered a new node named server-blau. Please be advised.				
☐ 1	317	Warning	08.03.09 21:00:56			router-nms [+]	
			OpenNMS has discovered a new node named router-nms. Please be advised.				

Abbildung 3.7
Notifications im Detail

In der Auflistung ist ferner zu sehen, dass jede Notification durch eine Gruppe von Eigenschaften definiert ist. In diesem Beispiel sind besonders die Felder

- *ID*,
- eine zugehörige *Event ID*,
- die Ernsthaftigkeit des Ereignisse (*Severity*),
- der Zeitpunkt des Auftretens (*Sent Time*)
- und vor allen Dingen der betroffene *Node*

von Interesse.

Neue Nodes sind in der Regel interessant – daher lohnt es sich auch, diese näher zu betrachten. Ausgehend von der Darstellung der Notifications wird der neue Node einfach durch Anklicken des Links in der Spalte *Node* ausgewählt. Bei der Wahl des Routers `router-nms` werden dann detailliert die Eigenschaften des Routers dargestellt. Dabei werden auf der linken Seite die verfügbaren Interfaces des Systems und die zugehörigen IP-Adressen aufgezählt (siehe Abb. 3.8). Darüber hinaus sind auch detaillierte Informationen der einzelnen Interfaces aufgeführt, wie z.B. typische SNMP-Attribute wie Systemname, Location, Interface-Index, Interface-Description, ...

> *Hinweis: Über einen Doppelklick auf ein IP-Interface werden dessen Eigenschaften und die an diesem Interface verfügbaren Dienste dargestellt.*

Auf der rechten Seite der Darstellung werden in der Tabelle *Recent Events* kürzlich aufgetretene Ereignisse aufgezählt. In unserem Beispiel sind das in erster Linie die soeben auf dem System entdeckten Dienste wie ICMP, StrafePing und SNMP.

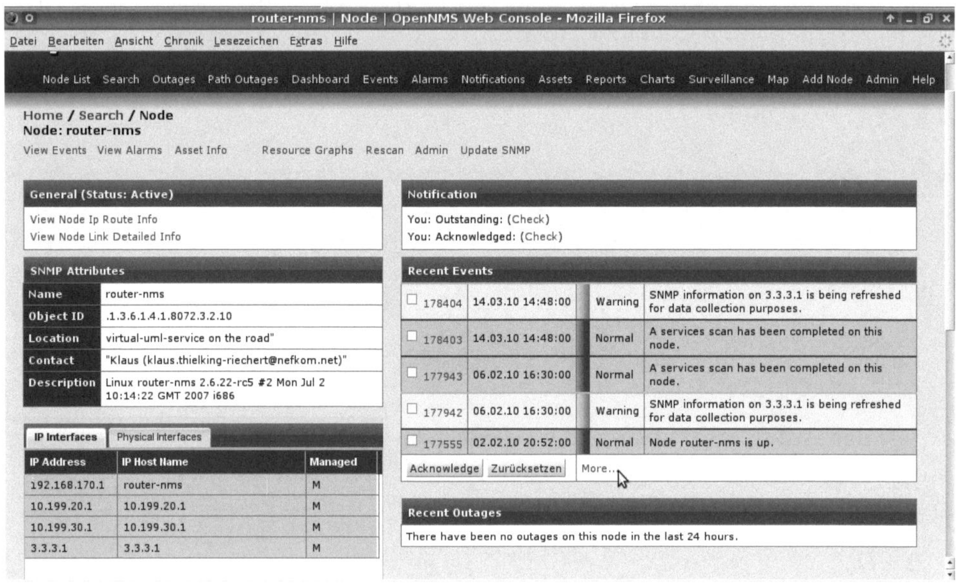

Abbildung 3.8 *Der Router* `router-nms` *im Detail*

An dieser Stelle ist das Discovery von OpenNMS bereits abgeschlossen: Alle Nodes in diesem Netzwerkbeispiel wurden ermittelt und die auf den Systemen vorhandenen Services erkannt. OpenNMS hat die durch das Discovery entdeckten Systemparameter in seiner Datenbank abgelegt. Auf der Basis dieser Informationen kann OpenNMS nun zyklisch den Zustand der Nodes überprüfen, Systemdaten wie CPU-Last oder Interface-Auslastung erfassen und den Zustand der Dienste überwachen.

3.7 »Houston, wir haben ein Problem!«

Die Geräte sind nun in OpenNMS als Nodes erfasst. Auf der Basis dieses Wissens soll nun OpenNMS einen Anwender über Probleme benachrichtigen. Anders als im vorherigen Abschnitt soll hierfür nicht nur das WebUI verwendet werden –, schließlich will man ja nicht die ganze Zeit aktiv im Browser den Status in der WebUI beobachten. Stattdessen soll OpenNMS von sich aus eine Benachrichtigung versenden wenn eine wichtiges Ereignis stattgefunden hat. Da bisher keine weiteren Benutzer und Gruppen eingerichtet worden sind, wird dieser Vorgang exemplarisch anhand des Benutzers *admin* dargestellt und als Medium für die Benachrichtigung wird die altbekannte E-Mail verwendet.

Für den Versand von E-Mails muss OpenNMS etwas konfiguriert werden. Das gliedert sich in zwei Schritte: Einerseits muss ein SMTP-Server für den weiteren Transport definiert werden, andererseits müssen natürlich auch für die betroffenen User-Accounts die Empfängeradressen eingetragen werden. Die passende Konfiguration wird in der Datei `$OPENNMSHOME/etc/javamail-configuration.properties` durch die Variablen `org.opennms.core.utils.fromAddress` und `org.opennms.core.utils.mailHost` definiert:

Einfache Konfiguration für den Versand von E-Mails

```
##########################################################
# This file is the configuration for the the JavaMailer
# class. It is used to specify the details of the
# JavaMailer system properties
##########################################################
#
# Properties are defined but commented out indicating
# the default values.
#
# This property defines system sender account.
#
# The default setting is root@[127.0.0.1]
org.opennms.core.utils.fromAddress=opennms@lab.test
#
# These properties define the SMTP Host.
#
org.opennms.core.utils.mailHost=192.168.10.254
```

Der Einfachheit halber (schließlich geht es ja in diesem Abschnitt in erster Linie um eine kurze Demonstration) werden die weiteren Parameter in dieser Datei nicht verändert.

Nachdem nun die Konfiguration für den Transport durchgeführt wurde, gilt es nun, den Empfänger zu definieren. Hierzu werden über das Menü *Admin* im Abschnitt *Configure Users, Groups and Roles* die Einstellungen für den Benutzer *admin* verändert. Es wird ganz einfach unter *Notification Information* eine passende E-Mail-Adresse eingetragen (siehe Abb. 3.9).

Notification Information	
Email:	klaus@messaging.lab.internal

Abbildung 3.9 *Die E-Mail-Adresse für den Benutzer admin wird konfiguriert.*

Für den Versand von E-Mails sind damit alle notwendigen Schritte durchgeführt. Was noch fehlt, sind Ereignisse oder *Events*, die eine entsprechende Aktion anstoßen. Glücklicherweise hat OpenNMS für ein paar Events bereits von Haus aus Notifications definiert. Im Menü *Admin* können diese über den Link *Configure Notifications* im Block *Operations* betrachtet werden (siehe Abb. 3.10). In diesem Bereich sollte die Notification für das Event

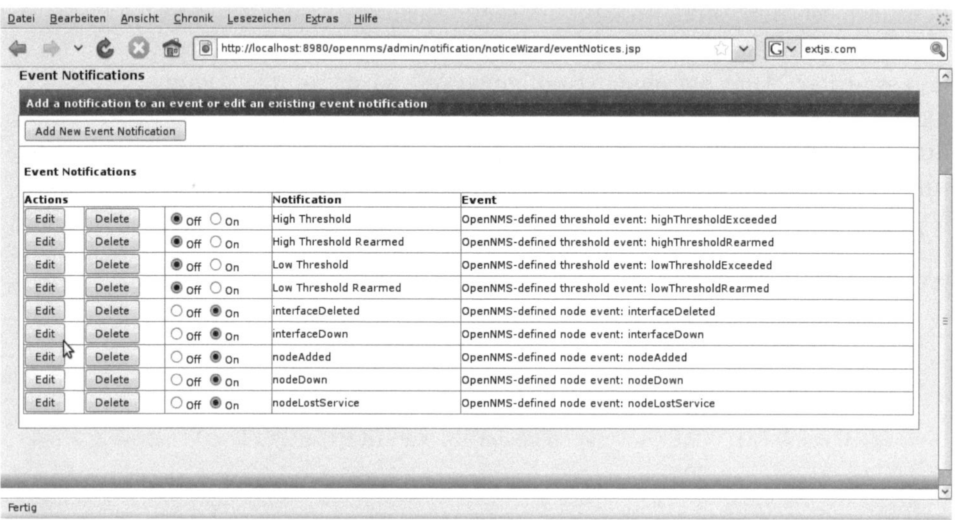

Abbildung 3.10 *OpenNMS hat bereits für einige Ereignisse Notifications definiert.*

nodeDown auf den Status *On* gesetzt sein – was auch bei der Standardinstallation der Fall ist.

Nach der erfolgreichen Konfiguration kann der Versand von E-Mails nun getestet werden. `server-blau` stellt sich dazu freiwillig zur Verfügung und wird heruntergefahren. Es dauert nicht lang und die entsprechende Nachricht landet im Postfach des Benutzers *admin* (siehe Abb. 3.11).

3.8 Ein kleiner Wegweiser durch die WebUI

Wer bis hierher den Kochkurs verfolgt und vielleicht auch erste eigene praktische Erfahrungen gesammelt hat, der wird sicher neu-

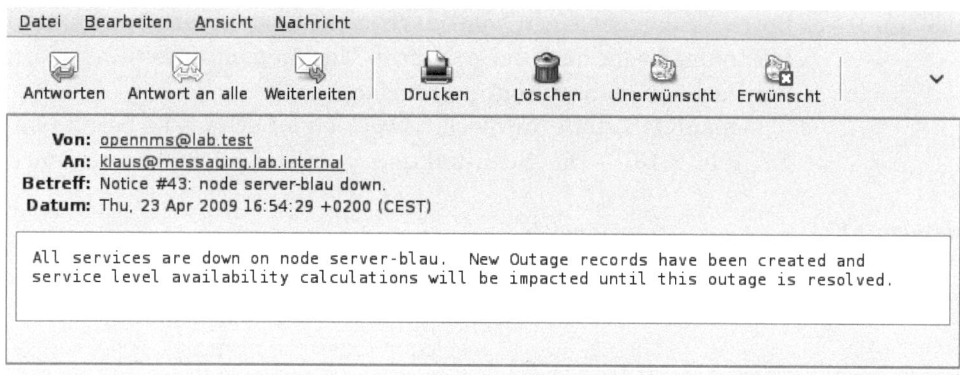

Abbildung 3.11 Notifications per E-Mail: OpenNMS teilt den Ausfall von `server-blau` *mit.*

gierig die weiteren Bereiche des WebUI von OpenNMS erforschen. Wie so oft hilft auch hier wieder die alte Weisheit, dass »Probieren über Studieren« geht – daher sollen nun die weiteren Bereiche kurz vorgestellt werden.

3.8.1 *Node List*: das Depot des Operators

Wer sich einen Überblick über sämtliche im System erfassten Nodes verschaffen möchte, dem sei dieser Punkt herzlich empfohlen. Aber Vorsicht: Wenn die Anzahl der Knoten ein gewisses Maß überschreitet, dann kann diese Liste unübersichtlich werden (oder der Monitor ist zu klein). Das geht noch schneller, sobald man sich entschließt, zusätzlich auch die IP Interfaces der Nodes darstellen zu lassen.

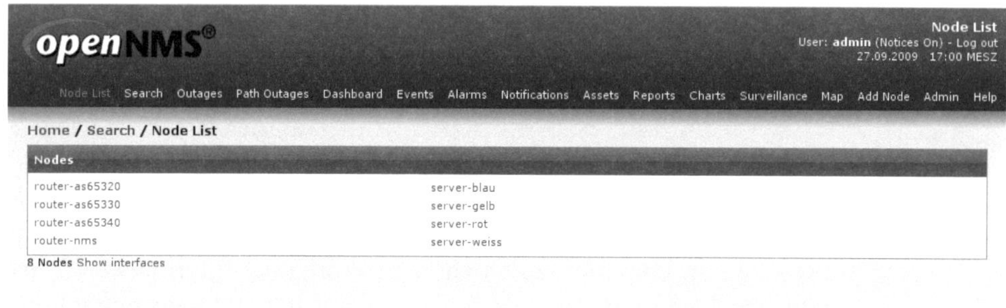

Abbildung 3.12 Node List: Überblick über alle Knoten

3.8.2 *Search*: Hier findet man alles

Gelegentlich möchte man jedoch einen bestimmten Knoten direkt suchen, anstatt über die Node List immer mit allen Nodes zu hantieren. Vielleicht sucht man auch nicht nach einem bestimmten Hostnamen oder nach der primären Managementadresse, sondern nur nach einem bestimmten Interface.

OpenNMS stellt für diesen Zweck eine Suchmaske bereit (siehe Abb. 3.13). Die Suchfunktion gestattet es nicht nur, nach Hostnamen oder einer Adresse zu suchen, sondern es kann auch nach Adresspräfixen, Interfacenamen oder deren Beschreibungen, MAC-Adressen sowie bereitgestellten Diensten gesucht werden.

Abbildung 3.13
Die Suchmaske lässt keine Wünsche offen.

Alternativ lassen sich neben den dynamisch ermittelten Daten auch die Felder des Assetmanagement durchsuchen.

3.8.3 *Outages*: wo brennt es gerade?

Ein weiterer Menüpunkt betrifft die Ausfälle im Netzwerk. Man hofft zwar immer, dass sie nicht auftreten, aber irgendetwas führt letztlich doch immer wieder dazu – egal ob geplant oder ungeplant. Über das *Outages*-Menü lassen sich solche Ereignisse leicht betrachten. So kann man beispielsweise anhand der Outage-ID nach einem konkreten Fall suchen, sich eine Liste sämtlicher Outages anzeigen lassen oder sich die momentan akuten Ausfälle auflisten lassen.

Gerade der letztgenannte Fall ist für den täglichen Betrieb eine häufig genutzte Option, da sie einen raschen Überblick über betroffene Systeme und Dienste liefert. In Abbildung 3.14 wird dargestellt, wie der Ausfall eines Routers aus dem Beispiel in Kapitel 10 von OpenNMS behandelt wird.

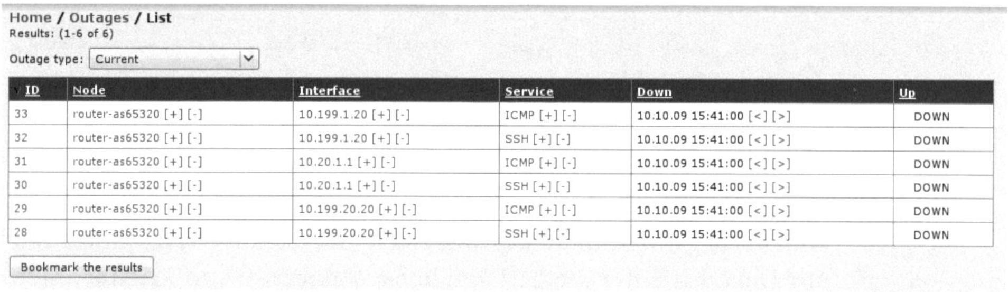

Home / Outages / List
Results: (1-6 of 6)
Outage type: Current

ID	Node	Interface	Service	Down	Up
33	router-as65320 [+] [-]	10.199.1.20 [+] [-]	ICMP [+] [-]	10.10.09 15:41:00 [<] [>]	DOWN
32	router-as65320 [+] [-]	10.199.1.20 [+] [-]	SSH [+] [-]	10.10.09 15:41:00 [<] [>]	DOWN
31	router-as65320 [+] [-]	10.20.1.1 [+] [-]	ICMP [+] [-]	10.10.09 15:41:00 [<] [>]	DOWN
30	router-as65320 [+] [-]	10.20.1.1 [+] [-]	SSH [+] [-]	10.10.09 15:41:00 [<] [>]	DOWN
29	router-as65320 [+] [-]	10.199.20.20 [+] [-]	ICMP [+] [-]	10.10.09 15:41:00 [<] [>]	DOWN
28	router-as65320 [+] [-]	10.199.20.20 [+] [-]	SSH [+] [-]	10.10.09 15:41:00 [<] [>]	DOWN

Bookmark the results

Abbildung 3.14 Hier sind die aktuellen Outages detailliert dargestellt.

3.8.4 *Path Outages*: Stauwarnungen auf der Datenautobahn

Wenn Ausfälle einzelner Nodes bereits störend sein können, was geschieht dann erst, wenn komplette Subnetze plötzlich nicht mehr verfügbar sind? Typische Beispiele sind die in der Netzwerkwelt oft genannten Bagger, die ein oder mehrere Kabel durchtrennen und dadurch Topologien aufbrechen oder einzelne Standorte isolieren. In der Welt von OpenNMS lässt sich dieser Fall durch sogenannte `Path Outages` darstellen. Path Outages werden in Kapitel 10 detailliert beschrieben.

Home / Path Outages
Default Critical Path = 192.168.170.1 ICMP

All path outages

Critical Path Node	Critical Path IP	Critical Path Service	# of Nodes
router-as65340	10.40.1.1	ICMP	2

Abbildung 3.15 Beispiel für Path Outages

3.8.5 *Dashboard*: Kreuzworträtsel fürs Management

Nun gehen wir weiter im OpenNMS-Menü und gelangen zum *Dashboard*. Seit ein paar Jahren gilt es in einer Vielzahl von Applikationen als schick, ein Dashboard anzubieten. Aber was ist nun genau ein solches Dashboard? Das ist zweifelsohne eine gute Frage. Manche mögen behaupten, ein Dashboard sei eine kluge Erfindung von Marketingstrategen, die ein neues Buzzword definiert haben. Aber damit geben wir uns natürlich nicht zufrieden und

Home

Surveillance View: default

Show all nodes	PROD	TEST	DEV
Routers	0 of 4	0 of 0	0 of 0
Switches	0 of 0	0 of 0	0 of 0
Servers	0 of 2	0 of 2	0 of 2

Alarms << 1 to 5 of 7 >>

Node	Description	Count	First Time	Last Time
router-as65340	router-as65340 path outage. Critical path = 192.168.170.1 ICMP	1	Sun Sep 27 16:28:00 GMT+200 2009	Sun Sep 27 16:28:00 GMT+200 2009
server-gelb	server-gelb path outage. Critical path = 192.168.170.1 ICMP	1	Sun Sep 27 16:28:00 GMT+200 2009	Sun Sep 27 16:28:00 GMT+200 2009
router-as65320	router-as65320 path outage. Critical path = 192.168.170.1 ICMP	1	Sun Sep 27 16:29:00 GMT+200 2009	Sun Sep 27 16:29:00 GMT+200 2009
server-blau	server-blau path outage. Critical path = 192.168.170.1 ICMP	1	Sun Sep 27 16:28:00 GMT+200	Sun Sep 27 16:28:00 GMT+200

Abbildung 3.16
In diesem Dashboard werden gerade die jüngsten Ereignisse für die Kategorie PROD aufgeführt.

ein rascher Blick in Wikipedia führt uns schon etwas näher heran: Dort wird der Begriff Dashboard übersetzt in »Kennzahlen-Cockpit«. Auf OpenNMS bezogen: Für die Gruppen der *Surveillance Categories* (siehe Kapitel 14.3.2) werden hier die jüngsten Ereignisse der jeweiligen Kategorie dargestellt.

3.8.6 *Events*: Hier geht es ans Eingemachte

Events wurde bereits im Zusammenhang mit der detaillierten Betrachtung eines Knotens erwähnt (siehe Kapitel 3.6 und Abb. 3.8). Eine Darstellung beliebiger Events wird über das *Events*-Menü zur Verfügung gestellt. Auch hier gilt wieder: »Ausprobieren!«

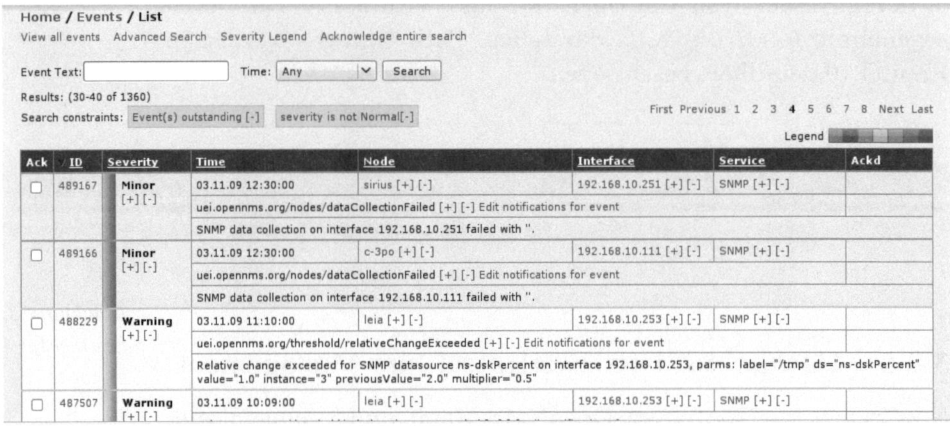

Abbildung 3.17
Der Event-Browser gibt Auskunft über die Ereignisse.

Diese Darstellung von Events ist so mächtig, dass sich eine intensive Beschäftigung damit lohnt. Hilfreich sind dabei auch die Hinweise, die bei den einzelnen Links hinterlegt sind. So lassen sich beispielsweise aus einzelnen Events direkt Notifications definieren, eine Suche verfeinern (indem Hosts oder Severity-Level ausgeschlossen werden), und vieles mehr. Begeben Sie sich hier also ein bisschen auf eine klassische Erkundung: Es lohnt sich!

3.9 *Alarms*: Nun wird es kritisch!

»Alarme? Was sollen denn noch Alarme, wenn es bereits Events gibt?«, mag man sich vielleicht fragen. Das ist eine berechtigte Frage und daher gibt es über Alarme auch ein eigenes Kapitel (13) in diesem Werk. Und wenn dafür schon ein eigenes Kapitel spendiert wird, dann verwundert es auch nicht, wenn es einen Menüeintrag namens *Alarms* gibt.

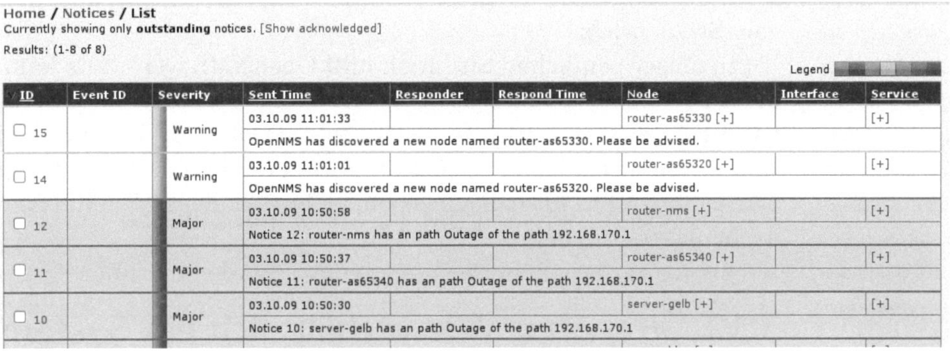

Home / Notices / List
Currently showing only **outstanding** notices. [Show acknowledged]
Results: (1-8 of 8)

Legend

ID	Event ID	Severity	Sent Time	Responder	Respond Time	Node	Interface	Service
15		Warning	03.10.09 11:01:33			router-as65330 [+]		[+]
			OpenNMS has discovered a new node named router-as65330. Please be advised.					
14		Warning	03.10.09 11:01:01			router-as65320 [+]		[+]
			OpenNMS has discovered a new node named router-as65320. Please be advised.					
12		Major	03.10.09 10:50:58			router-nms [+]		[+]
			Notice 12: router-nms has an path Outage of the path 192.168.170.1					
11		Major	03.10.09 10:50:37			router-as65340 [+]		[+]
			Notice 11: router-as65340 has an path Outage of the path 192.168.170.1					
10		Major	03.10.09 10:50:30			server-gelb [+]		[+]
			Notice 10: server-gelb has an path Outage of the path 192.168.170.1					

Abbildung 3.18
Typische Ausgabe einer Liste von Notifications

3.10 *Notifications*: Über welche Ereignisse wird benachrichtigt?

Wer das Kapitel eingehend verfolgt hat, dem sind Notifications ja bereits begegnet. Über das gleichnamige Menü lassen sich sämtliche vom System erzeugten Notifications betrachten. Über die Maske können direkt die Details einer Notification abgerufen oder eine Liste aller bisher bestätigten oder noch nicht behandelten Notifications betrachtet werden (siehe Abb. 3.18). Dem Thema Notifications widmen wir uns ausführlich in Kapitel 14.

3.11 *Assets*: Ein Node ist mehr als eine Sammlung von IP-Adressen und Diensten

Ganz ehrlich: So eine Beschreibung eines WebUI ist nicht so spannend und schnell ermüdend. Wer aber eine einmalig gute und spannende Darstellung von Aktivitäten am Bildschirm lesen möchte, dem sei das Buch von Clifford Stoll [59] über seine legendäre Jagd auf die sogenannten KGB-Hacker wärmstens empfohlen.

Man stelle sich vor: Man betreibt ein wunderschönes Managementsystem. Man steckt anfangs einiges an Gedanken und Zeit in die Implementierung und gibt anschließend anderen Teams Zugriff auf dieses System, um die eigene Arbeit transparenter zu machen. Und genau dann passiert ein Ausfall! Natürlich! Genau in dem Moment wirft einer aus diesen anderen Teams einen Blick auf das System und weiß mit den Nodes und den kryptischen Namen, die da gerade ausgefallen sind, überhaupt nichts anzufangen. Schon erlebt?

In dieser peinlichen Situation hilft OpenNMS weiter: Es kann nicht nur Gerätekonfigurationen verwalten – sondern auch sogenannte *Asset*-Informationen. Sofern solche Daten für die einzelnen Nodes erfasst sind, lassen sich diese Daten über das Asset-Menü betrachten. Mehr über dieses Thema gibt es daher in Kapitel 25.5 nachzulesen.

3.12 *Reports*: Wie verhält sich ein System im Laufe der Zeit?

Man kann es fast nicht mehr hören, aber es ist wirklich etwas dran: *Bilder sagen oft mehr als Worte!* Und gerade Daten- oder Zahlenreihen lassen sich in Bilder oder Graphen viel besser darstellen als in Tabellen. Und ein Managementsystem ohne die weithin bekannten Graphen im Stile des Klassikers MRTG wäre sicher wenig erfolgreich. Der passende Menüeintrag lautet *Reports* und dieses Thema wird detailliert in Kapitel 18 erläutert.

3.13 *Charts*: Demoskopie im Netzwerk?

Ein naher Verwandter der Reports sind die *Charts*, für die es ebenfalls ein eigenes Menü gibt. Während in den Reports eher das Verhalten über die Zeit von Interesse ist, spielt bei den Charts eher die Häufigkeit von Ereignissen eine Rolle (siehe beispielsweise in Abb. 3.19). Charts werden in Kapitel 18.6 näher betrachtet.

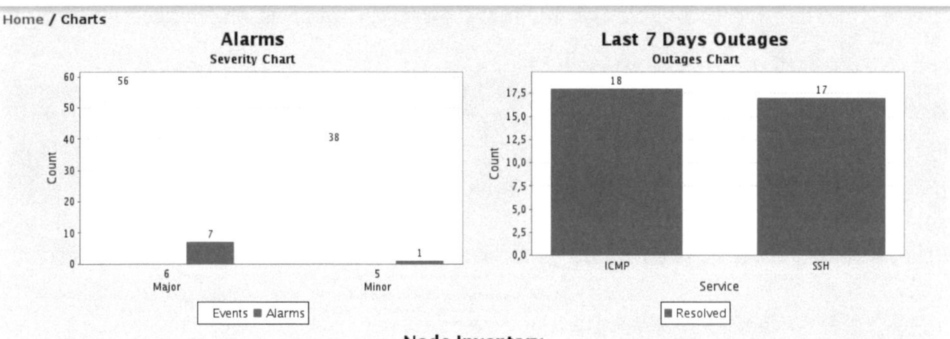

Abbildung 3.19
Die vordefinierten Charts von OpenNMS

3.14 *Surveillance*

Die Surveillance-View ist optisch ein Verwandter des Dashbords – jedoch mit der Beschränkung der Sichtweise auf Nodes und unterschieden nach den Kategorien, denen sie zugeordnet sind. Von Haus aus sind auf der Geräteseite Klassen wie Router, Switches und Server definiert. Auf der organisatorischen Seite stehen die Klassen PROD (Produktion), DEV (Development) und TEST (Test) zur Verfügung. Bei der Einteilung der Nodes in diese Ordnung lässt sich während eines Ausfalls sehr schnell bestimmen, welche Nodes betroffen sind. In Abbildung 3.20 sind beispielsweise die Server und Router der Kategorie TEST ausgefallen.

Home / **Surveillance**

Surveillance View: default

Nodes Down	PROD	TEST	DEV
Routers	0 of 2	1 of 1	0 of 0
Switches	0 of 0	0 of 0	0 of 0
Servers	0 of 2	2 of 2	0 of 0

Abbildung 3.20
Typische Sicht auf die Überwachungs-kategorien

3.15 *Admin*: die Fernbedienung über das WebUI

Eine Schlüsselstellung im Menü stellt der Eintrag *Admin* dar: Über dieses Menü lassen sich zahlreiche Parameter von OpenNMS konfigurieren sowie Daten über Nodes erfassen. Aus diesem Grund können hier auch nur als Admin eingetragene Benutzer zugreifen. Wie das gemacht wird, das wird in Kapitel 5 beschrieben.

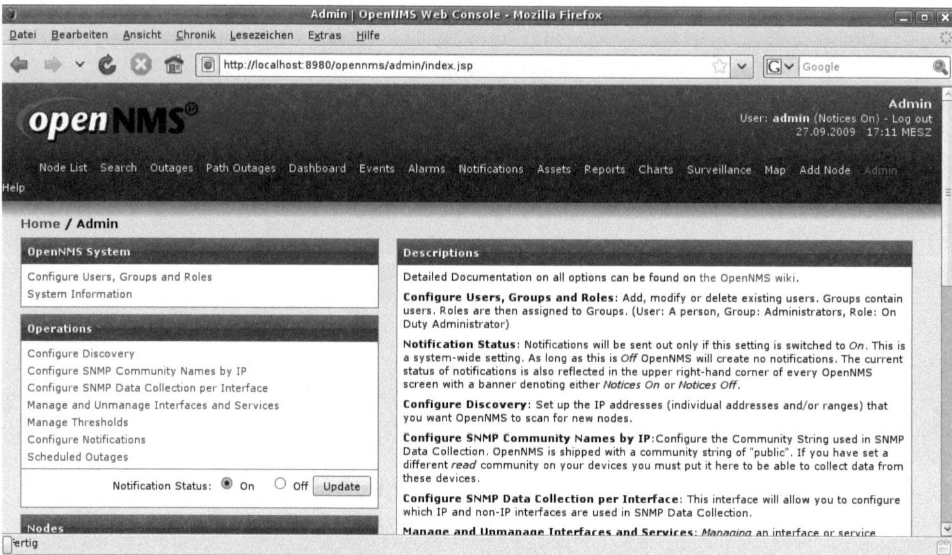

Abbildung 3.21
Der Einstieg in das Administrationsmenü

Im Einzelnen sind Verwaltungsfunktionen zu den folgenden Themen zu finden:

- User und Systemverwaltung
- Discovery, SNMP- und Threshold-Management
- Provisioning und Kategorien
- Distributed Monitoring

4 Einführung in OpenNMS

Wohl kaum ein Buch über technische Systeme erscheint ohne ein Kapitel mit dem Namen »Einführung«. Da macht auch dieses Buch keine Ausnahme ;-) und erläutert ein paar wichtige Grundlagen, die immer wieder in diesem Buch Verwendung finden.

4.1 OpenNMS

OpenNMS ist ein Netzwerkmanagementsystem, das heißt ein System, mit dem man Netzwerke managen kann (wobei die Betonung dabei auf »mit« liegt). OpenNMS sammelt Informationen aus dem und über das Netzwerk, sowie von und über Dienste, die in diesem »Netz« zur Verfügung stehen. Diese Daten können ausgewertet, miteinander in Verbindung gebracht und als Entscheidungsgrundlage für Aktivitäten benutzt werden. Fehlerzustände können von OpenNMS selbständig erkannt und eskaliert werden.

Die besonderen Stärken von OpenNMS sind seine Flexibilität und die Stabilität des Systems: OpenNMS integriert sich leicht in bestehende Umgebungen und passt sich an die Bedürfnisse seiner Benutzer an. Diese Anpassung ist im Rahmen der eigenen Logik möglich – man muss also sehr weit gehen, um OpenNMS an die Grenzen seiner Anpassungsfähigkeit zu bringen.

Hinter dieser Flexibilität steht die lange Erfahrung der Entwickler und Benutzer – jede Änderung, Anpassung, neue Anforderung macht das System dank der ordnenden Hand der OpenNMS Group nicht chaotischer, sondern besser.

Den größten Nutzen aus dieser Flexibilität und der atemberaubenden Skalierbarkeit ziehen diejenigen, die entweder mehr als 100 Komponenten, Nodes, überwachen möchten – oder die darauf angewiesen sind, komplexe Netze systematisch zu analysieren und aufgrund bestimmter Zustände zu handeln. Hat man weniger Nodes, kann vielleicht auch mit kleineren Tools das gewünschte Ziel erreicht werden – und während große Installationen geschätzte 30-50% der Fähigkeiten von OpenNMS ausnutzen, liegt dieses Verhältnis in kleinen Netzen wohl noch niedriger. Aber keine Angst – auch bei kleinen Installationen gilt: Spaß machen tut's trotzdem! :-)

Ein weiterer Vorteil von OpenNMS ist der Preis. Es gibt keine Lizenzgebühr – weder für die Software noch pro überwachtem System, auch nicht per CPU oder Benutzer. Es gibt auch keine Enterprise- oder Advanced- oder Pro-Pakete, für die Kosten anfallen. Wer die Software heute herunterlädt, profitiert von der jahrzehntelangen Erfahrung der Entwickler und Anwender – und zwar kostenlos.

Das muss hier einfach einmal unterstrichen werden!

Das soll an dieser Stelle als Einführung reichen – wir sind von OpenNMS überzeugt und seit Jahren begeisterte Anwender. Als Teil der Community tragen wir zur Weiterentwicklung bei und sorgen dafür, dass OpenNMS bekannter wird – damit noch mehr Menschen die Software benutzen, sie immer besser machen und ihren Teil dazu beitragen, dass dieses Open-Source-Tool das beste aller Netzwerkmanagement-Tools wird.

4.2 Grundlagen

Netzwerkmanagement, Netzwerk- und Systemüberwachung besteht ganz grob betrachtet aus drei Bereichen:

- Daten müssen in das System hineinkommen.
- Diese Daten müssen verarbeitet werden.
- Schließlich kommt »irgendetwas« heraus.

Kleines Beispiel gefällig? Kein Problem: »Ich sende einen Ping an einen Server. Wenn der innerhalb einer bestimmten Zeit nicht beantwortet wird, sende ich eine Mail an den Administrator.«

4.2.1 ICMP – Ping

Das Programm »ping« oder »ping.exe« ist normalerweise auf jedem System verfügbar.

Um Informationen zu erhalten, werden Protokolle benötigt. Das bekannteste und vermutlich am meisten verwendete ist hierbei sicher ICMP [19]. Das Internet Control Message Protocol ist im RFC 792 [20] definiert. Es dient dazu, mittels künstlich erzeugter Daten das Netzwerk zu testen. Das hört sich komplizierter an, als es ist – die bekannteste Anwendung dürfte »Ping«[35] sein. Ping sendet kleine Datenpakete in das Netzwerk. Die Systeme, die das Paket erhalten, antworten ihrerseits mit einem Datenpaket. Sendet man einen »Ping« an einen Rechner, kann man anhand der

Laufzeit des Antwortpakets Annahmen über die Geschwindigkeit oder Güte eines Netzwerks treffen.

```
$ ping -c 5 google.com
PING google.com (74.125.77.147): 56 data bytes
64 bytes from 74.125.77.147: icmp_seq=0 ttl=46 time=642.206 ms
64 bytes from 74.125.77.147: icmp_seq=1 ttl=46 time=269.536 ms
64 bytes from 74.125.77.147: icmp_seq=2 ttl=46 time=303.392 ms
64 bytes from 74.125.77.147: icmp_seq=3 ttl=46 time=249.814 ms
64 bytes from 74.125.77.147: icmp_seq=4 ttl=46 time=268.991 ms

--- google.com ping statistics ---
5 packets transmitted, 5 packets received, 0.0% packet loss
round-trip min/avg/max/stddev = 249.814/346.788/642.206/148.714 ms
```

Ping ist typischerweise auf allen Betriebssystemen verfügbar (die über einen IP-Stack verfügen).

Wie sagt noch Kapitän Ramius: »Bitte nur ein Ping!« [57]

Im Beispiel oben wurde das Programm `ping` mit dem Parameter `-c` und dem Wert 5 ausgeführt; `-c` steht hierbei für »Count«, es werden also exakt fünf ICMP-Pakete an den Zielrechner ausgesendet. Pro Paket ist dann die Laufzeit zu sehen. Nachdem die fünf Pakete gesendet wurden und ein entsprechendes ECHO-Reply, ein Antwortpaket, angekommen ist, wird die Statistik errechnet – das schnellste Paket war nach 269 ms beantwortet, das erste, langsamste benötigte 642 ms (das ist insgesamt recht langsam und auf die schlechte Internetverbindung bei dem Test zurückzuführen).

Discovery

OpenNMS verwendet ICMP zum Scannen von Netzwerken (*Discovery*) und zur Kontrolle der Erreichbarkeit von Systemen. ICMP ist nicht das einzige Protokoll, das zum Testen der Erreichbarkeit genutzt wird, aber es ist sicher das wichtigste und: Es ist universell verfügbar, verbraucht wenig Daten und erlaubt gleichzeitig Aussagen über die Performance des Netzes und des »angepingten« Systems.

4.2.2 SNMP – Ein Crashkurs

RFC 1157 SNMP – Simple Network Management Protocol

Wenn heute jemand fragt, was SNMP bedeutet, wird man hin und wieder *Security is Not My Problem* als scherzhafte Antwort bekommen. In Wahrheit bedeutet es allerdings nichts anderes als *Simple Network Management Protocol*. Ob es wirklich »simple« ist, sollte jeder für sich selbst entscheiden. Mir sind auf einigen Tagungen schon Leute begegnet, die es abgrundtief hassten und es kaum abwarten konnten, bis jemand etwas besseres erfinden würde. Wir versuchen, das ganze hier neutral vorzustellen. Wer heutzutage mit Netzwerkmanagement zu tun hat, kommt um SNMP nicht herum. Bei OpenNMS ist es nicht anders, SNMP gehört zu den wichtigsten Protokollen im Netzwerkmanagement und übernimmt hier die Rolle eines Agent-Managers.

Ziel des Abschnitts soll es sein, klar zu machen, wozu SNMP verwendet wird und wie es im Grundsatz funktioniert. Wir beschreiben hier, welche Ideen aus unserer Sicht hinter SNMP stecken und wo man detailliertere Informationen zu verschiedenen Themenbereichen finden kann. Da über SNMP selbst viele Bücher geschrieben wurden, haben wir uns zum Ziel gesetzt, einen schnellen und einfachen Einstieg in das Thema zu geben. Wer also OIDs der Standard-MIB-II im Schlaf beherrscht und sich fragt, warum jetzt alle auf XML stehen – es gibt doch ASN.1 – hat hier nicht viel Neues zu erwarten.

ASN.1 – Abstract Syntax Notation One ist eine Beschreibungssprache, um Datenstrukturen, deren Präsentation, Datenübertragung und Dekodierung zu beschreiben[2].

Eines der Ziele von SNMP[45][44] ist es, die Verwaltung von Netzwerkknoten im Internet zu vereinheitlichen, um den Verwaltungsaufwand und die daraus entstehenden Kosten zu reduzieren. Da der Fokus auf Netzwerkknoten im Internet liegt, basiert SNMP im Grundsatz auf dem Internet Protokoll (IP). Das Protokoll SNMP existiert bereits seit den 80er Jahren und ist als Dinosaurier der Protokolle immer noch der Standard für die herstellerübergreifende Verwaltung von Netzwerkknoten. Bisher hat sich kein anderes Protokoll als SNMP in solch heterogenen Umgebungen durchgesetzt. Es wäre also fatal, wenn ein Netzwerkmanagementsystem wie OpenNMS SNMP nicht unterstützen würde.

Während der langen Phase, die SNMP bereits sein Dasein fristet, wurden verschiedene Versionen des Protokolls entwickelt. In erster Linie haben allerdings die *Version 1*, *Version 2c* und *Version 3* den Weg in die Praxis geschafft. Das Sicherheitsmodell von SNMP in den Versionen 1 und 2c wird nach heutigem Stand der Technik oft kritisiert und hat ihm daher einen schlechten Ruf beschert. Die anderen Versionen von SNMP wie beispielsweise *Secure SNMP*, *Party-Based SNMP – SNMPv2p* oder *User-Based SNMP – SNMPv2u* haben sich nicht weiter durchgesetzt und sind dann in SNMPv2c oder SNMPv3 aufgegangen.

SNMPv3 erlaubt Verschlüsselung und echte Benutzerauthentifizierung.

Bei Version 1 und 2c werden alle Informationen im Klartext übertragen. Die Authentifizierung wird lediglich über eine gemeinsame Community gewährleistet. Ein wesentlicher Unterschied zwischen SNMPv1 und SNMPv2c ist es, dass bei SNMPv2c komplette Tabellen mit einer einzigen Abfrage (GetBulk) angefordert werden können. Damit ist die Leistungsfähigkeit und Skalierbarkeit von SNMPv2c größer als in der ersten Version. Erst seit der Version 3 können Benutzernamen und Kennworte mit modernen Verschlüsselungsmechanismen wie AES [5] und Hash-Algorithmen wie SHA-1 [42] verwendet werden. Damit werden unter anderem Sicherheitsaspekte wie Authentifikation, Datenintegrität und Authentizität in SNMP adressiert. Da Sicherheit auch mehr Komplexität – wie etwa Schlüsselverwaltung und Benutzerverwaltung – mit sich bringt, werden diese Features noch nicht durchgängig unterstützt. Es kann also vorkommen, dass im Netzwerk Komponenten existieren, die nur Version 2c oder 1 entsprechen. In Netzen mit höheren Anforderungen an die Sicherheit trennen Netzbetreiber häufig sogar das Netzwerk in ein Produktiv- und in ein Managementnetz auf. Auch dies ist natürlich mit einigem Aufwand verbunden. Letztlich muss jeder für sich selbst die Risiken, Aufwände und den effektiven Nutzen dieser Maßnahmen abschätzen. In den meisten Fällen reichen rudimentäre Sicherheitsvorkehrungen allerdings aus.

Bei den Versionen 1 und 2c ist es also so, dass alle Rechner mit SNMP zugreifen können, wenn diesen die entsprechende *Community* bekannt ist. Der Zugriff auf einen SNMP-Agenten kann zusätzlich nicht nur lesend, sondern auch schreibend erfolgen. Mit einem entsprechenden SNMP-Agenten und einer bekannten Community können also auch Konfigurationsänderungen auf den Geräten veranlasst werden. Um diese Zugriffe zu unterscheiden, kann für den lesenden und schreibenden Zugriff je eine eigene Community verwendet werden. Zum größten Teil sind bei SNMP-Agenten die Standard-Communities *public* mit lesendem und *private* für den schreibenden Zugriff festgelegt.

Bevor sie also SNMP auf Ihren Systemen aktivieren, machen Sie sich diesen Zusammenhang klar und legen separate Communities für den lesenden und schreibenden Zugriff im Netzwerk fest. OpenNMS selbst benötigt nur lesenden Zugriff auf den SNMP-Agenten – mehr sollte demnach auch nicht konfiguriert werden. Stellen Sie zusätzlich über entsprechende Zugriffsregeln sicher, dass nur erwünschte IP-Adressen auf den SNMP-Agenten zugreifen können. Schauen Sie dazu in der Dokumentation der SNMP-Agenten des Herstellers nach – Stichwort *Access Lists (ACLS)*.

OpenNMS genügt der lesende Zugriff auf den SNMP-Agenten.

Die Verwaltung von Netzwerkknoten sollte unabhängig von Funktion, Betriebssystem und Hersteller sein. Damit diese Anforderung für sehr heterogene Umgebungen erfüllt wird, ist eine gewisse Abstraktion notwendig. In Zusammenhang mit OpenNMS und SNMP sind verschiedene Standards und Begriffe entstanden, die Ihnen häufiger begegnen werden. Diese sind in sogenannten *Request for Comments (RFC)* [39] beschrieben.

Damit erst einmal klar ist, wie die Managementinformationen strukturiert werden, gibt es eine SMI *Structure of Management Information (RFC 1155)*. Die Beschreibungen in SNMP selbst wurden in ASN.1 [2] festgelegt. ASN.1 kann man angenähert als das XML der 80er Jahre bezeichnen. Hier geht es darum, allgemein festzulegen, wie Datentypen und die zugeordneten Werte definiert sind.

Um einen Router mit SNMP zu verwalten, muss man irgendwoher erfahren, welche Parameter eigentlich abgefragt oder verändert werden können. Jeder Hersteller von SNMP-fähigen Geräten sollte daher eine sogenannte *Management Information Base (MIB)* liefern, damit diese richtig genutzt werden können. In einer MIB steht zum einen beschrieben, wo der Status eines Temperatursensors oder Lüfters abgerufen kann, und zum anderen, wie die Ergebnisse der Abfrage zu interpretieren sind. Diese Elemente – wie Lüfter oder Temperatursensoren – werden als Managementobjekte bezeichnet. Sie werden in einer Baumstruktur hierarchisch aufgebaut und können über einen *Object Identifier (OID)* in Punktnotation adressiert werden. Um den Aufbau solcher MIBs zu standardisieren, wurde eine Rahmenwerk – die SNMP MIB-II – erstellt. Hier werden allgemeingültige Strukturen vorgegeben, wie beispielsweise IP-Adressen, sowie ein- und ausgehender Netzwerkverkehr festgelegt. Zusätzlich wird definiert, wo hersteller- oder gerätespezifische Beschreibungen in diesen MIB-Baum eingehängt werden. Die folgende Abbildung zeigt den schematischen Aufbau einer MIB und wie durch die OIDs in Punktnotation Objekte im Baum angesprochen werden können.

Ein Gerät kann demnach als SNMP-fähig angesehen werden, wenn es mindestens die Standard-MIB-II unterstützt. Wenn Sie also demnächst neue Geräte beschaffen, sollten Sie deren Standardkonformität überprüfen. Wenn in OpenNMS ein neues Gerät mit SNMP aufgenommen wird, sind für die Standard-MIB-II bereits die wichtigsten Leistungsmetriken eingerichtet. Sollen jedoch zusätzlich noch spezielle Features von Routern, Firewalls oder Load-Balancern in OpenNMS eingebunden werden, muss man sich mit den entsprechenden MIBs des Herstellers beschäftigen.

Da eine SNMP MIB in ASN.1-Notation beschrieben ist, gibt es Hilfsprogramme, die das ganze ein wenig besser veranschaulichen. Dazu können sogenannte *MIB-Browser* genutzt werden. Der MIB-Browser von *iReasoning* [21] hat für die meisten Aufgaben gute Dienste geleistet. Er ist in einer freien und in einer kommerziellen Version erhältlich. Da er in Java geschrieben ist, läuft er auf jeder Plattform, die Java unterstützt. Wenn man eine bekannte Suchmaschine mit *Suche nach mib browser* beauftragt, wird man auch noch eine Reihe anderer Alternativen finden.

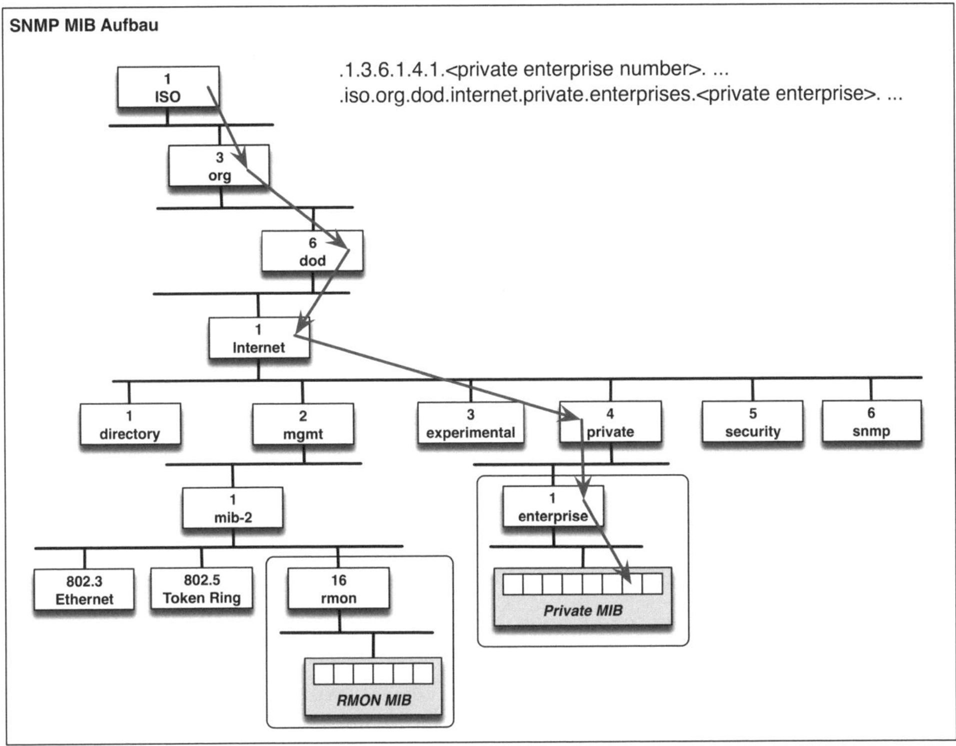

Abbildung 4.1 *Aufbau und Struktur einer Management Information Base (MIB)*

In der MIB ist in ASN.1 beschrieben, ob es sich bei der Antwort der angefragten OID um eine Zeichenkette (Octetstring), Ganzzahl (Integer/Gauge), Zeit(Timetick) oder einen Zähler (Counter) handelt. Zusätzlich können solche OIDs nicht nur aus einzelnen Werten bestehen – wie beispielsweise einer Uptime (Zeit die das System ununterbrochen läuft) –, sondern können auch dynamische Tabellen enthalten. Schließlich haben Router oder ein Switch unterschiedliche Anzahlen von Ports oder Server unterschiedliche Mengen von Festplatten und Partitionen. Um das flexibel abbilden zu können, existiert eine Indextabelle, die anzeigt, wie viele Einträge existieren. Über den Index kann dann auf die entsprechenden Metriken zugegriffen werden.

Im Folgenden ist ein Beispiel anhand der MIB-II für Netzwerkschnittstellen dargestellt. Es zeigt, wie über einen Index auf die Beschreibung und den eingehenden Netzwerkverkehr in Bytes (Octets) zugegriffen werden kann.

Damit OpenNMS weiß, um welchen Typ von Netzwerkknoten es sich überhaupt handelt, holt es sich die System-Object ID (Sys-OID), die in der Standard-MIB-II definiert ist. Sie identifiziert ei-

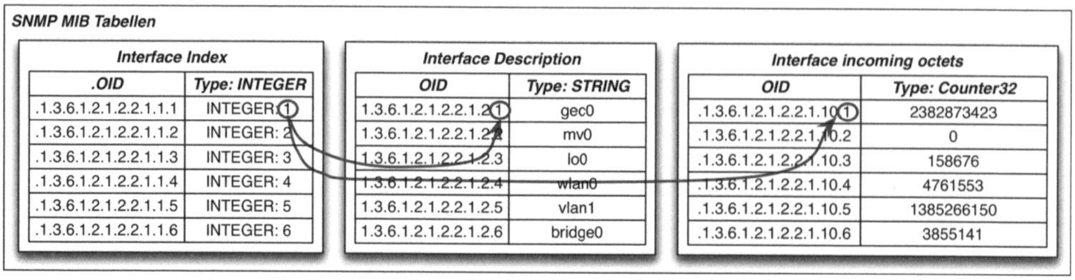

SNMP MIB Tabellen

Interface Index

.OID	Type: INTEGER
.1.3.6.1.2.1.2.2.1.1.1	INTEGER: 1
.1.3.6.1.2.1.2.2.1.1.2	INTEGER: 2
.1.3.6.1.2.1.2.2.1.1.3	INTEGER: 3
.1.3.6.1.2.1.2.2.1.1.4	INTEGER: 4
.1.3.6.1.2.1.2.2.1.1.5	INTEGER: 5
.1.3.6.1.2.1.2.2.1.1.6	INTEGER: 6

Interface Description

OID	Type: STRING
1.3.6.1.2.1.2.2.1.2.1	gec0
1.3.6.1.2.1.2.2.1.2.2	mv0
1.3.6.1.2.1.2.2.1.2.3	lo0
1.3.6.1.2.1.2.2.1.2.4	wlan0
1.3.6.1.2.1.2.2.1.2.5	vlan1
1.3.6.1.2.1.2.2.1.2.6	bridge0

Interface incoming octets

OID	Type: Counter32
.1.3.6.1.2.1.2.2.1.10.1	2382873423
.1.3.6.1.2.1.2.2.1.10.2	0
.1.3.6.1.2.1.2.2.1.10.3	158676
.1.3.6.1.2.1.2.2.1.10.4	4761553
.1.3.6.1.2.1.2.2.1.10.5	1385266150
.1.3.6.1.2.1.2.2.1.10.6	3855141

Abbildung 4.2
Beispiel von SNMP-Tabellen

ne Netzwerkkomponente, anhand derer in OpenNMS ein Satz von relevanten Leistungsmetriken definiert ist. Um an diese Informationen heranzukommen, sendet OpenNMS eine Anfrage (GetRequest) nach der System-Object ID. Diese kann man sich mit dem Shell-Kommando *snmpget* ansehen.

```
snmpget -v <version 1|2c|3> -c <community> <ip> .1.3.6.1.2.1.
1.2.0
```

Der Parameter -v bestimmt dabei die Version von SNMP und der Parameter -c legt fest, welche Community verwendet werden soll. Danach wird die IP-Adresse des SNMP-Agenten und die gewünschte OID angegeben. Die Antwort (Response) des SNMP-Agenten sieht dann entsprechend so aus:

```
SNMPv2-MIB::sysObjectID.0 = OID: NET-SNMP-MIB::netSnmpAgentOI
Ds.255
```

Sie verrät OpenNMS, dass auf dem Knoten ein Net-SNMP-Agent installiert ist. OpenNMS kann jetzt nachsehen, welche Leistungsmetriken in Form von OIDs definiert sind, und kann die Datensammlung entsprechend vornehmen.

Da bei der Entwicklung von SNMP unter anderem viel Wert auf die Skalierbarkeit gelegt wurde, wurde die Kommunikation in UDP implementiert. Die damit sehr schlanke Kommunikation wird allerdings mit der Eigenschaft erkauft, dass sie verbindungslos und unbestätigt vonstatten geht. Geht eine Anfrage auf dem Weg verloren, dann gibt es hier keine Sicherungsmechanismen, wie es beispielsweise bei TCP der Fall ist. Für manche Anwendungen wird das wohl ein sehr hoher Preis sein. Man darf allerdings nicht vergessen, dass sowohl OpenNMS als auch die SNMP-Agenten keinen Aufwand wie für die Verwaltung einer oder mehrerer TCP-Verbindungen betreiben müssen. Es gibt Installation von OpenNMS, in denen mehrere Millionen Leistungsmetriken im einstelligen Minutenbereich per SNMP ausgelesen werden. Würde eine solche Kommunikation über ein bestätigtes verbindungsorientiertes Protokoll wie TCP realisiert werden, wäre der zusätzliche Aufwand für die Verbindungsverwaltung, Bestätigung und eine eventuelle Neuübertragung im Fehlerfall wirklich beträchtlich.

Neben den regelmäßigen Abfragen (Polling) auf Management-Objekte (OIDs) können SNMP-Agenten auch selbst Nachrichten (Traps) an einen Managementserver senden. Damit ist es möglich, sehr zeitnah Meldungen von Fehlern oder anderen Ereignissen zentral einzusammeln. In der folgenden Abbildung werden die unterschiedlichen Operationen dargestellt.

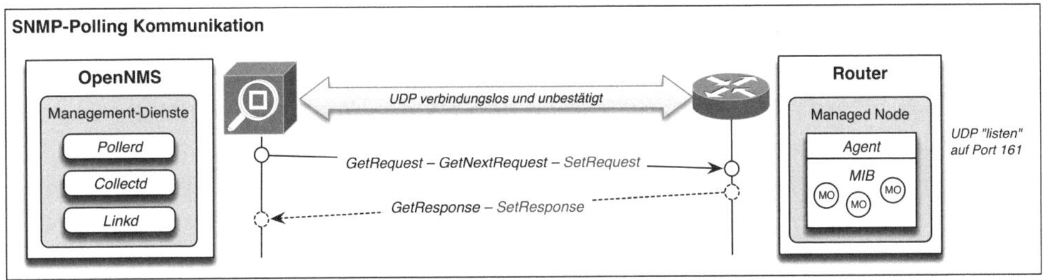

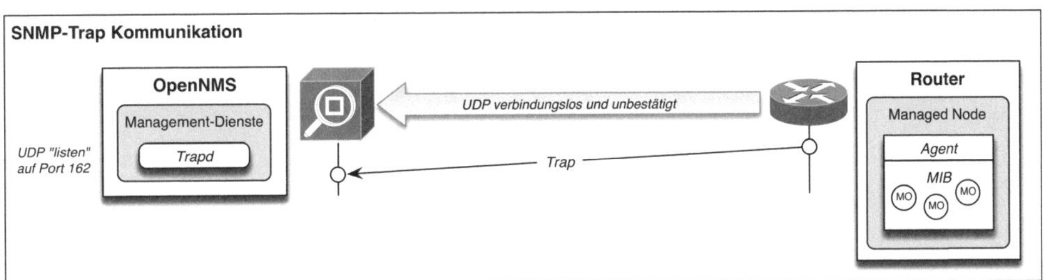

Abbildung 4.3
SNMP-Anfragen und SNMP-Traps

Zu guter Letzt wollen wir noch kurz darstellen, wie eine SNMP-Anfrage bzw. ein SNMP-Trap aufgebaut sind. Ein SNMP-Agent lauscht im allgemeinen auf dem UDP-Port 161 und OpenNMS nimmt SNMP-Traps auf dem UDP-Port 162 entgegen. Wie wir bereits erwähnt haben, können in SNMPv2c mehrere OIDs in einer einzigen Anfrage angefordert werden. Der Aufbau von SNMP-Datagrammen wird in der folgenden Abbildung dargestellt.

Je mehr OIDs in einer SNMP-Anfrage angefordert werden, desto mehr hat ein SNMP-Agent zu tun und desto größer werden auch die UDP-Datagramme. Der Kommunikationsaufwand wird dadurch verringert. In OpenNMS kann festgelegt werden, wie viele dieser OIDs maximal angefragt werden können. Standardmäßig sind dies 10 Variablen pro SNMP-Anfrage. Dieser Wert lässt sich beliebig anpassen. Es kann ab und an vorkommen, dass SNMP-

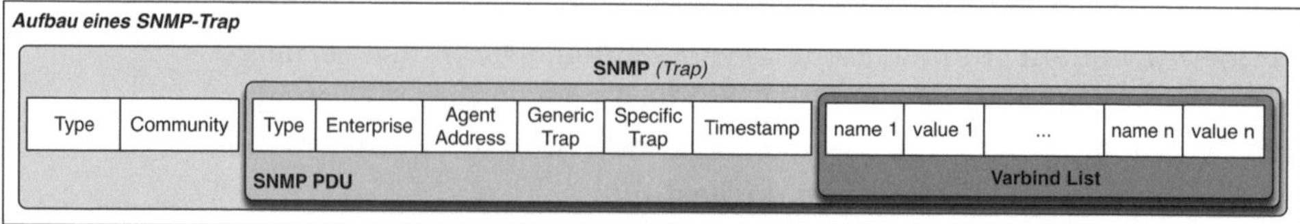

Abbildung 4.4
Aufbau von SNMP-Datagrammen

Anfragen durch Firewalls Probleme bereiten. Dann kann es erforderlich sein, die Größe der SNMP-Pakete zu reduzieren. Dazu muss an dieser Stelle die Konfiguration *max-vars-per-pdu* in der Datei *snmp-config.xml* angepasst werden. Ist nichts angegeben, ist der Standardwert auf 10 OIDs gesetzt.

Wir möchten es damit mit der Einführung von SNMP bewenden lassen und stellen im nächsten Abschnitt vor, wie man einen SNMP-Agenten erweitern kann und über eine OID eigene Skripte einbinden kann.

4.2.3 SNMP selbst gemacht

Wer selber Ergänzungen durchführt und eigene OIDs definiert, muss dabei zwei Dinge beachten:

- Einerseits müssen OIDs benutzt werden, die frei sind. Es gibt ein globales Register von OIDs, in dem man sich entweder bedienen oder aber einen freien Bereich finden kann.
- Andererseits muss man sich an die vorgegebenen Wege halten und entweder Strings oder Zahlen, möglicherweise in einer Tabelle verpackt, liefern. Auf keinen Fall sollte man »weil es in Perl so einfach geht« der Versuchung erliegen, mehr als einen Wert in einen String zu verpacken – das weder mit OpenNMS auswertbar, noch entspricht es dem SNMP-Standard.

Net-SNMP: www.net-snmp.org

Um die Daten in den SNMP-Server hineinzubekommen, kann man den Server des weitverbreiteten Net-SNMP-Pakets [26] so konfigurieren, dass er bei der Abfrage einer bestimmten OID ein Programm ausführt und die Rückgabewerte des Programms an das anfragende OpenNMS weiterreicht.

Das ist ein hilfreiches, einfaches und wiederum mit Vorsicht zu genießendes Feature des SNMP-Agenten, denn jede Abfrage der so konfigurierten OID zieht den Aufruf eines Programms nach sich. OpenNMS ist, solange das Programm ausgeführt wird, mit dem Warten auf eine Antwort beschäftigt. Es kann zwar parallel noch andere Anfragen beantworten, aber die Wartezeit kostet Speicher und CPU-Zyklen, genau wie die Ausführung des Programms selbst auf der Seite des SNMP-Agenten. Aus diesem Grund sollte man sich vorab Gedanken darüber machen, wie man die Daten so kostengünstig wie möglich bereitstellen kann.

Im Folgenden möchten wir ein kleines Beispiel an die Hand geben um zu zeigen, wie die Erweiterung des Net-SNMP Agenten aussehen kann. Wir möchten gerne wissen, welcher Speicherplatz von temporären Dateien verwendet wird. Dazu können wir in Unix/Linux-Umgebungen einfach in das Verzeichnis `/tmp` wechseln und mit dem Kommando `du` die Größe des Verzeichnisinhalts ausgeben lassen.

```
cd /tmp
du -s
10688   .
```

Wir sehen, dass hier ca. 11 MB von temporären Dateien verwendet werden. Es wäre jetzt also nicht verkehrt, wenn wir diese Information als Leistungsmetrik über SNMP in OpenNMS verwenden könnten. Schreiben wir aus den oben genannten Kommandos ein kleines Shell-Skript das wir unter `/usr/bin/snmp_tmpsize.sh` abspeichern.

```
#\!/bin/sh
# File: /usr/bin/snmp_tmpsize.sh
#
# Skript zur Ermittlung der Verzeichnisgroesse
# erstellt: ronny@opennms.org
#
# Zu pruefendes Verzeichnis
DIR=/tmp

# In das Verzeichnis wechseln und Groesse ermitteln
# Bereinigen der Ausgabe um Tabulator und Verzeichnis
cd ${DIR}
RESULT=`du -s | sed 's/[ \t]*//' | sed 's/\.//g'`
echo ${RESULT}
```

Damit das Skript ausgeführt werden kann müssen wir die Dateirechte entsprechend anpassen. Dazu führen wir das Kommando `chmod` wie folgt aus:

```
chomd +x /usr/bin/snmp_tmpsize.sh
```

Der Net-SNMP Agent lässt sich mit eigenen Skripten und Programmen erweitern.

Mit diesem Skript können wir jetzt unseren Net-SNMP Agenten erweitern. Dazu fügen wir die folgende Zeile in der Datei `/etc/snmp/snmpd.conf` im Abschnitt *Executables / scripts* ein:

```
exec snmp_tmpsize /bin/sh /usr/bin/snmp_tmpsize.sh
```

Damit die Änderung wirksam wird, müssen wir den SNMP-Agenten neu starten. Das geschieht mit dem Kommando

```
invoke-rc.d snmpd restart
```

Um zu prüfen ob alles funktioniert hat, fragen wir den erweiterten Bereich ab. Wir nutzen dazu den Befehl `snmpwalk` aus den SNMP-Tools.

```
snmpwalk -v 2c -c public localhost .1.3.6.1.4.1.2021.8

UCD-SNMP-MIB::extIndex.1 = INTEGER: 1
UCD-SNMP-MIB::extNames.1 = STRING: snmp_tmpsize
UCD-SNMP-MIB::extCommand.1 = STRING: /bin/sh
UCD-SNMP-MIB::extResult.1 = INTEGER: 0
UCD-SNMP-MIB::extOutput.1 = STRING: 10688
UCD-SNMP-MIB::extErrFix.1 = INTEGER: noError(0)
UCD-SNMP-MIB::extErrFixCmd.1 = STRING:
```

Die Ausgabe scheint zunächst zu verwundern. Zunächst werden alle eingebundenen Programme über einen Index nummeriert. Anschließend wird ebenfalls ausgegeben um welches Kommando es sich eigentlich handelt. Dann folgt die Ausgabe des Skriptes und am Ende wird angezeigt ob das Kommando erfolgreich abgelaufen ist oder nicht. Nun ist können wir OpenNMS dazu verwenden, die entsprechenden OIDs mit einem SNMP-Monitor zu testen oder den *extOutput.1* als Graph in einer Datacollection aufzeichnen. Damit wir an die entsprechenden OIDs herankommen, geben wir den Parameter `-On` an. Die Ausgabe ändert sich dann wie folgt:

```
snmpwalk -On -v 2c -c public localhost .1.3.6.1.4.1.2021.8

.1.3.6.1.4.1.2021.8.1.1.1 = INTEGER: 1
.1.3.6.1.4.1.2021.8.1.2.1 = STRING: snmp_tmpsize
.1.3.6.1.4.1.2021.8.1.3.1 = STRING: /bin/sh
.1.3.6.1.4.1.2021.8.1.100.1 = INTEGER: 0
.1.3.6.1.4.1.2021.8.1.101.1 = STRING: 10688
.1.3.6.1.4.1.2021.8.1.102.1 = INTEGER: noError(0)
.1.3.6.1.4.1.2021.8.1.103.1 = STRING:
```

Wir möchten jetzt allerdings noch nicht zu weit vorgreifen. Wie man einen SNMP-Monitor entsprechend anlegt ist in einem separatem Abschnitt 8.2.2 auf Seite 111 ausführlich beschrieben.

Ebenso die Beschreibung einer Datacollection im Abschnitt 11 auf Seite 147. Der Fokus soll hier zunächst auf der Erweiterung von Net-SNMP liegen.

In der Praxis kommt es vor, dass komplexere Abfragen aus Logfiles oder Datenbanken vorgenommen werden. Der Net-SNMP Agent wartet allerdings nicht sehr lange bis ein Skript ausgeführt wurde. Hier kann man sich über einen *Cronjob* behelfen, der ein erstes Ergebnis in eine temporäre Datei schreibt. Die Auswertung einer Textdatei mit `cat` geht sehr schnell und effizient. Der Nachteil dieser Lösung ist, dass man sich auf *Cron* verlassen muss und zudem nie wirklich sicher sein kann, dass die Daten aktuell sind. Es besteht also das Risiko, ein um fünf oder zehn Minuten zeitversetztes Bild zu erhalten. Im allgemeinen Fall spielt das meist weniger eine Rolle, da der Erkenntnisgewinn überwiegt.

Cronjobs können helfen, komplexe Abfragen über SNMP leichter zugänglich zu machen.

Mit diesem Beispiel möchten wir es bei der Erweiterung von Net-SNMP belassen. Schließlich wollen wir uns hier mit OpenNMS und nicht mit dem Net-SNMP Agenten beschäftigen. Das oben gezeigte Beispiel soll eine Vorstellung geben wie man auch ohne weitere Agenten, sehr einfach ein eigenes Programm oder Skript einbinden kann.

4.3 Anforderungen von OpenNMS

ICMP und SNMP sind die Protokolle mit der größten Bedeutung für OpenNMS und das Netzwerkmanagement. Neben den Protokollen gibt es auch noch die Komponenten, die OpenNMS selber zum Funktionieren benötigt. Als Datenbank benutzt OpenNMS PostgreSQL [36]. Während PostgreSQL zugegebenermaßen etwas unhandlicher ist als andere populäre Open-Source-Datenbanksysteme (beispielsweise bei der Verwaltung der Benutzer), ist es äußerst zuverlässig. Gerade sehr große Datenbanken lassen sich mit PostgreSQL de facto leichter verwalten, oder anders gesagt: Die Datenbank funktioniert einfach und ist in den meisten Systemen, auch dank OpenNMS, wartungsfrei.

PostgreSQL: www.postgrespql.org

Neben der Datenbank benötigt OpenNMS eine aktuelle Java-Laufzeitumgebung und es empfiehlt sich, gleich ein JDK zu installieren. Durch die konsequente Nutzung von Java ist OpenNMS eine Applikation, die sich auf fast jedem System installieren lässt. Um diese Portierbarkeit sicherzustellen, wird OpenNMS mit zwei Programmbibliotheken ausgeliefert:

- *Jicmp* [22] stellt dem System den Zugriff auf den IP-Stack des Betriebssystems sicher, und
- *Jrrd* [24] gewährleistet den Zugriff auf das RRD-Tool [1].

RRD: Round Robin Database

Hierbei gilt: Während ohne Jicmp nichts geht, kann auf Jrrd verzichtet werden, wenn nicht das RRD-Tool, sondern JRobin benutzt werden soll.

4.3.1 RRD oder JRobin

Irgendwo müssen die vielen eingesammelten Daten gespeichert werden. Die Information, ob ein Node erreichbar ist oder nicht, kann man bequem in der Datenbank ablegen. Mit den Performance-Daten sieht das aber anders aus; wenn zum Beispiel die Antwortzeit eines ICMP-Ping alle fünf Minuten erfasst wird, macht das (12*24*365=) 105.120 Werte für ein Jahr – und zwar pro Interface! Meistens wird aber nicht nur gepingt, man fragt auch Performance-Daten ab. Man kann sich also schnell ausrechnen, dass selbst für ein vergleichsweise kleines Netzwerk schnell eine erkleckliche Anzahl von Daten zusammen kommt, die gespeichert werden müssen. Und, klar, ausgewertet werden müssen diese Daten auch – zum Beispiel in Graphen.

Wenn man beginnt sich mit diesem Problem zu beschäftigen, fragt man sich, warum die Daten nicht einfach in eine (relationale) Datenbank geschrieben werden. Darauf gibt es zwei Antworten:

Zuerst einmal sind die Daten nicht relational! Es geht um die Fortschreibung eines Messwerts. Dieser Wert wird entweder absolut oder in seiner Entwicklung über einen bestimmten Zeitraum betrachtet. Eine relationale Datenbank ist für diese Art der Datenspeicherung nicht ausgelegt. Es geht zwar, aber es ist nicht optimal. Der Grund dafür liegt in der Art und Weise, wie relationale Datenbanksysteme hinter den Kulissen funktionieren: Sie sortieren die Daten und bilden einen Index, um den schnelleren Zugriff zu ermöglichen. In den meisten Fällen ist das auch sinnvoll, nur sind die in einer Zeitserie erfassten Daten ja bereits indiziert (nämlich mit der Zeit) und sortiert (nach der Zeit). Das relativ schlichte RRD-Format ist der relationalen Datenbank deswegen überlegen. Man kann zwar keine Daten »relativ« betrachten, aber man schreibt und liest schnell aus einer Zeitserie.

In dieser Geschwindigkeit liegt der zweite Grund. Das Schreiben in RRD-Dateien ist recht schnell auf I/O-Operationen herunterzubrechen. Das hat mehrere Vorteile: Einerseits ist RRD typischerweise so schnell wie das System, auf dem es installiert wird, es gibt kaum Overhead. Andererseits kann man RRD schneller machen, indem man schnellere Hardware benutzt. Somit ist RRD, das hier deckungsgleich zu JRobin/JRB benutzt wird, wesentlich besser zur Speicherung von großen Datenserien geeignet. Es wird nicht indiziert, die Daten werden nicht sortiert und das Dateisystem wird bis an seine Grenzen ausgenutzt.

Das RRD-Tool selbst wird durch den Programmierer, Tobias Oetiker, stetig weiterentwickelt. Die Portierung in Java, JRobin/JRB, spiegelt einen älteren Entwicklungsstand wider. Im Normalfall reicht der völlig aus, um ein gut funktionierendes Netzwerkmanagement aufzubauen. Falls aber das Erstellen von Graphen die Schlüsselanwendung für OpenNMS und extrem wichtig für das Projekt ist, kann man sich auch dafür entscheiden, die OpenNMS-Daten im klassischen RRD-Format abzuspeichern und das RRD-Tool selbst für die Erzeugung der Graphen zu benutzen. Das hat den Vorteil, dass man alle neuen Features des RRD-Tools nutzen kann. Der Nachteil an diesem Vorgehen ist, dass man das RRD-Tool neben OpenNMS installieren und vielleicht auch pflegen muss. Es ist zudem keine native Java-Applikation, die einfach von OpenNMS aus als Klasse aufgerufen werden könnte. Um mit dem RRD-Tool zu sprechen, wird das sogenannte JNI (Java Native Interface) benutzt. Das JNI beschäftigt sich mit dem Systemaufruf des externen Programms und tauscht die notwendigen Daten zwischen OpenNMS und dem Programm aus. Dabei wird nicht dieselbe Performance erreicht, wie sie bei dem direkten Aufruf als Klasse aus Java erzielt werden kann.

Wenn ich jedoch vor die Wahl gestellt würde, auf ein wirklich wichtiges Feature in einem Projekt oder ein wenig Performance zu verzichten, würde ich mich vermutlich für das RRD-Tool entscheiden. Das ist allerdings keine »Best Practice« und auch kein Geheimtipp im Sinne von »so läuft OpenNMS besser« – in der absoluten Mehrheit der Fälle sollte man eben genau nicht das RRD-Tool benutzen, sondern JRobin [23].

4.3.2 JRobin

JRobin, oder auch JRB, ist eine Java-Implementierung des RRD-Tools. OpenNMS kann mit beiden Werkzeugen arbeiten, wobei die Präferenz auf JRobin liegt. JRobin wurde entwickelt, um eine native Java-Version des RRD-Tools zur Verfügung zu haben; es gibt zwar relativ viele Werkzeuge, um Graphen zu erzeugen, viele davon moderner und in irgendeiner Art besser als das RRD-Tool, aber letztlich besticht die RRD-Logik doch immer wieder. Es ist ein wenig grausam zu bedienen, aber man kann damit viel machen. :-)

Vermutlich aus diesem Grund wurde es auch in Java portiert. Da die einzige Anwendung, die sich in großem Maße des Werkzeugs bediente, OpenNMS gewesen zu sein scheint, hat der Entwickler den Quelltext irgendwann an die OpenNMS Group übergeben. In diesem Buch benutzen wir RRD und JRB deckungsgleich für *»das, wo die Time-Series-Daten gespeichert werden«*.

Das Umschalten zwischen den beiden Tools erfolgt über die Definition der *StorageStrategy* in der Datei `$OPENNMS_HOME/etc/rrd-configuration.properties`. Da dieses Vorgehen vielleicht nicht ganz logisch ist, kann es sein, dass dieses Setting sich später an einem anderen Ort wiederfindet – ein Aufruf von `grep rrd.strategy` im Verzeichnis `$OPENNMS_HOME/etc/` wird den gewünschten Ort aber finden.

Teile der für RRD relevanten Konfiguration befinden sich in opennms.properties, ein Teil in dieser Datei.

```
# To switch to the JNI implementation uncomment the following
# lines:
#org.opennms.rrd.strategyClass=org.opennms.netmgt.rrd.rrdtool.
JniRrdStrategy
#org.opennms.rrd.interfaceJar=/usr/share/java/jrrd.jar
#opennms.library.jrrd=/usr/lib/libjrrd.jnilib
#
# The default setting is org.opennms.netmgt.rrd.jrobin.JRobin
RrdStrategy
#org.opennms.rrd.strategyClass=org.opennms.netmgt.rrd.rrdtool.
JRobinRrdStrategy
```

Als grundsätzliche Einführung sollte das reichen – mit den Ausführungen zu SNMP sind wir bereits tief in den Sumpf des Netzwerkmanagements vorgedrungen. Jetzt ist es an der Zeit, wieder an die Oberfläche zu kommen und sich der Orientierung bei Tageslicht zu widmen.

5 Benutzer, Gruppen, Rollen

Der Zugriff auf OpenNMS erfordert die Eingabe von Benutzernamen und Passwort. Hat der Benutzer diese Hürde erfolgreich überwunden, befindet er sich in der Weboberfläche. Nicht alle Benutzer sind aber gleich. Typischerweise ist es sinnvoll, in einer Organisation recht frei mit dem Zugang zum Monitoring-System umzugehen: Wenn »Interessierte«, »Stakeholder«, selber in der Lage sind, sich einen Überblick über Performance und Verfügbarkeit zu verschaffen, müssen sie nicht für jedes vermeintliche Problem die nächste Supportstufe einschalten. Schützenswerter für die Funktionsfähigkeit des Systems sind die Konfigurationen selbst – ein falscher Klick im Notification Path und die Information, dass ein kritisches System nicht verfügbar ist, bleibt stecken. Es muss also zwischen Benutzern unterschieden werden. OpenNMS kann ohne weitere Ergänzungen Nutzer und auch deren Rechte verwalten. Neue Nutzer werden in der Weboberfläche angelegt und bekommen dort wenn nötig das »Read-only«-Flag gesetzt.

Benutzer können Mitglied einer oder mehrerer Gruppen sein. Und einer Gruppe können wiederum bestimmte Node-Kategorien zugeordnet werden, die sie bei eingeschalteten »Custom Views« angezeigt bekommt. Schließlich spielen die Gruppen auch bei der Zustellung von Notifications eine Rolle.

5.1 Benutzer, Berechtigungen und »Magic Users«

Administratoren und Gruppen werden in der Datei `$OPENNMSHOME/etc/magic-users.properties` konfiguriert.

Neben den menschlichen Benutzern sind auch die technischen Benutzer in der Datei `magic-users` konfiguriert. Die »Real Time Console« ist das Dashboard im Webinterface – der RTC Daemon loggt sich regelmäßig in OpenNMS ein, um die Statistiken für das Dashboard auf den neuesten Stand zu bringen.

```
# This role allows a user to make RTC data posts.
role.rtc.name=OpenNMS RTC Daemon
role.rtc.users=rtc
role.rtc.notInDefaultGroup=true
```

Die Benutzer, denen auf dem System Admin-Rechte gegeben werden sollen, werden an die Definition der *role.admin.users* angefügt. Je nach Konzept zur Benutzerverwaltung können die Admin-User auch in LDAP definiert werden. Die Datei `magic-users.properties` ist jedoch »mächtiger« und genießt Vorrang. Hier ist zum Beispiel der Benutzer `klaus` mit den Admin-Privilegien ausgestattet:

```
# This role allows users access to configuration and
# administrative web pages.
role.admin.name=OpenNMS Administrator
role.admin.users=admin,klaus
```

Neben der Einstellung im WebUI kann auch an dieser Stelle Lesezugriff oder sogar nur der Zugriff auf das Dashboard für Benutzer konfiguriert werden:

```
# This role disallows user write access
role.rouser.name=OpenNMS Read-Only User
role.rouser.users=

# This role allows access to the dashboard only
role.dashboard.name=OpenNMS Dashboard User
role.dashboard.users=
```

5.2 Gruppierungen

Vor der Erstellung der Gruppen sollte man sich Gedanken über die Arbeitsweise der Benutzer machen. Wie auch bei der Konfiguration von Notifications fragt man sich am besten, was am Ende erreicht werden soll. Nach diesem Ziel gruppiert man dann die Benutzer: Entscheidend ist die Frage, wie der Betrieb organisiert ist. Gibt es eine regionale Aufgabentrennung? Oder eine funktionale? Wird ein Netz überwacht oder Server?

Als Anregung möchten wir folgende Vorschläge machen: Eine Gruppe *Administratoren* enthält alle Administratoren des OpenNMS-Systems selbst. Daneben legt man sich Gruppen nach Erfahrung oder Aufgabengebiet an, beispielsweise *Linux*, *Windows*, *IOS*, *NOC* usw. Damit kann man später in der Gestaltung der Notification Paths vermeiden, dass Linux-Administratoren Fehlermeldungen für Windows-Systeme bekommen, auf die sie vielleicht nicht einmal Zugriff haben. Wenn die überwachten Systeme regional verteilt und von unterschiedlichen Teams betreut werden, dann kann auch die Unterteilung nach Regionen sinnvoll sein: *NOCNord*, *NOCSued*, usw.

Tipp: Leerzeichen in Gruppen- / User- / Category-Namen müssen vermieden werden. Zwar kann die Weboberfläche damit gut umgehen, aber das zieht sich nicht durch die ganze Applikation. Wenn Notifications schließlich nicht zugestellt werden, weil in einer Gruppenbezeichnung ein Leerzeichen war (oder die Category ein Leerzeichen enthält), ist die Fehlersuche nicht ganz einfach. Das Gleiche gilt auch für die im Deutschen recht häufig vorkommenden Umlaute. Verzichten Sie besser darauf!

Abschließend kann man sich noch die Frage stellen, ob auch Kunden oder Applikationsverantwortliche, »das Management«, irgendwann informiert werden sollen – und dafür entsprechende Gruppen einrichten.

Und um dann diese Anregung gleich wieder zu relativieren: Wenn diese Konzepte in der Organisation nicht schon bestehen, dann ist es durchaus sinnvoll, klein anzufangen. Mehr Gruppen einrichten kann man immer noch dann, wenn der Prozess funktioniert und ein wirklicher Bedarf nach feinerer Verteilung von Nachrichten vorhanden ist.

5.3 Rollen

Während es bei den Benutzern und Gruppen um Menschen geht, beziehen sich die Rollen auf Funktionen. Im Betrieb gibt es typischerweise eine Gruppe von besonders qualifizierten Mitarbeitern, die die Rufbereitschaft stellen. Auch Rollen können im Notification Path zur Zustellung von Nachrichten genutzt werden. Der Rolle wird eine Gruppe zugeordnet, dazu ein Verantwortlicher für die Rolle. Der »Rollenverantwortliche« kann festlegen, welches Mitglied der Gruppe »on Duty« ist, also Rufbereitschaft hat. Wenn nun eine Nachricht an die Rolle gesendet wird, bekommt das Mitglied »on Duty« die Nachricht. Es können mehrere Rollen definiert werden, aber wie bereits bei den Gruppen sollte man anfangs vorsichtig sein und eher klein anfangen. OpenNMS hat durch diese Konfigurationsmöglichkeiten die Fähigkeit, den Bedarf sehr großer Organisationen abzudecken, und bietet eine großartige Möglichkeit der Überkonfiguration (»Overengineering«) für kleine Firmen

In der Schweiz heißt Rufbereitschaft übrigens »Pikett«, was kürzer und charmanter, aber deshalb nicht weniger einschränkend für die Freizeitgestaltung ist.

– hier ist Augenmaß, ausprobieren und organisches Wachstum gefragt! Neben der Einstellung, welche Seite auch ohne Authentifizierung abgerufen werden kann, wird hier auch festgelegt, anhand welcher Datenbank Benutzer authentifiziert werden. Das Default ist dabei die eingebaute XML-basierte Lösung. Ohne Änderung wird die Datei `$OPENNMS_HOME/etc/users.xml` zur Validierung eines Logins genutzt.

5.4 LDAP-Integration

Die Zugriffskontrolle auf die WebUI wird in der Datei

```
$OPENNMS_HOME/etc/applicationContext-spring-security.xml
```

und in älteren Versionen in

```
$OPENNMS_HOME/applicationContext-spring-security.xml
```

konfiguriert. Zum jetzigen Zeitpunkt liegt noch keine Dokumentation darüber vor, wie LDAP mit *Spring security* [48] funktioniert. Für das ältere Format *Acegi* [3] befinden sich jedoch Beispiele im OpenNMS-Wiki.

Dabei unterstützt OpenNMS zwei Vorgehensweisen: Die Vergabe von Zugriffsrechten über eine Gruppenmitgliedschaft; dazu werden auf dem LDAP-Server Gruppen für Administratoren und Benutzer angelegt, die Mitgliedschaft in diesen Gruppen wird dann zur Kontrolle des Zugriffs in OpenNMS genutzt. Wer in seinem LDAP-Server weniger frei ist, Gruppen anzulegen, aber Attribute hinzufügen kann, legt ein »OpenNMS«-Attribut an. In diesem Attribut steht entweder »User« oder »Admin« und das Acegi-Framework vergibt die Rechte entsprechend.

Das (neuere) Spring-Security-Framework sollte auch die Authentifizierung gegen andere Datenquellen unterstützen, wer hier in die Tiefe gehen möchte, sollte die Dokumentation (und Hilfe) der Spring-Community suchen.

Ist »Fremdgehen« bei der Authentisierung überhaupt sinnvoll?

OpenNMS kann eine »fremde« Datenbank zur Identifikation von Benutzern verwenden. Bevor man ein solches Setup wählt, sollte man sich fragen: »Was passiert wenn meine Benutzerdatenbank nicht verfügbar ist?« Es gibt angenehmere Situationen, als vom Monitoring-System mit Fehlermeldungen bombardiert zu werden (Fehler in der Konfiguration passieren immer), ohne die Möglichkeit zum Eingriff zu haben, weil die Benutzerverwaltung gerade nicht verfügbar ist. Andererseits ist es aus Sicht der Corporate Governance nicht sinnvoll, eine zweite Benutzerdatenbank aufzubauen. Je nach Reifegrad der Organisation kann es also zweckmäßig sein, alle Benutzer in OpenNMS zu verwalten, eine externe Datenbank zu nutzen oder – als dritte Lösung – eine Synchronisation mittels selbst geschriebener Skripte durchzuführen.

Mit anderen Worten kurz zusammengefasst: »Es kommt darauf an.« :-)

6 Bringe Ordnung ins Chaos – Gruppieren mit Regeln

Stellen Sie sich vor, Sie könnten hoch oben auf einem Berg stehen und von dort aus auf Ihre IT-Landschaft herabblicken. In den meisten Fällen gehört nicht alles, was Sie sehen, Ihnen, aber Sie müssen sich darüber Gedanken machen, welche Teile der Infrastruktur im Netzwerkmanagement abgebildet werden müssen. Die Einteilung von Geräten lässt sich nach verschiedensten Kriterien gestalten. Falls Ihnen spontan keine einfallen, kann die nächste Abbildung vielleicht hilfreich sein.

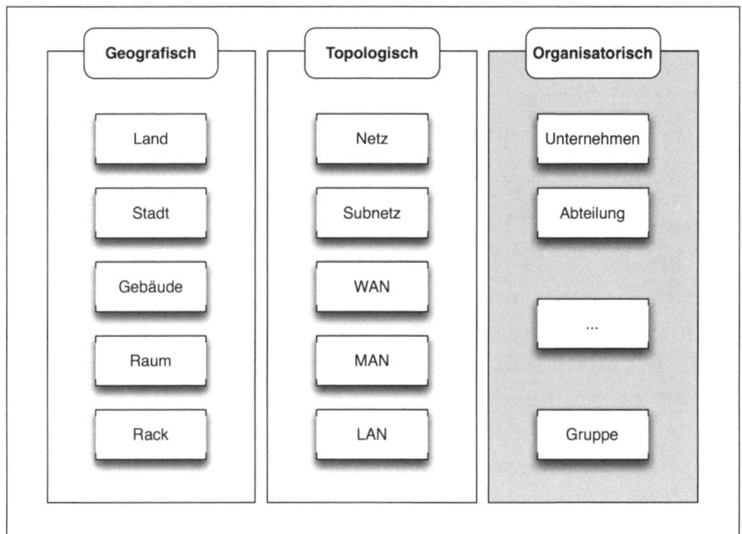

Abbildung 6.1 *Beispielkriterien zur Gruppierung von Geräten [58]*

In OpenNMS werden nicht nur Gerätegruppen auf der Basis von Regeln und Filtern erstellt: Sie werden feststellen, dass fast alle Konfigurationen auf Regeln und Filtern basieren. Angefangen von der Mitteilung beim Überschreiten eines Schwellwertes, SLA-Auswertungen bis hin zur Notification bei Ereignissen spielen diese damit eine wichtige Rolle. Im OpenNMS-Wiki ist die Dokumentation unter [33] zu finden.

6.1 Wie werden Regeln und Filter aufgebaut?

Beginnt man die Konfigurationsdateien zu bearbeiten, stellt man fest, dass unterschiedliche Bezeichnungen der Regeln und Filter existieren. Zwar gibt es Bestrebungen, die Beschreibung zu vereinheitlichen – aber es braucht wohl noch ein wenig Zeit. Die Tatsache, dass die Anwendung bereits seit 2001 entwickelt wird, hat Spuren hinterlassen. Um eine Hilfestellung zu geben, wird im Folgenden gezeigt, welche Syntax in den wichtigsten Konfigurationsdateien gültig ist.

Filter- und Regelausdrücke können auf Eigenschaften von Knoten oder auf IP-Schnittstellen angewendet werden.

Als Filter- und Regelausdrücke können zum einen IP-Adressen und zum anderen Eigenschaften der Knoten aus den Daten der SNMP-Agenten oder der OpenNMS-Datenbank verwendet werden. Damit sind die Benutzer von OpenNMS in der Lage, skalierbare und flexible Gruppierungen von Knoten und IP-Schnittstellen zu definieren.

Im Folgenden wird gezeigt, wie diese Ausdrücke aufgebaut werden können. Es gibt hierbei grundsätzlich zwei XML-Beschreibungen, die einen Filter oder eine Regel definieren:

- `<filter />`: Filter werden in den Konfigurationen für Collectd (Kapitel 11.1), Capsd (Kapitel 7.3), Pollerd (Kapitel 8), Threshd (Kapitel 12), RANCID-Integration (Kapitel 20.9), SNMP-Interface-Poller (Kapitel 8.6), Maps-Adapter (Kapitel 25.8) und Linkd (Kapitel 7.2.2) verwendet, um Knoten oder IP-Schnittstellen einer entsprechenden Überwachung oder Datensammlung zuweisen zu können.
- `<rule />`: Mit Regeln können verschiedene Nodes und Services für die SLA-Kategorien (Kapitel 18.4.1), Path Outages (Kapitel 10) und die Notifications (Kapitel 14) gruppiert werden.

Die Begriffe »Regeln« und »Filter« sind hier synonym zu verwenden. Die Ausdrücke innerhalb von Filtern und Regeln können über logische Verknüpfungen kombiniert werden. Dabei stehen die folgenden logischen Operationen zur Verfügung:

- »AND« (&): Die logische UND-Verknüpfung trifft genau dann zu, wenn alle Filterausdrücke zutreffen.
- »OR« (|): Die logische ODER-Verknüpfung trifft dann zu, wenn einer der beiden oder beide Filterausdrücke zutreffen.
- »NOT« (!): Entspricht der logischen Negation. Die Menge der selektierten Knoten oder IP-Adressen wird ausgeschlossen.

Nun wird beschrieben, wie Filter auf Basis von IP-Adressen angelegt werden können. Die Syntax ist dabei für das XML-Tag `filter` oder `rule` identisch:

```
<filter | rule>IPADDR != '0.0.0.0'</filter | rule>
<filter | rule>IPADDR IPLIKE 172.16.23.1,11-15</filter | rule>
```

Im ersten Beispiel trifft der Filter alle IP-Interfaces, die eine IP-Adresse gesetzt haben. Im zweiten Beispiel wird eine *Stored Procedure* von OpenNMS verwendet, mit der alle IP-Adressen aus dem Netz `172.16.23.0/24`, die im letzten Oktet `1` oder `11-15` gesetzt haben, selektiert werden.

Im Rahmen der Installation wird PostgreSQL um eine Funktion iplike erweitert. Solche, in die Datenbank eingebettete Funktionen werden Stored Procedures genannt.

Bei strukturierter Vergabe von IP-Adressen können hier sehr flexible, pflegeleichte und wartungsarme Filter eingerichtet werden. Eine weitere Variante zur Möglichkeit, Knoten zu gruppieren, stellen die Gruppen aus der Datenbank von OpenNMS dar. Hier gibt es vielfältige Möglichkeiten. Dazu schauen wir uns zunächst die Möglichkeit über *Surveillance Categories* und *Services* an.

Die entsprechenden Ausdrücke werden in SQL-Abfragen umgewandelt und ausgeführt. Da die üblichen Attribute pro Knoten nur ein einziges Mal definiert werden können (Betriebssystem, Stadt, Raum, usw.y) kann man leicht verschiedene Eigenschaftstypen mit den Operatoren UND, ODER und NICHT selektieren. Bei Surveillance Categories und Services kann es jedoch sein, dass Knoten gefragt sind, die in beiden Kategorien enthalten sein sollen oder mehrere Dienste ausführen. Um auch solche Anforderungen umsetzen zu können, wurden Präfixe eingeführt. Die folgenden Beispiele funktionieren also nicht:

Die Präfixe `catinc` und `is` ermöglichen es, gleiche Eigenschaftstypen mehrfach logisch zu kombinieren.

```
<filter | rule>(categoryname == 'Servers' & \
  categoryname == 'Production')</filter | rule>
<filter | rule>
<filter | rule>(servicename == 'ICMP' & \
  servicename == 'SNMP')</filter | rule>
```

Damit zwei gleiche Eigenschaftstypen wie `categoryname` und `servicename` logisch kombinierbar sind, wurden die Präfixe `catinc` und `is` eingeführt. Eine Regelbildung kann dann mit diesen Hilfsmitteln wie folgt durchgeführt werden:

```
<filter | rule>catincServers & catincProduction</filter | rule>
<filter | rule>isICMP & isSNMP</filter | rule>
```

Wenn Gruppen und Dienste angelegt werden, sollte auf Leerzeichen und Sonderzeichen verzichtet werden. Es werden zwar keine Fehler auftreten, aber die Präfixe `catinc` und `is` funktionieren dann nicht mehr – und damit geht Ihnen eine wichtige Funktion verloren! Im nächsten Schritt schauen wir uns an, wie auf Attribute aus der Datenbank zugegriffen werden kann.

6.2 Filter und Gruppen auf Basis von SNMP- und Asset-Informationen

In OpenNMS können die meisten Informationen, die in der Datenbank gespeichert sind, als Filter und Gruppierungskriterien dienen. Hier stehen auch Informationen der SNMP-Agenten der Geräte zur Verfügung. Durch die Verwendung von Asset- und SNMP-Informationen ist es möglich, eine große Anzahl von Geräten effizient und schnell nach Lokationen oder anderen organisatorischen Eigenschaften zu gruppieren.

Ein kleines Beispiel: Wir haben die Aufgabe, eine Benachrichtigung für alle Linux-basierten Systeme, die den beiden Surveillance-Kategorien »Production« und »HighPriority« zugeordnet sind, einzurichten. Die Linux-Server sind korrekt mit SNMP in OpenNMS eingebunden und liefern entsprechende Informationen. Damit wir diesen Anwendungsfall abbilden können, lässt sich dazu folgende Regel definieren:

```
<filter | rule>nodesysoid == '.1.3.6.1.4.1.8072.%' & \
  catincProduction & catincHighPriority</filter | rule>
```

Die SNMPv2-MIB::sysObjectID wird oft einfach als SysOID oder sysoid abgekürzt.

Damit wir alle Linux-Maschinen auswählen, machen wir uns ein Attribut des SNMP-Agenten zunutze, die sogenannte *System Object ID* kurz *SysOID* . Bei einem Net-SNMP-Agenten ist die SysOID mit der privat registrierten MIB 8072 definiert und identifiziert dabei den Netzwerk-Management-Agenten. Das %-Zeichen entspricht dabei in dem SQL-Ausdruck einem Platzhalter für ein oder mehrere beliebige Zeichen.

Die SysOID der einzelnen Knoten kann über die WebUI in der Ansicht *Node Detail* überprüft werden. Weitere SNMP-Attribute wie »System Location«, »System Contact« oder »System Description« sind ebenfalls verwendbar. Die Gruppierung von Knoten ist eine elementare Funktion bei der Einführung eines Managementsystems. Prüfen Sie gut, nach welchen Kriterien Sie die Knoten

SNMP Attributes	
Name	clancy
Object ID	.1.3.6.1.4.1.8072.3.2.10
Location	Springfield Headquarter
Contact	<indigo@open-factory.org> Ronny Trommer
Description	Linux clancy 2.6.28-11-server #42-Ubuntu SMP Fri Apr 17 02:48:10 UTC 2009 i686

Abbildung 6.2
SNMP Attribute eines SNMP-Knotens

gruppieren. Die Gruppierung und das Filtern auf Namensschema oder IP-Adressschema sind meist pflegeleichter als Regeln auf Basis einer Surveillance-Gruppe oder von Asset-Informationen, die manuell gepflegt werden müssen.

7 Die Verwaltung von Nodes und deren Monitoren

Die Installation des Netzwerkmanagementsystems ist meist eher unkompliziert. Gerade im Open-Source-Bereich kann man im Internet für die entsprechenden Anwendungen sehr gute Installationsbeschreibungen in Form von Wikis oder Screencasts finden. Wenn man danach allerdings vor dem installierten und funktionsbereiten System sitzt, wird man mit der Aufgabe konfrontiert, wie das Netzwerk in der Anwendung abgebildet werden soll. Ab diesem Zeitpunkt gibt es eine ganze Menge *»Es kommt darauf an.«* Ein großes Netzwerk mit vielen Netzwerkkomponenten und einer vorhandenen Gerätedatenbank erfordert ein anderes Herangehen als ein kleines Netzwerk mit wenigen Geräten.

OpenNMS bietet vielfältige Möglichkeiten an, wie Geräte aufgenommen und im Netzwerkmanagement bereitgestellt werden können. In diesem Kapitel wird beschrieben, wie Geräte – oder besser: *Nodes* – und deren Monitore für die verschiedenen Anwendungen in OpenNMS eingetragen und im Netzwerkmanagement konfiguriert werden. Die unterschiedlichen Mechanismen zur Bereitstellung werden detailliert erläutert. Somit sollten Sie anschließend in der Lage sein, eine für Ihr Netzwerk optimale Entscheidung treffen zu können.

Nodes

Damit OpenNMS eine Anwendung oder einen speziellen Status über SNMP testen kann, wird dazu ein sogenannter *Monitor* eingesetzt. Möchten Sie sicherstellen, dass Ihre USV im Onlinemodus läuft, dann kann ein SNMP-Monitor genau diesen Status für Sie überwachen! Der Monitor testet in einem regelmässigen Intervall den Status Ihrer USV. Liefert der Test nicht mehr das gewünschte Ergebnis »online«, schlägt der Test fehl und es wird eine Störung durch OpenNMS angezeigt.

Monitor

Ein Monitor ist ein vom Administrator definierter Test. Ein Test kann über einen SNMP-Agenten, Netzwerkprotokolle oder eigene Skripte realisiert sein.

Die Kunst im Netzwerk-Monitoring besteht also eigentlich darin, sinnvolle und aussagekräftige Tests für Ihre Anwendungen und Netzwerkkomponenten einzurichten. Ein Monitor in OpenNMS beschreibt im Allgemeinen erst einmal ein Testszenario für ein SNMP-Gerät oder auch von komplexen Anwendungen. Um eine möglichst breite Palette von Anwendungsfällen abdecken zu können, liefert OpenNMS eine große Vielzahl von Monitoren mit. Angefangen von einfachen ICMP-Tests über komplexe Mailtransporttests bis hin zu eigenen Skripten sind der Fantasie hier kaum Grenzen gesetzt.

Woher weiß jedoch OpenNMS, welche Monitore (Tests) auf welchem Gerät durchgeführt werden sollen? Diese (durchaus zentrale) Frage soll im weiteren Verlauf dieses Kapitels für Sie ausführlich erläutert werden. Denn wie so oft im Leben gibt es nicht nur einen Weg zum Ziel, getreu dem Motto *»Wer die Wahl hat, hat die Qual!«*.

Wir haben uns in diesem Kapitel zur Aufgabe gestellt, diese Qualen zu lindern und Ihnen die Konzepte und Ideen hinter den einzelnen Methoden darzustellen, um eine gute Entscheidung für Ihre Anforderungen zu ermöglichen.

Provisioning

Fairerweise muss man allerdings erwähnen, dass das Thema *Provisioning* von der Version 1.6.x auf die neue Version 1.8.x eine ordentliche Neukonzeption und Umsetzung erfährt. Bei der Erstellung des Buches haben wir uns bemüht, die neuesten verfügbaren Features zu beschreiben. Eine komplette Behandlung des Themas Provisioning, wie es in der letztendlich stabilen Version 1.8 vorhanden sein wird, können wir derzeit leider noch nicht liefern. Die Ideen oder Konzepte hinter dieser neuen Technik werden allerdings erläutert.

Discovery

Da OpenNMS vermutlich häufig wegen seiner *Discovery*-Funktion heruntergeladen wird, gehen wir ausführlich auf die Möglichkeiten des Discovery und dessen Einsatzgebiete ein. Schließlich hört sich diese Methode nach »weniger Arbeit« für die IT-Administration an.

Wikipedia: »Als Daemon oder Dämon bezeichnet man unter Unix oder unixartigen Systemen ein Programm, das im Hintergrund abläuft und bestimmte Dienste zur Verfügung stellt.«

Der Begriff *Discovery* ist vermutlich in jedem Netzwerkmanagementsystem unterschiedlich ausgeprägt. In OpenNMS ist dieser Mechanismus umfangreich implementiert. Hinzu kommt, dass unter Discovery häufig unterschiedliche Funktionen verstanden werden. Angefangen von der Erkennung von Netzwerkgeräten [14], Anwendungen bis hin zu Netzwerkschnittstellen und Gerätebezeichnungen sind vielfältige Interpretationen möglich. OpenNMS kann all das – und dieses Unterfangen ist sehr komplex! Die Aufgabenbereiche sind in OpenNMS aufgeteilt und werden von unterschiedlichen Programmen, sogenannten *Daemons* erledigt.

Discoveryd

Der *Discovery-Daemon (Discoveryd)* in OpenNMS sorgt nicht allein für den Erkennungsprozess. Er hat lediglich die Aufgabe, erreichbare IP-Adressen im Netzwerk zu erkennen. Er reicht die gefundene IP-Adresse an den *Capabilityscan-Daemon (Capsd)* weiter. Dieser hat die Aufgabe zu prüfen, welche Monitore (Tests) unterstützt und ausgeführt werden können.

Capsd

Das aktive Scannen eines IP-Netzes mit dem Discoveryd ist nicht die einzige Möglichkeit, Geräte zu erkennen. Es lassen sich auch mit den vorhandenen *Syslog-* und *SNMP-Trap-Daemons* eingehende Ereignisse auswerten. Die Absender-IP-Adressen der Ereignisdatagramme können dann zur detaillierten Untersuchung an den Capsd weitergereicht werden.

Der Discoveryd hat die Aufgabe, erreichbare IP-Adressen zu ermitteln. Der Capsd hingegen prüft unter anderem, welche Monitore auf den IP-Schnittstellen angewendet werden können.

Betreiben wir ein sehr großes Netz, dann existieren häufig hochverfügbar ausgelegte Firewalls oder Router, die gemeinsam eine einzige IP-Adresse im Netzwerk bereitstellen. Automatische Erkennungsmechanismen über das IP-Protokoll schlagen an dieser Stelle fehl. Für diesen Fall stehen uns in OpenNMS sogenannte Provisioning Groups zur Verfügung. In Provisioning Groups lassen sich Nodes manuell erzeugen. Zusätzlich können wir für hochverfügbare Router, Firewalls oder Loadbalancer »virtuelle Nodes« anlegen, die den Netzwerkdienst als Ganzes repräsentieren.

Betreiben wir ein großes Netz mit mehreren 10.000 Nodes und besitzen bereits eine Gerätedatenbank, die alle notwendigen Informationen enthält, kann ein IP-Discovery sehr umständlich sein. Der *Provisioning-Daemon (Provisiond)* stellt uns dazu zahlreiche Schnittstellen zur Verfügung. Mittlerweile besteht sogar die Möglichkeit, eine DNS-Zone als Datenquelle für Nodes zu verwenden.

Provisiond

Die Aufgabenbereiche der OpenNMS-Daemons ist dabei wie folgt zu verstehen:

- *Discovery:* Erkennung von erreichbaren IP-Adressen.
- *Capsd:* Erkennung von unterstützten Protokollen, Anwendungen und verwendbaren Monitoren. Bestimmen, wie Nodes zusammengesetzt und benannt werden.
- *Provisiond:* Bereitstellung von Nodes über verschiedene Schnittstellen aus externen Datenbanken und Anwendungen sowie Discovery-Mechanismen. Der Provisiond soll voraussichtlich in Version 1.8 den Importer-Daemon aus 1.6 sowie den Capsd ablösen. Er ermöglicht unter anderem ein sehr effizientes regelbasiertes Erkennen von Nodes und Diensten.

Bevor wir uns jedoch in die Details stürzen, beginnen wir mit ein paar Grundlagen und beschreiben zunächst, wie Nodes überhaupt aufgebaut sind.

7.1 Capsd und der Aufbau von Nodes

Node

Die Bezeichnung *Node* wird bei OpenNMS synonym zu einer Netzwerkkomponente oder einem Netzwerkgerät verwendet. Ein Node ist demnach, sehr einfach formuliert, lediglich eine Ansammlung von Netzwerkschnittstellen und Monitoren mit einer entsprechenden Bezeichnung. Der Node soll ein Netzwerkgerät möglichst realitätsnah in OpenNMS beschreiben und abbilden. Zum einfacheren Verständnis der Erkennung von Nodes wird in Abbildung 7.1 schematisch gezeigt, wie das Node-Modell in OpenNMS aussieht.

Das hier beschriebene Node-Modell stellt eine wichtige Grundlage für das Verständnis der einzelnen Bereitstellungsmethoden dar. Ein Node kann eine oder mehrere IP-Schnittstellen beherbergen. Für jede IP-Schnittstelle kann wiederum ein oder mehrere Dienste-, Anwendungs- oder Statusmonitore ausgeführt werden.

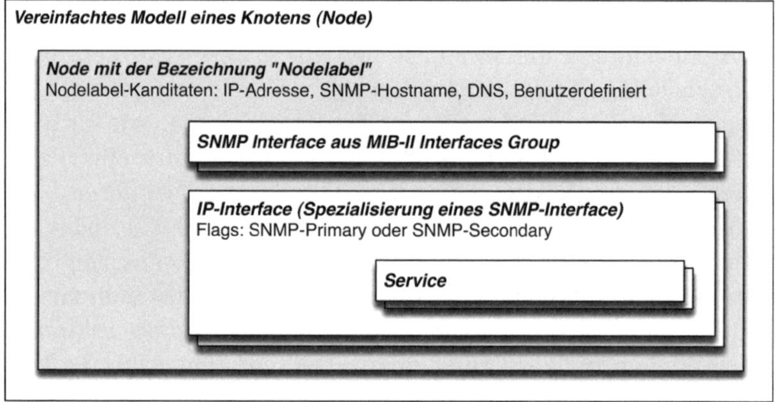

Abbildung 7.1 *Vereinfachtes Node-Modell*

Nodelabel

Ein Node wird in OpenNMS durch ein sogenanntes *Nodelabel* bezeichnet. Als Quelle für ein Nodelabel können unterschiedliche Informationsquellen verwendet werden. Um an eine möglichst sinnvolle Bezeichnung zu gelangen, bezieht sich OpenNMS auf unterschiedliche Mechanismen wie SNMP oder DNS. Falls eine Variante nicht möglich ist, wird die jeweils nächste verwendet. Bei einem Import oder manuellem Eintragen der Nodes trifft dies allerdings nicht mehr zu.

Damit OpenNMS herausfinden kann, welche IP-Schnittstellen zu einem Node zugeordnet sind, werden Informationen aus der Interface-MIB des SNMP-Agenten benötigt. Die Interface-MIB ist eine Standard-MIB, die eigentlich von jedem SNMP-fähigen Gerät unterstützt werden sollte. Glücklicherweise halten sich die meisten Hersteller daran, es gibt allerdings gerade bei kleinen sehr günstigen Herstellern häufig Ausnahmen. In dieser Interface-MIB ist genau dokumentiert, welche IP-Adresse an welche Netzwerkschnittstelle gebunden ist. Anhand dieser Einträge kann OpenNMS eine IP-Schnittstelle einem Node zuweisen und auch auf entsprechende Veränderungen reagieren. Falls diese Informationen nicht verwendet werden können, kann es passieren, dass IP-Schnittstellen als separate Nodes aufgelistet werden, und man muss sich der Sache selbst annehmen. Der *Capsd* sorgt also dafür, dass ein Router mit seinen vielen Netzwerkschnittstellen korrekt in OpenNMS abgebildet wird. Capsd hat im Wesentlichen die folgenden Aufgaben zu bewältigen:

- Ermitteln einer sinnvollen Bezeichnung (»Nodelabel«)
- Zuordnung und Erkennung von Anwendungs-, Dienst- und Statusmonitoren
- Festlegen von primären und sekundären SNMP-Schnittstellen für die Datensammlung
- Zuordnung der Netzwerkschnittstellen und Bildung der Nodes (»Node merging«)

Für die Bestimmung der entsprechenden Node-Bezeichnung können verschiedene Quellen herangezogen werden, die nach folgender Priorität verarbeitet werden:

1. IP-Adresse: Das Minimum, das OpenNMS bekannt sein muss. Jeder Node, der automatisch erkannt wird, heißt zunächst nach seiner IP-Adresse.
2. SNMP: Der SNMP-Hostname wird ausgelesen und – sofern verfügbar – als Nodelabel gesetzt.
3. DNS: Wenn eine Auflösung der IP-Adresse möglich ist, wird dieser Name gesetzt. Bei mehreren IP-Adressen auf einem Node wird der DNS-Name der niedrigsten auflösbaren IP-Adresse verwendet.
4. Benutzerdefiniert: Der Benutzer selbst legt eine Bezeichnung fest. Diese Einstellung überschreibt alle anderen Bezeichnungen.

Falls mehrere Quellen vorhanden sind, ist die jeweils am weitesten unten geltende Bezeichnung maßgeblich. Eine manuelle Bezeichnung überschreibt also immer eine Bezeichnung aus dem DNS oder SNMP-Agenten. Eine Bezeichnung über DNS wird demnach ebenfalls einer Bezeichnung aus einem SNMP-Agenten bevorzugt. In der Praxis kann häufig festgestellt werden, dass eine Benennung über DNS weitaus sinnvoller ist, als eine manuelle Bezeichnung in OpenNMS selbst vorzunehmen. Wenn eine DNS-Datenbank gut gepflegt ist, dann profitieren alle Anwendungen, die DNS nutzen können. OpenNMS bietet für Sie an dieser Stelle ein sehr schönes Kontrollinstrument zur Prüfung Ihrer Namensauflösung. Eine Änderung des DNS-Namens wird von OpenNMS automatisch in die Node-Bezeichnung übernommen, was einen angenehmen Effekt auf die Wartung von OpenNMS hat.

7.2 Methoden zur automatischen Erkennung von Nodes

Damit OpenNMS überhaupt Netzwerk-Nodes erkennen kann, beginnt alles bei einer einfachen IP-Adresse. Ein Gerät muss mindestens das IP-Protokoll und das dazugehörige ICMP auf einem seiner Schnittstellen unterstützen, um erkannt werden zu können. Alle anderen Schnittstellen können dann über einen entsprechenden SNMP-Agenten ausgelesen und zugeordnet werden. Hierzu verwendet OpenNMS wie bereits erwähnt die in SNMP als Standard-MIB spezifizierte Interface-Tabelle.

An dieser Stelle sei angemerkt, dass es durchaus möglich ist, nicht-IP-basierte Geräte mit OpenNMS zu überwachen – dann müssen allerdings andere, auf die Situation abgestimmte Methoden benutzt werden.

Da das IP-Protokoll wohl am häufigsten verwendet wird, sind hier mehrere Mechanismen zur Erkennung implementiert. Für die Ermittlung der Nodes wird ein dreistufiges Verfahren durchgeführt. In der ersten Stufe geht es zunächst darum, herauszufinden, welche Netzwerkschnittstellen mit welcher IP-Adresse überhaupt im Netzwerk existieren. Im zweiten Schritt wird dann genauer geprüft, welche Anwendungen und Dienste auf der entsprechenden IP-Adresse bereitgestellt werden. Im dritten und letzten Schritt werden die Informationen zu einem Node zusammengeführt.

In Abbildung 7.2 wird gezeigt, welche Informationen zur Erkennung von IP-Schnittstellen genutzt werden können. Die Erkennung von IP-Schnittstellen kann man grob in zwei Kategorien unterteilen: die aktive und passive Erkennung von IP-Schnittstellen.

- Aktiv: OpenNMS versucht IP-Schnittstellen im Netzwerk aktiv selbst zu erkennen. Hierbei wird das Internet Control Message Protocol – ICMP – sowie Informationen der

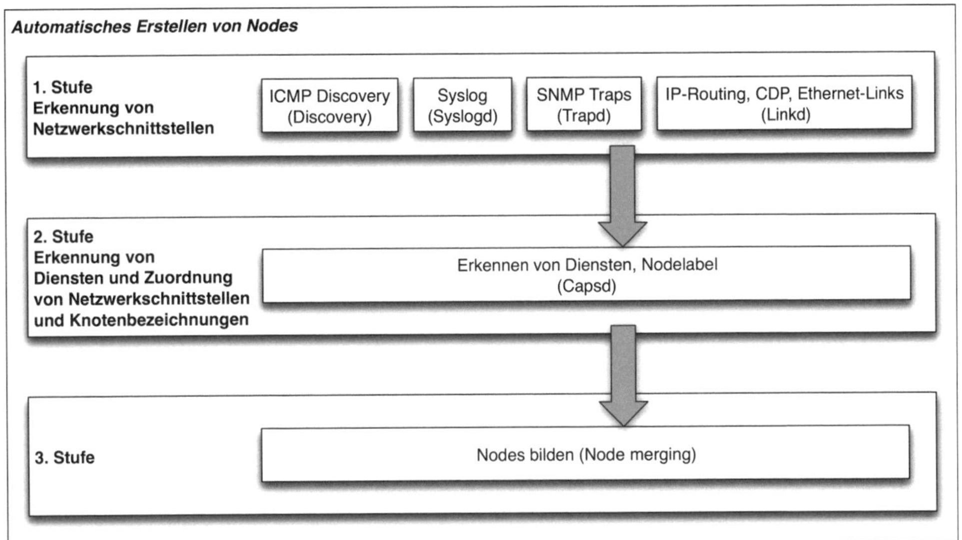

Abbildung 7.2
Dreistufiges Ermitteln von Nodes

SNMP-Agenten wie Routing-Tabellen oder Layer-2-MAC-Adresstabellen verwendet. Es werden die Informationen des Discoveryd oder Linkd genutzt.

- Passiv: OpenNMS nimmt Nodes auf, nachdem diese eine Syslognachricht oder einen SNMP-Trap an den OpenNMS-Server gesendet haben. Als Basis dient dann die Absender-IP-Adresse der jeweiligen Nachricht.

Um IP-Adressen aktiv selbst zu ermitteln, stellt OpenNMS einen eigenen Dienst »Discovery« zur Verfügung.

7.2.1 Aktive Erkennung mit dem Discovery-Daemon und dem Link-Daemon

Bevor ein Administrator ein neues Gerät im Netzwerk aufnimmt, vergewissert er sich meist mit einem einfachen »ping«-Kommando, ob die vorgesehene IP-Adresse nicht bereits verwendet wird. Da das ICMP-Protokoll in jedem IP-fähigen Gerät implementiert ist, stellt es eine sehr generische Methode dar, um Geräte im Netzwerk zu erkennen (natürlich bilden Firewalls und IP-Filter hier und da eine Ausnahme). OpenNMS unterstützt in seinem Dienst »Discovery« genau dieses Protokoll und kann ganze IP-Bereiche überprüfen. Reagiert eine IP-Adresse auf eine ICMP-Echo-Anforderung, so dokumentiert OpenNMS die Adresse in seiner Datenbank und unterzieht diese IP-Adresse dann später einigen detaillierten Tests mit dem Capsd. Der Discoveryd kann zunächst einmal in der Datei `$OPENNMS_HOME/etc/service-configuration.xml` aktiviert oder deaktiviert werden:

```
<service>
  <name>OpenNMS:Name=Discovery</name>
  <class-name>
    org.opennms.netmgt.discovery.jmx.Discovery
  </class-name>
  <invoke at="start" pass="0" method="init"/>
  <invoke at="start" pass="1" method="start"/>
  <invoke at="status" pass="0" method="status"/>
  <invoke at="stop" pass="0" method="stop"/>
</service>
```

Im hier dargestellten Beispiel ist der Dienst aktiv; zur Deaktivierung muss der Bereich einer Service-Definition lediglich durch Kommentar-Tags auskommentiert werden, also beispielsweise durch folgenden Eintrag:

```
<!--
<service>
...
</service>
-->
```

Der Discoveryd macht also nichts anderes, als IP-Bereiche mit ICMP zu prüfen und entsprechend in OpenNMS zu dokumentieren. Auf der untersten Ebene in OpenNMS, dem Event-Bus, wird dann für jede neu gefundene IP-Adresse ein sogenannter *NewSuspect*-Event erzeugt. Die Konfiguration von IP-Bereichen oder einzelnen IP-Adressen kann in der WebUI über den Menüpunkt *Admin -> Configure Discovery* erreicht werden. Die entsprechenden Einstellungen werden dann in der XML-Datei `$OPENNMS_HOME/etc/discovery-configuration.xml` gespeichert. Der Aufbau der Konfigurationsdatei wird im folgenden Abschnitt beschrieben.

7.2.2 Discovery-Konfiguration in der WebUI

Die Konfigurationsseite unterteilt sich in zwei Bereiche. Der erste Bereich beschreibt das globale Verhalten des »Discovery-Daemon«. Die globalen Konfigurationsparameter sind dabei wie folgt zu verstehen:

- *Initial sleep time (sec.)*: Nach dem Start des Discoveryd wird zunächst 30 Sekunden gewartet, bis der Ping-Scan startet.

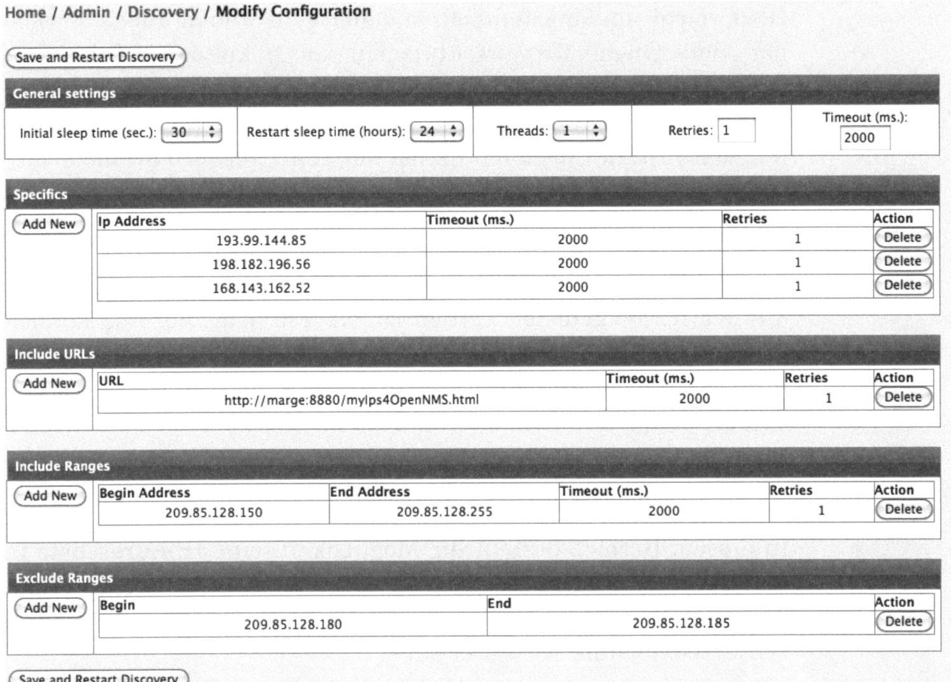

Abbildung 7.3
Discovery Konfiguration im WebUI

- *Restart sleep time (hours):* Der Ping-Scan wird nach Ablauf dieser Zeit automatisch wiederholt, damit neue IP-Adressen in den Bereichen automatisch erkannt und aufgenommen werden können.
- *Threads:* Anzahl der parallelen Threads, die für die IP-Bereiche verwendet werden können.
- *Retries:* Angabe, wie oft der Ping-Test auf die entsprechende IP-Adresse versucht werden soll, bis er die nächste IP-Adresse prüft.
- *Timeout (ms.):* Angabe, wie lange auf eine ICMP-Antwort maximal gewartet werden soll, bis der nächste Versuch gestartet wird.

Konfigurationsbereich: *General settings*

Die globalen Einstellungen haben hier wesentlichen Einfluss darauf, wie effizient die entsprechenden IP-Bereiche geprüft werden. Wenn wir also 20.000 Adressen als zu testenden Bereich angeben und nur einen einzigen *Thread* auf den IP-Bereich loslassen, kann das eine ganze Weile dauern. Zusätzlich erfordern bekanntlich die

IP-Bereiche am längsten Zeit, in denen sehr wenige Hosts erreichbar sind – OpenNMS wartet brav ein paar Sekunden auf eine Antwort, bevor es sich an die nächste Adresse macht. Die IP-Adressen, die nicht genutzt werden, binden einen Thread demnach am längsten, siehe *Retries* in Kombination mit den *Timeout*-Parametern.

Konfigurationsbereich: *Specifics*

Im Abschnitt *Specifics* werden einzelne IP-Adressen angegeben, die per ICMP getestet werden sollen. Für jede Adresse können *Timeout* und *Retries* angegeben werden. Wenn die Schaltfläche *Add New* ausgewählt wird, kann eine einzelne IP-Adresse mit den entsprechenden *Retries* und *Timeout* ausgewählt werden.

Konfigurationsbereich: *Include URLs*

In diesem Bereich besteht die Möglichkeit, eine IP-Adressliste in Form einer einfachen Textdatei anzugeben. Der Aufbau der Textdatei ist dabei sehr einfach, wie im folgenden Beispiel gezeigt wird. Wir erzeugen eine Textdatei mit

```
vi /opt/ipdiscovery.txt
```

und geben die folgenden IP-Adressen zeilenweise an:

```
72.26.203.98
69.63.187.16
69.63.187.19
```

Nun können wir diese Datei als Quelle für den Discovery-Daemon verwenden, indem wir als URL den folgenden Eintrag hinzufügen:

```
file:/opt/ipdiscovery.txt
```

In der Standardeinstellung überprüft OpenNMS alle 24 Stunden die in der Datei angegebenen IP-Adressen auf Erreichbarkeit. Entsprechend muss man diesen Zeitraum abwarten – oder man wählt in der WebUI das Menü *Admin -> Discovery -> Modify Configuration* aus und drückt dort den Butten *Save and Restart Discovery*. Mit dieser sehr einfachen Methode lassen sich schon ohne große Programmierfähigkeiten einfache Imports aus CSV-Dateien oder Datenbanken durchführen. Zusätzlich kann diese Datei auch auf einem entfernten Webserver bereitgestellt werden. Der Eintrag sieht dann für eine URL wie folgt aus:

```
http://<my-webserver>/ipdiscovery.txt
```

Es ist dabei zu beachten, dass der Discoveryd die Datei Zeile für Zeile durchläuft und prüft, ob es sich um eine IP-Adresse handelt. Die Datei wird als Textdatei interpretiert. Die Ausgabe der URL in einem Browser muss daher wie in Abbildung 7.4 dargestellt aussehen.

http://marge:88...ps4OpenNMS.txt

```
72.26.203.98
69.63.187.16
69.63.187.19
```

Abbildung 7.4 *Discovery mit HTTP über eine URL*

Achtung: Verwenden Sie keine HTML-Ausgabe, da die Datei als reiner ASCII-Text interpretiert wird! Das folgende Beispiel wird demnach nicht funktionieren, da der Quellcode der HTML-Seite im Browser so aussieht:

```
<table>
  <tr>
    <td>72.26.203.98</td>
  </tr>
</table>
```

Noch ein Tipp: Das Verfahren, über HTTP eine einfache IP-Adressliste bereitzustellen, macht es leicht möglich, bestehende Datenbanken oder Anwendungen im Unternehmen zu integrieren und Daten dynamisch für das Discovery bereitzustellen.

Konfigurationsbereich: *Include Ranges*

Damit Geräte in IP-Netzbereichen erkannt werden, können IP-Adressbereiche definiert werden. Der Adressbereich wird mit der ersten und letzten Adresse bestimmt. Eingaben mit einem Intervall von 192.168.0.1 bis 193.170.255.254 sind dabei zulässig. Geben Sie wenn möglich Bereiche ein, die mit hoher Wahrscheinlichkeit Zielsysteme enthalten, denn große leere Bereiche binden viele Threads mit Wartezeit auf *Timeouts* und *Retries* (siehe oben).

Konfigurationsbereich: *Exclude Ranges*

Im Bereich *Exclude Ranges* können bestimmte Adressbereiche aus der Discovery ausgeschlossen werden. Alle Adressen in diesem Bereich werden nicht über ICMP getestet, können demnach auch nicht erkannt und auch nicht in der Datenbank dokumentiert werden. Das Verhalten beschränkt sich nur auf den Discoveryd. Sie können ohne Probleme Geräte aus diesem Bereich manuell oder auf einem anderen Weg anlegen. Diese Option ist dann nützlich, wenn im Netzwerk ein Bereich von Adressen für Geräte genutzt wird, die nur zeitweilig im Netz anzutreffen sind – zum Beispiel Laptops oder andere Geräte, die nur temporär eine IP-Adresse erhalten.

Alle Änderungen können ohne Neustart von OpenNMS direkt aus der Weboberfläche durchgeführt werden. Nach der Auswahl von *Save and Restart Discovery* werden die entsprechenden Einstellungen übernommen und der ICMP-Scan wird gestartet.

Es gibt noch weitere Einstellungen, mit denen die Effizienz und das Verhalten des Discoveryd beeinflusst werden können. Diese Einstellungen sind nicht über die Weboberfläche erreichbar und wir möchten Ihnen diese Option auch nicht vorenthalten. In der Datei `$OPENNMS_HOME/etc/discovery-configuration.xml` findet man in den ersten Zeilen einen Abschnitt, der festlegt, wie viele `packets-per-second` von dem jeweiligen Thread gesendet werden sollen:

```
<discovery-configuration
    xmlns="http://xmlns.opennms.org/xsd/config/discovery"
    threads="1"
    packets-per-second="1"
    initial-sleep-time="30000"
    ...
```

Beträgt die durchschnittliche Netzwerklatenz 500 Millisekunden und `packets-per-second` wird auf 2 gesetzt, verdoppelt sich die Anzahl, mit der neue Geräte aufgenommen werden können. Die Wirksamkeit relativiert sich allerdings, wenn Threads mit sehr vielen *Timeouts* und *Retries* beschäftigt sind.

Achtung: Alle Einstellungen, die man über die Weboberfläche vornimmt, werden abgespeichert und direkt übernommen. Änderungen, die Sie in der XML-Datei über einen Texteditor vornehmen, erfordern einen Neustart von OpenNMS!

VLAN: Virtual Local Area Network

STP: Spanning Tree Protocol

IP-Adressen über ICMP zu ermitteln ist nicht die einzige Möglichkeit. Es können ebenfalls Informationen aus Layer-2-Protokollen verwendet werden. Der *Linkd* kann Informationen in Form von VLAN-Daten, STP-Daten, MAC-Adressen bis hin zu Routing-Tabellen von SNMP-fähigen Netzwerkkomponenten auslesen. Auf die gefundenen IP-Adressen kann der *Linkd* ebenfalls ein *New-Suspect*-Event auf den Event-Bus senden und somit eine detaillierte Prüfung für den Capsd veranlassen.

Der Linkd stützt sich dabei nicht nur auf die Standard-MIB-II-Informationen, um beispielsweise die MAC-Adresse eines IP-Interface zu ermitteln, sondern implementiert auch einige herstellerspezifische MIBs, zum Beispiel von Cisco, HP oder Extreme Networks. Um zu sehen, welche MIBs unterstützt werden, wird hier auf das Wiki in OpenNMS auf `http://www.opennms.org/wiki/Linkd` verwiesen. Der Support wird ständig erweitert – alle MIBs aufzulisten würde den Rahmen des Kapitels sprengen.

Wir möchten hier den Fokus auf die relevanten Einstellungen für eine Erkennung von Diensten und IP-Adressen legen und zeigen, welche Einstellungen dazu notwendig sind. Der *Linkd* ist nach der Standardinstallation normalerweise ausgeschaltet und muss in der Konfigurationsdatei `$OPENNMS_HOME/etc/service-configuration.xml` aktiviert werden:

Linkd

```
<service>
  <name>OpenNMS:Name=Linkd</name>
  <class-name>org.opennms.netmgt.linkd.jmx.Linkd</class-name>
  <invoke at="start" pass="0" method="init"/>
  <invoke at="start" pass="1" method="start"/>
  <invoke at="status" pass="0" method="status"/>
  <invoke at="stop" pass="0" method="stop"/>
</service>
```

Das konkrete Verhalten des *Linkd* kann in der Konfigurationsdatei `$OPENNMS_HOME/etc/linkd-configuration.xml` beeinflusst werden. Dort können für unterschiedliche Geräteklassen spezifische Verhaltensweisen der IP-Adresserkennung angelegt werden. Im ersten Teil der Konfiguration werden die herstellerspezifischen MIBs definiert, wie zum Beispiel der VLAN-Support von Cisco oder HP. Im unteren Teil der Konfigurationsdatei wird festgelegt, welche Geräte über eine IP-Filterregel gruppiert werden sollen. Für diese *Packages* kann die IP-Adresserkennung entsprechend unterschiedlich definiert werden. Die Konfiguration einer `package` sieht dann wie folgt aus:

```
<package name="AUTODISCOVERY" auto-discovery="true">
  <filter>IPADDR != '0.0.0.0'</filter>
  <include-range begin="10.1.1.1" end="10.1.1.254"/>
</package>
```

Mit dieser Konfiguration wird der Linkd angewiesen, die SNMP-Interface-Tabellen aus den Geräten im IP-Bereich 10.1.1.1 bis 10.1.1.254 auszulesen. IP-Adressen, die noch nicht in der Datenbank existieren, werden erfasst und auf vorhandene Dienste und Anwendungen überprüft. *Achtung*: Die Einstellungen mit `auto-discovery` sind mit Vorsicht zu genießen. Sie sollten die Netzwerkinfrastruktur sehr gut kennen, wenn sie diese Funktion aktivieren. Es ist leicht möglich, dass ein solches `auto-discovery` über Ihre Unternehmensgrenzen hinaus läuft, da auch Routing-Tabellen herangezogen werden. Und nicht alle Netzwerkadministratoren sind dankbar, wenn ihr Netz von einem fremden System gescannt wird ...

7.2.3 Passives Erkennen von Nodes über den Syslogd und SNMP-Trapd

Die Protokolle *SyslogSyslog* und SNMP sind in IP-Netzwerken weit verbreitet. Der Charme dieser Protokolle ist, Ereignisse, die auf Geräten lokal auftreten, an zentrale Server zu senden. Dadurch können Ereignisse zwischen verschiedenen Rechnern korreliert werden. Man kann leicht sehen, welche Ereignisse an verschiedenen Rechnern im gleichen Zeitraum aufgetreten sind, da die Nachrichten alle auf einem zentralen System zur Verfügung stehen. Des Weiteren erfolgen die Meldungen sehr zeitnah, da es sich hier um keinen Polling-Mechanismus handelt, der alle 5 Minuten auf einen Status prüft. Sobald also ein Rechner ein Problem hat, auf eine seiner Festplatten zu schreiben, wird ein entsprechender Log-Eintrag vorgenommen. Der Log-Eintrag wird zusätzlich via Syslog- oder SNMP-Trap an einen Log-Server gesendet. OpenNMS kann für beide Protokolle als Empfängerdienst arbeiten und damit Ereignisprotokolle und entsprechende Ereignisse zentral zusammenführen. Da die Konfiguration auf den entsprechenden Servern und Netzwerkkomponenten ausgeführt werden muss, kann man sich die Funktion des passiven Discovery zu Hilfe nehmen, um den Rollout der Syslog- und Trap-Konfiguration auf den Geräten zu überwachen.

Wir gehen davon aus, dass unser OpenNMS gerade frisch installiert wurde. Als Ziel soll für alle wichtigen Netzwerkkomponenten und Server ein zentralisiertes Logging auf dem OpenNMS-Server realisiert werden. Dazu ist vor allem anderen dafür Sorge zu tragen, dass die beiden Dienste *Syslogd* und *Trapd* in der Datei `$OPENNMS_HOME/etc/service-configuration.xml` aktiviert werden:

```
<service>
  <name>OpenNMS:Name=Syslogd</name>
  <class-name>
    org.opennms.netmgt.syslogd.jmx.Syslogd
  </class-name>
  <invoke at="start" pass="0" method="init"/>
  <invoke at="start" pass="1" method="start"/>
  <invoke at="status" pass="0" method="status"/>
  <invoke at="stop" pass="0" method="stop"/>
</service>
...
<service>
  <name>OpenNMS:Name=Trapd</name>
  <class-name>
    org.opennms.netmgt.trapd.jmx.Trapd
  </class-name>
  <invoke at="start" pass="0" method="init"/>
  <invoke at="start" pass="1" method="start"/>
  <invoke at="status" pass="0" method="status"/>
  <invoke at="stop" pass="0" method="stop"/>
</service>
```

Die beiden Dienste haben jeweils eine eigene Konfigurationsdatei im gleichen Verzeichnis: `syslogd-configuration.xml` und `trapd-configuration.xml`
Schauen wir uns zunächst die `syslogd-configuration.xml` an. Dort sind zunächst die beiden Parameter

```
syslog-port="514"
new-suspect-on-message="true"
```

interessant. Mit der Einstellung `syslog-port="514"` wird festgelegt, dass der OpenNMS-Syslogd auf dem Standard-Syslog-Port 514 lauscht. Mit der Einstellung `new-suspect-on-message="true"` wird geprüft, ob die Absender-IP-Adresse der Syslog-Nachricht bereits in der OpenNMS-Datenbank vorhanden ist. Ist das nicht der Fall, dann wird die IP-Adresse gespeichert und entsprechend weiter auf Dienste geprüft. Die gleiche Konfiguration gilt ebenfalls für den OpenNMS-*Trapd*. Die erforderliche Konfiguration sieht dann wie folgt aus:

```
<trapd-configuration
  snmp-trap-port="162"
  new-suspect-on-trap="true"/>
```

Für die Aktivierung der Einstellungen im System muss OpenNMS neu gestartet werden. Im Anschluss kann man mit dem Kommando `netstat -lnpu` prüfen, ob die beiden Dienste laufen. Die Ausgabe sieht wie folgt aus:

```
udp6  0  0 :::514   :::*     20123/java
udp6  0  0 :::162   :::*     20123/java
```

Die Werte sind dabei folgendermaßen zu verstehen: auf dem UDP-Port 162 werden SNMP-Traps und auf Port 514 Syslog-Ereignisse entgegengenommen. Wichtig hierbei ist, dass beide Ports von einem Java-Prozess bereitgestellt werden. Sie können nicht zwei Anwendungen auf dem gleichen UDP-Port lauschen lassen – sollten Sie also bereits einen anderen SNMP-Trap-Daemon verwenden, so müssen Sie diesen deaktivieren, damit der Port für OpenNMS frei ist. Anschließend können Sie damit beginnen, Ihre Server und Netzwerkkomponenten so einzurichten, dass diese Syslogs und Traps an den OpenNMS-Server senden.

Achtung: Falls bereits andere Anwendungen wie Syslog-NG oder andere Trap-Server die beiden Ports belegen, dann kann OpenNMS nicht erfolgreich gestartet werden.

Sobald das erste Syslog- oder Trap-Ereignis auf dem OpenNMS-Server ankommt, werden die entsprechenden Absender-IP-Adressen geprüft und falls notwendig in das Monitoring aufgenommen. Mit dieser Möglichkeit kann man sehr schön ein umfangreicheres Rollout einer zentralisierten Logging-Konfiguration überwachen. Ein einfacher Test-Trap oder ein Test-Log-Eintrag kann zum einen die Funktion sicherstellen und man kann die Geräte zusätzlich gleich in der Netzwerkmanagementanwendung bereitstellen.

Es gibt also eine Reihe von Mechanismen, mit denen IP-Netzwerkschnittstellen in OpenNMS erkannt und dokumentiert werden können. Jede neu erkannte IP-Adresse wird mit einem eigenen Ereignis *New Suspect* gemeldet. Wenn die Dienste mit einem *New Suspect*-Event das Erkennen veranlassen können, steht uns auch nichts im Weg, dieses Event von `send-event.pl` aus zu senden. Der Aufruf sieht dann wie folgt aus:

send-event.pl

```
send-event.pl --interface 192.168.100.1 \
  uei.opennms.org/internal/discovery/newSuspect
```

Dieses Ereignis veranlasst dann den Capsd, die Adresse 192.168.100.1 auf Anwendungen zu testen. Das Erkennen von Anwendungen und Zusammenführen von Nodes wird im folgenden Kapitel detailliert beschrieben wird.

7.3 Capsd – automatisches Erkennen von Protokollen

Wie bereits an verschiedenen Stellen angedeutet wurde, verwendet OpenNMS für Überwachungsfunktionen verschiedene Monitore. Ein Monitor kann dabei für die Überwachung einer Anwendung oder aber auch für Statusabfragen über SNMP oder Skripte verwendet werden. Um das Monitoring möglichst vollständig und automatisch durchführen zu können, gibt es den Capabilityscan-Daemon, kurz *Capsd* genannt. Er prüft, welche Dienste oder Anwendungen auf einer IP-Schnittstelle angeboten werden. Nachdem Capsd verschiedene Anwendungen, Dienste oder Statusmonitore erkannt hat, kann sich der Polling-Daemon *Pollerd* darum kümmern, die entsprechende Funktionsfähigkeit zu testen. Die Verbindung, ob eine Anwendung bereitgestellt und anschließend vom Pollerd überwacht werden soll, geschieht über die Bezeichnung des Protokolls und des Servicenamens (dazu später mehr).

Capsd

Wird aus den im vorigen Kapitel beschriebenen Möglichkeiten eine IP-Schnittstelle erkannt, kümmert sich der Capsd um die »Erkennungsdienstliche Behandlung« der neuen verdächtigen IP-Adressen. Der Capsd hat dabei nicht nur die Aufgabe, herauszufinden, welche Anwendungen und Statusmonitore auf einem Node ausgeführt werden können, sondern stellt ebenfalls fest, zu welchem Node die IP-Schnittstelle zugewiesen und wie er benannt werden soll.

Da bekanntlich die einzige Konstante im Universum die Veränderung ist, werden auch in einem Netzwerk des Öfteren neue Anwendungen auf Servern installiert. OpenNMS kann uns nun bei der Überwachung insofern unterstützen, als der Capsd die Nodes regelmäßig einer Überprüfung unterzieht. Stellt der Server eine neue Anwendung bereit, dann wird OpenNMS das von selbst feststellen und die Überwachung entsprechend selbstständig durchführen, ohne dass der Administrator etwas tun muss. Diese regelmäßige Prüfung lässt sich ebenfalls frei konfigurieren. In der Standardeinstellung ist dieses Intervall auf 24 Stunden eingerichtet.

Damit ein Administrator ein Gerät auch manuell zum Beispiel auf Bezeichnung oder Dienste testen lassen kann, gibt es die Möglichkeit, in der WebUI einen solchen Scan in der Node-Ansicht über den Link *Rescan* manuell zu erzwingen (siehe Abb. 7.5). Die WebUI zeigt anschließend nichts weiter an – lediglich ein neues Ereignis beim Node teilt uns mit, dass der Capsd sei-

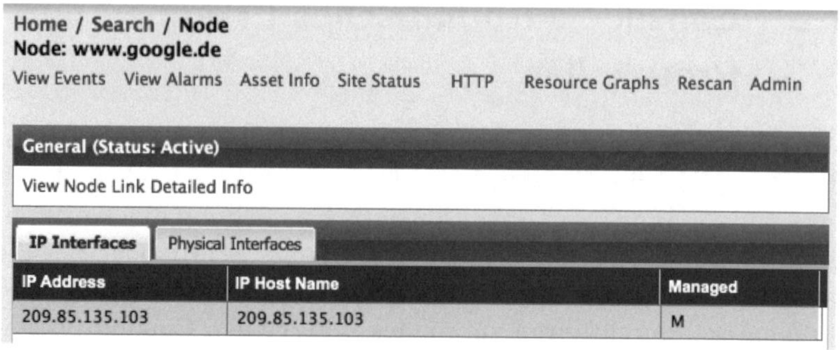

Abbildung 7.5
Erzwingen eines Capability-Scan

ne Arbeit aufgenommen hat (siehe Abb. 7.6). Hat der Capsd seine Aufgabe beendet, meldet dieser ein Ereignis *rescanComplete*. Vorher macht es keinen Sinn, die F5 Taste für die Aktualisierung des Browserfensters zu bemühen. Die Dauer eines solchen Scans hängt von verschiedenen Faktoren ab: zum einen, wie viele Dienste der Capsd prüfen muss, und zum anderen, wie viele *Retries* und welche *Timeouts* konfiguriert sind. Um auf diesen Mechanismus Einfluss zu nehmen, gibt es wie gewohnt eine entsprechende Konfigurationsdatei, in diesem Fall heißt sie `$OPENNMS_HOME/etc/capsd-configuration.xml`. Der allgemeine Aufbau der Konfigurationsdatei wird in der Skizze in Abbildung 7.7 dargestellt.

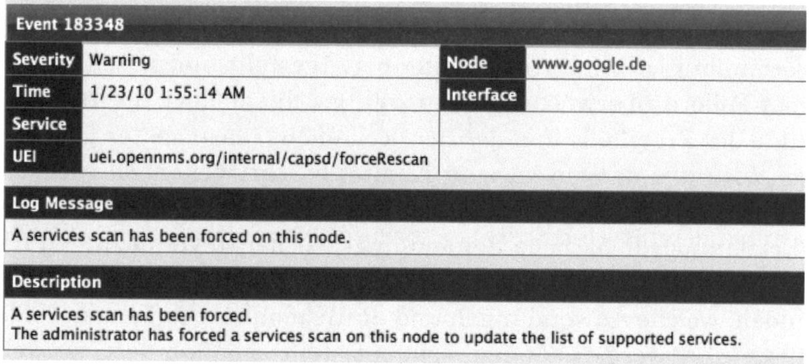

Abbildung 7.6
Ausgelöstes Ereignis eines erzwungenen Nodescans

Am Beginn der Datei werden die globalen Parameter für den Capsd beschrieben:

```
rescan-frequency="86400000"
initial-sleep-time="30000"
max-suspect-thread-pool-size="6"
max-rescan-thread-pool-size="3"
management-policy="managed"
abort-protocol-scans-if-no-route="true">
```

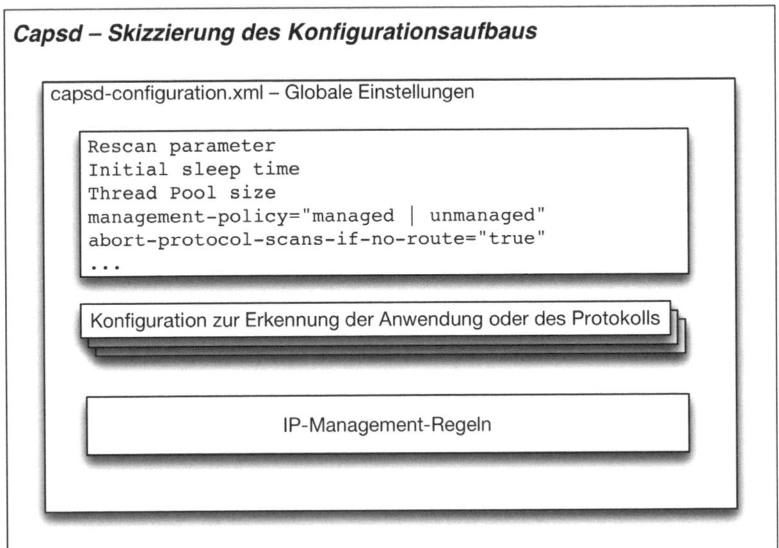

Abbildung 7.7 *Skizze der Konfigurationsdatei des Capsd*

Die `rescan-frequency` beschreibt, in welchem Intervall alle zu scannenden Interfaces wieder überprüft werden sollen. 86.400.000 Millisekunden(!) nach dem letzten Scan wird ein Interface also auf jeden Fall neu überprüft (das sind 24 Stunden). Damit ein frisch gestartetes System nicht sofort mit dem Scannen beginnt, wird die `initial-sleep-time` auf fünf Minuten gesetzt, alias 30.000 Millisekunden.

Bitte fragen Sie jetzt nicht, warum hier Millisekunden benutzt werden – es ist so.

Die nächsten beiden Parameter legen die genutzten Ressourcen fest. Die `Thread-Pool-Size` bestimmt die Anzahl der zur Verfügung stehenden Threads. Einfacher gesagt: Für den *Suspect-Scan* stehen sechs gleichzeitig arbeitende Programme zur Verfügung, für das *Rescannen* drei. Um die Erkennung in der Menge der zu testenden IP-Adressen zu beeinflussen, kann noch eine `management-policy` angegeben werden. In unserem Beispiel werden alle erkannten IP-Adressen auf *managed* gesetzt und damit überwacht. Je nach Systemressourcen und Bedarf kann man an diesen Zahlen Veränderungen vornehmen. Wer viele Systeme überwacht, wird vielleicht feststellen, dass ein *Rescan* bei maximal drei parallel arbeitenden Threads sehr lange dauert – dann kann es sinnvoll sein, diese Zahl vorsichtig zu erhöhen. Mit einer größeren Anzahl von Threads geht aber auch eine erhöhte Ressourcennutzung (CPU, Speicher) einher, sodass man schrittweise vorgehen sollte, um einen guten Kompromiss zwischen Systemlast und Scan-Geschwindigkeit zu finden.

Die letzte Eigenschaft `abort-protocol-scans-if-no-route="true"` legt fest, dass Capsd nicht versucht, weitere Protokolle und Anwendungen zu erkennen, wenn die IP-Schnittstelle über ICMP nicht erreichbar ist. Damit kann bereits sehr viel Zeit gespart werden. Sind allerdings Webserver hinter einer Firewall per HTTP erreichbar, aber nicht über ICMP, dann kann die Einstellung `false` nicht übernommen werden und muss gegebenenfalls auf `true` gesetzt werden. Wird keine explizite Einstellung gesetzt, dann ist der Standardwert `true`.

Nachdem nun klar ist, wie sich der Capsd im Allgemeinen verhält, werden die einzelnen Dienste definiert:

```
<protocol-plugin protocol="ICMP"
  class-name="org.opennms.netmgt.capsd.plugins.IcmpPlugin"
  scan="on">
  <property key="timeout" value="2000" />
  <property key="retry" value="1" />
</protocol-plugin>
```

Jede Definition beginnt mit einer Bezeichnung des zu testenden Dienstes. Der Name für die Definition des `protocol` kann dabei frei gewählt werden. Dem `protocol` wird dann ein auszuführendes Programm über `class-name` zugeordnet und das Scannen wird eingeschaltet. Das Programm wird dann über `property key(s)` konfiguriert. Da die möglichen Variablen und Werte nicht festgelegt sind, ist die Konfiguration flexibel – was auch immer für das auszuführende Programm benötigt wird, kann übergeben werden. Zumindest sollte man für einen auszuführenden Test den Timeout und die Anzahl der durchzuführenden Versuche – `timeout` und `retry` – festlegen.

Der oben gezeigte Test wird das Programm *IcmpPlugin* aufrufen (in diesem Fall also eine Java-Klasse), 2000 Millisekunden auf ein Ergebnis warten und einen Versuch starten. Gibt es innerhalb von 2000 Millisekunden eine positive Antwort, wird der entdeckte Dienst der zu scannenden IP-Schnittstelle zugeordnet. Ergibt der Test, dass der Dienst nicht verfügbar ist, erfolgt keine Zuordnung – also auch keine negative. Das Gleiche passiert, wenn der Timeout abläuft und die Anzahl der konfigurierten Wiederholungen (*retries*) noch nicht erreicht wurde.

Damit werden nun die entsprechenden Dienste auf den IP-Schnittstellen und Geräten dokumentiert und der Polling-Daemon weiß nun, auf welchen IP-Schnittstellen welche Dienste und Monitore auszuführen sind.

Wichtig: Die Zuordnung erfolgt über die Bezeichnung von `protocol` *im Capsd und des* `service-name` *in der Poller-Konfiguration. Die Funktion des Pollerd ist in Kapitel 8 detailliert beschrieben.*

Der *Poller* kann bereits relativ »tiefe« Tests ausführen: Beispielsweise kann er überprüfen, ob ein Radius-Dienst die Anmeldung eines bestimmten Benutzers zulässt, oder eine bestimmte Webseite aufrufen:

```
<protocol-plugin protocol="MEINE_ANMELDUNG"
  class-name="org.opennms.netmgt.capsd.plugins.HttpsPlugin" scan="on">
  <property key="port" value="443" />
  <property key="timeout" value="5000" />
  <property key="retry" value="1" />
  <property key="max-ret-code" value="200"/>
  <property key="url" value="/meinblog/anmeldung.html"/>
</protocol-plugin>
```

Dieser Test (»`MEINE_ANMELDUNG`«) benutzt das `HttpsPlugin`, um auf dem Port 443 mittels *https* die URL `/meinblog/anmeldung.html` aufzurufen. Der Test ist erfolgreich, wenn in einem einzigen Versuch innerhalb von fünf Sekunden eine Antwort mit dem HTTP-Return-Code 200 zurückkommt.

Dieser Test ist relativ wählerisch, vor allem führt jeder HTTP-Statuscode außer 200 zu einem Fehler – diese Einstellung habe ich aber bewusst gewählt, um zu vermeiden, dass Folgendes passiert:

Wenn auf einem Webserver mittels `mod_rewrite` die Adressen aller nicht erreichbaren Seiten auf eine Fehlerseite umgeschrieben werden, dann ist das für den Benutzer komfortabel. Das Monitoring-System versteht aber bei einer solchen Antwort nur, dass alles in Ordnung ist – schließlich antwortet der Webserver nicht mit einem Fehlercode (404 oder 50x). Ein solcher Webserver wird bei jeder an ihn geschickten URL positiv antworten. Und OpenNMS wird dann annehmen, dass die angeforderte URL tatsächlich erreichbar ist.

mod_rewrite ist ein Werkzeug, das das Umschreiben von URLs ermöglicht.

Das führt dann dazu, dass viele eigentlich nicht erreichbare Webservices als erreichbar angeführt werden – und spätestens der erste richtige Test des *Pollers* (siehe Kapitel 8) fehlschlägt.

7.3.1 Spezielle Anforderungen zur Optimierung des Capsd

Wenn das Scannen zu lange dauert, gibt es neben dem Hinzufügen weiterer Threads (siehe oben) noch weitere Möglichkeiten der

Optimierung. Dienste, die in seinem Netz überhaupt nicht vorhanden sind oder die man auf keinen Fall überwachen möchte, kann man aus der Konfiguration entfernen (Klartext: Auskommentieren und bitte nichts in den Konfigurationsdateien löschen!). Somit muss OpenNMS nicht auf Antworten von Diensten warten, die es gar nicht gibt. Diese Wartezeit, den Timeout (`property-key timeout`), kann man ebenfalls anpassen, wenn das Netzwerk es zulässt. Die bei der Installation mitgelieferten Werte sind »best experience« und decken auch langsame Netze ab. Wenn sich alle Server in einem Gigabit-LAN mit geringer Latenz befinden, können die Timeouts nach unten korrigiert werden.

Um die Effizienz des Scans zu steigern, gibt es zwei weitere Möglichkeiten zur sinnvollen Einschränkung. Mit der ersten Variante können bestimmte Protokolle auf IP-Bereiche beschränkt werden. Das folgende Konfigurationsbeispiel zeigt eine Konfiguration, um die Erkennung des ICMP-Dienstes auf unterschiedliche Netzwerkprofile anzupassen.

In der globalen Konfiguration wird der globale Scan des Protokolls zunächst global aktiviert. Da sich in unserem Beispiel IP-Adressen im Bereich 192.168.9.1 bis 192.168.9.20 hinter einer WAN-Anbindung befinden, setzen wir einen höheren `timeout` und erhöhen die Anzahl `retries`, um die IP-Schnittstellen über die WAN-Verbindung sicher zu erkennen.

Da sich in unserem IP-Netz auch Arbeitsstationen befinden, die wir nicht überwachen wollen, definieren wir einen IP-Bereich, den wir entsprechend deaktivieren. Im folgenden Beispiel sei das der IP-Bereich 192.168.9.30 bis 192.168.9.60.

Im nächsten Beispiel wird mit der Eigenschaft `scan="enable"` die Erkennung auf einer bestimmten IP-Adresse erzwungen. Das bedeutet, Capsd versucht keine aktive Erkennung von ICMP, sondern fügt den ICMP-Dienst einfach hinzu. Dies ist dann hilfreich, wenn der Administrator genau weiß, dass die IP-Schnittstelle existiert, aber aus einem bestimmten Grund gerade nicht per ICMP erreichbar ist.

```
<protocol-plugin protocol="ICMP"
  class-name="org.opennms.netmgt.capsd.plugins.IcmpPlugin"
  scan="on" user-defined="false">
  <protocol-configuration scan="on" user-defined="false">
    <range begin="192.168.9.1" end="192.168.9.20"/>
    <property key="timeout" value="4000"/>
    <property key="retry" value="3"/>
  </protocol-configuration>
```

```
    <protocol-configuration scan="off" user-defined="false">
      <range begin="192.168.9.30" end="192.168.9.60"/>
    </protocol-configuration>

    <protocol-configuration scan="enable" user-defined="false">
      <specific>192.168.30.1</specific>
    </protocol-configuration>

    <property key="timeout" value="2000"/>
    <property key="retry" value="2"/>
  </protocol-plugin>
```

Bei einem Unternehmensnetzwerk mit 1 oder 2 IP-Netzen kann mit diesen Mitteln schon ein recht spezielles Profil erstellt werden. Bei größeren Providern oder Carriern ist es aber oft notwendig, mehrere IP-Subnetze oder IP-Adressen vom Management zu entfernen oder explizit hinzuzufügen. Die Konfiguration in jedem einzelnen Protokoll wäre dann sehr aufwendig. Um hier bereits eine globale Entscheidung treffen zu können, welche IP-Adressen oder IP-Netzbereiche überhaupt relevant oder irrelevant sind, kann ein zusätzliches globales Attribut `management-policy` verwendet werden. Im folgenden Beispiel wird die globale Management-Policy auf *unmanaged* gesetzt und nur für die speziell unten angegebenen Bereiche werden die Dienste entsprechend überwacht:

```
rescan-frequency="86400000"
initial-sleep-time="30000"
max-suspect-thread-pool-size="6"
max-rescan-thread-pool-size="3"
management-policy="unmanaged">
...
<!-- Hier werden alle Protokolle zur Erkennung von
     Anwendungen und Dienste definiert -->
...
<ip-management policy="managed">
  <range begin="192.168.9.1" end="192.168.9.254"/>
  <range begin="192.168.20.1" end="192.168.20.254"/>
  <include-url>file:/opt/OpenNMS/etc/include</include-url>
</ip-management>
```

In dem hier gezeigten Beispiel werden nur Dienste im IP-Netz 192.168.9/24 und 192.168.20/24 sowie alle in der Datei angegebenen IP-Adressen überwacht.

7.3.2 Analyse des Verhaltens des Capsd

Um die Diensterkennung analysieren und entsprechend optimieren zu können, ist es hilfreich, die entsprechenden Debug-Funktionen zu kennen. Man kann damit sehr genau sehen, warum ein entsprechendes Protokoll erkannt wird oder nicht. Die Einstellungen für die Protokollierung sind in der Datei `$OPENNMS_HOME/etc/log4j.properties` definiert. Um mitlesen zu können, was Capsd gerade so treibt, wird im Abschnitt für den Capsd die Einstellung `WARN` in `DEBUG` geändert:

```
# Capsd
log4j.category.OpenNMS.Capsd=DEBUG, CAPSD
```

OpenNMS benötigt keinen Neustart, die Einstellungen werden automatisch eingelesen. Man kann sich nun mit

```
tail -f $OPENNMS_HOME/var/logs/daemon/capsd.log
```

auf der Konsole in Echtzeit den aktuellen Fortschritt ansehen. Nachdem die Analyse oder die Fehlersuche beendet ist, sollte nicht vergessen werden, das Log-Level wieder auf `WARN` oder `ERROR` zurückzusetzen, um nicht unnötig Ressourcen für die Aufzeichnung und Protokollierung zu verschwenden.

7.4 Provisioning Groups

Die automatisierte Erkennung von Netzwerkkomponenten und -anwendungen sind für einen Großteil der Anwendungsgebiete ausreichend. Bei sehr komplexen und umfangreichen Netzwerken stößt man jedoch häufig auf sehr spezielle Konstellationen oder Anforderungen. Ein Discovery von Netzwerkgeräten und Anwendungen mit dem Capsd können ineffizient oder technisch gar nicht möglich sein. Um solche Szenarien abbilden zu können, ist es möglich, *Nodes* manuell anzulegen. Der Oberbegriff wird in OpenNMS »Bereitstellungsgruppen« oder *Provisioning Groups* genannt. Wie der Name schon sagt, geht es darum, wie Nodes für das Netzwerkmanagement bereitgestellt werden. Provisioning Groups ist ein sehr umfangreiches Thema mit sehr vielen Möglichkeiten, angefangen vom einfachen manuellen Bereitstellen bis hin zu komplexen Imports aus (externen) Konfigurationsdatenbanken. Wir möchten hier die wichtigsten Anwendungsfälle mit einem Beispiel vorstellen. Die *OpenNMS Group* hat ein sehr gutes Dokument [60] verfasst, das die Konzepte und Ideen sehr detailliert beschreibt und jedem zur Lektüre empfohlen wird, der tiefer in diese Materie einsteigen will.

Provisioning Groups

Da dieses Buch gerade in einer Zeit geschrieben wurde, in der das Provisioning in OpenNMS einen Wandel erfährt, gibt es verschiedene Mechanismen, die parallel existieren. In der Praxis hat sich gezeigt, dass entweder das vollständig automatische oder das manuelle Anlegen von Nodes nicht ausreicht. Ideal wäre eigentlich eine Kombination aus beidem. Zusätzlich wäre es nicht schlecht, Regeln bei der Erkennung anzuwenden, um zum Beispiel Nodes automatisch in *Surveillance Groups* einzusortieren oder die *Datacollection* für Switch- oder Router-Interfaces zu aktivieren. Diese Funktionen lassen sich mit dem neuen Provisioning, das seit der Version 1.7 enthalten ist, realisieren. Das neue Provisioning besteht aus zwei Bestandteilen, den *Detectors* zum Erkennen von Diensten und Monitoren und dem *Provisiond* selbst, um die *Nodes* entsprechend abzubilden. Beide zusammen sollen in Zukunft den Capsd ersetzen. *Detector*

7.4.1 Manuelle Bereitstellung am Beispiel von Hochverfügbarkeitslösungen

Ein häufig anzutreffendes Beispiel, bei dem Discovery-Mechanismen schlecht oder gar nicht funktionieren, sind Hochverfügbarkeitslösungen (HA-Lösungen). Solche Lösungen bestehen üblicherweise aus mehreren Systemen, die neben den eigenen (physikalischen) Adresse auch weitere, virtuelle Adressen verwalten. Dies kann zum Zwecke der Redundanz oder der Lastverteilung erfolgen. In Netzwerken weit verbreitete Varianten sind beispielsweise das *Virtual Router Redundancy Protocol (VRRP)* [52] oder auch das *Hot Standby Router Protocol (HSRP)* [18].

Hier geht es darum, mit mehreren Netzwerkkomponenten ein und dieselbe IP-Adresse aus Redundanz- oder Lastverteilungsgründen bereitzustellen. Um solche Anforderungen in OpenNMS abbilden zu können, gibt es die Möglichkeit, Nodes mit Netzwerkschnittstellen und Anwendungen über Provisioning Groups manuell anzulegen. In der folgenden Abbildung 7.8 wird ein entsprechendes Szenario vereinfacht dargestellt. Wir werden Ihnen zeigen, wie man diesen Anwendungsfall in OpenNMS anlegen und eintragen kann. Die beiden Router `RTR-GW1` und `RTR-GW2` stellen eine hochverfügbare IP-Adresse 172.16.23.1 zur Verfügung. Fällt ein Router aus, wird die IP-Adresse entsprechend vom anderen übernommen.

Um solch einen Anwendungsfall überwachen zu können, legen wir drei Nodes in OpenNMS an:

- Die beiden ersten Nodes bilden die Überwachung der einzelnen Geräte über die eindeutige (eigene) IP-Adresse.

Abbildung 7.8 Hochverfügbarer Router

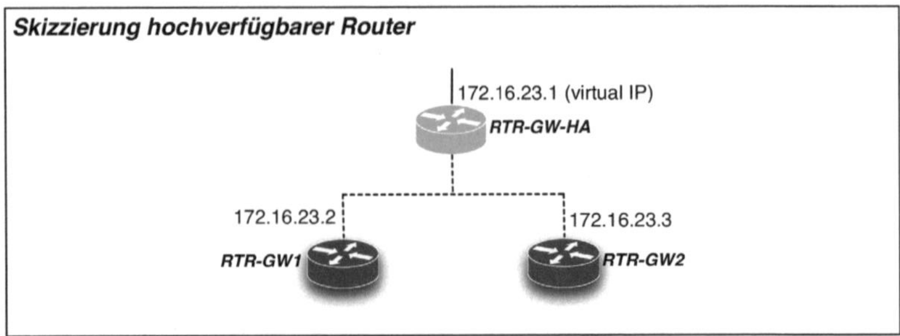

- Der dritte Node repräsentiert die virtuell redundant angebotenen Dienste beider Systeme.

Damit ist es nun möglich, die Funktionsfähigkeit der beiden einzelnen Geräte zu überwachen. Fällt ein Router aus und unser virtueller Node ist noch erreichbar, dann können wir sehen, dass unsere hochverfügbare Konfiguration funktioniert. Fällt der virtuelle Node aus, dann existiert ein ernsthaftes Problem. Ausfälle auf einem einzelnen Node können mit niedrigerer Priorität benachrichtigt werden als bei dem virtuelle Node, der mit sehr hoher Verfügbarkeit angeboten werden soll.

Eine ähnliche Vorgehensweise lässt sich häufig auch auf Server anwenden, die hochverfügbare Dienste bereitstellen, sowie auch bei Loadbalancern, die für Lastverteilung und Redundanz sorgen sollen. Ein weiterer Vorteil bei dieser Konfiguration ist, dass für den virtuellen Node eine separate Verfügbarkeit berechnet wird.

Abbildung 7.9 Anlegen einer Provisioning Group

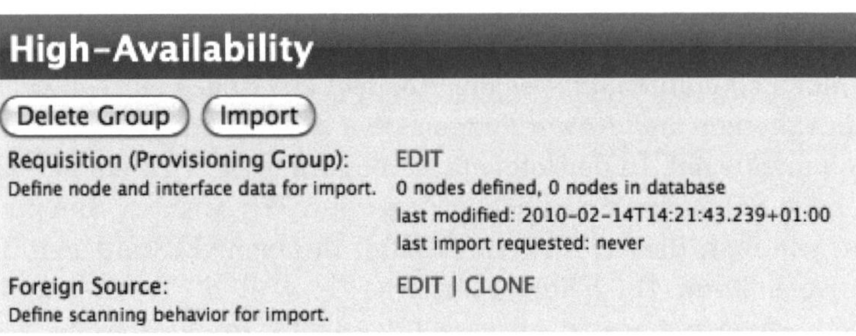

Achtung: Kein SNMP auf dem virtuellen Node!

Bevor die Nodes eingetragen werden können, muss zunächst eine Provisioning Group angelegt werden (siehe Abb. 7.9). In unserem Beispiel nennen wir sie *High-Availability*. Anschließend stehen zwei *Edit*- Optionen zur Verfügung: In der oberen werden die Nodes definiert und im zweiten Bereich werden die Regeln und *Detectors* konfiguriert. Wir beginnen zunächst damit, die Nodes zu definieren. Es ist besonders darauf zu achten, dass auf dem virtuellen Node kein SNMP abfragbar ist. Hintergrund ist: Die Informationen können von OpenNMS nicht eindeutig zugeordnet werden, da bei unserem HA-Objekt nicht sicher ist, von welchem physikalischen Node diese Informationen stammen. Mit

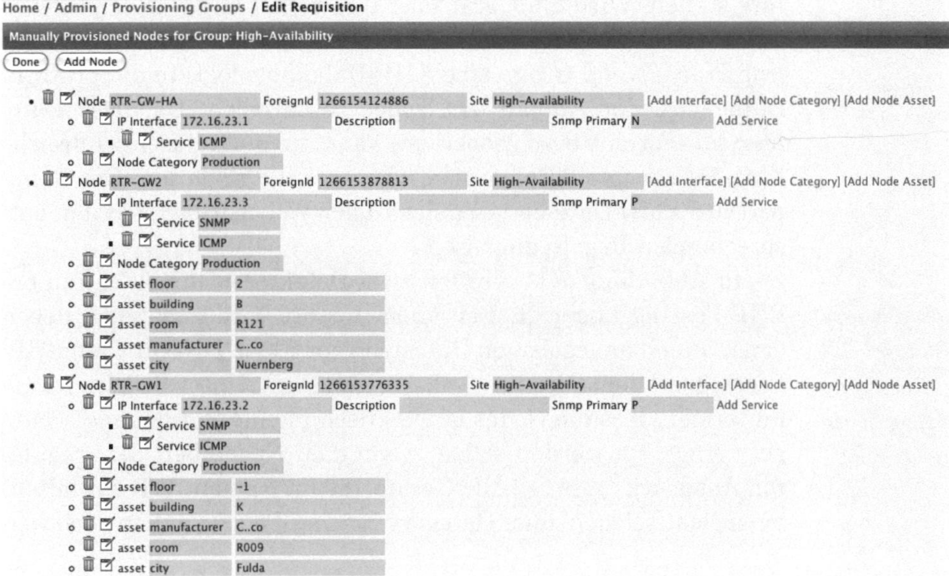

Abbildung 7.10
Hochverfügbare Geräte in Provisioning Groups

der Weboberfläche können so alle Nodes mit den entsprechenden IP-Schnittstellen und Diensten versehen werden.

Für jedes IP-Interface kann neben einer Beschreibung noch die Option *SNMP Primary* ausgewählt werden. Anhand dieses Feldes lässt sich festlegen, ob ein IP-Interface zur Erfassung von SNMP-Daten genutzt wird und wenn ja wie. Die möglichen Optionen sind dabei wie folgt definiert:

- *P (Primary):* Ist das Interface erreichbar, werden hier weitere SNMP-Informationen wie Syslocation, Interface-Tabellen, SNMP-Hostname etc. ausgelesen.
- *S (Secondary):* Ist das primäre Interface nicht mehr erreichbar, kann ein Fallback auf ein oder mehrere sekundäre Interfaces erfolgen. Bei mehreren sekundären Interfaces geschieht die Auswahl über die numerische Größe der IP-Adresse.
- *C (Collect):* Von diesem Interface werden lediglich die statistischen Leistungsdaten des Interface aufgezeichnet.

- *N (Not Collect):* Es werden keine Leistungsdaten von diesem Interface ermittelt.

Um das Gerät besser beschreiben zu können, werden zusätzlich noch Asset-Informationen im Import mit angegeben. Hier wird kenntlich gemacht, an welchem Ort, Gebäude und Raum die Geräte stehen. Wird ein Gerät über die WebUI angelegt, dann wird automatisch im Verzeichnis `$OPENNMS_HOME/etc/imports` für jede *Provisioning Group* eine XML-Datei angelegt. In dieser XML-Datei wird der Aufbau der Nodes beschrieben. Da diese Datei im XML-Format beschrieben ist, kann sie auch durch zahlreiche XML-Parser und APIs erstellt oder verändert werden. Der Reimport der XML-Dateien lässt sich in der Weboberfläche in den entsprechenden Regeln anpassen.

BGP: Border Gateway Protocol [10]

Detaillierte Beschreibung finden Sie unter [60].

In Abbildung 7.11 wurden zwei Detektoren für DNS und ein BGP-Peering angelegt. Bei einem Import wird zusätzlich neben den manuell angegebenen Diensten geprüft, ob DNS und ein BGP-Peering mit dem Peer 81.23.42.1 angelegt ist. Unter Policies wurde hinterlegt, dass die Nodes automatisch in eine Surveillance Category eingefügt werden sollen, wenn das »Nodelabel« dem regulären Ausdruck `RTR.*` (Alle Geräte, die im Namen RTR enthalten) entspricht. Neben einer Category-Setting-Policy können noch weitere Policies verwendet werden. Die verfügbaren Policies sind dabei wie folgt zu verstehen:

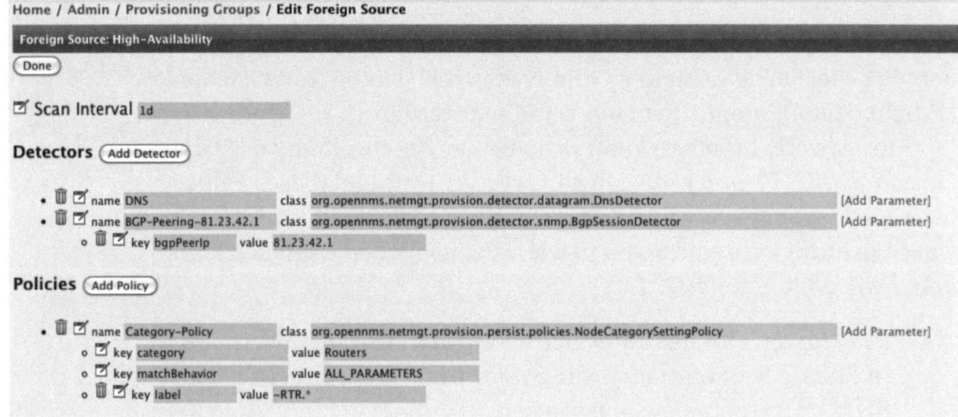

Abbildung 7.11 *Konfiguration der Detectors und Policies*

- *NodeCategorySettingPolicy:* Fügt einen Node anhand eines regulären Ausdrucks oder eines Stringvergleichs in eine entsprechende Surveillance Group ein.

- *MatchingSnmpInterfacePolicy:* Anhand dieser Regel kann über einen regulären Ausdruck bestimmt werden, für welche IP-Interfaces Leistungsdaten ermittelt werden sollen oder nicht.
- *MatchingIpInterfacePolicy:* Mit einer Regel kann festgelegt werden, wie automatisch angelegte IP-Interfaces überwacht werden sollen. Diese Einstellungen wirken sich auf die verwendeten Detektoren aus.

Zu guter Letzt kann auch noch festgelegt werden, wann ein Reimport der Gruppe mit all seinen Detektoren durchgeführt werden soll. Das *Scan Interval* mit dem Wert `1d` bedeutet, dass täglich (1d = 1 Tag) mit den eingestellten Detektoren auf Dienste geprüft wird. Auf diese Art und Weise kann das Provisioning viel besser gesteuert werden. Während der *Capsd* jedes Mal alle Dienste pro IP-Interface testet, können hier für jede *Provisioning Group* sehr effiziente und potenzielle Detektoren ausgewählt werden. Mit den Regeln lassen sich automatisiert Standardeinstellungen festlegen, die die Wartung und Pflege vereinfachen.

7.4.2 Automatische Imports mit dem Provisiond

In sehr großen Umgebungen werden oft Datenbanken mit Inventar- oder Konfigurationsinformationen verwendet. Diese Quellen können wiederum für den Import von Geräten in OpenNMS benutzt werden. Die folgenden Beispiele sind auf Basis des OpenNMS-Wikis [15] entstanden. Das Wiki ist zugegebenermaßen nicht sehr übersichtlich, enthält aber wirkliche Schätze für dieses Thema.

Alle angelegten Nodes in einer Provisioning Group werden in einer XML-Datei unter

```
$OPENNMS_HOME/etc/imports/<name-provisioning-group>.xml
```

abgespeichert. Der Aufbau der Datei aus unserem oben gezeigten Beispiel sieht so aus:

```
<?xml version="1.0" encoding="UTF-8" standalone="yes"?>
<model-import last-import="2010-02-15T12:30:15.615+01:00" \
    foreign-source="High-Availability" \
    date-stamp="2010-02-15T12:30:15.156+01:00"
    xmlns="http://xmlns.opennms.org/xsd/config/model-import">
  <node node-label="RTR-GW-HA" foreign-id="1266154124886" \
      building="High-Availability">
    <interface status="1" snmp-primary="N" \
        ip-addr="172.16.23.1" descr="">
      <monitored-service service-name="ICMP"/>
```

```
    </interface>
    <category name="Production"/>
  </node>
  <node node-label="RTR-GW2" foreign-id="1266153878813" \
      building="High-Availability">
    <interface status="1" snmp-primary="P" \
        ip-addr="172.16.23.3" descr="">
      <monitored-service service-name="SNMP"/>
      <monitored-service service-name="ICMP"/>
    </interface>
    <category name="Production"/>
    <asset value="2" name="floor"/>
    <asset value="B" name="building"/>
    <asset value="R121" name="room"/>
    <asset value="C..co" name="manufacturer"/>
    <asset value="Nuernberg" name="city"/
  </node>
  <node node-label="RTR-GW1" foreign-id="1266153776335" \
      building="High-Availability">
    <interface status="1" snmp-primary="P" \
        ip-addr="172.16.23.2" descr="">
      <monitored-service service-name="SNMP"/>
      <monitored-service service-name="ICMP"/>
    </interface>
    <category name="Production"/>
    <asset value="-1" name="floor"/>
    <asset value="K" name="building"/>
    <asset value="C..co" name="manufacturer"/>
    <asset value="R009" name="room"/>
    <asset value="Fulda" name="city"/>
  </node>
</model-import>
```

Hinweis: Der Name der Provisioning Group wird in der XML-Datei `foreign-source` genannt. Beim automatisierten Import sollten Sie sich an diese Stelle hier erinnern.

Da alle Informationen im XML-Format verarbeitet werden, existieren vielfältige Möglichkeiten, Daten von externen Quellen zu importieren. Es ist OpenNMS dabei vollkommen egal, woher die XML-Daten stammen.

Das XSD-Schema ist bei OpenNMS unter [56] beschrieben.

Die Konfigurationsdatei, um Imports von externen Quellen anzugeben, lautet `$OPENNMS_HOME/etc/provisiond-configuration.xml`. Der Aufbau der Datei ist überschaubar. Im oberen Bereich wird angegeben, wo die lokal gespeicherten XML-Dateien liegen. Dort werden auch die XML-Dateien der Provisioning Groups aus der Weboberfläche abgelegt.

Im unteren Bereich können externe Quellen zur Anforderung (*requisition*) von Nodes angegeben werden.

Um die Konfiguration zu verdeutlichen, wollen wir ein kleines Beispiel angeben. Es sollen alle Hosts importiert werden, die auf einem DNS-Server mit den Bezeichnungen SRV-01, SRV-02 etc. eingetragen sind. Dazu fügen wir die folgende Anforderungsbeschreibung hinzu:

```
<requisition-def import-name="dns-springfield" \
  import-url-resource= \
  "dns://homer/springfield.local/dns-springfield/?expression=^SRV-.*">
     <!-- daily, at midnight -->
  <cron-schedule>0 0 0 * * ? *</cron-schedule>
</requisition-def>
```

Die `import-url-resource` gibt an, über welches Protokoll die Nodes importiert werden sollen. In unserem Beispiel wird als Quelle eine DNS-Zone verwendet. Alle importierten Nodes werden in die Provisioning Group mit der Bezeichnung *dns-springfield* eingefügt und die entsprechenden Detektoren und Policies angewendet. Als Nächstes wird ein Zeitplan angegeben, der festlegt, wann der Import stattfinden soll. In unserem Beispiel soll das täglich um Mitternacht geschehen. Um nur Server zu importieren, die den Namen `SRV-` beinhalten, wurde ein entsprechender regulärer Ausdruck angegeben. Um zu prüfen, ob ein Import vom DNS-Server überhaupt möglich ist, kann vom OpenNMS-Server das Kommando

```
dig -t AXFR @homer springfield.local
```

verwendet werden. In unserem Beispiel haben wir dazu einen DNS-Server aus einem Microsoft Active Directory als Quelle verwendet.

> *Hinweis:* Es ist darauf zu achten, dass eine Zonenübertragung an den OpenNMS-Server erlaubt ist.

Über die angegebene `import-url-resource` kann also die externe Quelle definiert werden. Neben DNS können die folgenden weiteren Protokolle verwendet werden:

- `http | https`: Daten werden über einen Webserver als XML-Datensatz bereitgestellt.
- `file`: XML-Dateien liegen im Dateisystem des OpenNMS-Servers.

Das Format der Quelle ist dabei wie folgt zusammengesetzt:

```
dns://<host>[:port]/<zone>[/<foreign-source>/][?expression=
<regex>]
```

Die Parameter in eckigen Klammern sind optional. Neben der Angabe eines regulären Ausdrucks ist der Parameter `foreign-source` wichtig. Hier kann angegeben werden, zu welcher Provisioning Group (Abschnitt 7.4.2) die erkannten Nodes zugeordnet werden sollen. Diese Zuordnung definiert, welche Detektoren und Policies auf die vom DNS importierten Nodes angewendet werden sollen.
Um zu überprüfen, ob der Import funktioniert, kann ebenfalls eine Log-Datei Aufschluss geben. Alle Aktionen des Provisiond werden in der Datei `$OPENNMS_HOME/log/daemon/provisiond.log` aufgezeichnet. Wie bei allen anderen Diensten wird die Genauigkeit der Protokollierung in der Datei `log4j.properties` geregelt.

Nun haben wir einige Methoden kennengelernt, wie *Nodes* in OpenNMS angelegt werden können. Die Möglichkeiten sind hier an dieser Stelle wirklich extrem vielseitig. Wir haben uns hier aus unserer Sicht den interessantesten gewidmet. Wie sooft ist wahrscheinlich genau die Methode nicht beschrieben, die auf Ihren Anwendungsfall zutrifft. Die Möglichkeiten mit dem neu erstellten Provisiond sind allerdings extrem vielfältig. Wenn das Thema für Sie interessant ist, laden wir Sie herzlich in die OpenNMS-Community ein. Hier finden sich reichlich erfahrene Benutzer und Entwickler, die sehr hilfsbereit und professionell helfen.

8 »Bist Du da und funktionierst noch?«

Es ist Montag morgens und Sie kommen gerade im Büro an. Der erste Kaffee ist noch nicht geholt, da klingelt auch schon das Telefon. Eine schwer genervte Mitarbeiterin aus der Buchhaltung ist empört darüber, dass sie sich nicht an ihrem Rechner anmelden kann. Nach einer endlosen Aufzählung von wichtigen, zeitkritischen Arbeiten, die sie heute noch zu erledigen hat, beendet sie das Gespräch mit einem netten Kommentar, dass die IT-Abteilung die ganze Zeit nur Kaffee trinkend vorm Rechner sitzt, durchs Web surft und nichts Sinnvolles zu tun hat.

Nach einem solchen Gespräch ist es wohl das Beste, sich erst mal einen Kaffee zu holen. Danach das Problem zu lösen. Anschließend darüber nachzudenken, wie man solche Situationen in Zukunft vermeiden kann. Als eine mögliche Alternative kann man sich dem Studium des BOFH [9] widmen. Wir gehen jedoch eher den kundenorientierteren Weg und zeigen, wie ein Monitoring-System bei der täglichen Arbeit der Administration hilfreich sein kann. Für die zwischenmenschlichen Beziehungen in Ihrem Unternehmen sollten Sie allerdings andere Experten um Rat fragen oder andere geeignete Literatur wählen.

BOFH: Bastard Operator From Hell, eine viel gelesene Lektüre unter Administratoren

Wenn man die geschilderte Situation genauer betrachtet, dann stellen wir fest, dass Sie sogar schon über ein Monitoring-System verfügen. Richtig, die Dame aus der Buchhaltung. Sie hat sich nämlich bei Ihnen gemeldet und gesagt, dass etwas nicht so funktioniert, wie sie es erwartet hat. Im Grunde machen das alle Mitarbeiter so, die mit einem Netzwerk und den daran angeschlossenen Systemen arbeiten. Manche Kollegen tun dies sehr zuverlässig, zeitnah und beschreiben die Fehler sehr genau, andere tun das weniger gut oder gar nicht.

Die Vorteile, Tests nicht von Arbeitskollegen oder Kunden sondern von einem Programm durchführen zu lassen, liegen klar auf der Hand:

- Die Testszenarien können vom Administrator definiert werden.
- Die Überprüfung erfolgt rund um die Uhr.
- Die Durchführung der Tests ist zuverlässig und kontinuierlich.
- Und neben der Tatsache, dass die Meldungen vom Monitoring-System immer gleich freundlich sind, hat der Administrator auch die Chance, Fehler zu beheben, bevor sie bei den Kollegen zu einem echten Problem werden.

Während wir als Benutzer ein Risiko erst dann wahrnehmen, wenn es eingetreten ist, kann das Programm auch Entwicklungen analysieren. OpenNMS kann feststellen, dass die Festplatte bald voll sein wird, lange bevor der Fall eintritt – wir als Benutzer nehmen einfach an, dass noch Platz ist, und reagieren erst auf die Fehlermeldung. Die Nebenwirkungen aufgrund der weniger häufigen sozialen Kontakte muss allerdings jeder selbst durch geeignete Gegenmaßnahmen kompensieren. Es bieten sich hier »Kaffeemaschine«, »gemeinsames Mittagessen« oder auch »Dienstabschlussgetränk« an.

8.1 Die Konzepte des Monitorings

So leid es uns tut, aber bevor wir in die letzten Tiefen der Konfigurationsdateien abtauchen, stellen wir vorher noch einige Konzepte des Monitorings in OpenNMS vor. Um Anwendungen und Netzwerkprotokolle überwachen und testen zu können, zeigen wir zuvor in zwei theoretischen Abschnitten, wie OpenNMS in diesem Bereich funktioniert. Im Anschluss werden dann Monitore anhand von praktischen Beispielen erläutert. Die Beispiele können leicht in Ihr System überführt werden und sollen ebenso für Ihre Inspiration dienen.

8.1.1 Die Bedeutung des Pollings

Der Begriff *Polling* bedeutet im Allgemeinen eigentlich nichts anderes als »regelmäßiges Abfragen«. Bei der Netzwerküberwachung werden über das Polling zum einen Dienste von Anwendungen und zum anderen Leistungsdaten über SNMP ermittelt.

Der »Pollerd« führt alle unterschiedlichen Monitore aus.

Bei OpenNMS ist der Begriff *Polling* allerdings eher im Zusammenhang mit dem Testen und Überwachen von Anwendungen oder Netzwerkdiensten zu sehen. Der OpenNMS-Dienst *Pollerd* ist dafür zuständig, festzustellen, ob Anwendungen oder Teile davon noch funktionieren. Das Abfragen der Leistungsdaten und das Überwachen von Anwendungen erfolgt in OpenNMS getrennt. Der *Collectd* kümmert sich um das Einsammeln von Leistungsdaten (Datacollection) und der Pollerd führt komplexe Anwendungstests aus. Durch diese Architektur kann OpenNMS sehr effizient eine große Anzahl verschiedener »Polling-Aufgaben« parallel ausführen. In diesem Abschnitt wollen wir nun den Schwerpunkt auf das Testen von Anwendungen legen. Weiterhin sei zu erwähnen, dass OpenNMS für die Überwachung von Diensten und Protokollen nur zwei Status kennt: `Up` – »Alles Shiny« oder `Down` – was so viel heißt wie »Nix wie weg«. Für Meldungen, die eine mögliche Störung vorhersehbar machen, kann in OpenNMS auf Syslog, SNMP-Traps, eigene Events oder Schwellwerte zurückgegriffen werden.

Um die Überwachung in OpenNMS zu erweitern und an die speziellen Anforderungen anzupassen, wird der allgemeine Ablauf der Überwachung in der Abbildung 8.1 dargestellt:

Abbildung 8.1 *Ablauf zur Einrichtung der Überwachung*

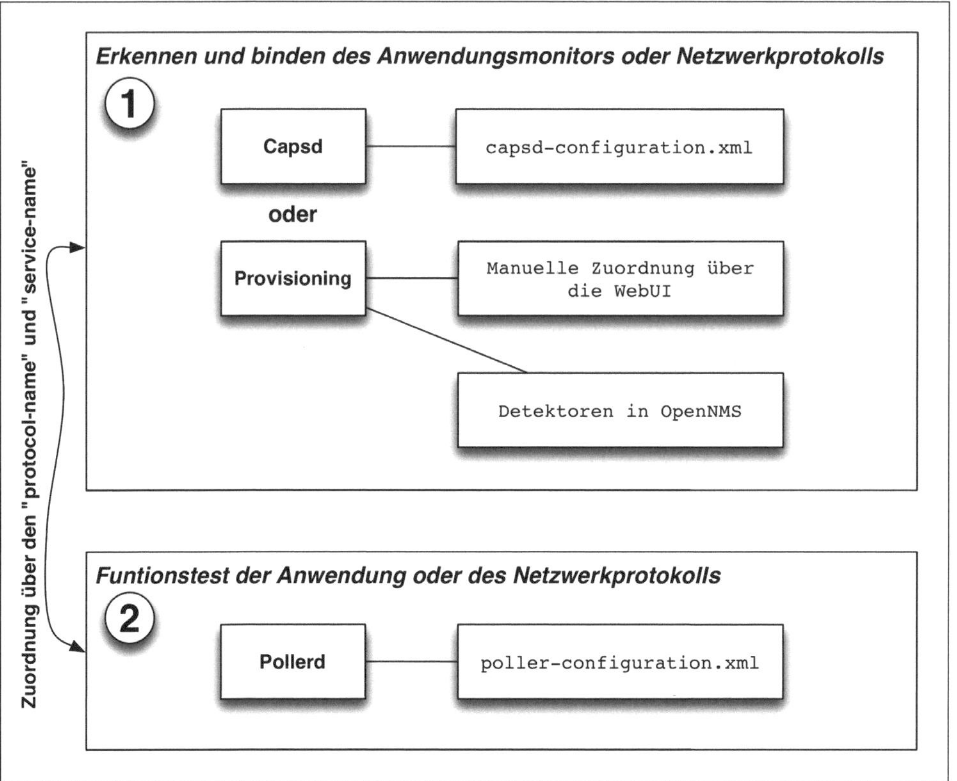

- Erkennen und zuweisen von Diensten: Hier wird festgelegt, wie ein Dienst oder ein Monitor zu einem Knoten und IP-Interface zugewiesen wird. Dies wird entweder automatisch über den Capsd, die Detektoren oder manuell über das Provisioning erledigt.
- Anwenden eines Monitors auf den entsprechenden Dienst des Knotens: Diese Aufgabe wird vom Pollerd und seinen entsprechenden Monitoren übernommen.

Mit welchem Monitor ein erkannter Dienst oder ein Netzwerkprotokoll überwacht wird, hängt von seiner Bezeichnung ab.

Wenn also der Capsd einen Dienst mit dem `protocol-name ICMP` erkennt, dann wird der Pollerd diesen Dienst mit einem Monitor mit der Bezeichnung `service-name ICMP` überwachen. Die Zuordnung erfolgt also vollständig und allein über die Bezeichnung des Dienstes oder des Protokolls. Dieses kleine Stück ist sehr entscheidend für die Konfiguration von OpenNMS. Wenn dieser Trick verstanden ist, können wir uns den weiteren Dingen des Monitorings zuwenden.

In der Regel erfordert das Erkennen weitaus weniger Logik als der Funktionstest einer Anwendung oder Netzwerkprotokolls. Durch den getrennten Aufbau können beide Aufgaben parallel und voneinander unabhängig durchgeführt werden. Das macht OpenNMS zu einem sehr leistungsfähigen Werkzeug.

Wie bereits erwähnt hat der Pollerd Zugriff auf eine ganze Reihe von Monitoren. Ein Monitor hat die Aufgabe, eine konkrete Anwendung oder ein Netzwerkprotokoll zu testen. Er prüft, ob der Status in Ordnung ist oder ob ein Fehler vorliegt. Die Konfiguration des Pollerd wird in gewohnter XML-Manier in einer Datei vorgenommen. Wenn es um das Monitoring und die Erkennung von Diensten geht, dann gibt es zwei Dateien, die Ihre Aufmerksamkeit benötigen. Sie befinden sich im Verzeichnis `$OPENNMS_HOME/etc` und heißen `capsd-configuration.xml` und `poller-configuration.xml`.

In diesen Dateien sind alle Monitore beschrieben, die vom Capsd erkannt und vom Pollerd ausgeführt und genutzt werden können. Bevor wir auf die Konfigurationsdetails eingehen, wird zunächst der allgemeine Konfigurationsaufbau skizziert. Auf die Konfiguration im Capsd wollen wir hier nicht so viel Zeit verschwenden, dazu können Sie im Kapitel 7.1 die notwendigen Details erfahren. Die Konfiguration unterteilt sich in drei Bereiche:

- Am Anfang wird das globale Verhalten des Pollerd vorgenommen. An dieser Stellen werden maximale Anzahl

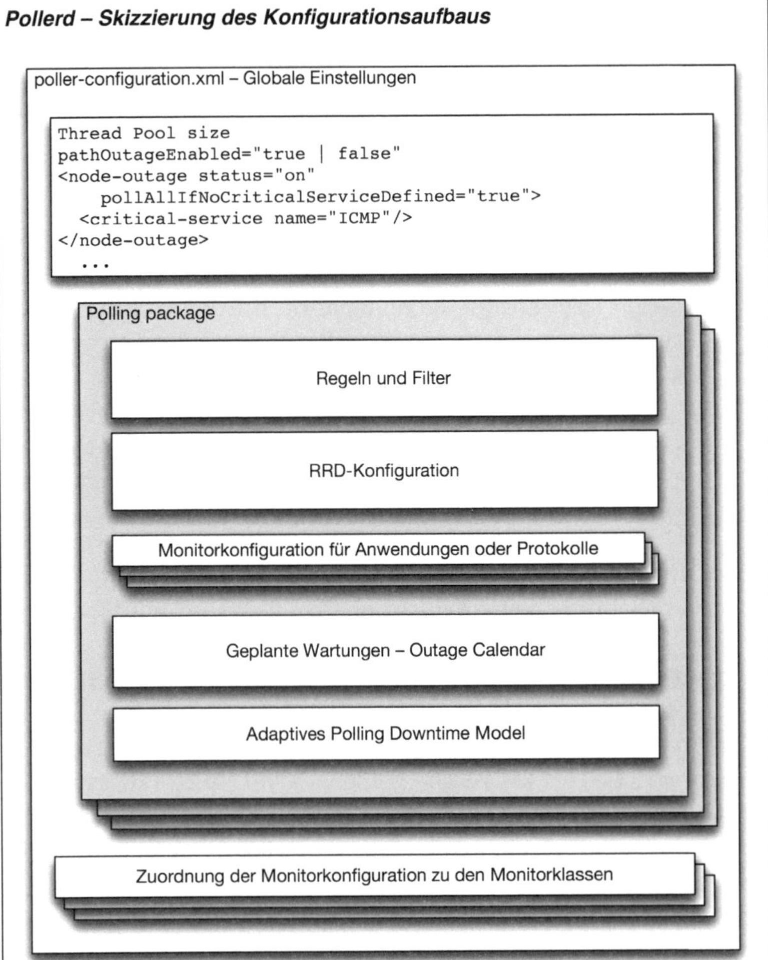

Abbildung 8.2 *Skizzierung des Aufbaus der poller-configuration.xml*

von Threads, kritische Dienste oder auch die *Path Outage*-Funktion aktiviert oder deaktiviert.

- Im zweiten Teil werden *Polling Packages* definiert. Mit diesen »Packages« lassen sich verschiedene Monitoring-Profile für unterschiedliche Anforderungen abbilden.
- Im letzten und dritten Teil werden die Dienste den entsprechenden Monitoren zugeordnet. Die Zuordnung erfolgt über den `service-name`. Hier wird dem Pollerd gesagt, welcher Monitor für welchen Dienst verwendet werden soll.

Damit möglichst wenig Frustration in der IT-Abteilung herrscht, sollte allen Administratoren und Anwendern einer Netzwerkmanagementanwendung klar sein, welche besonderen Eigenschaften beim Monitoring von IP-basierten Netzwerken zu beachten sind und wie diese zu einer Störung führen können. Diese Parameter werden maßgeblich im Pollerd und den Monitoren konfiguriert und sind wie folgt beschrieben:

- `Response`: Der Monitor bekommt von dem zu testenden Dienst oder einem IP-Interface eine Antwort und wertet diesen entsprechend aus.
- `Timeout`: Beschreibt die Zeitspanne, die der Monitor wartet, bis eine Antwort vom zu testenden Dienst oder Gerät erfolgt sein muss.
- `Retry`: Die Anzahl der Wiederholungen, die der Monitor durchführt wenn der Timeout überschritten ist. Nach Erreichen der Anzahl der Wiederholungen, fällt der Dienst herunter und löst eine Störung aus.

Netze, die das Internetprotokoll sprechen, bringen einige Tücken mit sich, die gerade beim Monitoring für Missverständnisse sorgen können.

Das Programm »ping« verwendet ICMP, das Internet Control Message Protocol, um die Erreichbarkeit von IP-Schnittstellen zu testen.

In Abbildung 8.3 ist dargestellt, wie OpenNMS einen Dienst oder ein Gerät testet. Dazu verwenden wir ein einfaches Beispiel mittels des Programms `ping`, das wohl das weitverbreiteste Monitoringprogramm für die rasche Fehleranalyse im Netzwerk ist (gefolgt von `traceroute`). Der ICMP-Dienst ist einer der wichtigsten Dienste in OpenNMS, er ist im TCP/IP-Schichtenmodell auf Layer 3 einzuordnen und kann uns, neben weiteren wichtigen Funktionen, anzeigen, ob ein Gerät oder ein IP-Interface im Netzwerk überhaupt noch erreichbar ist. Es gibt noch weitaus komplexere Monitore, die Anwendungen und Protokolle auf höheren Schichten überprüfen, diese werden wir später detaillierter beschreiben. Bei der Fehlerdiagnose, wie auch beim Monitoring selbst, ist es durchaus sinnvoll, die TCP/IP-Schichten von unten nach oben zu überwachen. Damit können schon grundlegende Fehlersituationen schnell identifiziert werden. Zusätzlich sollte man sich verdeutlichen, je weiter oben man sich in der TCP/IP-Hierarchie befindet, desto komplexer ist der Funktionstest und die Fehleranalyse.

Schauen wir uns für das Polling zunächst ein einfaches Beispiel mit dem ICMP-Dienst an. Es soll uns das zugrundeliegende Prinzip hinter dem Monitoring verdeutlichen und auf Besonderheiten hinweisen. Um zu prüfen, ob ein Gerät über das Internetprotokoll (IP) noch erreichbar ist, wird ein sogenannter *ICMP echo request* gesendet:

- Wenn das Zielgerät nun innerhalb von 2 Sekunden mit einem *ICMP echo reply* antwortet, ist das Gerät erreichbar.
- Falls vom Zielgerät keine Antwort kommt nicht, wird des Senden des *ICMP echo request* wiederholt.
- Nach drei erfolglosen Versuchen wird das Gerät als nicht erreichbar betrachtet und vom Pollerd als gestört angezeigt.

Für das Monitoring werden »Retries« für die Anzahl der Wiederholungen und »Timeouts« definiert.

In der Abbildung 8.3 ist beim ersten Test das Gerät noch erreichbar. Beim nachfolgenden zweiten hingegen gibt es eine Störung im Netzwerk und das Gerät ist nicht mehr erreichbar. Der Pollerd testet nun mit dem ICMP-Monitor das IP-Interface mit drei Versuchen. Da alle Versuche ohne Ergebnis bleiben, wird eine Störung des IP-Interface des Nodes gemeldet. Alle Monitore des Pollerd funktionieren im Grundsatz nach diesem Prinzip.

Wie man in der Abbildung 8.3 sehen kann, gibt es in paketvermittelten Netzen einige Besonderheiten. Unterschiedliche Laufzeiten von Anfragen oder aber die Tatsache, dass eine Störung sehr subjektiv vom OpenNMS-Server aus zu betrachten ist, müssen berücksichtigt werden. Führen Sie sich beim Einrichten des Monitorings solche Zusammenhänge vor Augen. Erstellen Sie Monitore also immer unter dem Gesichtspunkt, dass auch jemand anderes mit der Störung etwas anfangen können muss. Das »*Keep It Simple, Stupid*«-Konzept hilft hier, unnötige Verwirrung zu vermeiden. Denn was bringt einem die Anzeige einer Störung eines noch so komplizierten Monitors, wenn niemand weiß, wie diese zu deuten, zu lösen und zu beheben ist?

Die globalen Einstellungen des Pollerd werden wie bereits beschrieben ganz am Anfang festgelegt. Diese Parameter haben einen sehr wesentlichen Einfluss auf das Monitoring-Verhalten von OpenNMS. Als eine der ersten Eigenschaften kann die Anzahl der *Threads* definiert werden. In kleinen Umgebungen reicht die Anzahl der Standardeinstellung sicher aus. Wenn jedoch größere Netze mit längeren Timeouts und vielen Knoten überwacht werden, kann es sinnvoll sein, die Anzahl von parallelen Tests zu erhöhen. Um nicht sinnlos Dienste zu testen, kann zusätzlich ein *kritischer Dienst* definiert werden, was bedeutet, dass bei einem Ausfall dieses Dienstes das IP-Interface oder der Node auf »Down« gesetzt und alle anderen Anwendungs- und Protokolltests nicht mehr ausgeführt werden. Das spart eine Menge sinnloser Warte-

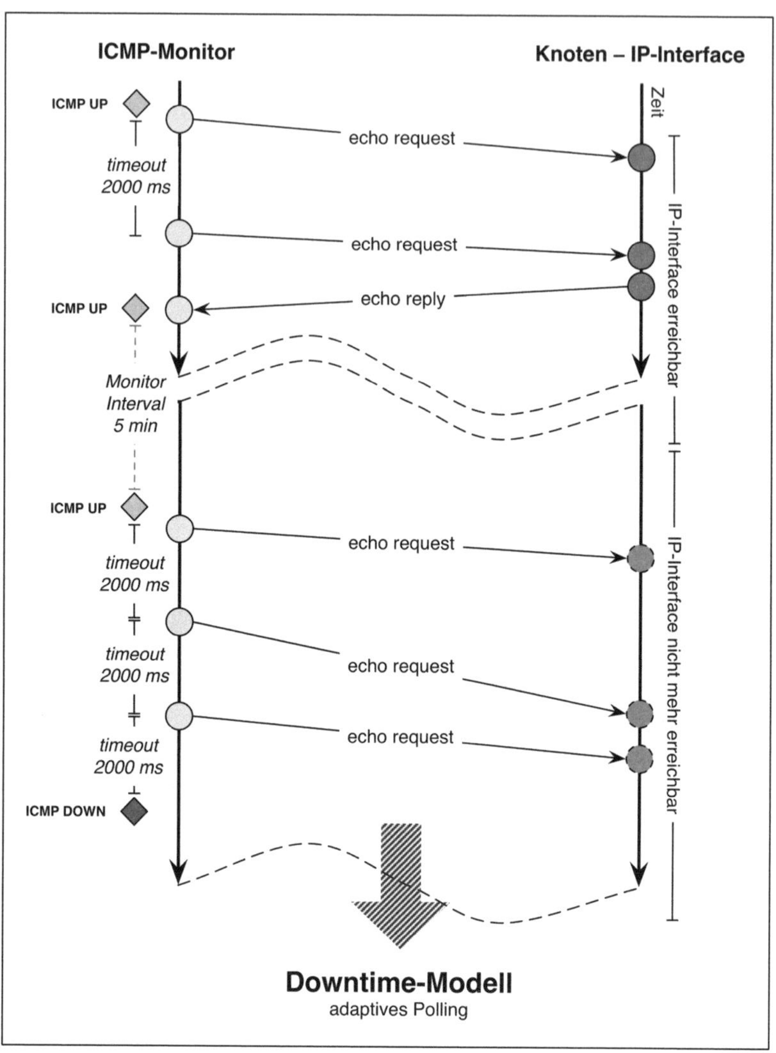

Abbildung 8.3 *Funktionsweise des Pollings*

zeit auf Timeouts und Wiederholungen – und macht das Monitoring damit effizienter.

Im folgenden Beispiel wurde der ICMP-Dienst als kritisch gesetzt. Der Parameter `pollAllIfNoCriticalServiceDefined` legt fest, wie sich das Monitoring verhalten soll, wenn der kritische Dienst auf einem Knoten oder IP-Interface gar nicht vorhanden ist. Das kann beispielsweise dann der Fall sein, wenn ICMP aufgrund einer Firewall verworfen, jedoch das HTTP-Protokoll gestattet ist. In dieser Konfiguration werden aber alle Dienste überwacht, auch wenn der ICMP-Dienst nicht vorhanden ist. Zusätzlich wurde die Funktion *Path Outage* aktiviert, diese wird übrigens im Kapitel 10 detailliert beschrieben.

```
<node-outage status="on"
    pollAllIfNoCriticalServiceDefined="true"
    pathOutageEnabled="true">
  <critical-service name="ICMP"/>
</node-outage>
```

Über die Anzahl der Threads wird festgelegt, wie viele Tests parallel im Polling durchgeführt werden können.

Die Anzahl der Threads hängt grundlegend von der Anzahl der zu überwachenden IP-Schnittstellen, Anwendungen, Protokolle sowie Zeitabständen des Pollings ab. Stellen Sie sich vor, Sie wollen 2000 IP-Schnittstellen mit 5 Threads mit einem ICMP-Monitor überwachen. Das hat zur Folge, dass jeder Thread im Schnitt 400 ICMP-Anfragen zu bewältigen hat.

Wenn der ICMP-Monitor mit 3 Versuchen und mit je 2 Sekunden Timeout konfiguriert ist, kann ein Polling-Zyklus bei einer optimalen Gleichverteilung und einem Totalausfall aller IP-Schnittstellen im günstigsten Fall 6 x 400 Sekunden betragen. Das heißt, dass der Polling-Zyklus im Idealfall 8 Minuten dauert, das ursprünglich konfigurierte Polling-Intervall von 5 Minuten ist also nicht mehr haltbar. Das größte Problem beim Monitoring sind demnach viele Störungen, da diese die Ressourcen der Managementplattform durch Timeouts und Retries am längsten binden.

Störungen verlängern das Polling-Intervall!

In den meisten Netzen ist zu Beginn keine Anpassung des Wertes notwendig, nehmen Sie sich also die folgenden Zeilen erst dann zu Herzen, wenn Sie wirklich auf Probleme stoßen, und vertrauen Sie erst einmal der Standardeinstellung.

Wie stellt man fest, ob die konfigurierte Anzahl der Threads ausreicht? An dieser Stelle kann uns die Log-Datei des Pollerd helfen. Dazu muss sichergestellt werden, dass in der `log4j.properties` das Log-Level des Pollerd auf `DEBUG` gesetzt ist. Die Änderungen werden direkt übernommen, ein Neustart ist nicht notwendig. Als Nächstes kann mit dem folgenden Kommando festgestellt werden, wie viele Threads aus dem Pool tatsächlich genutzt werden.

```
tail -f poller.log | egrep 'PollerScheduler.*adjust:'
```

In der Ausgabe sollte nach dem Wort `alive` Ausschau gehalten werden. Der Wert legt fest, wie viele Threads im Pool tatsächlich genutzt werden. Liegt die Zahl ständig sehr nahe an der konfigurierten Maximalgrenze, sollte die Thread-Anzahl erhöht werden. Damit bekommt man einen ungefähren Anhaltspunkt, wie gut der Thread-Pool genutzt wird.

Der zweite Teil der Konfigurationsdatei wird jetzt schon interessanter und beschäftigt sich mit sogenannten *Polling-Packages*. Dort kann das Monitoring für verschiedene Knoten und IP-Schnittstellen auf verschiedene Anforderungen angepasst werden. Ein klassisches Beispiel st das Überwachen von Webanwendungen auf Hosts über den HTTP-Monitor. Der gleiche Monitor würde auch die Weboberflächen von Routern und Switches überwachen können – jedoch ist das für den betrieblichen Ablauf von geringerer Bedeutung. Um die beiden Gerätegruppen »Host einer Webanwendung« und »Router oder Switch« in der Überwachung zu unterscheiden, kann dazu ein separates Polling-Package angelegt werden. Der HTTP-Monitor wird mithilfe von Regeln und Filtern auf die entsprechenden Geräte- und IP-Interface-Gruppen gebunden. Bei Geräten und IP-Interfaces, bei denen die Regeln und Filter nicht zutreffen, wird der Dienst in der Weboberfläche mit *Not monitored* dargestellt.

Polling Packages mit unterschiedlichem Polling-Intervall

Eine weiteres Beispiel für den Einsatz verschiedener Polling Packages ist die Priorität von Geräten. Möglicherweise sind verschiedene Anwendungen so kritisch, dass ein Intervall von 5 Minuten für das Polling nicht kurz genug ist. Hier kann man sich ein Package definieren, das Dienste in einem 3- oder 2-minütlichen Intervall prüft. Im umgekehrten Fall kann es Anwendungen oder Geräte geben, für die eine Prüfung auch alle 15 Minuten ausreicht. Man könnte also ein Gold-, Silber- und Bronze-Polling-Package definieren und über die Gruppenzugehörigkeit bestimmen, in welchem Intervall der Knoten oder die Anwendung zu überprüfen ist.

Exemplarisch erstellen wir nun ein solches Package mit der Bezeichnung `silber`:

```
<package name="silber">
  <filter>IPADDR != '0.0.0.0'</filter>
  <specific>127.0.0.1</specific>
  <include-range begin="172.16.23.1"
                 end="172.16.23.254" />
  <include-range begin="192.168.23.1"
                 end="192.168.23.254" />
  <specific>10.1.1.254</specific>
  ...
```

Im oben gezeigten Teil ist mit der Anweisung `package-name` der Name des Packages definiert, gefolgt von Regeln, die festlegen, welche Knoten und IP-Interfaces diesem Package zugewiesen sind. Im nächsten Abschnitt werden die Parameter des Round-Robin-Archivs definiert. Es stellt sich jetzt zunächst die Frage: Wozu? Nun, der Monitor hat neben der Ermittlung des Dienst- oder Gerätestatus noch eine weitere Aufgabe: Er ermittelt die

Antwortzeit für die Test des Monitors und schreibt diese in ein RRD-Archiv. Damit lässt sich neben der Verfügbarkeit auch noch eine Aussage über die Latenzzeit der Anwendung treffen und auswerten.

Die Monitore messen zusätzlich noch die Ausführungszeit und stellen das Latenz- und Response-Verhalten von Anwendungen dar.

Die Bedeutung der entsprechenden Parameter sind im Kapitel 11 über das Thema Datacollection ausführlich beschrieben und werden hier nicht näher erläutert. Im folgenden Beispiel ist die Konfiguration für ein RRD-Archiv mit dem Zeitintervall von 5 Minuten angegeben:

```
<rrd step="300">
   <rra>RRA:AVERAGE:0.5:1:8064</rra>
   <rra>RRA:AVERAGE:0.5:12:5952</rra>
   <rra>RRA:AVERAGE:0.5:288:366</rra>
   <rra>RRA:MAX:0.5:288:366</rra>
   <rra>RRA:MIN:0.5:288:366</rra>
</rrd>
```

Im nächsten Konfigurationsabschnitt werden die Monitore festgelegt, die in diesem Package verwendet werden sollen. Hier wird der Dienst mit dem Namen `ICMP` zugewiesen. Über `interval` wird festgelegt, in welchem Zeitabstand geprüft werden soll. Die Angabe `300000` ist die Zeit in Millisekunden, was demnach genau 5 Minuten entspricht.

Mit »Packages« lassen sich individuelle und komplexe Anforderungen in der Überwachung abbilden.

Mit dem `status` lässt sich festlegen, ob der Monitor aktiviert ist oder nicht. Im Anschluss folgen zwei wichtige Parameter: `retry` und `timeout`. Hier werden die Anzahl der Versuche und die Zeitdauer für den Timeout definiert. Die letzten Parameter beeinflussen, wo und unter welcher Bezeichnung die Round-Robin-Daten gespeichert werden sollen.

Am Ende des Packages wird das sogenannte »Downtime-Modell« beschrieben: Hier wird das adaptive Polling von OpenNMS konfiguriert. Dessen Konfiguration und Funktion wird in Kapitel 8.1.2 genauer beschrieben. Wir übernehmen hier vorerst die Voreinstellungen:

```
<service name="ICMP" interval="300000"
  user-defined="false" status="on">
  <parameter key="retry" value="3" />
  <parameter key="timeout" value="2000" />
  <parameter key="rrd-repository"
    value="/usr/share/opennms/share/rrd/response" />
  <parameter key="rrd-base-name" value="icmp" />
  <parameter key="ds-name" value="icmp" />
</service>
<downtime interval="30000"
  begin="0" end="300000" />
```

```
<downtime interval="300000"
  begin="300000" end="43200000" />
<downtime interval="600000"
  begin="43200000" end="432000000" />
<downtime begin="432000000" delete="true" />
```

Im letzten Teil der Konfiguration wird festgelegt, mit welchem Monitor der Dienst oder das Netzwerkprotokoll überwacht werden soll. Der Service `ICMP` wird demnach mit einem `IcmpMonitor` gestartet. In den Monitoren ist die eigentliche Logik implementiert. Die Klasse `IcmpMonitor` ist also in etwa wie ein konfigurierbares Ping-Programm zu betrachten. Der HTTP-Monitor kann dazu analog wie ein konfigurierbarer Mini-Webclient betrachtet werden:

Die eigentlichen OpenNMS Monitore werden über den »service-name« zugewiesen.

```
<monitor
service="ICMP"
  class-name="org.opennms.netmgt.poller.monitors.IcmpMonitor"
  />
</poller-configuration>
```

Zusammenfassend können wir also erst einmal festhalten, dass der Pollerd die wichtigste Aufgabe im Bereich des Netzwerk-Monitorings übernimmt. Der Pollerd führt alle Monitore aus. Jeder Monitor wird über einen `service-name` bestimmt und hat die spezielle Aufgabe, eine Anwendung, einen Netzwerkdienst oder den Gerätestatus über das Netzwerk zu prüfen. Die Funktionsweise des Monitors wird über den `class-name` bestimmt. Die Zuordnung von Protokollen und Diensten kann automatisch über den Capsd oder manuell geschehen. Als gemeinsamer Schlüssel wird der `protocol-name` und der `service-name` verwendet.

Die Monitoring-Aufgaben können über Regeln auf verschiedene Knotengruppen an spezielle Anforderungen angepasst werden. Dazu können verschiedene Polling-Packages definiert werden, die auf unterschiedliche Anwendungsfälle spezialisiert sind. Die Monitore lassen sich jeweils einzeln parametrisieren. Im nächsten Abschnitt wenden wir uns dem adaptiven Polling zu.

8.1.2 Was ist adaptives Polling?

Eine wirkliche Besonderheit in OpenNMS, die kaum in anderen Management- oder Monitoring-Anwendungen zu finden ist, nennt sich *adaptives Polling*. Die grundlegende Idee hinter diesem Mechanismus besteht darin, dass bei einer aufgetretenen Störung das »Polling-Intervall« herabgesetzt wird. Es stellt sich aber zunächst die Frage, was für einen Sinn das Ganze eigentlich macht?

Schauen wir uns dazu ein Beispiel aus der Standardkonfiguration an. Stellen Sie sich vor, Sie sind Betreiber eines großen IP-Netzes mit mehreren IP-Subnetzen und verwenden ein dynamisches Routing-Protokoll wie OSPF. Damit sind Sie in der Lage, das Netz leicht zu skalieren und fehlerresistent zu betreiben.

Wer in den Konfigurationsdateien erfolglos nach dem Begriff »adaptives Polling« sucht, darf sich nicht wundern: dort wird das Verfahren als »downtime« konfiguriert und auch als »Downtime-Modell« bezeichnet.

Wenn nun eine Leitung ausfällt, dann ist ein Teilnetz möglicherweise für den OpenNMS-Server kurzzeitig nicht mehr sichtbar. OpenNMS meldet einen Ausfall, weil die Störung genau in das 5-Minuten-Intervall des Pollerd gefallen ist. Das Routing-Protokoll arbeitet allerdings in der Zwischenzeit bereits daran, einen alternativen Pfad zum Ziel ausfindig zu machen, und setzt entsprechende Backup-Leitungen in Gang. Das Teilnetz ist schon nach kurzer Zeit wieder erreichbar und die Anwendungen funktionieren wieder. Für gewöhnlich würde man erwarten, dass der Ausfall jetzt mit weiteren 5 Minuten dokumentiert wird. Folglich würde eine Verfügbarkeit schlechter angezeigt, als sie tatsächlich ist. Aber: durch das adaptive Polling werden kurze Ausfälle nun auch kürzer dokumentiert und das *Service Level Agreement (SLA)* wird entsprechend weniger beeinflusst.

SLA: Service Level Agreement

In der Standardkonfiguration sieht die Strategie wie folgt aus: Ist ein Dienst nicht mehr verfügbar, setzt OpenNMS das Polling-Intervall herab und testet anstatt im 5-Minuten-Abstand in einem 30-Sekunden-Intervall. Das bedeutet, dass eine bereits behobene Störung von nur wenigen Sekunden schon nach weiteren 30 Sekunden wieder als »UP« registriert werden kann.

Kurze Störungen werden auch möglichst kurz dokumentiert und extrem lange Dienstausfälle werden automatisch aus der Überwachung genommen.

Das verkürzte Polling-Intervall von 30 Sekunden wird für eine Zeitdauer von 5 Minuten, also genau 10-mal, durchgeführt. (Zur Erinnerung: In dem verkürzten Polling-Intervall gelten nach wie vor die gleichen Regeln für Timeout und Retry.) Sind die 5 Minuten vergangen und die Störung besteht noch immer, dann wird das Polling-Intervall wieder auf 5 Minuten angehoben. Ist die Störung nach 12 Stunden noch immer nicht behoben, wird das Intervall auf 10 Minuten angehoben. Ab dem 5. Tag wird der Dienst dann gelöscht: OpenNMS ist dann der Ansicht, dass es einfach keinen Sinn macht, einen Dienst zu überwachen, der länger als 5 Tage nicht verfügbar ist. Die Abbildung 8.4 skizziert den Standardablauf des Pollings nach Auftreten einer Störung. Diese Einstellungen lassen sich beliebig anpassen und verändern. Dazu ist der folgende Konfigurationsabschnitt in der `poller-configuration.xml` zu bearbeiten:

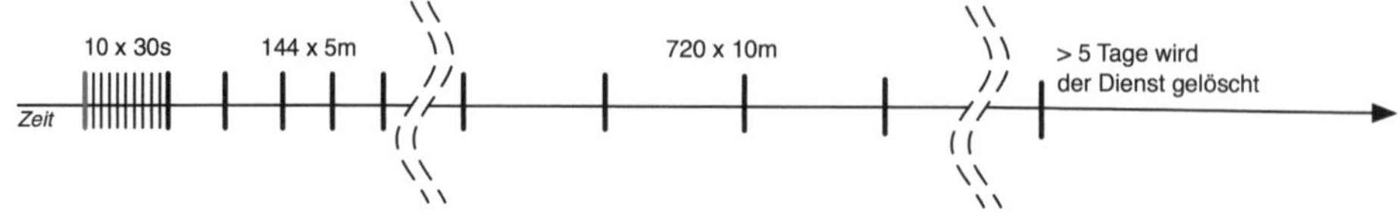

Abbildung 8.4
Skizzierung des adaptiven Pollings

```
<!-- 30s, 0, 5m -->
<downtime interval="30000"
  begin="0" end="300000" />
<!-- 5m, 5m, 12h -->
<downtime interval="300000"
  begin="300000" end="43200000" />
<!-- 10m, 12h, 5d -->
<downtime interval="600000"
  begin="43200000" end="432000000" />
<!-- anything after 5 days delete -->
<downtime begin="432000000" delete="true" />
```

Die entsprechenden Stufen des adaptiven Pollings sind von oben nach unten angegeben. Die Parameter sind eigentlich selbstbeschreibend, zuerst wird das neue Intervall mit der Start- und Endzeit angegeben. Wichtig ist hierbei wie immer, dass die Angabe in Millisekunden erfolgt!

Für jedes Package lässt sich ein eigenes Downtime-Modell konfigurieren.

Das erste Intervall beträgt 30 Sekunden ab der 0. Sekunde der Störung für einen Zeitraum von 5 Minuten. Der zweite Eintrag beschreibt das 5-Minuten-Intervall ab der 5. Minute der Störung für einen Zeitraum von 12 Stunden und so weiter. Sie können für jedes einzelne Package ein separates Downtime-Modelldefinieren und somit unterschiedlichste und komplexe Anforderungen im Monitoring abbilden.

8.2 Die wichtigsten generischen Monitore in der Praxis

Grundsätzlich sei gesagt: Es gibt so ziemlich nichts, was man mit einem Computer nicht überwachen kann! Das mag für den einen oder anderen Bürger zwar ziemlich beängstigend sein – aber zum Glück beschränken wir uns hier auf den Bereich des Netzwerkmanagements und halten uns streng an den *»Don't be evil«*- Verhaltenskodex. Das Überwachen von Netzwerkanwendungen ähnelt wie bereits erwähnt den Tests, wie sie in der Softwareentwicklung angewendet werden. Die Logik wird in Monitoren bereitgestellt und kann über die Konfiguration unterschiedlich parametrisiert werden.

Erinnerung: Plug-Ins werden zur Diensterkennung in Capsd verwendet, Monitore im Pollerd zum Test.

OpenNMS wird schon mit einer großen Anzahl von Monitoren ausgeliefert. Prinzipiell können die Monitore in zwei Arten unterschieden werden. Es gibt zum einen sehr allgemeingültige Monitore, die für verschiedenste Anforderung angepasst und konfiguriert werden können. Für andere Anwendungsfälle wie beispielsweise DNS oder LDAP gibt es sehr spezielle Monitore, die sehr konkrete Protokolle testen. OpenNMS gibt sehr viele Hilfestellungen mit vorkonfigurierten Plug-Ins, wer jedoch andere Anforderungen hat oder etwas grundsätzlich anders machen will, kann das auch tun! Denn: genau das macht eine quelloffene Netzwerkmanagement-Plattform aus.

Wenn Sie beginnen, selbst Tests für Anwendungen oder Teilprozesse zu schreiben, erinnern Sie sich bei aller Euphorie und Möglichkeiten an das *»Keep It Simple, Stupid«*-Paradigma. Bei der Erstellung von eigenen Tests ist es häufig sinnvoll, sich anzusehen, was bei einer Fehleranalyse der entsprechenden Anwendung oder des Protokolls gemacht wird. Somit kann der Anwendungstest auch schon einen Erkenntnisgewinn mit sich bringen und man weiß, was man bei der Fehlerdiagnose nicht mehr prüfen muss.

8.2.1 Testen von Netzwerkanwendungen mit dem TCP-Plug-In

Nach der ersten Installation von OpenNMS wird man bemerken, dass schon die einen oder anderen Anwendungen und Dienste überwacht werden. Man stellt dann bereits hin und wieder fest, dass auf Servern beispielsweise ein SMTP- oder HTTP- Dienst läuft, obwohl man das gar nicht gewusst hat. Im Normalfall reicht das allerdings nicht aus und es wäre schön, wenn auch branchenspezifische Anwendungen getestet werden könnten. Ist eine Netzwerkanwendung nicht mehr erreichbar, kann häufig über das Kommando `telnet` der entsprechende Netzwerkport der Anwendung geprüft werden.

RDP steht für das Remote Desktop Protocol.

In der Microsoft-Welt wird häufig das Protokoll RDP verwendet, um Anwendungen bereitzustellen oder Fernwartung durchzuführen. Wir zeigen anhand dieses Beispiels, wie man OpenNMS dazu verwenden kann, diesen Port zu überwachen. Dieser Monitor lässt sich gemäß Ihrer Anforderung auf jeden beliebigen TCP-Port einer beliebigen Anwendung adaptieren.

Bei einer Störung in einer Welt ohne Monitoring prüft der Administrator mit einem `ping`, ob der Server überhaupt noch erreichbar ist. Ist das der Fall, so testet er mit dem Kommando

```
telnet <ip-adresse> 3389
```

ob eine TCP-Verbindung geöffnet werden kann. Erscheint die folgende Ausgabe, dann hat womöglich der RDP-Service den Dienst versagt:

```
telnet marge 3389
Trying 172.16.23.11...
telnet: connect to address 172.16.23.11: Connection refused
telnet: Unable to connect to remote host
```

Wenn nun aber bereits OpenNMS installiert ist, dann können wir uns das `ping`- Kommando schon einmal sparen. Wir wissen bereits, ob der Server noch erreichbar ist. Um uns auch den zweiten Schritt noch zu ersparen, können wir das TCP-Plug-In benutzen. Bei der Einrichtung sollte man sich an der Abbildung 8.1 orientieren.

Die Konfiguration für einen RDP-Monitor sieht dann wie folgt aus. Als Erstes wird dem Capsd mitgeteilt, wie er das Protokoll erkennen kann:

```
<protocol-plugin protocol="MS-RDP" \
    class-name="org.opennms.netmgt.capsd.plugins.TcpPlugin" \
    scan="on">
  <property key="port" value="3389" />
  <property key="timeout" value="2000" />
  <property key="retry" value="1" />
</protocol-plugin>
```

Damit wird erreicht, dass der Capsd das Protokoll auf allen Nodes erkennt, die den TCP-Port 3389 bereitstellen. Anschließend muss der entsprechende Monitor konfiguriert werden. Dazu wird die Datei `$OPENNMS_HOME/etc/poller-configuration.xml` wie folgt erweitert:

```
<service name="MS-RDP" interval="300000" \
  user-defined="false" status="on">
  <parameter key="retry" value="3"/>
  <parameter key="timeout" value="3000"/>
  <parameter key="port" value="3389"/>
  <parameter key="banner" value="*"/>
</service>
...
<monitor service="MS-RDP" \
  class-name="org.opennms.netmgt.poller.monitors.TcpMonitor"/>
```

Die protokollspezifischen Parameter sind dabei folgendermaßen zu verstehen:

- `name`: Wie wird der Dienst bezeichnet? (max. 32 Zeichen ohne Leerzeichen und Sonderzeichen)
- `retry`: Wie oft soll maximal getestet werden?
- `timeout`: Wie lange soll ich warten, bis eine Antwort erfolgen muss?
- `port`: Auf welchen TCP-Port soll verbunden werden?
- `banner`: Auswertung des Verbindungsbanners, der reguläre Ausdruck $\star$ bedeutet, dass lediglich auf Verbindungserfolg getestet wird.
- `monitor`: Welcher Monitor soll für diesen Dienst verwendet werden?

Damit haben wir hier unseren ersten eigenen TCP-Port-Monitor konfiguriert und können damit einen Großteil der Netzwerkanwendungen überwachen.

8.2.2 Eine mächtige Waffe – der SNMP-Monitor

Die meisten professionell eingesetzten Komponenten verfügen über einen SNMP-Agenten. Über SNMP-Agenten können sowohl Konfigurationsparameter gesetzt als auch Statusabfragen am Gerät vorgenommen werden. Um solche Monitore richtig zu konfigurieren, kommt man um Kenntnisse der SNMP-MIB nicht herum.

Über SNMP-Agenten können Statusinformationen von Gerätekomponenten und Leistungsdaten abgefragt werden. MIB: Management Information Base

Ein Beispiel: Jeder Administrator hat in seinen Serverräumen eine oder mehrere USVs stehen. Eine USV hat die Aufgabe, die Stromversorgung zumindest noch so lange aufrechtzuerhalten, bis der oder die Server sauber heruntergefahren werden können. Wie so vieles in der Technik sind auch die Batterien der USV von begrenzter Lebensdauer. Meistens meldet sich eine solche USV mit defekten Batterien mit einer roten LED am Front-Panel. Da der Administrator hoffentlich nicht den ganzen Tag im unbequemen Serverraum sitzt, wird er also sehr wahrscheinlich die defekte oder auszutauschende Batterie erst dann bemerken, wenn der Strom wirklich einmal ausgefallen ist.

In dieser Situation wird es dann im Allgemeinen eher schwierig, zu argumentieren, warum eine teure USV gekauft wurde, wenn diese dann doch nicht funktioniert! Daher zeigen wir nun, wie man mit OpenNMS eine solche unangenehme Situation vermeiden kann. Die grundlegende Idee ist es, eine bestimmte OID abzufragen und gegen einen bestimmten Wert oder Aus-

OID: Object Identifier. Sie identifiziert exakt ein Managementobjekt.

druck zu testen. Damit überwachen wir den Batteriestatus einer unterbrechungsfreien Stromversorgung. Der erste Schritt ist zunächst, sich zu überlegen, wie die Dienste zugeordnet werden sollen. Da wir vermutlich mehrere USV-Geräte der gleichen Hersteller oder Typen haben, lassen wir die Dienste automatisch über den Capsd erkennen und fügen zunächst in der Datei `$OPENNMS_HOME/etc/capsd-configuration.xml` die Protokolle wie folgt ein:

```
<protocol-plugin protocol="USV-Battery-Status" \
  class-name="org.opennms.netmgt.capsd.plugins.SnmpPlugin" \
  scan="on" user-defined="true">
  <property key="vbname" \
    value=".1.3.6.1.4.1.318.1.1.1.2.1.1.0" />
  <property key="timeout" value="2000" />
</protocol-plugin>
```

Mit der oben gezeigten Konfiguration wird der Dienst automatisch auf USVs erkannt, deren Managementdaten über SNMP abrufbar sind und die entsprechende OID (.1.3.6.1.4.1.318.1.1.1.2.1.1.0) bereitstellen. Um nun den Status richtig in der Überwachung abzubilden, wird in der Datei `poller-configuration.xml` die folgende Konfiguration eingefügt:

```
<service name="USV-Battery-Status" interval="300000" \
    user-defined="false" status="on">
    <parameter key="retry" value="5"/>
    <parameter key="timeout" value="5950"/>
    <parameter key="port" value="161"/>
    <parameter key="oid" \
      value=".1.3.6.1.4.1.318.1.1.1.2.1.1.0"/>
    <parameter key="operator" value="="/>
    <parameter key="operand" value="2"/>
</service>

<monitor service="USV-Battery-Status" \
  class-name="org.opennms.netmgt.poller.monitors.SnmpMonitor"
  />
```

Die Ergebniswerte sind zur Interpretation in sogenannten MIBs beschrieben.

Das bedeutet, dass der Monitor das Ergebnis der Abfrage auf den Wert `2` prüft. Die Bedeutung der Werte und die entsprechenden OIDs können dazu aus den entsprechenden SNMP-MIBs herausgelesen werden. Die entsprechenden Konfigurationsparameter werden hier wie folgt verwendet:

- `retry`, `timeout`, `port`: Diese Parameter sind gleich zu verstehen wie beim TCP-Monitor.
- `oid`: Welche SNMP-OID soll abgefragt werden?

- `operator`: Welcher Operator soll verwendet werden (<, >, <=, >=, =, !=, ~)? ***Wichtig:*** Beachten Sie, dass in XML anstatt < und > `<` und `>` verwendet werden muss.
- `operand`: Ein Vergleichsparameter oder ein regulärer Ausdruck, auf den getestet werden soll. In unserem Fall steht `2` für einen normalen Status oder die `0` für keine fehlerhaften Battery-Packs.

Wie wir sehen, lassen sich damit sehr gezielt Fehlersituationen von Geräten überwachen. Stellen Sie sich jetzt vor, dass wir den Capsd so konfigurieren, dass er uns auf allen Geräten, die diese OIDs bereitstellen, den Dienst automatisch erkennt. Sie brauchen die Monitore nur einmal zu konfigurieren und OpenNMS überwacht alle Ihre USV-Komponenten automatisch. Die gleiche Vorgehensweise kann natürlich auch auf RAID-Verbände, Lüfter, Temperatursensoren oder aber auch eigenen Skripten in Net-SNMP-Agenten angewendet werden. Die Grenzen liegen hier bei der Kreativität der Administratoren und den Fähigkeiten der SNMP-Agenten.

Der SNMP-Monitor lässt sich auf unterschiedlichste Gerätetypen verwenden.

Das war bis hierher eigentlich noch kein Problem, denn das Abfragen von einzelnen OIDs stellt ja noch keine große Herausforderung dar. Stellen wir uns nun vor, wir möchten den Status von Lüftern in einem Server überwachen. Wir haben in unserem Rechenzentrum jede Menge an Servern. Unsere IT-Strategie gibt uns zwar einen Hersteller vor, allerdings sind die Modelle unterschiedlich und haben entsprechend auch eine unterschiedliche Anzahl von Lüftern. Jeder Lüfterstatus wird bei den meisten SNMP-Agenten in einer Tabelle dargestellt.

Mit dem SNMP-Monitor lassen sich komplett dynamische SNMP-Tabellen überwachen.

Mit dem oben gezeigten Vorgehen müssten wir also für jeden Lüfter einen einzelnen Monitor anlegen. Das macht einerseits wenig Spaß und andererseits sind solche statischen Konfigurationen sehr fehleranfällig. Was passiert, wenn ich die ersten 5 Lüfter konfiguriere und irgendwann habe ich einen Server mit 8 oder 16 Lüftern? Der SNMP-Monitor bietet uns hierfür einen wirklich genialen Parameter:

```
<service name="Dell-Chassis-Fans" interval="300000" \
  user-defined="false" status="on">
  <parameter key="oid" value=".1.3.6.1.2.1.4.21.1.9" />
  <parameter key="operator" value="=" />
  <parameter key="operand" value="2" />
  <parameter key="walk" value="true" />
  <parameter key="match-all" value="true" />
</service>
```

Der zusätzliche Parameter `walk` bewirkt, dass eine Tabelle dynamisch durchlaufen wird. Der Parameter `match-all` mit dem Wert `true` besagt, dass alle Lüfter O.K. sein müssen – ansonsten wird der Dienst auf *Down* gesetzt.

Mit dem `match-all`-Parameter kann übrigens auch noch Folgendes gemacht werden:

```
...
<parameter key="match-all" value="count" />
<parameter key="minimum" value="3" />
<parameter key="maximum" value="10" />
<parameter key="reason-template" \
  value="Anzahl der angemeldeten Benutzer sollte ${operator}
  ${operand} sein, aktueller Wert ist ${observedValue}" />
...
```

Mit `count` können die fehlerhaften Einträge in einer SNMP-Tabelle gezählt und gegen einen Schwellwert geprüft werden.

Wird `match-all` nicht auf `true`, sondern auf `count` gesetzt, werden alle Einträge, die dem Kriterium aus `operator` und `operand` entsprechen, gezählt und gegen ein Minimum und/oder Maximum geprüft. Damit bei einem Fehler eine aussagekräftige Beschreibung angezeigt wird, kann zusätzlich noch mit dem Parameter `reason-template` eine Meldung mit Variablen konfiguriert werden.

Ab hier wird Ihnen vielleicht klar, wie mächtig allein der SNMP-Monitor ist und welche Anwendungsfälle mit ihm überwacht werden können. In Kombination mit eigenen Erweiterungen von Net-SNMP-Agenten unter Unix und Linux lassen sich damit sehr vielfältige Anforderungen im Monitoring-Bereich abbilden, ohne spezielle Plug-ins oder Skripte programmieren zu müssen.

8.2.3 Für harte Nüsse – ein Allzweck-Poller

Der GpMonitor ist ein Allzweck-Monitor und kann Skripte ausführen.

Es gibt genügend Fälle, bei denen die Unterstützung von SNMP-Agenten allein nicht ausreicht. Die Überwachung ist dann meist von unterschiedlichen Faktoren abhängig und kann oft nur durch selbst erstellte Programme oder Skripte abgebildet und realisiert werden. Um solch schwierige Aufgaben lösen zu können, stellt OpenNMS einen sogenannten *General Purpose Monitor* – einen Allzweck-Poller zur Verfügung. Wenn nichts mehr geht, dann kann dieser Monitor die letzte Rettung darstellen. Dieser Monitor erlaubt es, ein selbst erstelltes Programm auszuführen und das Ergebnis als Dienststatus in OpenNMS darzustellen. Im Folgenden wird die Verwendung eines solchen Skriptes demonstriert. Ob der Funktionstest erfolgreich war oder nicht, kann der Monitor anhand der Skriptausgabe feststellen. So wird hier in der Ausgabe auf das Wort `SUCCESS` geprüft. Jedoch muss als Allererstes überlegt werden, wie der Monitor auf die Knoten zugeordnet wird. Da es bei Skripten schwierig sein kann, eine Zuordnung automatisch durchzuführen, existiert ein sogenanntes `LoopPlugin`, das in der Datei `$OPENNMS_HOME/etc/capsd-configuration.xml` verwendet werden kann:

```
<protocol-plugin protocol="GPsav" \
    class-name="org.opennms.netmgt.capsd.plugins.LoopPlugin" \
    scan="on">
  <property key="ip-match" value="10.1.1.1-5" />
  <property key="is-supported" value="true" />
</protocol-plugin>
```

Dadurch wird der Dienst auf alle IP-Interfaces im IP-Bereich von 10.1.1.1 bis 10.1.1.5 zugeordnet.

Das Binden des Monitors auf das IP-Interface kann über das LoopPlugin erfolgen.

```
<poller-configuration ...>
  <package ...>
    <service name="GPsav" interval="300000" \
        user-defined="false" status="on">
      <parameter key="script" \
        value="/usr/local/bin/ssecls-gp-wrapper" />
      <parameter key="banner" value="SUCCESS" />
      <parameter key="retry" value="1" />
      <parameter key="timeout" value="3000" />
      <parameter key="rrd-repository" \
        value="/opt/opennms/share/rrd/response"
      />
      <parameter key="ds-name" value="GPsav" />
    </service>
  </package>
  ...
  <monitor service="GPsav"
    class-name="org.opennms.netmgt.poller.monitors.GpMonitor" />
</poller-configuration>
```

Im ersten Attribut `script` wird dann festgelegt, wo im Dateisystem das auszuführende Skript oder Programm abgelegt ist. Zusätzlich wird über die Eigenschaft `banner` bestimmt, welche Ausgabe erwartet wird. Ferner wird die Laufzeit des Skriptes gemessen und in einer RRD-Datei mit einer Datasource-Bezeichnung `GPsav` gespeichert.

8.3 Monitoring in der Welt des Web

Wie der eine oder andere Leser vielleicht mitbekommen hat, überschlagen sich viele Firmen mit der Erfindung des Web x.0. Die

Verfügbarkeit von Webanwendungen und Webschnittstellen stellen mittlerweile extrem wichtige Funktionen in den Unternehmen bereit. Die Entwickler sind dem Ruf gefolgt und haben eine schicke Suite an HTTP-Monitoring-Werkzeugen in OpenNMS implementiert, auf die wir in diesem Abschnitt eingehen möchten.

Zur Überwachung von Webanwendungen kann der HTTP/HTTPS-Monitor verwendet werden.

Das elementare Protokoll für viele Webportale ist das HTTP-Protokoll. Um dieses Protokoll sehr umfangreich überwachen zu können, stellt OpenNMS zwei mächtige Monitore zur Verfügung: Der etwas einfachere erste Kandidat ist der HTTP-Monitor und der zweite ist der Page-Sequence-Monitor (PSM).

8.3.1 Funktioniert die Webseite oder mein Proxy noch?

Das HTTP-Protokoll wird heutzutage für die vielfältigsten Aufgaben verwendet: angefangen vom einfachen Internetzugang über Proxy-Server zur Absicherung bis hin zur Nutzung von B2B- oder B2C-Schnittstellen des eigenen Unternehmens. Um solche Anwendungen überwachen zu können, kann der HTTP-Monitor ein nützlicher Helfer sein. Bevor wir uns allerdings an dessen Konfiguration wagen, gibt es noch einen kurzen Hinweis zum Verständnis der HTTP-Status-Codes [49]. Diese bekommt der Benutzer meistens dann in seinem Browser präsentiert, wenn die Internetverbindung nicht mehr vorhanden ist, der Server einen internen Fehler hat oder auf Seiten zugegriffen wird, die nicht mehr vorhanden sind. Diese Codes lassen sich daher auch hervorragend für die Überwachung verwenden.

HTTP-Status-Codes spielen zur Auswertung eine wichtige Rolle.

Als Erstes wird wieder einmal überlegt, wie OpenNMS den Monitor auf den Knoten binden soll. Wir zeigen nun die Konfiguration mit dem Capsd – eine Zuordnung über das Provisioning mit Detektoren oder komplett manuell ist grundsätzlich ebenfalls möglich.

```
<protocol-plugin protocol="HTTP-OpenNMS-WebUI"
    class-name="org.opennms.netmgt.capsd.HttpPlugin"
    scan="on" user-defined="false">
  <property key="port" value="8980"/>
  <property key="timeout" value="3000"/>
  <property key="retry" value="2"/>
  <property key="url" value="/opennms/index.jsp"/>
</protocol-plugin>
```

Dieser Dienst wird auf allen IP-Adressen erkannt, die die URL

```
http://zu-testende-ip-adresse/opennms/index.jsp
```

zur Verfügung stellen. Wenn Sie also mehrere OpenNMS-Server haben, werden alle OpenNMS-WebUIs überwacht. Im zweiten Schritt wird wie gewohnt der Monitor im Pollerd eingerichtet und die Konfiguration sieht dann wie folgt aus:

```
<service name="HTTP-OpenNMS-WebUI" interval="300000"
              user-defined="false" status="on">
  <parameter key="retry" value="3"/>
  <parameter key="timeout" value="5000"/>
  <parameter key="port" value="8980"/>
  <parameter key="url" value="/opennms/index.jsp"/>
  <parameter key="basic-authentication" value="admin:admin"/>
  <parameter key="response" value="200"/>
</service>
```

Die möglichen Parameter für den Monitor sind dabei:

- `port`: Auf welchem TCP-Port läuft der Webserver? OpenNMS läuft standardmäßig mit Jetty und stellt die Webanwendung nicht wie gewohnt auf Port 80, sondern auf Port 8980 bereit.
- `url`: Welche URL oder konkrete Seite soll vom Monitor getestet werden? In diesem Fall die Login-Seite von OpenNMS.
- `basic-authentication`: - Um die Startseite zu sehen, kann die Anmeldung für die Seite mitgegeben werden. Der Benutzer `admin` sollte allerdings nicht verwendet werden, da die Zugangsdaten im Klartext in der Konfiguration gespeichert sind.

Es können auch Zugangsdaten im Monitor mit übergeben werden.

- `response value`: Hier wird der HTTP-Response-Code ausgewertet. Der Monitor prüft auf den HTTP-Response-Code-200 OK. Es können auch als `value` ganze Bereiche wie `200-399` angegeben werden.

Am Ende der Konfiguration wird wieder beschrieben, mit welchem Monitor der Service `HTTP-OpenNMS-WebUI` überprüft werden soll:

```
<monitor service="HTTP-OpenNMS-WebUI"
  class-name="org.opennms.netmgt.poller.monitors.HttpMonitor"/>
```

Falls die Webanwendungen verschlüsselt über HTTPS angeboten werden, muss im Capsd und Pollerd die HTTPS-Klasse verwendet werden:

```
class-name="org.opennms.netmgt.capsd.HttpsPlugin"
class-name="org.opennms.netmgt.poller.monitors.HttpsMonitor"
```

Allein mit diesen Mitteln lässt sich bereits eine Vielzahl von Anwendungen erfolgreich überwachen. Der HTTP-Monitor kann anstatt für Internetseiten oder Webanwendungen auch noch für die

Überwachung von Proxy-Servern eingesetzt werden. Proxies stellen Webanfragen stellvertretend ins Internet und können die Arbeitsstationen vor Gefahren aus dem Internet schützen. Oftmals sind auch gezielte Seiten im Internet erlaubt und andere verboten. Im Folgenden wird zum Verständnis die Kommunikation mit einem Proxy grob skizziert.

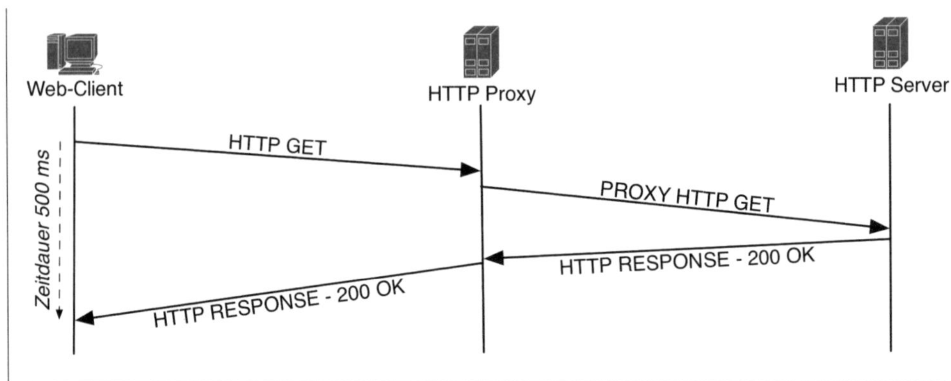

Abbildung 8.5 *Skizzierung der Kommunikation mit einem Proxy*

Der HTTP-Monitor kann auch zum testen von Proxy-Servern verwendet werden.

Für den Test eines kompletten Ablaufs lässt sich ebenfalls der HTTP-Monitor verwenden. Nehmen wir an, dass wir die Seite `http://www.opennms.org` erlauben wollen und die Seite `http://www.hotmail.com` soll verboten werden. Der Proxy-Server stellt uns seinen Dienst auf Port 8080 bereit. Entsprechend werden die zwei Dienste in der Datei `$OPENNMS_HOME/etc/capsd-configuration.xml` angegeben:

```
<protocol-plugin protocol="HTTP-Allow-opennms.org" \
    class-name="org.opennms.netmgt.capsd.plugins.HttpPlugin" \
    scan="on" user-defined="false">
  <property key="port" value="8080"/>
  <property key="url" value="http://www.opennms.org/"/>
  <property key="timeout" value="3000"/>
  <property key="check-return-code" value="true"/>
</protocol-plugin>
<protocol-plugin protocol="HTTP-Block-hotmail.com" \
    class-name="org.opennms.netmgt.capsd.plugins.HttpPlugin" \
    scan="on" user-defined="false">
  <property key="port" value="8080"/>
  <property key="url" value="http://www.hotmail.com/"/>
  <property key="timeout" value="3000"/>
  <property key="check-return-code" value="false"/>
</protocol-plugin>
```

Anschließend werden die entsprechenden Monitore eingerichtet und wie gewohnt in der Datei $OPENNMS_HOME/etc/poller-configuration.xml konfiguriert:

```
<service name="HTTP-Allow-opennms.org" interval="300000" \
    user-defined="false" status="on">
  <parameter key="retry" value="1"/>
  <parameter key="timeout" value="3000"/>
  <parameter key="port" value="8080"/>
  <parameter key="url" value="http://www.opennms.org/"/>
  <parameter key="response" value="200-399"/>
</service>
<service name="HTTP-Block-hotmail.com" interval="300000" \
    user-defined="false" status="on">
  <parameter key="retry" value="1"/>
  <parameter key="timeout" value="3000"/>
  <parameter key="port" value="8080"/>
  <parameter key="url" value="http://www.hotmail.com/"/>
  <parameter key="response" value="400-599"/>
</service>

<monitor service="HTTP-Allow-opennms.org" \
  class-name="org.opennms.netmgt.poller.monitors.HttpMonitor"
  />
<monitor service="HTTP-Block-myspace.com" \
  class-name="org.opennms.netmgt.poller.monitors.HttpMonitor"
  />
```

Wer genau hingesehen hat, hat sicher bemerkt das bei den Monitoren gezielt die entsprechenden HTTP-Response-Codes ausgewertet werden. An dieser Stelle muss man allerdings feststellen, dass man sich mit einem Proxy oder einer Security-Appliance etwas detaillierter auseinandersetzen muss. Es kann durchaus passieren, dass anstatt eines korrekten Response-Codes (wie `401 Unauthorized` oder `403 Forbidden`) eine eigene Fehlerbeschreibungsseite mit `200 OK` zurückliefert wird. Dann bleibt einem leider nichts anderes übrig, als mit einer Regular Expression im Monitor den Seiteninhalt zu prüfen, wie zum Beispiel mit

Falls die HTTP-Response-Codes nicht verwendet werden können, lässt sich der Seiteninhalt mit Regular Expressions auswerten.

```
<parameter key="response-text" value="~.*[Mm]y [Aa]pp.*"/>
```

In der heutigen Zeit werden häufig verschlüsselte Zugriffe auf Webseiten mithilfe von SSL (*Secure Socket Layer*) oder TLS (*Transport Layer Security*) verwendet. Zur Absicherung werden Zertifikate und Signaturen eingesetzt. Um Kosten für das Ausstellen eines Zertifikats bei einer der bekannten Zertifizierungsstellen zu sparen, können durchaus selbst ausgestellte Zertifikate verwendet werden. Jedoch müssen diese SSL-Zertifikate dann

SSL-Zertifikate bei HTTPS müssen in die JVM importiert werden.

auch der Java Virtual Machine bekannt gemacht werden. Da dieser Fall für unternehmenskritische Anwendungen häufiger vorkommt, wollen wir Ihnen diese Prozedur nicht vorenthalten. Die folgende Beschreibung setzt allerdings die OpenSSL-Tools unter Linux voraus:

```
$ openssl s_client -connect www.opennms.com:443
```

Nach der Ausführung dieses Kommandos ist der Abschnitt mit dem Serverzertifikat interessant und wir kopieren ihn inklusive BEGIN und END in die Zwischenablage.

```
...
Server certificate
-----BEGIN CERTIFICATE-----
...
-----END CERTIFICATE----
...
```

Um das Zertifikat jetzt der Java-Umgebung bekannt zu geben, verwenden wir das folgende Kommando:

```
$JAVA_HOME/bin/keytool -import -keystore \
  $JAVA_HOME/jre/lib/security/cacerts
```

Nachdem wir ein Kennwort für den Keystore vergeben haben wird das Zertifikat aus der Zwischenablage eingefügt. Mit einem anschließenden »Enter« sowie ein paar weiteren Fragen ist das Serverzertifikat in Java-Anwendungen verfügbar.

Damit haben wir ein gutes Werkzeug für den Umgang mit den alltäglichen Anforderungen im Bereich der Webanwendungen an der Hand, ohne einen Anwendungsentwickler oder Skriptprogrammierer auf Abenteuerreise zu schicken. Der nächste Abschnitt zeigt, dass das »Web« den OpenNMS-Entwicklern sehr wichtig ist, und hält noch einen besonderen »Leckerbissen« für uns bereit.

8.3.2 Workflows überwachen im Web mit dem Page-Sequence-Monitor

Im vorangegangenen Abschnitt haben wir uns relativ tiefgreifend mit der Überwachung von Webseiten beschäftigt. Für den Test kompletter Abläufe in Webanwendungen wurde der sogenannte *Page-Sequence-Monitor*, kurz PSM, entwickelt. Dieser Monitor ermöglicht den vollständigen Test einer simulierten Benutzeraktion. Wir zeigen das nun ganz einfach am Beispiel der OpenNMS-Webanwendung. Nach diesem Abschnitt sind Sie dann in der Lage, eigene Webanwendungen von SAP-Webportalen über Webshops bis hin zu CMS-Systemen zu überwachen. Vor dem Start gilt es allerdings, sich zu überlegen, welcher Anwendungsfall überwacht werden soll! Wir verdeutlichen nun den Ablauf und ermitteln dabei gleich die entsprechenden URLs, die für die Überwachung dann später notwendig sind:

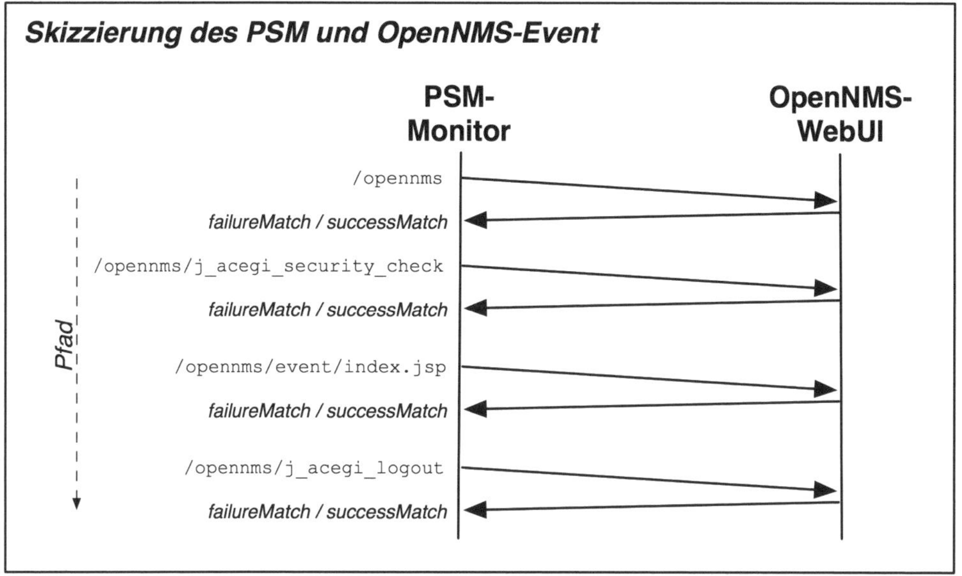

Abbildung 8.6
Ablaufskizze für den PSM und OpenNMS-Events

1. Anzeigen der Anmeldeseite mit der URL `/opennms`.
2. Anmelden mit einer gültigen Benutzerkennung an der Weboberfläche mit der URL `/opennms/j_acegi_security_check`.
3. Anzeige der Seite mit allen Events mit der URL `/opennms/event/index.jsp`.
4. Abmelden aus der Webanwendung mit der URL `/opennms/j_acegi_logout`.

Durch die Anwendung wird ein Testpfad definiert, der vom Monitor durchlaufen wird.

Wir bestimmen also einen Pfad durch die Anwendung, der dann vom PSM geprüft werden soll. Nach der Bestimmung dieses Pfades können wir mit der Einrichtung des Monitors beginnen. Die Erkennung der Anwendung über den Capsd oder das Provisioning funktioniert wie bereits in Kapitel 8.3.1 beschrieben. Schauen wir uns jetzt den entsprechenden Monitor direkt an:

```
<service name="OpenNMS-Events" interval="300000" \
    user-defined="true" status="on">
  <parameter key="retry" value="1"/>
  <parameter key="timeout" value="5000"/>
```

```
        <parameter key="rrd-repository" \
          value="/opt/opennms/share/rrd/response"/>
        <parameter key="ds-name" value="opennmslogin"/>
        <parameter key="page-sequence">
          <page-sequence>
            <page path="/opennms" port="8980" \
              successMatch="Password" />
            <page path="/opennms/j_acegi_security_check" \
              port="8980" method="POST" \
              failureMatch="(?s)Your log-in attempt failed.\
                *Reason: ([^&lt;]*)"
              failureMessage="Login in Failed: ${1}" \
                successMatch="Log out">
              <parameter key="j_username" value="admin"/>
              <parameter key="j_password" \
                value="admin"/>
            </page>
            <page path="/opennms/event/index.jsp" \
              port="8980" successMatch="Event Queries" />
            <page path="/opennms/j_acegi_logout" port="8980" \
              successMatch="logged off" />
          </page-sequence>
        </parameter>
      </service>
      ...
      <monitor service="OpenNMS-Events" \
        class-name= \
          "org.opennms.netmgt.poller.monitors.PageSequenceMonitor"
         />
```

Um festzustellen, ob ein Teilstück im Pfad erfolgreich war oder nicht, werden entsprechende Regular Expressions gesetzt.

Der wichtigste Teil des Monitors spielt sich im Bereich `page-sequence` ab. Hier wird der bereits erwähnte Pfad durch die Webanwendungen definiert, der nacheinander aufgerufen werden soll. Damit der Monitor erkennen kann, ob der entsprechende Schritt im Pfad erfolgreich war, wird eine Regular Expression mit `successMatch` oder `failureMatch` definiert. Der Pfad wird im Folgenden detailliert erläutert.

Beginnen wir mit dem ersten Schritt, der Anzeige der Anmeldeseite:

```
<page path="/opennms" port="8980" successMatch="Password" />
```

Der erste Aufruf der Anmeldeseite ist genau dann erfolgreich, wenn wir den Dialog mit der Aufforderung der Benutzerdaten angezeigt bekommen. Wir prüfen daher entsprechend den Inhalt der Seite auf das Stichwort `Password`. Als Nächstes übermitteln wir die Benutzerdaten:

```
<page path="/opennms/j_acegi_security_check" \
    port="8980" method="POST" \
    failureMatch="(?s)Your log-in attempt failed.\
    *Reason: ([^&lt;]*)" \
    failureMessage="Login in Failed: ${1}" successMatch="Log out">
  <parameter key="j_username" value="admin"/>
  <parameter key="j_password" value="admin"/>
</page>
```

Dieser Abschnitt übermittelt mit der Methode HTTP-POST die Zugangsdaten und prüft anschließend die erfolgreiche Anmeldung. Die beiden Parameter `j_username` und `j_password` entsprechen dabei den Eingabefeldern des HTML-Formulars der Anmeldeseite und können über den Seitenquelltext des Browsers ermittelt werden.

Es können HTML-Formularfelder ausgefüllt und abgesendet werden.

```
...
<input id="input_j_username" name="j_username" type="text">
...
<input name="j_password" type="password">
...
```

Sind wir in der Anwendung angemeldet, so wird die Seite mit allen Events aufgerufen. Dazu wird der nächste Pfad wie folgt definiert. Im HTML-Seitenquelltext können wir anhand von `Event Queries` erkennen, ob wir die Seite korrekt angezeigt bekommen:

```
<page path="/opennms/event/index.jsp" \
  port="8980" successMatch="Event Queries" />
```

Im nächsten Schritt melden wir uns von OpenNMS ab und rufen dazu die entsprechende Abmeldeseite auf:

```
<page path="/opennms/j_acegi_logout" port="8980" \
  successMatch="logged off" />
```

Erhält der Monitor eine Seite mit dem Inhalt `logged off`, ist die Abmeldung erfolgreich verlaufen. Damit haben wir den Testpfad durch die Anwendung erfolgreich beschrieben und der Monitor testet nun nicht nur den Pfad, sondern ermittelt auch die Zeit, die der Monitor benötigt, um diese Schritte durchzuführen. Gerade bei der Verwendung von unternehmenskritischen Webportalen oder Webshops können somit auch Latenzwerte der Anwendung gemessen werden. Die ermittelten Messdaten werden in einem eigenen RRD-Archiv gespeichert:

```
key="ds-name" value="opennmslogin"/>
```

Damit dieser Graph auch in der WebUI von OpenNMS dargestellt wird, muss noch ein entsprechender Graph in der Datei `response-graph.properties` angelegt werden. Die Zeit, die für einen Ablauf der kompletten Sequenz benötigt wird, lässt sich in einem Graphen aufzeichnen und auswerten (die erforderliche Konfigurationshilfe erhalten Sie im Abschnitt 16.2.1).

Geschafft! An dieser Stelle wurde einer der aufwendigsten Monitore für die Überwachung von Webanwendungen erfolgreich gemeistert und es wird Zeit für eine gute Tasse Kaffee oder einen Tee, um das obige Kapitel zu verdauen, bevor wir uns dem nächsten Abschnitt widmen: dem Mail-Transport-Monitor.

8.4 Die elektronische Post – Ziemlich alt und immer noch wichtig

Die gute alte E-Mail, fast so alt wie das Internet selbst, ist aus den Unternehmen nicht mehr wegzudenken. Wenn Mailserver stehen oder nicht mehr funktionieren, dann könnte man meinen, das Herz eines Unternehmens hat aufgehört zu schlagen. Die interne Kommunikation scheint komplett gelähmt und der Kontakt zu Kunden oder Lieferanten scheint in unerreichbare Sphären gerückt zu sein. Da dies auch findige Spitzbuben mitbekommen haben, haben sich Firmen mit reichlich Mail-Security-Lösungen gewappnet, um dem täglichen Wahnsinn von Spam und Malware Herr zu werden. Wenn Mails nicht versendet werden und Benutzerpostfächer leer bleiben, geht die Fehlersuche los. Dann ist die Zeit gekommen, in der IT-Administratoren zeigen müssen, wozu sie eigentlich da sind ;-).

Der Mail-Transport-Monitor testet den kompletten Prozess, vom Senden bis zum Empfang.

Der Verarbeitungsprozess von E-Mails in einem Unternehmen kann sehr unterschiedlich sein. Meistens durchläuft eine E-Mail mehrere Mailserver, die jeweils unterschiedliche Aufgaben erledigen. Eine einfache Prüfung, ob der Port 25 bereitgestellt wird, reicht häufig nicht aus, um eine Aussage über die Funktion des Mailtransfers zu bekommen. Um sicherzugehen, ob eine Mail versendet wird und auch am Ziel ankommt, steht in OpenNMS ein Monitor zur Verfügung, der sich *Mail-Transport-Monitor*, kurz MTM, nennt. Mit diesem Monitor können Sie den Versand, Transport und Empfang einer E-Mail vollständig testen und können beobachten, ob Ihre Mailkommunikation wirklich gestört ist.

Dieser Dienst kann auf den Knoten über das SMTP-Plug-in gebunden werden. Das kann wie gewohnt über den Capsd oder das Provisioning geschehen. Der Dienst muss mit der Bezeichnung `MAIL` angelegt werden:

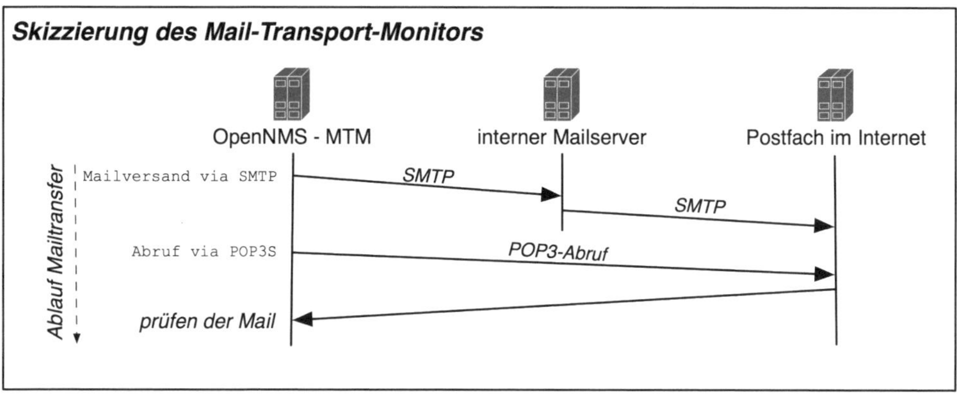

Abbildung 8.7 *Ablaufskizze für den Mail-Transport-Monitor*

```
<service name="MAIL" interval="300000" \
    user-defined="false" status="on">
  <parameter key="mail-transport-test">
    <mail-transport-test>
      <mail-test>
        <sendmail-test attempt-interval="3000" \
            use-authentication="false" \
            use-jmta="false">
          <sendmail-host host="${ipaddr}" port="25" />
          <sendmail-protocol mailer="smtpsend" />
          <sendmail-message \
              to="my-company-opennmstest@gmail.com" \
              subject="OpenNMS Test Message " \
              body="This is an OpenNMS test message." />
          <user-auth user-name="opennms" password="rulz" />
        </sendmail-test>
        <readmail-test attempt-interval="5000" \
            mail-folder="INBOX" \
            subject-match="OpenNMS" \
            delete-all-mail="true">
          <readmail-host host="pop.gmail.com" port="995">
          <readmail-protocol ssl-enable="true" \
              start-tls="false" \
              transport="pop3s" />
          </readmail-host>
          <user-auth user-name="foo" password="bar"/>
        </readmail-test>
      </mail-test>
    </mail-transport-test>
  </parameter>
</service>

<monitor service="MAIL" \
  class-name= \
  "org.opennms.netmgt.poller.monitors.MailTransportMonitor" />
```

Der erste Teil definiert den Sendevorgang der Mail.

Der MTM ist, ähnlich wie der PSM, ein schwergewichtiger Monitor, der einen kompletten Mailtransport über SMTP und POP3S simuliert. Die Konfiguration unterteilt sich daher auch in zwei Teile: `sendmail-test` und `readmail-test`. Erst wenn die gesendete Mail auch über das Protokoll POP3S aus einem Postfach gelesen werden kann, ist der Test erfolgreich durchgeführt. Für den Test zum Mailversand werden nun die wichtigsten Attribute näher erläutert:

- `use-jmta`: Entscheidet ob der JavaMail-Transfer-Agent verwendet werden soll. Wird dieser Parameter auf `true` gesetzt, wird die Mail nicht über den `sendmail-host` gesendet, sondern über den MX-Eintrag im DNS. Da damit der Test des Mailservers umgangen wird, bleibt der Wert auf `false` stehen und die Mail wird über die entsprechende IP-Adresse versendet.
- `sendmail-host host port`: Hier wird eine Variable eingesetzt. Die Variable entspricht der zu testenden IP-Adresse des entsprechenden IP-Interfaces, auf das der Dienst gebunden ist. Zusätzlich kann noch ein Port angegeben werden. Standardmäßig läuft SMTP auf Port 25.
- `sendmail-message to`: Hier wird ein Zielpostfach angegeben, an das die Testmail gesendet werden soll. Wenn hier ein Postfach bei einem Webmail-Provider angegeben wird, kann unter sehr realistischen Bedingungen getestet werden – schließlich benutzt man »das ganze Internet«, um auf einen Webmail-Dienst zuzugreifen.
- `sendmail-message subject`: Hier wird ein Betreff der Testmail hinterlegt.
- `sendmail-message body`: Ein Nachrichten-Body, der in der Mail eingefügt wird.
- `user-auth user-name password`: Unser zu testender Mailserver erlaubt eine Weiterleitung nur gegen Benutzerauthentifizierung. Hier werden die entsprechenden Zugangsdaten hinterlegt.

Im zweiten Teil wird das Abrufen der Mail konfiguriert.

Damit ist der erste Teil für den Versand der Mail konfiguriert. Für das Abrufen der Mails sind zusätzlich die folgenden Parameter zu beachten:

- `mail-folder`: Definiert das Postfach, von dem die Mails abgerufen werden sollen. Die Standardbezeichnung für den Posteingang ist `INBOX`.

- `subject-match`: Hier wird auf den zuvor festgelegten Betreff geprüft. Es werden nur Mails heruntergeladen, die auf den entsprechenden Mailbetreff passen.
- `readmail-host host port`: Gibt an, von welchem Server die Mails heruntergeladen werden sollen. In unserem Beispiel wird die Mail per POP3S abgerufen.
- `user-auth user-name password`: An dieser Stelle werden die Zugangsdaten, die für den POP3-Abruf notwendig sind, konfiguriert.
- `delete-all-mail`: Wird dieses Attribut auf `true` gesetzt, werden alle Mails in dem Postfach nach dem Test gelöscht, bei `false` bleiben die Mails entsprechend im Postfach liegen. Dies macht eigentlich nur zu Debug-Zwecken wirklich Sinn.

Beim Mailversand gibt es noch zahlreiche weitere Parameter. Die Aufzählung aller verfügbaren Parameter für die entsprechenden Mailprotokolle würde hier allerdings den Rahmen sprengen und daher verweisen wir auf die ausführliche Dokumentation im OpenNMS-Wiki [30].

Mit dem MTM steht also wiederum ein mächtiger Monitor zur Verfügung, der einen konkreten Anwendungsfall vollständig testet und nicht nur einen kleinen Teil der Anwendungskette. Damit lassen sich auch sehr schwer zu überwachende Störungen, wie beispielsweise bei der internen Verarbeitung in einem Mail- oder Groupware-Server, finden und effektiv benachrichtigen. Im nächsten und letzten Abschnitt dieses Kapitels beschäftigen wir uns noch mit einem vollständig anderen Konzept des Monitorings: dem passiven Monitoring.

8.5 Passives Monitoring

In den bisherigen Beschreibungen wurden Dienste, Protokolle oder ganze Anwendungen über das Polling geprüft. Es gibt allerdings auch noch hin und wieder andere Aufgaben, die überwacht werden wollen. Möchte man beispielsweise eine Datensicherung prüfen oder testen, ob ein wichtiger täglicher Datentransfer über FTP oder SSH erfolgreich war, dann kommt Polling eher weniger infrage. Der Prozess wird ja vielleicht nur einmal täglich gestartet.

Für das passive Monitoring ist der Passive Status Keeper verantwortlich.

In OpenNMS lassen sich dazu passive Monitore, auch *Passive Status Keeper* (PSK) genannt, einrichten und verwenden. Der Unterschied zum aktiven Polling ist dabei, dass der Dienst der Anwendung durch einen externen Event auf *Down* und auch wieder auf *UP* gesetzt werden kann.

OpenNMS stellt dazu ein Perl-Skript `send-event.pl` zur Verfügung, das in eigene Programme oder Skripte eingebunden werden kann. Um die Konfiguration zu erläutern, testen wir einen kritischen Datentransfer per FTP, der auf jeden Fall als Störung auf der Startseite angezeigt und entsprechend benachrichtigt werden soll. Die Zuweisung des Dienstes auf den entsprechenden Server erfolgt wie gewohnt über den Capsd oder über das Provisioning. Da der Dienst nicht wirklich erkannt werden kann (da es sich nicht um ein Netzwerkprotokoll oder eine Netzwerkanwendung handelt), bietet sich das `LoopPlugin` im Capsd an. Wir legen für unser folgendes Beispiel einen Dienst mit der Bezeichnung `Daily-FTP-Transfer` an und den Server, der den FTP-Transfer ausführt, nennen wir ganz kreativ `Transfer-Server`.

Die Zuweisung kann über das LoopPlugin oder über das Provisioning erfolgen.

Die Konfiguration des Monitors ist ziemlich kurz und knapp, die Logik, ob der Dienst ok ist oder nicht, wird im entsprechenden externen Programm oder Skript implementiert:

```
<service name="Daily-FTP-Transfer" interval="30000" \
  user-defined="false" status="on" />
```

Mit dem Attribut `interval` wird festgelegt, wie kurz oder schnell der Status des Dienstes geändert werden kann. Da der Transfer mehrere Minuten dauert und eine Fehlermeldung nach 30 Sekunden absolut ausreichend ist, setzen wird den Wert auf 30000 Millisekunden. Der Dienst wird auf dem entsprechenden Knoten nach einem Neustart in OpenNMS angezeigt. An dieser Stelle können wir hier nichts mehr tun. OpenNMS wartet jetzt, bis es von externer Quelle einen entsprechenden Event bekommt, um den Status zu ändern.

Der Status des Monitors kann über ein Skript von einem entfernten Rechner geändert werden.

Das von OpenNMS zur Verfügung gestellte Skript, um den Dienst auf *Down* zu setzen, muss für den PSK wie folgt parametrisiert werden:

```
send-event.pl uei.opennms.org/services/passiveServiceStatus \
    <ip-adresse-opennms> \
    --interface <ip-OpenNMS-Server> \
    --service Daily-FTP-Transfer \
        --parm 'passiveNodeLabel Transfer-Server' \
        --parm 'passiveIpAddr <ip-Transfer-Server>' \
        --parm 'passiveServiceName Daily-FTP-Transfer' \
        --parm 'passiveReasonCode Transfer failed' \
        --parm 'passiveStatus Down'
```

Um den Dienst wieder auf *UP* zu setzen, müssen entsprechend die beiden Parameter geändert werden:

Auf dem entfernten Server muss dazu send-event.pl verwendet werden.

```
--parm 'passiveReasonCode Transfer OK' \
--parm 'passiveStatus Up'
```

Bevor jedoch mit `send-event.pl` getestet werden kann, ist darauf hinzuweisen, dass der *Eventd* in der Standardkonfiguration auf der Adresse `127.0.0.1:5817` lauscht. Um Events von externen Servern verarbeiten zu können, muss in der `eventd-configuration.xml` das Attribut `TCPAddress` entsprechend geändert werden. Bitte beachten Sie dabei, dass für das Empfangen von Events keine Authentifizierung notwendig ist. In unsicheren Netzen sollte demnach vor der Konfiguration gewarnt werden. Die Konfiguration kann mit `netstat -lnpt` angezeigt werden und sollte das folgende Ergebnis liefern:

```
tcp6  0  0 :::5817  :::*  LISTEN  16251/java
```

Nun kann mit dem Skript `send-event.pl` der Ablauf entsprechend getestet werden. Der Aufruf von `send-event.pl` kann jetzt in das Skript, das unseren FTP-Transfer ausführt, integriert werden. Bei Fehlern im Skriptablauf werden die entsprechenden Aufrufe mit abgesetzt und ändern den Status in OpenNMS. Die Benachrichtigung durch Notifications kann dann in gewohnter Weise veranlasst werden.

Um den Status von entfernten Rechnern zu ändern, muss das Port-Binding geändert werden.

8.6 Kein IP-Interface und nun? – Der SNMP-Interface-Poller

Mit den OpenNMS-Versionen 1.7.x hat eine weitere Neuerung Einzug gehalten: der SNMP-Interface-Poller. Dieser Monitor ist in der Lage, den Interface-Status von Switches oder Routern auf TCP/IP-Layer 2 zu überwachen. Mit anderen Worten: Es können auch Interfaces geprüft werden, die keine IP-Adresse bereitstellen!

Mit dem SNMP-Interface-Poller können komplette Portstatus von Switches oder Routern überwacht werden.

Für die Verwendung dieses Monitors muss zunächst sichergestellt werden, dass der Dienst auch in der `service-configuration.xml` aktiviert ist (also nicht durch <!- und -> auskommentiert ist). Die eigentliche Konfiguration wird in der Datei `$OPENNMS_HOME/etc/snmp-interface-poller-configuration.xml` vorgenommen.

Der SNMP-Interface-Poller überwacht den ifAdminStatus und den ifOperStatus der Standard-MIB2.

Die globale Einstellung erlaubt, wie gewohnt die Größe des verwendeten Thread-Pools zu definieren. Zusätzlich können kritische Dienste festgelegt werden, die für die Abfrage zwingend notwendig sind. Um den Interface-Status abfragen zu können, müssen die SNMP-Agenten die Standard-MIB2 unterstützen. Die folgenden beiden Objekte aus Interfaces-Tabelle werden für diesen Monitor verwendet:

```
ifAdminStatus 1.3.6.1.2.1.2.2.1.7
ifOperStatus 1.3.6.1.2.1.2.2.1.8
```

Da der Status über die SNMP-Interface-Statustabelle abgefragt wird, ist SNMP für diesen Dienst absolut notwendig! Gleiches gilt für die Netzwerkerreichbarkeit über ICMP. Das bedeutet, wir können zwei kritische Dienste für diesen Monitor angeben: SNMP und ICMP. Wenn einer der beiden Dienste nicht verfügbar ist, werden Störungsmeldungen von Interfaces unterdrückt, da eine Abfrage ja nicht mehr ordnungsgemäß durchgeführt werden kann:

```
<node-outage>
  <critical-service name="ICMP" />
  <critical-service name="SNMP" />
</node-outage>
```

Im nächsten Schritt können für verschiedene Knoten unterschiedliche Anforderungen in unterschiedlichen Packages definiert werden. Beim folgenden Beispiel überwachen wir alle Knoten im IP-Bereich von 10.2.42.1 bis 10.2.42.23:

Um den Monitor auf spezielle Ports zu beschränken, können Filterkriterien aus der Datenbank verwendet werden.

```
<package name="Switches-LAN">
  <filter>IPADDR != '0.0.0.0'</filter>
  <include-range begin="10.2.42.1" end="10.2.42.23" />
  <interface name="Ethernet" \
    criteria="snmpifalias = 6" \
    interval="300000" \
    user-defined="false" status="on"/>
</package>
```

Zusätzlich lassen sich noch diverse Attribute zur Überwachung per SNMP anpassen. Die folgenden Parameter können dazu noch optional gesetzt werden:

- `port`: Der UDP-Port für die SNMP-Abfrage.
- `timeout`: Legt die maximale Zeit für die SNMP-Abfrage fest.
- `max-vars-per-pdu`: Wie viele Statusinformationen sollen pro SNMP-Abfrage angefordert werden?

- `max-interface-per-pdu`: Wie viele Statusinformationen sollen pro Interface in einer SNMP-Abfrage angefordert werden?

Mit diesem Monitor lassen sich auch nicht-IP-fähige Anbindungen testen. Klassische Anwendungsfälle sind beispielsweise Uplink-Ports von Switches oder aber auch andere Netzwerkanbindungen wie VPN-Tunnel oder Dialup-Verbindungen über ISDN.

Das war ja schon eine ganze Menge, gibt es noch weitere Monitore?

Die bisher demonstrierten Monitore sind ein guter Start für die tägliche Arbeit. Aber es gibt noch mehr. Einige davon sind für ganz spezielle Einsatzzwecke und ihre Beschreibung würde sicher den Umfang des Kapitels sprengen. Aber ein Tipp: Schauen Sie doch einfach mal auf die OpenNMS-Homepage. Sie werden staunen, was es dort noch gibt. Und wer gerade kein Internet verfügbar hat: In Kapitel 20 werden anhand von Fallstudien noch weitere Monitore vorgestellt.

9 Integrationen

»Every program attempts to expand until it can read mail. Those programs which cannot so expand are replaced by ones which can.« (`www.jwz.org/`)

OpenNMS kann Mails senden und empfangen. Das ist vielleicht die bahnbrechendste und wichtigste Feststellung, wenn es um Integration geht. Nicht nur das, auch Jabber/Chat-Messages können gesendet werden. Und auch SMS. Damit ist OpenNMS ein vollwertiger Kommunikationspartner in unserer modernen, brieflosen Gesellschaft. Obwohl man auch Briefe verschicken könnte wenn man wollte ;-)

Wie so vieles in der IT (alles?) kann man auch das Thema »Integration« in drei Bereiche aufteilen: Eingabe, Verarbeitung, Ausgabe.

9.1 Eingabe

Auf der Eingabeseite stellt sich die Frage: Wie kommen Nodes in das System, also wie lernt OpenNMS, welche Server oder Netzwerkkomponenten es überwachen soll? Und »tiefer unten« die Frage: Wie kommen eigentlich Events von außen in das System?

OpenNMS kennt eine Vielzahl von Methoden, zu überwachende Systeme »kennenzulernen«. Klassisch ist die Discovery: Ein bestimmter Bereich eines Netzes, ein »Range«, wird regelmäßig auf neue Systeme hin getestet. Dazu sendet OpenNMS einen Ping aus – kommt eine Antwort von einem System zurück, das noch nicht bekannt ist, wird ein »New Suspect«-Event ausgelöst. Der Capability-Scanner Capsd testet dann, welche Dienste auf dem neu gefundenen System verfügbar sind. Diesen »New Suspect«-Event kann man auf weitere Arten auslösen:

Mittels des Webinterfaces kann im Administrationsmenü ein neues Interface eingegeben werden. Diese Eingabe löst den Event direkt, ohne Ping, aus. Ebenso kann der Event direkt in den Event-Bus »injiziert« werden. Dazu wird mit OpenNMS ein Perl-Skript mitgeliefert (`send-event.pl`). Dieses Skript verbindet sich mit dem Event-Daemon via lokalem Netzwerk und übergibt den neuen Event direkt in den Event-Bus.

Möchte man eine Vielzahl von Systemen – ohne Discovery – in OpenNMS einfügen, könnte man zum Beispiel `send-event.pl` nehmen und leicht modifizieren. In diesem Fall profitiert man vom vollen Funktionsumfang von OpenNMS – man ersetzt weder die Discovery noch den Capability-Scan, sondern beschleunigt nur das Einfügen der gewünschten Nodes.

Ebenfalls ein »New Suspect«-Event wird ausgelöst, wenn ein bisher unbekanntes System einen SNMP-Trap an OpenNMS schickt. Wenn das System in einem von OpenNMS zu überwachenden IP-Range (IP-Netzbereich) liegt, nimmt OpenNMS den Trap zum Anlass, für das System einen Capability-Scan durchzuführen und es anschließend zu überwachen.

Syslog-Nachrichten von unbekannten Systemen führen zu demselben Verhalten.

Diese beiden Eigenschaften erlauben es, Systeme so zu konfigurieren, dass sie sich »selbst« registrieren. Ein Anwendungsfall wäre beispielsweise ein Netz mit vielen kleinen Geräten. Wenn die Konfiguration dieser Geräte, sagen wir Access Points für ein WiFi-Netzwerk, mittels Templates vorgenommen wird, kann OpenNMS als Syslog-Server eingetragen werden (oder als SNMP-Trapsink). Wird ein neues Gerät in Betrieb genommen, sendet es früher oder später eine Syslog-Nachricht oder einen SNMP-Trap an OpenNMS – spätestens dann wird es von OpenNMS erkannt und in das Monitoring aufgenommen.

Eine solche Lösung beschleunigt das Auffinden neuer Geräte, schließlich wartet man nicht auf den täglichen Scan des gesamten Netzwerkes, sondern die Geräte melden sich von alleine. Voraussetzung ist auch hier, dass die IP-Adressen dieser Geräte in einem von OpenNMS zu überwachenden Range liegen.

Während die bis jetzt aufgezeigten Ansätze das OpenNMS-System so arbeiten lassen, wie es gedacht ist, gibt es auch Möglichkeiten, das System enger zu steuern. Was zum Beispiel, wenn ein Netz überhaupt nicht mit der Discovery gescannt werden soll, weil es zu groß ist? Oder was, wenn die zu überwachenden Systeme bereits kategorisiert und mit den gewünschten Services in einer Konfigurationsdatenbank geführt werden?

In diesen Fällen kann man sich der Provisioning Groups bedienen. Diese Funktion wurde in OpenNMS eingeführt, um »fremdbestimmt« zu überwachen: Welche Nodes mit welchen Services überwacht werden, wird OpenNMS exakt vorgeschrieben. Es gibt keinen Capability-Scan und keine Discovery. Die Funktion lässt sich einerseits über das Webinterface benutzen (Admin-Menü, Provisioning Groups), andererseits aber auch automatisieren. Der Provisionier, ein eigener Daemon in OpenNMS, kann so eingestellt werden, dass er eine XML-Datei mit den zu überwachenden Systemen regelmäßig einliest und mit dem Bestand vergleicht. Bei großen Systemen ist es allerdings sinnvoll, sich eher einem Eventbasierten Modell zuzuwenden und neue Nodes häppchenweise, mittels eines Events, an den Provisioner zu geben.

Beschränkt auf eine Datenbank ist man bei diesem Vorgehen nicht. Da jeder »provisionierte« Node eindeutig einer Quelldatenbank zugeordnet wird, können Nodes aus unterschiedlichen Datenbanken im selben System überwacht werden. Da auch keine Konsistenzkontrolle stattfindet, können die beiden Datenbanken auch dieselben Nodes erhalten – das kann dazu führen, dass OpenNMS einen Node zweimal überwacht. Problematisch wird das nur bei den Graphen für die Antwortzeiten der Dienste auf den physikalischen Interfaces (die Werte werden nur einmal pro Interface gespeichert).

Bevor also ein Interface zweimal provisioniert wird, sollte man sich überlegen, welche Dienste überwacht werden sollen. Wenn möglich würde ich empfehlen, Überschneidungen in den Diensten zu vermeiden. Das betrifft aber, wie gesagt, nur die Response-Times.

Die letzte theoretische Möglichkeit der Integration ist, die zu überwachenden Nodes direkt in die OpenNMS-Datenbank zu schreiben. Von dieser Möglichkeit ist allerdings abzuraten. Die Konsistenz der Datenbank wird durch einen sogenannten »Abstraction Layer« sichergestellt. Konsistenz bedeutet, dass die Daten im System inhaltlich zueinander passen. Der »Abstraction Layer« ist eine Programmierhilfe, die das eigentliche Programm von der Datenbank trennt. Das Programm, OpenNMS, spricht nicht mehr direkt mit der Datenbank, sondern richtet seine Anfragen an ein anderes Programm, den »Abstraction Layer«. Der wiederum spricht mit einer Datenbank. So werden die gewünschten Funktionen zur Verfügung gestellt. Das Programm, OpenNMS, muss dabei von der eigentlichen Datenbank nicht mehr viel wissen. Der Vorteil eines solchen Ansatzes ist, dass die enge Verknüpfung zwischen dem Programm und der Datenbank aufgelöst wird. Der Wechsel des Datenbanksystems wird damit leichter (auch wenn heute OpenNMS ausschließlich mit PostgreSQL funktioniert). Spricht man aber die Datenbank direkt, per SQL, an, umgeht man den »Abstraction Layer« und muss selber für die Konsistenz sorgen. Das hört sich leichter an, als es ist, denn die Datenbankzugriffe selber sind, im Gegensatz zu den Programmfunktionen, nicht unbedingt dokumentiert. Aus diesem Grund sollte man einen direkten Schreibzugriff auf die OpenNMS-Tabellen in der DB tunlichst unterlassen.

Damit sind die Möglichkeiten, Daten in OpenNMS zu integrieren beschrieben. Natürlich gibt es immer noch die Möglichkeit, eigenen Code in Java zu schreiben. Das Event-System ist offen – wer seinen eigenen Daemon schreiben möchte, kann das tun. Hilfe dafür wird er auf den Mailinglisten und sicher auch bei der OpenNMS-Group finden.

9.2 Verarbeitung

Im Bereich der Verarbeitung gibt es im Wesentlichen zwei Ansätze für die Integration mit anderen Systemen: Bei der Verarbeitung von Events und bei der Darstellung im Webinterface.

Bei der Verarbeitung von Events spielt vor allem der *Vaccumd* eine Rolle. Er wird dazu genutzt, regelmäßige Arbeiten in der Datenbank durchzuführen. Diese Arbeiten werden durch SQL-Statements ausgeführt. Deren Zugriff ist nicht auf die von OpenNMS-erstellten Tabellen beschränkt. Es ist also durchaus denkbar, sich »Integrationstabellen« anzulegen (wer SAP kennt, wird jetzt an z- oder y-Tables denken), auf die im Rahmen von Automations zugegriffen werden kann. Auf diese Art könnten komplexere Steuerungsmechanismen umgesetzt werden.

Weniger in den Tiefen des Systems, sondern wortwörtlich an der Oberfläche befindet sich das Webinterface – auch WebUI genannt. OpenNMS selbst hat Funktionen zum Speichern von Informationen über einen Node. Es kann aber gut sein, dass diese nicht ausreichend sind. In diesem Fall können durch die Anpassung der JSPs (Java Server Pages) der WebUI Links auf externe Systeme eingebunden werden. Wer beispielsweise ein Wiki betreibt, könnte sich auf die Node/Service-Seiten einen Link in das Wiki legen lassen. Bei einem Klick landet der Benutzer dann direkt in der entsprechend angelegten Dokumentationsseite auf dem Wiki.

Integrationen sind aber auch in die andere Richtung denkbar – manchmal erscheint es sinnvoll, beispielsweise einen Graphen oder Informationen aus OpenNMS herauszuholen und in einem anderen Werkzeug anzuzeigen.

9.3 Ausgabe

Daten aus OpenNMS herauszuholen ist mit unterschiedlichen Schwierigkeitsgraden versehen. Zuerst ist zwischen Push und Pull zu unterscheiden.

Push, aus Sicht von OpenNMS, sorgt dafür, dass Daten aus OpenNMS heraus in ein anderes System übertragen werden. Hier ist – von oben nach unten – sicher zuerst das Ticketing-Interface zu nennen. Dieses Interface ermöglicht es, per Klick in der WebUI zu einem Event ein Ticket in OTRS oder RT (oder einem anderen System) zu erzeugen. Der sogenannte *Ticketer* sorgt dabei dafür, dass das Ticket nicht nur erzeugt wird, sondern auch dafür dass die Ticket-ID in OpenNMS vorgehalten wird. Dadurch kann OpenNMS dann den Status des Tickets in der WebUI anzeigen – und das Ticket auch wieder schließen.

Die weiteren Push-Mechanismen sind *Skriptd* und *Notifd*. Skriptd erlaubt, Skripte auszuführen, die schließlich eine Datenausgabe hervorrufen können. Das Notifikationssystem, Notifd, ist weniger flexibel, dafür aber viel einfacher zu konfigurieren. Am Ende eines Notificationpath kann zum Beispiel ein Shell-Skript stehen, das eine beliebige URL aufruft oder in eine Datenbank schreibt. Der Kreativität sind kaum Grenzen gesetzt.

Auf der Pull-Seite ist die Fragestellung typischerweise: Wie kann ich von OpenNMS erfasste oder erzeugte Daten in einem anderen System anzeigen?

Wieder von oben nach unten angefangen ist zuerst die WebUI anzuschauen. Sie bietet bereits eine Vielzahl von Informationen über Nodes, Services und deren Status an. Auf diese Informationen kann man zugreifen, entweder klassisch mit wget auf die normalen Seiten oder aber – wesentlich cooler – unter Benutzung der RESTful Services. Die iPhone-Anwendung beispielsweise benutzt die REST-Schnittstellen.

Wenn es um Graphen geht, gibt es wiederum zwei Möglichkeiten: Ich kann einerseits versuchen, die Grafik zu exportieren. Die andere Möglichkeit ist, die Rohdaten zu extrahieren. Dafür bietet OpenNMS eine Webschnittstelle an. Über diese Schnittstelle können die Werte eines Graphen ausgelesen werden.

Wenn es um die Grafik selber geht, steht typischerweise die Authentifizierung im Weg. Man kann über Änderungen in der Konfiguration bestimmte Seiten für einen anonymen Zugriff öffnen. Sauberer ist es allerdings, sich ein Groovy-Skript anzupassen, das den gewünschten Graphen »vorproduziert« und an einer Stelle ablegt, an der er vom Zielsystem abgeholt werden kann. Das hat zudem den Vorteil, dass der Graph nicht bei jeder Anfrage neu von OpenNMS berechnet werden muss. Da die Graphen sich ohnehin nur alle fünf Minuten weiterentwickeln, spart man sich so unnütze Rechenarbeit.

Schließlich bleibt noch der direkte Lesezugriff auf die Datenbank und das Ankoppeln an den Event-Bus. Beide Ansätze verlangen Programmierkenntnisse und -erfahrung, sie bieten aber auch die größte Flexibilität. Wer sich in diese Richtung bewegen möchte, sollte sich mit der Community auseinandersetzen, um die sicher irgendwann benötigten Hintergrundinformationen zu erhalten.

OpenNMS bietet eine Vielzahl von Möglichkeiten der Integration, abhängig vom Bedarf und auch den Fähigkeiten, die der Administrator mitbringt. Insgesamt ist das Modell so offen gehalten, dass es eigentlich kein Bedürfnis gibt, das nicht abgedeckt werden könnte.

10 Topologie und kritische Pfade

Wer Netzwerke betreibt, der kennt das folgende Problem: Aus dem Nichts erhält man eine große Anzahl von Alarmen über ausgefallene Geräte – beispielsweise aufgrund eines Stromausfalls. Dabei muss aber nicht immer ein umfangreicher Ausfall der Grund der Alarmflut sein, sondern oft reicht es auch, wenn einzelne Geräte kurzzeitig ausfallen.

Anhand eines kleinen Beispiels lässt sich das gut demonstrieren. In Abbildung 10.1 sind die drei Geräte `router-as65340`, `server-rot` und `server-weiss` hervorgehoben. Aus Sicht des Netzwerkmanagements `OpenNMS` (192.168.170.254) befinden sich die beiden Server topologisch hinter dem Router.

Was geschieht nun, wenn der Router `router-as65340` ausfällt? In erster Linie wird das Management bemerken, dass alle drei Geräte nicht mehr erreichbar sind. Dies wird innerhalb von OpenNMS durch einen *»NodeDown« Event* signalisiert und führt zu entsprechenden Benachrichtigungen (sofern diese auch aktiviert sind). In Abbildung 10.2 sind entsprechende E-Mails zu sehen.

Es ist nun sicher leicht vorstellbar, was geschieht, wenn in dem Segment 10.40.1.0/24 nicht nur zwei Systeme überwacht werden, sondern 100 oder mehr, nicht wahr? Richtig, denn in diesem Fall würde der Ausfall eines einzigen Systems (des Routers) zu einer Flut von Nachrichten führen!

10.1 *Path Outage*: ein Damm gegen die Nachrichtenflut

Critical Path IP Address

Zur Eindämmung einer solchen Nachrichtenflut besitzt OpenNMS das Feature der *Critical Path IP Address*. Die Idee dahinter ist so genial wie einfach:

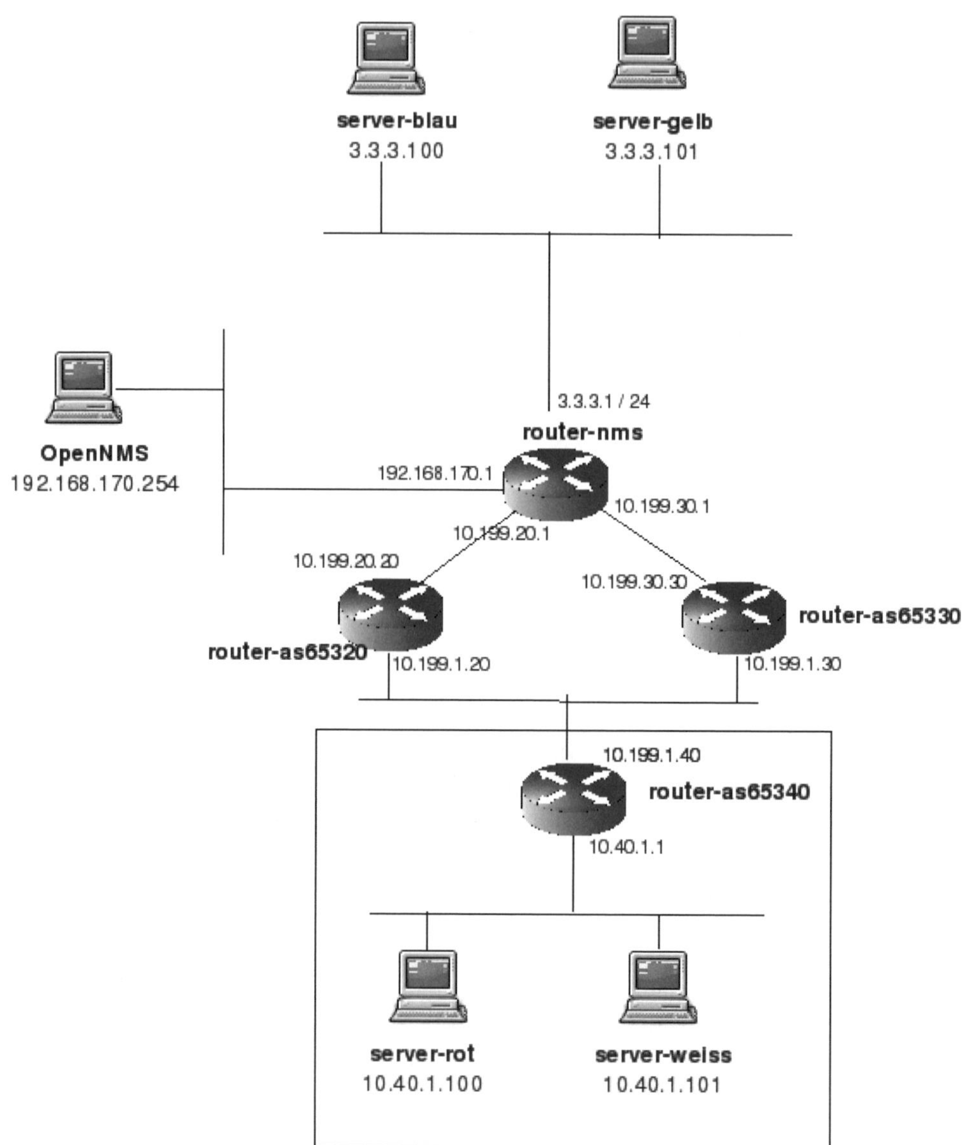

Abbildung 10.1
Wenn der Router `router-as65340` *nicht verfügbar ist, dann sind auch die Server* `server-rot` *und* `server-weiss` *nicht zu erreichen.*

1. Für einen Node wird eine »Critical Path IP Address« definiert. Generell können das beliebige Adressen sein – aber für den gedachten Zweck ist es natürlich sinnvoll, eine Adresse zu wählen, die topologisch auf dem Pfad zwischen der OpenNMS-Station und dem Node liegt. Ein gutes Beispiel wäre in diesem Fall die Adresse des Standard-Gateways des Nodes. Im Beispiel aus Abbildung 10.1 wäre das für die Hosts `server-rot` und `server-weiss` die Adresse `10.40.1.1`).

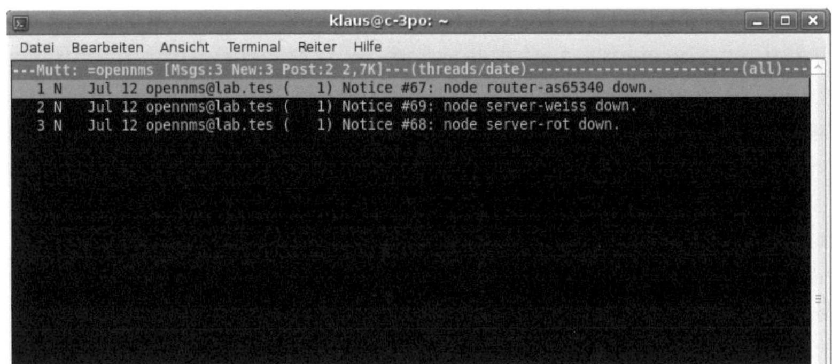

Abbildung 10.2 *Der Ausfall von* `router-as65340` *führt auch zu Benachrichtigungen für die Server* `server-rot` *und* `server-weiss`.

2. Sollte ein Node nicht erreichbar sein, dann wird die zugehörige *»NodeDown«-Notification* nur dann (und wirklich nur dann!) verschickt, wenn seine definierte Critical-Path-IP-Adresse verfügbar ist.

Wenn dieses Konzept durchgehend eingesetzt wird, dann wird die Flut der Benachrichtigungen deutlich reduziert.

10.1.1 Voraussetzungen für den Einsatz von *Path Outages*

Da dieses Feature nicht von Haus aus aktiviert ist (Stand: OpenNMS Version 1.7.4), muss die Konfiguration von OpenNMS leicht modifiziert werden. Konkret geht es dabei um zwei Punkte. Zuerst gilt es, die Datei `$OPENNMSHOME/etc/poller-configuration.xml` zu ändern und das Attribut `pathOutageEnabled` des Pollers auf den Wert `true` zu setzen:

```
<poller-configuration threads="30"
                      serviceUnresponsiveEnabled="false"
                      pathOutageEnabled="true" >
```

An dieser Stelle ist es auch ratsam, einen Standardwert für die Path Outage zu setzen. Dies kann durch folgenden Eintrag in der Datei `$OPENNMSHOME/etc/opennms-server.xml` erfolgen. Für diese Aufgabe bietet sich beispielsweise das Standard-Gateway des OpenNMS-Servers an, im genannten Beispiel ist das die `192.168.170.1`:

```
<local-server server-name="OpenNMS" defaultCriticalPathIp="192.168.170.1"
  defaultCriticalPathService="ICMP" defaultCriticalPathTimeout= "1000"
  defaultCriticalPathRetries="1" verify-server="false">
</local-server>
```

Diese Standardeinstellung führt dazu, dass bei einem Ausfall des Standard-Gateways lediglich eine Benachrichtigung für diesen einen Node generiert wird, während die (ansonsten fälligen) Nachrichten über die Nichterreichbarkeit sämtlicher anderer Nodes im Netzwerk unterdrückt werden.

Durch diese Konfiguration wird nicht nur global ein zu testender Pfad für alle Nodes definiert, sondern auch der Dienst, der zum Test herangezogen wird (`defaultCriticalPathService`), die maximale Antwortzeit (`defaultCriticalPathTimeout`) und auch die Anzahl der Versuche, die erlaubt sind (`defaultCriticalPathRetries`).

10.1.2 *Path Outages* für `server-weiss` und `server-rot`

Die Definition einer Path Outage für die beiden Server `server-weiss` und `server-rot` aus Abbildung 10.1 ist sehr einfach. Es wird im Folgenden am Beispiel von `server-weiss` demonstriert.

Abbildung 10.3
Definition von kritischen Pfaden im Administrationsmenü

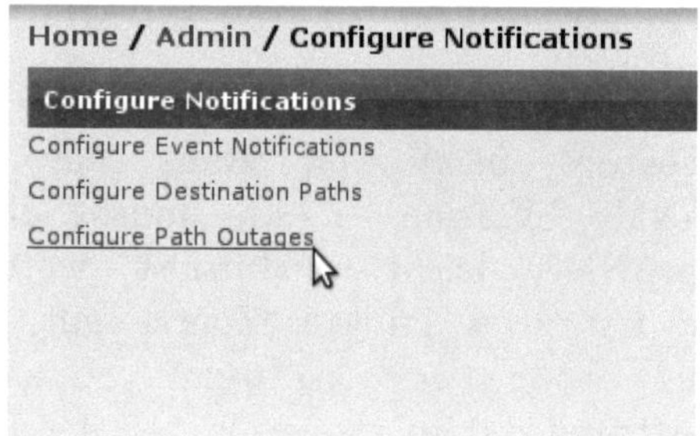

Um für eine ganze Gruppe von Nodes einen kritischen Pfad zu definieren, wird der Einfachheit halber der Menüpfad über *Admin –> Configure Notifications –> Configure Path Outages* gewählt (siehe Abb. 10.3). Als Erstes muss an dieser Stelle die IP-Adresse des kritischen Pfades definiert werden – in unserem Beispiel ist das die `10.40.1.1`.

Abbildung 10.4
Im ersten Schritt wird die IP-Adresse definiert, die es zu überprüfen gilt.

Im Anschluss an die Definition der »kritischen IP-Adresse« werden die Nodes definiert, für die diese gültig sein soll. Hier lassen sich mithilfe von Wildcards auch gleich größere Adressbereiche zusammenfassen. Ein Beispiel: Um nicht nur die beiden Server `server-weiss` und `server-rot` mit dem Feature auszustatten, sonderen alle Nodes in dem Subnetz, wird an dieser Stelle der Ausdruck `IPADDR IPLIKE 10.40.1.2-254` benutzt (siehe Abb. 10.5). Nach der Auswahl des Link *Validate rule results* wird die

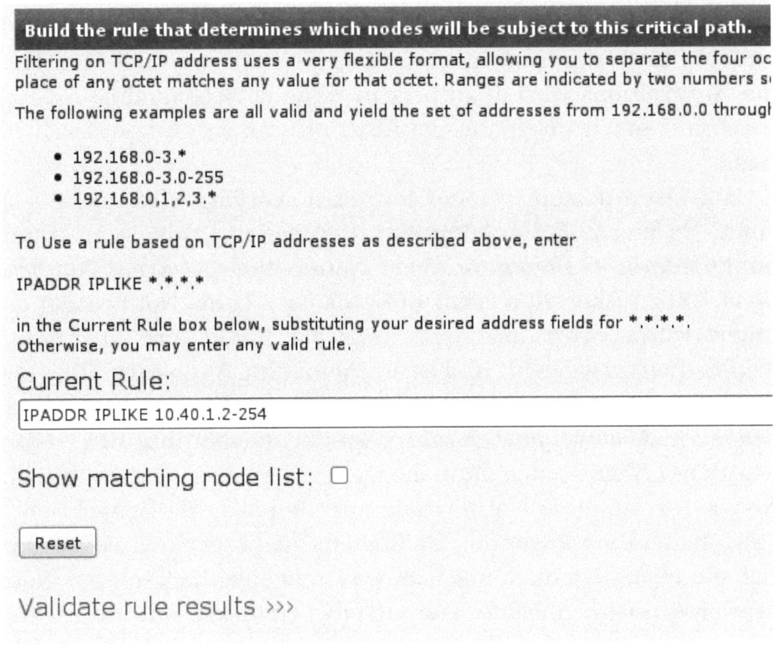

Build the rule that determines which nodes will be subject to this critical path.

Filtering on TCP/IP address uses a very flexible format, allowing you to separate the four oc
place of any octet matches any value for that octet. Ranges are indicated by two numbers s

The following examples are all valid and yield the set of addresses from 192.168.0.0 througl

- 192.168.0-3.*
- 192.168.0-3.0-255
- 192.168.0,1,2,3.*

To Use a rule based on TCP/IP addresses as described above, enter

IPADDR IPLIKE *.*.*.*

in the Current Rule box below, substituting your desired address fields for *.*.*.*.
Otherwise, you may enter any valid rule.

Current Rule:

IPADDR IPLIKE 10.40.1.2-254

Show matching node list: ☐

Reset

Validate rule results >>>

Abbildung 10.5 *Anschließend wird festgelegt, für welche Adressen der kritische Pfad zutrifft.*

Definition noch einmal zusammengefasst. Ein anschließender *Finish* sorgt für die Übernahme ins System.

Nun kann die Definition ganz einfach überprüft werden: Dazu ist lediglich der Menüpunkt *Path Outages* in der oberen Menüzeile von OpenNMS anzuwählen und es folgt eine Auflistung der bereits definierten *Path Outages* (siehe Abb. 10.6). Wie bei OpenNMS üblich sind die Objekte wieder mit Links hinterlegt und man kann sich recht einfach mit weiteren Informationen versorgen – so verbergen sich beispielsweise hinter den Zahlen der Spalte *# of Nodes* die einzelnen Nodes, für die diese Path Outage definiert ist.

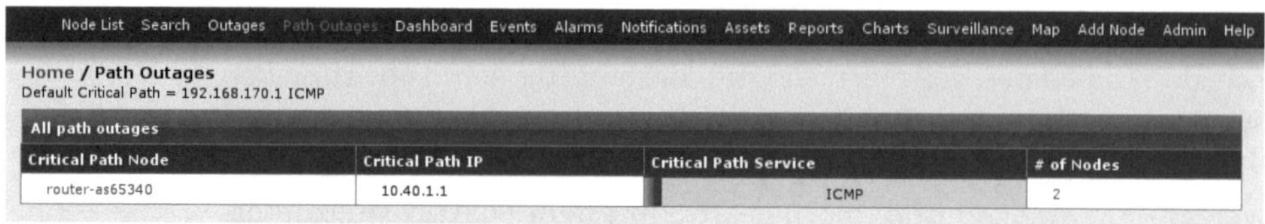

Abbildung 10.6 *Auflistung der kritischen Pfade und deren zugehörigen Nodes*

Benachrichtigungen für Path Outages

Wer hätte das wohl erwartet?

Bisher sind nur die kritischen Pfade definiert. Was muss aber nun gemacht werden, um eine passende Benachrichtigung zu erhalten? Na klar, eine *Notification* muss definiert werden! Das Thema Notifications wird detailliert in Kapitel 14 behandelt – daher beschränken wir uns in diesem Abschnitt auf eine kurze Beschreibung.

Die Definition einer neuer Notification erfolgt wiederum durch einen Sprung auf die Administrationsseiten unter dem Menüpunkt *Admin -> Configure Event Notifications -> Event Notifications*. Falls bisher zu diesem Ereignis noch keine Notification definiert wurde, wird an dieser Stelle der Punkt *Add New Event Notification* ausgewählt und es erscheint eine Auflistung aller verfügbaren Events. Aus dieser Liste wird der Eintrag *OpenNMS-defined node event: pathOutage* selektiert (siehe Abb. 10.7). Über den Punkt *Next* werden dann die weiteren Punkte ausgewählt: die Nodes, für die diese Notification zutreffen soll, die Benachrichtigungstexte, Empfänger etc. Spätestens an dieser Stelle sollte man sich ein paar Gedanken machen, was man eigentlich mit der Notification erreichen möchte. Wer sich das erste Mal mit Path Outages beschäftigt wird vielleicht erwarten, dass mit dieser Nachricht lediglich signalisiert wird, dass ein kritischer Node (also der mit der *critical path ip address*) ein Problem hat. Ehrlich gesagt: Dem Autor dieses Kapitels ging es genauso und er hat sich anschließend gewundert, dass er für alle Nodes, die hinter so einer kritischen Adresse lagen, eine Nachricht erhalten hat. Man stelle sich hier nur einmal eine Serverfarm vor, die nicht mehr erreichbar ist ... aber das hatten wir ja bereits ;-).

Der Punkt ist: Dieser Event wird jedem Node zugeordnet, der zu der Menge derjenigen Nodes gehört, für die eine *critical path ip address* definiert ist – natürlich nur im Falle einer Nichterreichbarkeit dieser Adresse. Oder mit anderen Worten: Wenn man nicht vorsichtig ist, bekommt man ruckzuck genauso viele Notifications zugeschickt wie bei den *NodeDown*-Events, nur dass es sich nun um *pathOutage*-Events handelt. Haben wir also nun den Teufel

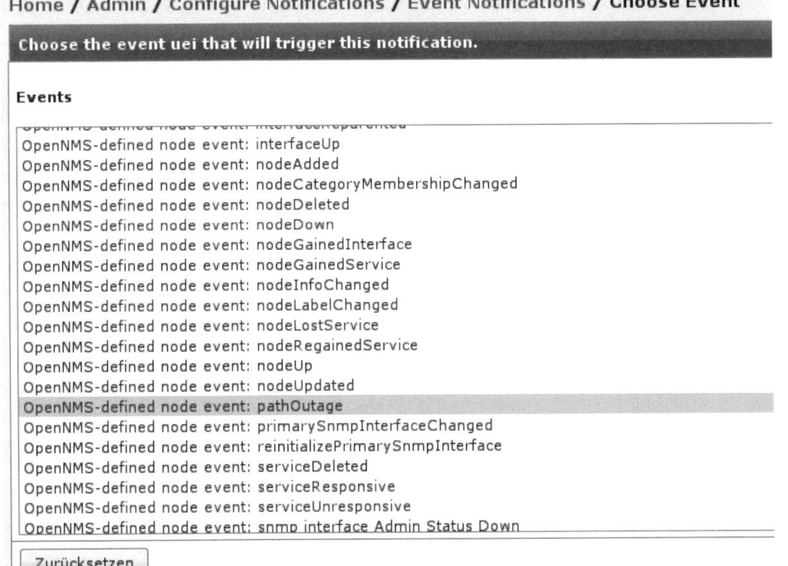

Abbildung 10.7 *Beispielhafte Definition einer Notification zu einem Path-Outage-Event*

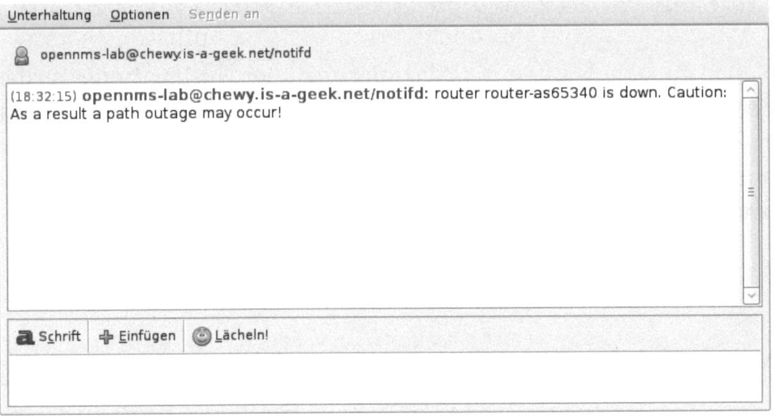

Abbildung 10.8 *Bei der Alarmierung über XMPP wird in diesem Beispiel ausschließlich der NodeDown-Event signalisiert.*

mit dem Beelzebub ausgetrieben? Mitnichten, denn mit dem zusätzlichen Event haben wir eine neue Alternative erhalten! Der Vorteil sieht folgendermaßen aus: Aufgrund der Path Outage werden *NodeDown*-Events unterdrückt! Durch diesen Mechanismus können dann zwei Klassen von Nachrichten erzeugt werden:

1. *NodeDown*-Events werden auf die wesentlichen Nodes reduziert, die gegebenenfalls auch die Ursache einer Path Outage sein können! Für diese Nodes ist es dann durchaus sinnvoll, eine Benachrichtung über einen schnellen Weg zu senden, zum Beispiel als SMS oder über XMPP (siehe Abb. 10.8).

2. *pathOutage*-Events werden für alle nicht erreichbaren Nodes erzeugt, die (aus der Sicht des OpenNMS-Servers) hinter der critical path IP address liegen. Das ist unter Umständen eine hilfreiche Nachricht – jedoch nicht unbedingt dann, wenn beispielsweise über SMS alarmiert wird. Eine Protokollierung als E-Mail kann jedoch durchaus als sinnvoll erscheinen (siehe Abb. 10.9).

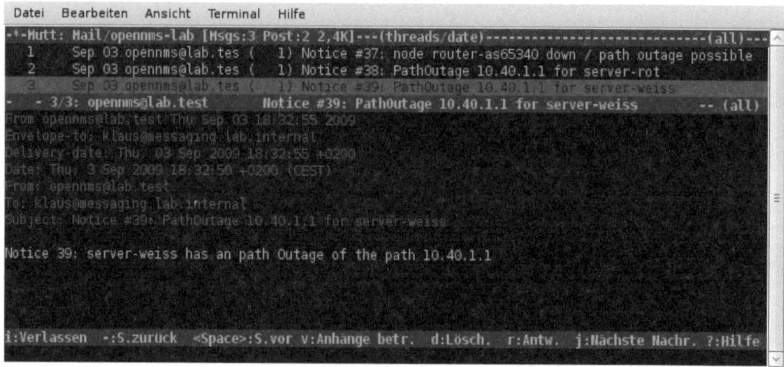

Abbildung 10.9
Als E-Mail wird sowohl über NodeDown-Events als auch PathOutage-Events benachrichtigt.

Neben der Möglichkeit der Alarmierung über Notifications werden Ereignisse dieser Art natürlich auch in der WebUI dargestellt. Dazu befindet sich in der Menüliste ein eigener Punkt *Path Outages*, über den man auf kürzestem Weg den Zustand wichtiger Pfade betrachten kann (siehe Abb. 10.10).

Home / Path Outages
Default Critical Path = 192.168.170.1 ICMP

All path outages

Critical Path Node	Critical Path IP	Critical Path Service	# of Nodes
router-as65340	10.40.1.1	ICMP	2

Abbildung 10.10
In der Übersicht der Path Outages werden die betroffenen Pfade nun rot markiert.

11 Datacollection – und wie geht es Dir?

Erreichbarkeit von Nodes ist die eine Sache. Aber irgendwann möchte man mehr Informationen über die Systeme im Netz erfahren – zum Beispiel über den genutzten Festplattenplatz, die freie Speicherkapazität oder die genutzten Netzwerkressourcen. Oder man möchte wissen, wie viele Benutzer gerade an einem RADIUS-Server angemeldet sind. Und das am besten für einen möglichst langen Zeitraum nach hinten, damit man sieht, wie sich die Performance über diesen Zeitraum entwickelt.

Beispiele für den Bedarf am Einsammeln, Auswerten und Aufbewahren von Daten gibt es viele. Naturgemäß spielt das Datensammeln, im OpenNMS-Jargon *Datacollection* genannt, eine wichtige Rolle in OpenNMS.

Die meisten Netzwerkgeräte stellen ihre Daten mittels SNMP zur Verfügung – und von den meisten Geräten liest OpenNMS auch sofort und automatisch die gängigsten Werte aus (vorausgesetzt, dass der Zugriff funktioniert). Die so eingelesenen Werte werden durch den Thresholder geschickt und im Verzeichnis `$OPENNMS_HOME/share/rrd` abgelegt. Dort können sie von der WebUI ausgelesen und in Graphen präsentiert werden.

Eine andere Möglichkeit besteht im Sammeln von Daten über HTTP. Bei diesem Verfahren ist der Kreativität des Nutzers kaum noch eine Grenze gesetzt. Jeder Wert, der mithilfe eines regulären Ausdrucks aus einem HTTP-Datenstrom herausgelesen werden kann, kann »gegrapht« werden.

11.1 Collectd: der Datensammler

Verantwortlich für den gesamten Vorgang der Datensammlung ist der *Collection Daemon, Collectd*. Collectd wird über die recht kurze Konfigurationsdatei `$OPENNMS_HOME/etc/collectd-configuration.xml` gesteuert:

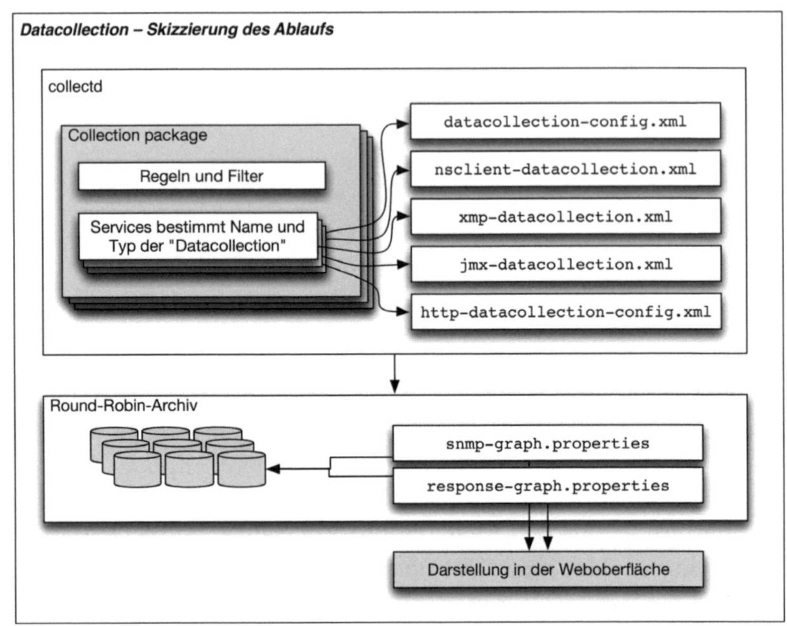

Abbildung 11.1 *Ablauf der Datacollection*

```
<collectd-configuration
  threads="50">
  <package name="example1">
    <filter>IPADDR != '0.0.0.0'</filter>
    <include-range begin="1.1.1.1" end="254.254.254.254"/>
    <service name="SNMP" interval="300000" user-defined="false"
      status="on">
      <parameter key="collection" value="default"/>
    </service>
    <service name="WMI" interval="300000" user-defined="false"
      status="off">
      <parameter key="collection" value="default"/>
    </service>
  </package>

  <collector service="SNMP"
    class-name="org.opennms.netmgt.collectd.SnmpCollector"/>
  <collector service="WMI"
    class-name="org.opennms.netmgt.collectd.WmiCollector"/>
</collectd-configuration>
```

WMI: Windows Management Instrumentation

In diesem Fall sind die Services SNMP und WMI, *Windows Management Instrumentation* [53], konfiguriert. Für beide Dienste soll jeweils die `default`-Collection benutzt werden. Gesammelt werden soll von »allen« IP-Adressen. Über Filter ließe sich hier zum Beispiel eine zweite Collection für eine bestimmte Gruppe von IP-Adressen bestimmen.

11.2 SNMP-Datacollection

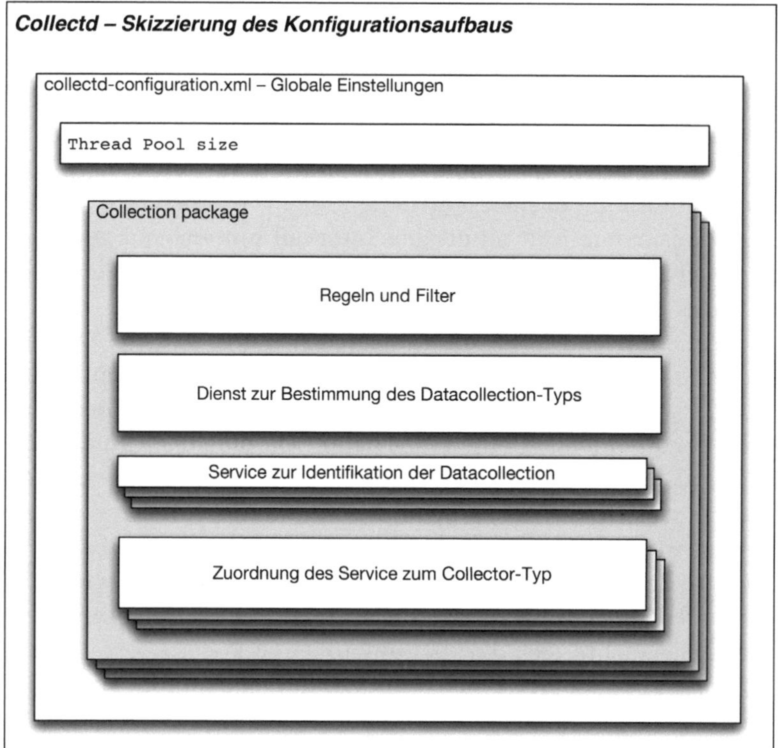

Abbildung 11.2 *Aufbau der Konfiguration datacollection-config.xml*

Die SNMP-Datacollection wird in der Datei `$OPENNMS_HOME/etc/datacollection-config.xml` konfiguriert. Wie bei allen Konfigurationsdateien von OpenNMS befinden sich am Beginn der Datei zuerst allgemeine Informationen über das Verhalten und einige Parameter:

```
<datacollection-config
  rrdRepository="/var/lib/opennms/rrd/snmp/">
  <snmp-collection name="default" snmpStorageFlag="select">
    <rrd step="300">
      <rra>RRA:AVERAGE:0.5:1:2016</rra>
      <rra>RRA:AVERAGE:0.5:12:1488</rra>
      <rra>RRA:AVERAGE:0.5:288:366</rra>
      <rra>RRA:MAX:0.5:288:366</rra>
      <rra>RRA:MIN:0.5:288:366</rra>
    </rrd>
```

Der Ort, an dem OpenNMS die eingesammelten Daten speichern soll (`rrdRepository`), wird zuerst definiert. Dieser Pfad lässt sich zwar theoretisch ändern, aber Achtung: Er ist in mehr als einem

Konfigurationsfile gesetzt! Entsprechend mühsam ist das Ändern und möglicherweise auch die Fehlersuche. Wer die RRD-Daten an anderer Stelle im Dateisystem speichern möchte, kann sich vermutlich leichter eines *symbolic links* bedienen.

Symbolic links sind bei Unix-artigen Systemen eine einfache Möglichkeit, einen Verweis auf eine Datei oder ein Verzeichnis zu setzen.

Anschließend wird die `snmp-collection` bestimmt. Die Collection ist eine Gruppierung von Parametern und Daten, die einzusammeln sind. OpenNMS kann mehrere solche Collections benutzen. Ein typischer Anwendungsfall sind Parameter, die öfter als alle fünf Minuten ausgelesen werden sollen. Während die meisten Daten mit einem fünf minütigen Intervall hinreichend genau erfasst werden, kann es Informationen geben, die minuten- oder gar sekundengenau erfasst werden sollen.

In diesem Fall kann man, möglichst stark eingegrenzt, eine zweite Collection definieren, die dann durch Collectd entsprechend häufiger ausgeführt wird. Es ist in diesem Fall aber mit der Erhöhung der Frequenz alleine nicht getan: Da die abgelegten Daten in der RRD-Datei dann nicht mehr fünf Minuten (300 Sekunden) auseinander liegen, muss auch der `rrd step` entsprechend angepasst werden. Um das Leben das Administrators einfacher zu machen, benutzt OpenNMS an dieser Stelle übrigens keine Millisekunden, sondern Sekunden. Daran ist das RRDtool schuld, es bringt also nichts, sich darüber aufzuregen ;-).

Dieses Prinzip der Collections gilt durchgängig für die weiteren Services.

11.2.1 Variablentypen

In der Datei `$OPENNMS_HOME/etc/datacollection-config.xml` werden dann für bestimmte Ressourcen folgende Parameter gesetzt:

```
<resourceType name="frCircuitIfIndex"
  label="Frame-Relay (RFC1315)">
  <persistenceSelectorStrategy
    class="org.opennms.netmgt.collectd.PersistAllSelectorStrate
gy"/>
  <storageStrategy
    class="org.opennms.netmgt.dao.support.FrameRelayStorageStra
tegy"/>
</resourceType>
```

Damit wird OpenNMS erklärt, dass die Informationen über die Frame-Relay-Circuits als indizierte Tabelle(n) geliefert werden und dass `frCircuitIfIndex` der zu benutzende Index ist.

Durch diese Konfiguration ist OpenNMS in der Lage, Informationen über mehrere gleichartige Objekte (Schnittstellen, Festplatten etc.) sinnvoll auszuwerten.

Ein Beispiel dafür sind die Schnittstellen meines Laptops, die über SNMP dargestellt so aussehen:

```
IF-MIB::ifNumber.0 = INTEGER: 4
IF-MIB::ifIndex.1 = INTEGER: 1
IF-MIB::ifIndex.2 = INTEGER: 2
IF-MIB::ifIndex.3 = INTEGER: 3
IF-MIB::ifIndex.4 = INTEGER: 4
IF-MIB::ifDescr.1 = STRING: lo
IF-MIB::ifDescr.2 = STRING: eth1
IF-MIB::ifDescr.3 = STRING: eth0
IF-MIB::ifDescr.4 = STRING: pan0
```

Insgesamt habe ich (`ifNumber`) vier Schnittstellen, die mit 1 bis 4 indiziert sind. Interface 1 ist `lo`, Interface 2 ist `eth1` und so weiter. Im Folgenden gibt mir der SNMP-Server alle Informationen zu diesen Interfaces jeweils mit dem zugehörigen Index zurück. Wenn ich also die Information

```
IF-MIB::ifPhysAddress.3 = STRING: 0:24:2c:4b:cf:1
```

erhalte, weiß OpenNMS die MAC-Adresse `0:24:2c:4b:cf:1` dem Interface Nummer 3, `eth0`, zuzuordnen.

Nachdem diese Ressourcen definiert sind, geht es ins Detail.

```
<group name="mib2-host-resources-storage" ifType="all">
  <mibObj oid=".1.3.6.1.2.1.25.2.3.1.2"
    instance="hrStorageIndex"
    alias="hrStorageType" type="string" />
  <mibObj oid=".1.3.6.1.2.1.25.2.3.1.3"
    instance="hrStorageIndex"
    alias="hrStorageDescr" type="string" />
  <mibObj oid=".1.3.6.1.2.1.25.2.3.1.4"
    instance="hrStorageIndex"
    alias="hrStorageAllocUnits" type="gauge" />
  <mibObj oid=".1.3.6.1.2.1.25.2.3.1.5"
    instance="hrStorageIndex"
    alias="hrStorageSize" type="gauge" />
  <mibObj oid=".1.3.6.1.2.1.25.2.3.1.6"
    instance="hrStorageIndex"
    alias="hrStorageUsed" type="gauge" />
</group>
```

Im nächsten Schritt werden OIDs definiert. OIDs sind *Object Identifier*, die eindeutig einen bestimmten Wert beschreiben. Da der SNMP-Server aber nur die nicht ganz so aussagekräftigen Nummern herausgibt, muss die Verbindung zwischen Nummer und menschenlesbarer Beschreibung vorgenommen werden. Diese Übersetzung ist Aufgabe des SNMP-Agenten Managers. Und da OpenNMS der SNMP-Agenten Manager ist, muss das Mapping hier gemacht werden. Die Konfiguration dient neben der Übersetzung aber auch noch dazu, den Typ des gesammelten Wertes zu bestimmen. Der SNMP-Server ist im Prinzip frei in dem, was er auf die Anfrage an einer bestimmten Stelle antwortet. Diese Freiheit führt gerade auf seiten von Herstellern exklusiverer Netzwerkgeräte oft zu unerwarteten Höhenflügen von Kreativität mit der anschließenden Konsequenz der partiellen oder totalen Inkompatibilität dieser Geräte mit dem Rest des Internets, aber im Prinzip gibt es drei Möglichkeiten:

- *Strings*: Textinformationen wie zum Beispiel der Interface-Name.
- *Gauge*: An- und absteigende Werte. Wie bei einem Thermometer: Jetzt hat es 30 Grad Celsius C, gleich nur noch 28 Grad Celsius, aber heute Mittag waren es 35 Grad Celsius.
- *Counter*: Jeder Tourist, der an den Strand geht, wird beim Betreten des Strandes gezählt. Die Variable gibt stets zurück, wie viele über die Düne in Richtung Wasser gegangen sind.

OpenNMS behandelt diese Werte unterschiedlich. Wenn der Typ einer Variablen in OpenNMS geändert wird, muss die RRD-Datei gelöscht und neu initialisiert werden.

Diese Konfiguration bewirkt bis jetzt nichts weiter, als dass OpenNMS die Variablen kennt. Gesammelt wird noch nichts.

11.2.2 Was wird für wen gesammelt?

Welche Werte von OpenNMS für ein bestimmtes System erfasst werden, wird weiter unten in derselben Datei festgelegt:

```
<systemDef name="Savin or Ricoh Printers">
  <sysoidMask>.1.3.6.1.4.1.367.</sysoidMask>
  <collect>
    <includeGroup>mib2-host-resources-system</includeGroup>
    <includeGroup>mib2-host-resources-memory</includeGroup>
    <includeGroup>mib2-host-resources-storage</includeGroup>
    <includeGroup>printer-usage</includeGroup>
  </collect>
</systemDef>
```

Für Drucker von Ricoh (oder Savin), die anhand der `sysoidMask` .1.3.6.1.4.1.367. identifiziert werden, sollen die in den `includeGroup`-Gruppen enthaltenen Parameter gesammelt werden.

Was hier passiert: OpenNMS schaut sich die System-OID des per SNMP ansprechbaren Gerätes an und vergleicht sie mit seiner Konfiguration. Wenn die OID auf die `sysoidMask` passt, werden die genannten Gruppen eingesammelt.

Die System-OID meines Laptops ist ».1.3.6.1.2.1.1.2.0 = OID: .1.3.6.1.4.1.8072.3.2.10«, das heißt, mein Laptop hat eine 8072 anstatt der 367 und die Maske würde nicht passen.

Der Punkt am Ende der Maske bedeutet dabei »und alles was danach kommt«, die oben angegebene Maske würde also auf alle Systeme passen, die nach der 367 noch irgendeine andere Nummer führen. Man kann die OID-Masken auch genau definieren, also einen exakten Match verlangen. Dann lässt man den Punkt am Ende einfach weg.

Die Maske, die auf mein Laptop zutrifft, sieht übrigens wie folgt aus:

```
<systemDef name="Net-SNMP">
  <sysoidMask>.1.3.6.1.4.1.8072.3.</sysoidMask>
        ..
```

11.2.3 SNMP-Werte selbst gemacht

Wenn man selber SNMP-Variablen zur Sammlung hinzufügen möchte, definiert man zuerst die OIDs, dann fügt man die Gruppe einer Systemdefinition hinzu.

Welche Daten von einem System an OpenNMS gegeben werden, kann man auf der Konsole testen. Wenn die SNMP-Tools installiert sind, liest der Befehl

```
snmpwalk -v 2c -c public $zielsystem
```

den gesamten verfügbaren SNMP-Datenstamm des Zielsystems aus. Das Ergebnis wird dabei mit menschenlesbaren Variablennamen angezeigt. Wer dieses Komforts überdrüssig ist und die OIDs für die Konfiguration benötigt, kann mit dem Parameter »-On« die Ausgabe der OIDs auf numerisch stellen:

```
snmpwalk -On -v 2c -c public $zielsystem
```

Sind die Daten einmal im System, muss man natürlich noch die entsprechenden Thresholds oder Graphen konfigurieren. OpenNMS erzeugt für die eingesammelten Daten eine Datei, deren Name das oben gezeigte Alias ist. Der in diese Datei ge-

speicherte Wert trägt denselben Namen. Es gibt also im RRD-Verzeichnis für jeden Node, von dem der Wert `hrStorageUsed` abgefragt werden kann, ein Verzeichnis pro Interface und dann in jedem dieser Verzeichnisse eine Datei namens `hrStorageUsed` in der die Variable `hrStorageUsed`, gespeichert ist.
Die Erfolgskontrolle für die Datacollection befindet sich im Logfile des Collectd (`$OPENNMS_HOME/log/daemon/collectd.log`). Ist der Collectd im Debug-Mode, wird jeder gespeicherte Wert mit dieser Nachricht quittiert:

```
2009-08-19 17:05:09,685 INFO  [CollectdScheduler-50 Pool-fibe
r0] RrdUtils: updateRRD: updating RRD file /var/lib/opennms/r
rd/snmp/1/dskIndex/1/ns-dskUsed.jrb with values '1250694310:7
091160'
```

In diesem Fall wurde der Wert 7091160 für meine Festplatte Nummer 1 in die Datei `ns-dskUsed.jrb` geschrieben. Ein Blick auf mein Laptop zeigt mir:

```
df
Filesystem 1K-blocks Used    Available Use% Mounted on
/dev/sda3  30478828  7094984 21835580  25%  /
```

Mit der kleinen Unstimmigkeit kann ich leben, denn zwischen dem Abruf via SNMP und meiner manuellen Kontrolle des Festplattenplatzes hat OpenNMS selbst auf genau dieser Partition gearbeitet und reichlich Logfiles erzeugt.

Falls die Datacollection nicht funktioniert, sollte man zuerst sicherstellen, dass OpenNMS das Zielsystem überhaupt erreichen und auch tatsächlich Daten auslesen kann. Die Defaultkonfiguration moderner SNMP-Server ist sinnvollerweise recht restriktiv und erlaubt nicht jedem, der `public` als Community benutzt, alle Systemwerte auszulesen.

11.3 Windows Management Interface

Natürlich kann man auch auf Windows-Systemen SNMP installieren, Microsoft bietet sogar eine eigene Variante von SNMP zur Installation an. Der in einer kleinen Variante kostenlose SNMP-Informant gibt bereits mehr Daten frei, aber noch mehr Informationen über ein Windows-System bekommt man über WMI [53].

WMI: Windows Management Instrumentation

WMI ist ein universelles Managementinterface, über das prinzipiell alle Windows-Systemaufrufe genutzt werden können. OpenNMS beschränkt sich dabei auf die für das Netzwerkmanagement wichtigen Informationen, aber der Fantasie sind auch hier wieder keine Grenzen gesetzt.

Verfügbar ist WMI in Windows XP Professional und »besser«, die Home-Editionen von Windows können mit diesem Werkzeug typischerweise nicht überwacht werden.

Denselben Prinzipien der Collections folgend, findet sich die Konfiguration für WMI in der Datei `$OPENNMS_HOME/etc/wmi-datacollection-config.xml`. Dort werden die zu sammelnden Werte definiert.

Auf der Serverseite muss, ähnlich zu SNMP, dem Monitoring-System der Zugriff auf diese Ressourcen gewährt werden. Hierzu ist ein entsprechend privilegierter Nutzer anzulegen.

Die Möglichkeit, über das Windows Management Interface Daten einzusammeln, erweitert das Anwendungsspektrum von OpenNMS enorm und zeigt vor allem, dass die OpenNMS-Community der Windows-Welt keineswegs ablehnend gegenübersteht ;-).

11.4 HTTP-Datacollection

Nachdem mit dem Windows Management Interface bereits eine dem hartgesottenen Netzwerkmanager ferne Welt freundschaftlich erobert wurde, ist die HTTP-Datacollection die zweite Wunderwaffe im Repertoire von OpenNMS. *»Alles, was mit einer Regex ausgelesen werden kann«*, wird gesammelt, »gethresholdet« und »gegrapht«.

Im Gegensatz zu WMI und SNMP ist die HTTP-Datacollection von Haus aus jedoch nicht aktiviert, schließlich gibt es keine Standardwerte, die man einfach so einsammeln könnte.

Um dieses Feature zu aktivieren, muss zuerst die Collectd-Konfiguration ergänzt werden (dieses Beispiel findet sich im Verzeichnis `$OPENNMS_HOME/etc/examples` von OpenNMS):

```
<service name="HttpDocCount" interval="300000"
   user-defined="false" status="on" >
  <parameter key="http-collection" value="doc-count" />
  <parameter key="retry" value="1" />
  <parameter key="timeout" value="2000" />
  <parameter key="thresholding-enabled" value="true"/>
</service>
```

Die Datei `$OPENNMS_HOME/etc/http-datacollection-config.xml` sieht dann so aus:

```
<http-collection name="doc-count">
  <rrd step="300">
    <rra>RRA:AVERAGE:0.5:1:8928</rra>
    <rra>RRA:AVERAGE:0.5:12:8784</rra>
    <rra>RRA:MIN:0.5:12:8784</rra>
    <rra>RRA:MAX:0.5:12:8784</rra>
  </rrd>
  <uris>
    <uri name="document-counts">
      <url path="/test/resources/httpcolltest.html"
        user-agent=
          "Mozilla/5.0 (Macintosh; U; PPC Mac OS X; en)
           AppleWebKit/412 (KHTML, like Gecko) Safari/412"
        matches=".*([0-9]+).*"
        response-range="100-399" >
      </url>
      <attributes>
        <attrib alias="documentCount" match-group="1"
          type="counter32"/>
      </attributes>
    </uri>
  </uris>
</http-collection>
```

Welche Informationen gesammelt werden, wird in `matches` definiert, in diesem Fall die erste Zahl, die gefunden wird. Diese Zahl wird als `counter32` verstanden und von OpenNMS entsprechend verarbeitet.

Wie bei den anderen Konfigurationen wird auch hier am Anfang festgelegt, in welchem Rhythmus gesammelt wird und wie die RRD-Datei zu initialisieren ist. Anschließend werden die aufzurufenden URIs bestimmt.

12 Thresholding – was bringt das Fass zum Überlaufen?

»Jetzt reichts, kein Bit mehr, das machst Du nicht noch einmal, sonst schicke ich eine Notification!« Um diese schwerwiegende Drohung umzusetzen, müssen die Grenzen festgelegt werden. Ab wann ist eine Festplatte voll und wie lange muss sie voll sein, damit jemand eine Warnung bekommt? Wann ist ein Netzwerkinterface ausgelastet?

Diese Grenzen werden allgemein als *Thresholds* bezeichnet. *Thresholding* wird dann das Vergleichen eines Messwertes mit einem gesetzten Grenzwert genannt.

Man kann das gut mit den Wasserproben vergleichen, die in unseren Gewässern genommen werden. Da fährt jemand zu einem Fluss, betreibt Datacollection (nimmt eine Probe und analysiert sie) und schreibt das Messergebnis in seinem Büro auf eine Karteikarte.

Jetzt gibt es unterschiedliche Möglichkeiten, die Einhaltung der Messwerte zu kontrollieren. Einerseits kann jemand anderes hingehen, sich die Karteikarten nehmen und schauen, ob der Grenzwert überschritten ist. Das ist die »alte« Philosophie des Thresholdings in OpenNMS. Der *Threshd*(Thresholding-Daemon) liest die Daten aus den RRD/JRB-Dateien aus und prüft, ob die gesetzten Grenzwerte überschritten wurden.

Threshd: Thresholding-Daemon

Eine andere Möglichkeit wäre, dass derjenige, der die Messung durchführt, auch gleich die Überschreitung der Grenzwerte prüft – so funktioniert die »neue» Variante des Thresholdings in OpenNMS. Der Datensammler (Collectd oder auch Pollerd) erhebt Daten und prüft sofort, ob sie den definierten Grenzwerten entsprechen oder nicht. Weil das Thresholding bereits direkt beim Erfassen der neuesten Daten im Prozess geschieht (»in line«), wird dieser Vorgang *inline thresholding* genannt. OpenNMS wäre nicht OpenNMS, wenn die eine Möglichkeit die andere abgelöst hätte: Um funktionierende und laufende Installationen nicht zu gefährden, funktionieren jetzt beide Varianten.

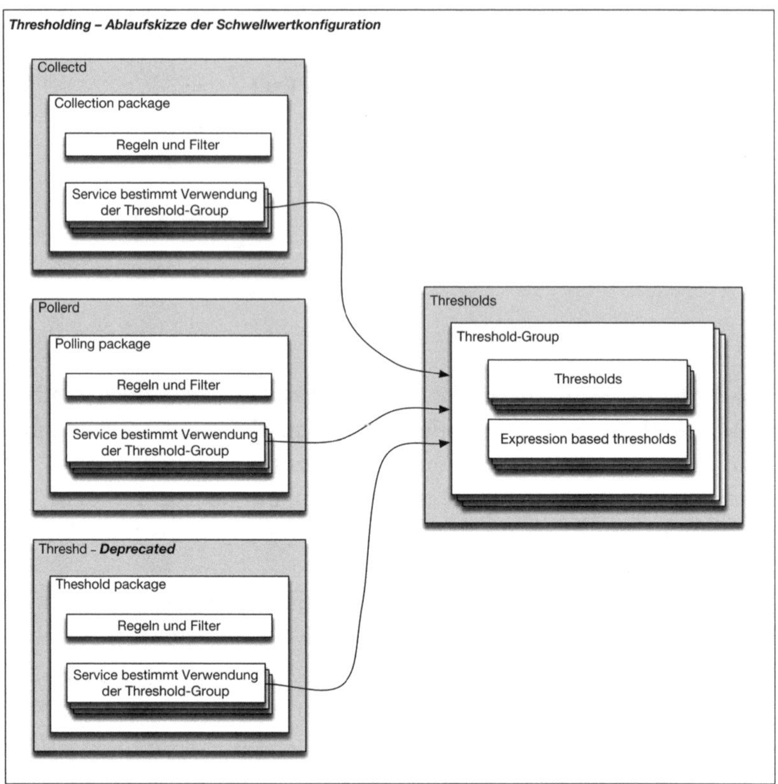

Abbildung 12.1 *Skizzierung von Thresholding*

Es mag sicher gute Gründe geben, auch in Zukunft auf die Nutzung des Threshd zurückzugreifen. Da aber das massenhafte Lesen von RRD/JRB-Files sehr I/O-intensiv ist und zudem je nach Systemgröße lange dauert, ist das Inline-Thresholding vorzuziehen. Aus diesem Grund kann man den Threshd in der Datei `$OPENNMS_HOME/etc/service-configuration.xml` auch ganz beruhigt auskommentieren:

```
<!-- Wir benutzen inline-thresholding
  <service>
    <name>OpenNMS:Name=Threshd</name>
    <class-name>org.opennms.netmgt.threshd.jmx.Threshd
    </class-name>
    <invoke at="start" pass="0" method="init"/>
    <invoke at="start" pass="1" method="start"/>
    <invoke at="status" pass="0" method="status"/>
    <invoke at="stop" pass="0" method="stop"/>
  </service>
-->
```

Damit das Inline-Thresholding funktioniert, muss es aber auch aktiviert werden. Das erfolgt pro *Collection Service* in der Datei `$OPENNMS_HOME/etc/collectd-configuration.xml`:

```
<service name="SNMP" interval="300000" user-defined="false"
status="on">
  <parameter key="collection" value="default"/>
  <parameter key="thresholding-enabled" value="true"/>
</service>
```

Nach einem Neustart wird OpenNMS nun die über SNMP eingesammelten Werte mit den Grenzwerten vergleichen. Bis Version 1.7.3 / 1.6.x funktionierte das ausschließlich für die Datensammlung mit SNMP. Ab Version 1.7.5 / 1.8 können alle vom Collectd erfassten Werte mit Thresholds versehen werden, was den Rückgriff auf den Threshd noch weniger notwendig macht.

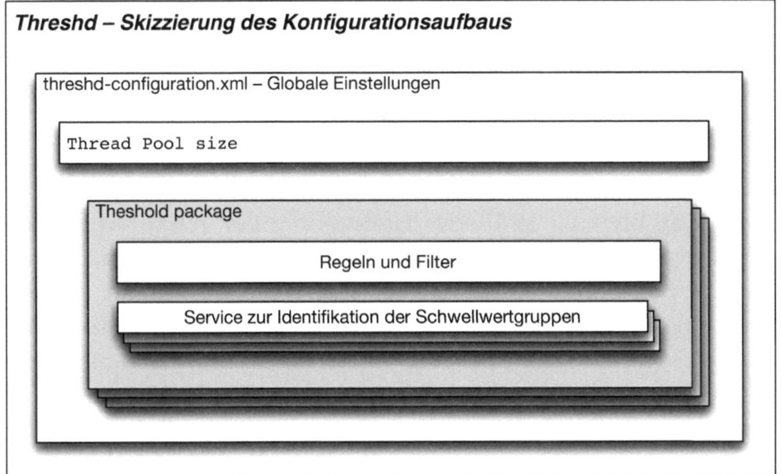

Abbildung 12.2 *Aufbau der Konfigurationsdatei threshd-configuration.xml*

In der Version 1.7.6 wurde eine weitere Optimierung vorgenommen: Das Thresholding der Antwortzeiten von Services kann nun ebenfalls inline durchgeführt werden. Zur Erinnerung: Der Pollerd prüft nicht nur die Verfügbarkeit von Services, sondern ermittelt und speichert auch die Antwortzeit (siehe Kapitel 8). Daher ist es auch sinnvoll, den Pollerd mit einem Inline-Thresholding zu versehen. Die Überwachung dieser Latenzen arbeitet dadurch ebenfalls effizienter und verursacht weniger Last auf dem OpenNMS-Server.

Die Konfiguration derjenigen Services, für die ein Thresholding von Interesse ist, muss dann entsprechend in der Datei `$OPENNMSHOME/etc/pollerd-configuration.xml` durch einen Parameter aktiviert werden, wie beispielsweise für den Service ICMP:

```
<service name="ICMP" interval="600000" user-defined="false"
 status="on">
    ...
    <parameter key="thresholding-enabled" value="true"/>
</service>
```

Im Beispiel für die Überwachung des Festplattenplatzes in Abschnitt 20.1 wird ausführlich und Schritt für Schritt erklärt, wie man den freien (oder genutzten) Platz auf einer Partition mittels SNMP überwacht.

Dort wird ein einfacher Grenzwert gesetzt: Wenn die Variable `ns-dskPercent`, die vom Typ `dskIndex` ist, über zwei Messzyklen lang über den Wert 90 ansteigt, löse einen *High Threshold Exceeded*-Event aus. Welcher Event hier ausgelöst wird, ist nicht konfiguriert, deswegen wird OpenNMS den Standard-Event für Überschreitungen von Grenzwerten benutzen.

```
<threshold type="high" ds-name="ns-dskPercent" ds-type="dsk
Index" ds-label="ns-dskPath" value="90.0" rearm="75.0"
trigger="2"/>
```

Die möglichen Typen für die Datenquelle (`ds-type`) werden in Kapitel 16 über die grafische Darstellung der Werte erläutert – grundsätzlich unterscheidet OpenNMS zwischen Daten, die für die Interfaces, und Daten, die für den Node gesammelt werden. Noch einen Schritt weiter geht die Verarbeitung der Indizes, wie beim `dskIndex`: Da SNMP die Werte für mehrere Elemente des gleichen Typs als Index zurückliefert, muss OpenNMS diese Werte sortieren und richtig zuordnen. Index-Datenquellen stehen für unterschiedliche Messobjekte zur Verfügung und werden nach Bedarf ergänzt.

Der Typ (`type`) des Thresholds legt fest, ob es sich um einen oberen oder unteren Grenzwert handelt. Liegt der gemessene Wert dann über oder unter dem `value`, wird ein Trigger ausgelöst. Dieser Trigger bewirkt allein noch nichts, erst wenn er ausgelöst wurde, wird ein Event erzeugt.

Sinkt der Messwert unter den mit `rearm` festgelegten Wert, wird der entsprechende `Rearmed`-Event aufgerufen.

Definition von neuen Events

Da OpenNMS diese Events in einer generischen Version benutzt, sieht man sie leider nicht in der Konfiguration. Eigene Events hinzuzufügen ist aber einfach:

Bei der Konfiguration des Thresholds über die WebUI können kundenspezifische (»custom«) Events angegeben werden. Dabei besteht die Anforderung, dass er einen eindeutigen Namen hat.

Es spricht zwar nichts dagegen, in unterschiedlichen Thresholds denselben Event zu benutzen, jedoch man kann dann eben am Event nicht mehr unterscheiden, aus welchem Threshold er gesendet wurde.

Der *Unique Event Identifier*, UEI, besteht aus einer Domain und einer »Beschreibung«: Wenn ich meine eigenen Events definiere, wird ein Schema von `opennms.org/meinname/event` verwendet. Man kann `opennms.org` aber auch durch seine eigene Domain ersetzen, es muss lediglich ein »`/`« vorhanden sein. In die Tiefe können mehrere »`/`« verwendet werden, aber denken Sie im Zweifel daran, dass möglicherweise eine arme Seele den Event irgendwann einmal per Hand eingeben muss.

Hinweis: Ein UEI enthält nur Zeichen und Zahlen, keine Leer- und Sonderzeichen außer des »/«.

Nach ein wenig Ausprobieren mit den Events erkennt man meistens, dass die einfachen hohen oder niedrigen Thresholds zwar gut sind, man aber mit etwas mehr Logik zu interessanteren Ergebnissen kommen könnte. Genau für diesen Zweck wurden die *expression-based thresholds* eingeführt.

12.1 expression-based Thresholds

Um komplexere Hoch/niedrig-Szenarien zu beschreiben, kann man auf die *expression-based thresholds* zurückgreifen. Für diese Grenzwerte wird nach der Messung eine Berechnung durchgeführt, wie zum Beispiel in der folgenden Konfiguration:

```
<expression type="high"
 expression="ifInDiscards + ifOutDiscards"
 ds-type="if" ds-label="ifName"
 value="1" rearm="0" trigger="2"/>
```

Das bedeutet: Wenn die Anzahl der `ifInDiscards` zusammen mit den `ifOutDiscards` größer als 1 wird, wird ein *High Threshold Exceeded*-Event ausgelöst. Hilfreich ist eine solche Definition dann, wenn man die Parameter eines Messpunktes nicht kennt. Bei Netzwerkschnittstellen ist das typischerweise der Fall. Eine Möglichkeit, die relative Ausnutzung des Interface zu errechnen, hat man nur dann, wenn man schon weiß, welche Kapazität das Interface hat – oder wenn man OpenNMS die Berechnung dynamisch durchführen lässt:

```
<expression type="high"
  expression="ifInOctets * 8 / 1000000 / ifHighSpeed * 100"
  ds-type="if" ds-label="ifNa me" value="90.0" rearm="75.0"
  trigger="3">
  <resource-filter field="ifHighSpeed">
    ^[1-9]+[0-9]*$
  </resource-filter>
</expression>
```

Erreicht das Interface dreimal hintereinander 90% seiner Kapazität, wird ein Event ausgelöst. Die Berechnungen müssen dabei im Kontext erfolgen, man kann also nur Variablen verwenden, die in der jeweiligen Datenquelle verfügbar sind.

Auch diese Thresholds messen an einer absoluten Grenze, selbst wenn sie flexibel bestimmt wird. Fehlfunktionen lassen sich aber oft schon erkennen, bevor der Schwellwert überhaupt erreicht wird: Wenn beispielsweise eine Applikation beginnt, Amok zu laufen, und die Festplatte vollschreibt, wird der Speicherverbrauch ungewöhnlich stark zunehmen. Um diese Zunahme zu messen, kann ein relativer Grenzwert gesetzt werden:

```
<threshold type="relativeChange" ds-name="ns-dskPercent"
  ds-type="dskIndex" ds-label="ns-dskPath" value="0.5"
  rearm="0.0" trigger="2"/>
```

Steigt der verbrauchte Platz auf der Partition über zwei Messzyklen (`trigger="2"`) um mehr als 0.5 an, wird ein Event ausgelöst. Sobald in einem Zyklus keine Zunahme mehr erfolgt (`rearm="0.0"`), wird der entsprechende *Rearmed*-Event gesendet.

Wenn man sich an die Konfiguration der Events macht, empfiehlt es sich, sich langsam heranzutasten, mit wenigen zu starten und stetig zu optimieren. Gerade bei der Überwachung von Anwendungen gibt es viele interessante Möglichkeiten der automatisierten Überwachung – und gerade bei der Einführung neuer Events besteht ein großes Risiko, sich ein zu »gesprächiges« System zu bauen, dessen Botschaften schließlich ignoriert werden.

13 *Alarme*

OpenNMS kennt viele Wege, zum Ziel zu kommen. Für dieselbe Aufgabe gibt es oft unterschiedliche Werkzeuge, deren Einsatz in bestimmten Umgebungen sinnvoller ist als in anderen.

Alarme machen die Verwaltung von Events vor allem in großen oder sehr »gesprächigen« Umgebungen einfacher. Und um kurz den Zusammenhang herzustellen: Alarme sind »veredelte« Events. Alarme sind nicht mit Notifications zu verwechseln, denn letztgenannte sind lediglich Benachrichtigungen, die aufgrund von Events geschickt werden. Alarme wiederum spielen mit den Automations (siehe Kap. 19) sehr gut zusammen.

Um aus einem Event einen Alarm zu machen, wird die Konfiguration des Events um die Daten für den Alarm ergänzt:

```
<alarm-data
  reduction-key="%uei%:%dpname%:%nodeid%" alarm-type="1"
  auto-clean="true"/>
```

Der *Reduction-Key* dient dazu, gleichartige Alarme zu identifizieren. Das wiederum hilft dabei, die Menge der Informationen zu verringern. Da gleichartige Alarme in der entsprechenden Tabelle nicht noch einmal aufgeführt werden, sorgt der Reduction-Key für Übersichtlichkeit: Anstatt in diesem Fall einen bestimmten Alarm für einen Node zehnmal zu sehen, sieht man nur, dass dieser Alarm aufgetreten ist, zehnmal.

Verbunden mit einer Automation kann man dann ein Szenario umsetzen, in dem ein Alarm zuerst einige Male auftreten muss, bis eine Notification ausgelöst wird.

Das wiederum dient dem großen Ganzen, denn schließlich will man die Verantwortlichen erst dann auf den Plan rufen, wenn auch wirklich etwas zu tun ist. Gerade in größeren Umgebungen reagiert man nicht sofort auf jeden Zwischenfall, sondern kategorisiert sorgfältig: Dinge, die gleich erledigt werden müssen, zu welcher Uhrzeit auch immer, und Dinge, die bis morgen verschoben werden können.

14 *Notifications*: I've got something to say!

Nach der Installation sind die Notifications grundsätzlich erst einmal ausgeschaltet. Erkennbar ist das an der Statusmeldung *«Notices off«* in der oberen rechten Ecke der WebUI. Der Grund dafür ist, dass bei eingeschalteten und unkonfigurierten Notifications OpenNMS leicht zum Spammer werden kann. Um das zu vermeiden, ist ein wenig Gedankenarbeit notwendig.

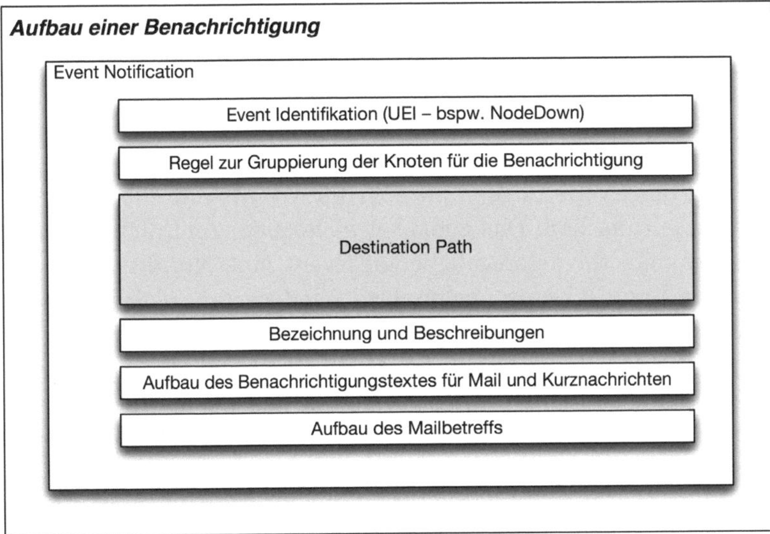

Abbildung 14.1 *Aufbau einer Notification*

14.1 Was wollt Ihr wissen?

Die erste Frage, die man sich stellen sollte, ist: Was ist wirklich wichtig? Und was ist so wichtig, dass ich mir wirklich wünsche, dass in der Nacht gegen 2:30 Uhr mein Telefon klingelt? Mit diesem Maßstab im Hintergrund wird das vorsichtige Konfigurieren von Notifications viel handlicher ;-).

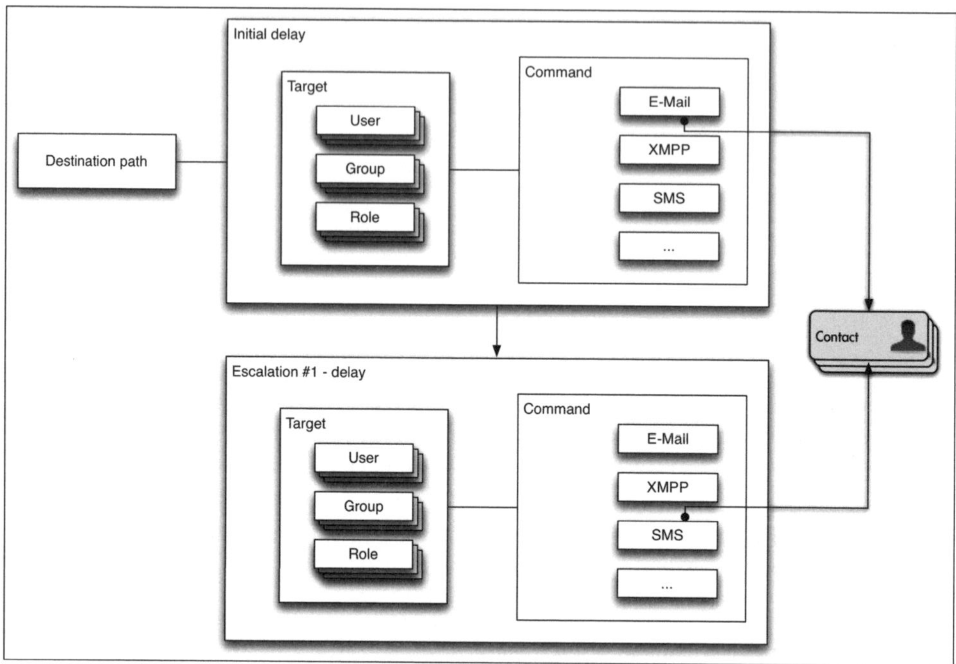

Abbildung 14.2
Übersicht des Destination Path

Zuerst aber zur Funktionsweise: Notifications werden vom Notification-Daemon *Notifd* erledigt. Notifd ist ein aufmerksamer Zuhörer des Eventd, bekommt also alle Events mit, die im Event-Bus vorbeirauschen. Das bedeutet nicht mehr und nicht weniger, als dass man für jeden möglichen Event eine Notification konfigurieren kann. Um es nochmal zu wiederholen: *Jeder Event in OpenNMS kann eine Notification nach sich ziehen!*

Ich betone das, weil diese Möglichkeit bei der Integration mit anderen Systemen hilfreich ist. Da das Event-Handling von OpenNMS völlig offen ist, kann man beliebige, selbst definierte Events in das System einfügen. Und weil es den einzelnen Komponenten von OpenNMS egal ist, woher der Event kommt, ob von OpenNMS oder sonstwo her, kann man die gesamte Funktionalität des Systems für die Bearbeitung seiner proprietären Events benutzen. In der Konfiguration der Notifications wird daher ein Event mit einer Notification verknüpft – und die wiederum wird an einen *Notification Path* gebunden.

Bevor man jedoch den Event mit der Notification verknüpft, sollte man sich Gedanken darüber machen, wer die Notification wie bekommen soll. Und natürlich auch: »Wann?«. Auch hier zäumt man das Pferd wieder von hinten auf, genau wie bei der

Erstellung von Benutzergruppen. Die Ergebnisse dieser Überlegungen fließen dann in den Notification Path ein.

Da die Möglichkeiten bei der Erstellung der Pfade recht vielfältig sind, möchte ich kurz die wesentlichen Elemente vorstellen:

Der Notification Path ist in organisiert, im OpenNMS-Jargon einfach *Escalations* genannt. In jeder Eskalationsstufe wird die Notification an einen oder mehrere Empfänger versendet.

Escalation

Zwischen diesen Eskalationsstufen kann (und sollte) Zeit vergehen. Zeit kann ebenfalls vor der ersten Stufe vergehen, dazu kann bei der Zustellung einer Nachricht an eine Gruppe eingestellt werden, ob alle Gruppenmitglieder die Nachricht zugleich oder nacheinander erhalten.

Aus der Praxis heraus ergibt sich meistens, dass man die Notification prinzipiell erst einmal »auf Eis« legt, also fünf oder zehn Minuten wartet, bevor man anfängt, die (schlechte) Nachricht zu verteilen. Damit wird man der häufiger auftretenden Situation der kurzen Unterbrechung gerecht: Wenn der Service sich selbst wieder »berappelt« (was vorkommt), muss kein Großalarm ausgelöst werden. Die Information geht jedoch nicht verloren, denn die Events sind ja in der Datenbank – man vermeidet nur, dass unnötigerweise gearbeitet wird.

Zwischen den Eskalationsstufen sollte den Empfängern der Nachricht, wenn gewünscht, genug Zeit zur Behebung des Problems gegeben werden.

Tipp: Am besten plant man den Notification Path auf Papier mit einem Zeitstrahl. So kann nicht nur die Abfolge gut dargestellt werden, es wird auch klar, wie lange im schlimmsten Fall die Eskalation bis zur Geschäftsführung dauert ;-).

14.2 Wahl der Waffen

Neben der Zeit spielt auch das *Wie* eine Rolle. OpenNMS verfügt über mitgelieferte Mittel:

Von Haus werden die Transportwege E-Mail und XMPP bereitgestellt. Dazu kommt die Möglichkeit der Übergabe einer Notification an einen Webservice, zum Beispiel, um ein Ticket in einem Ticketing-System zu öffnen. Eigene Methoden zur Verarbeitung von Notifications können ebenfalls integriert werden (siehe unten).

Auch bei der Gestaltung eines Notification Path spielt die Organisation eine Rolle: Wer wann welche Nachricht bekommen soll, macht sich an der Aufgabenverteilung und dem »Leben« der Admins fest. Um nicht zu sehr in die unterschiedlichen Vor- und Nachteile abzugleiten, möchte ich einen möglichen Notification Path vorstellen, den ich nach etwa einem halben Jahr Analyse (und seitdem unverändert) eingeführt habe:

Das wäre auch schneller gegangen, wir haben unser eigenes OpenNMS aber eher so »nebenbei« eingeführt.

1. Warte 5 Minuten
2. Schicke eine XMPP-Nachricht an das IT-Team
3. Warte 5 Minuten
4. Schicke eine E-Mail an das IT-Team
5. Warte 5 Minuten
6. Schicke eine E-Mail an den Mitarbeiter in Rufbereitschaft
7. Warte 5 Minuten
8. Schicke eine SMS an den Mitarbeiter in Rufbereitschaft
9. Warte 10 Minuten
10. Schicke eine SMS an das IT-Team
11. Warte 10 Minuten
12. Öffne ein Ticket in der Alarm-Queue des NOC
    (löst sofortige SMS an NOC aus)

Der gesamte Vorgang dauert im schlimmsten Fall 40 Minuten plus die Zeit, die das NOC zum Reagieren benötigt. Durch das schnelle Versenden der XMPP-Nachricht an das Team stelle ich sicher, dass diejenigen, die ohnehin gerade arbeiten, schnell und diskret informiert werden. Eine XMPP-Nachricht ist schnell wahrgenommen und verlangt weniger Bearbeitung als eine E-Mail oder eine SMS.

Und wenn niemand reagiert, es gehen ja immer alle zusammen essen, kommt kurze Zeit später eine E-Mail. In der Zeit der Blackberries und iPhones kann man davon ausgehen, dass die E-Mail auch dann ankommt, wenn der Mitarbeiter sein Laptop nicht dabei hat. Hilft auch das nicht, wird die Rufbereitschaft zuerst per E-Mail benachrichtigt, dann per SMS, die meistens mehr Lärm macht als eine eingehende Mail.

Schließlich wird das gesamte Team noch einmal per SMS benachrichtigt, bevor offensichtlich höhere Mächte eingebunden werden. An dieser Stelle habe ich auf unser NOC zurückgegriffen, das eine eigene Rufbereitschaft hat. Eine andere Lösung wäre, an dieser Stelle nach einem externen Dienstleister zu suchen – wichtig ist, dass jetzt ein Mensch tätig wird und das Telefon in die Hand nimmt. Das muss übrigens keine Firma mit technischem Wissen sein – Sicherheitsdienste oder Sekretariatsdienstleister können auch auf Basis einer E-Mail oder einer SMS tätig werden und die hinterlegten Rufnummern anrufen. In bestimmten Fällen kann es auch sinnvoll sein, frühzeitig einen externen Dienstleister einzubinden.

Hilfreich wäre für diesen Prozess auch, wenn man die Wahl des Notification Path nach der Zeit (Tag, Uhrzeit) festlegen könnte – diese Option gibt es in OpenNMS aber (noch) nicht.

14.3 Eigene Notifications

Über die Möglichkeit, Notifications über HTTP ausgeben zu können, wird bereits ein relativ einfaches Mittel zur Anpassung an eigene Bedürfnisse geboten. Wer darüber hinausgehen möchte, kann auch eigene Shell-Skripte aufrufen.

Bevor man sich allerdings daran macht, ein eigenes Shell-Skript zu schreiben, sollte man auf jeden Fall in das OpenNMS-Wiki, die Mailingliste und vor allem in das Verzeichnis `$OPENNMS_HOME/etc/examples` hineinschauen. Dort finden sich etliche Anwendungsbeispiele. Diese Beispiele sind in `examples` und nicht im Standard aktiviert, weil sie zwar von großem Nutzen sind, aber nur für seltene Anwendungsfälle Verwendung finden. Wenn die OpenNMS Group eine bestimmte Benachrichtigungsoption umsetzt, die wirklich nur für einen einzigen Kunden benötigt wird, wird man sie dort finden (die Entwicklungen der OpenNMS Group, der kommerzielle Teil des Projektes, werden prinzipiell freigegeben).

Um den Aufruf eines Shell-Skriptes zu zeigen, habe ich das Beispiel für *syslog* aus dem Verzeichnis `examples` geholt. Zu finden ist es in der dort abgelegten Datei `notificationcommands.xml`:

```
<command binary="true">
  <name>syslog</name>
  <execute>/usr/bin/logger</execute>
  <comment>syslog to local0.warning</comment>
  <argument streamed="false">
    <substitution>-p</substitution>
  </argument>
  <argument streamed="false">
    <substitution>local0.warning</substitution>
  </argument>
```

```
  <argument streamed="false">
    <substitution>-t</substitution>
  </argument>
  <argument streamed="false">
    <substitution>opennms</substitution>
  </argument>
  <argument streamed="true">
    <switch>-tm</switch>
  </argument>
</command>
```

Wenn der Notification Path einmal definiert ist, kann es nun mit der Definition von Notifications losgehen.

14.3.1 Inhalt der Notifications

Im Text wurde bis jetzt immer nur von *»der Notification«* gesprochen, aber kein Wort darüber verloren, was eigentlich in so einer Notification für Informationen enthalten sind.

Über *Admin -> Configure Notifications* gelangt man zuerst zu einer Übersicht, in der alle auf dem System eingerichteten Notifications aufgeführt sind. Diese können verändert, gelöscht und an- oder ausgeschaltet werden.

Am Kopf der Seite befindet sich der Link zum Anlegen einer neuen Notification. Nachdem man auf diesen Link geklickt hat, gelangt man in die Auswahl des Events, auf den die Notification folgen soll.

Tipp: Diese Liste enthält sämtliche Events, die OpenNMS kennt. Da das mittlerweile einige sind (Stand Juni 2009: 14972), dauert das Laden dieser Liste sehr lange. Um die Arbeit zu beschleunigen, können in der Datei `$OPENNMS_HOME/etc/eventconf.xml` einige Events auskommentiert werden. Die Datei enthält zuerst die OpenNMS-eigenen Events – obwohl sie einen großen Teil der Datei einnehmen, sind es recht wenige (etwa 120), zudem werden diese Events unbedingt benötigt. Potenzial zum Auskommentieren gibt es vor allem bei den hersteller- und gerätespezifischen Events, die über «Include«-Statements eingebunden werden, wie beispielsweise:

```
<event-file>events/Adtran.Atlas.events.xml </event-file>}
```

Wenn man sich noch nicht im Klaren ist, welche Geräte schließlich in OpenNMS überwacht werden, kommentiert

> *man zuerst alles aus und fügt dann wieder ausgewählte Dateien einzeln hinzu. Nach Änderungen an dieser Datei ist ein Neustart von OpenNMS notwendig.*

Diese Änderung macht die Erstellung von Notifications deutlich einfacher und erhöht den Aufwand beim Hinzufügen eines neuen Gerätes minimal.

Nachdem der Event ausgewählt wurde, der die Notification auslösen soll, wird im nächsten Schritt gefiltert.

Bedingt durch die unterschiedlichen Umgebungen, in denen OpenNMS eingesetzt wird, gibt es mehr als nur eine Möglichkeit, Filter zu konfigurieren. Vorgeschlagen wird in der WebUI ein Filter auf die IP-Adresse, die dem Event zugeordnet ist:

```
IPADDR IPLIKE *.*.*.*
```

In begrenztem Maße kann der Filter mit logischen Operatoren (&, |) erweitert werden.

```
(IPADDR IPLIKE 192.168.*.*) | (IPADDR IPLIKE 10.*.*.*)
```

Dieser Filter schließt alle Events ein, die von einem System mit einer privaten IP-Adresse aus diesen Bereichen kommen.

Die Ursprungs-IP eines Events wird dadurch bestimmt, wie und für was der Event erzeugt wurde. Kommt der Event von außen, via Syslog oder SNMP, wird die Absenderadresse durchgereicht. Falls der Event von OpenNMS erzeugt wurde, hängt die Adresse davon ab, ob der Event einem Interface zugeordnet werden kann oder nicht.

Wie wirkungsvoll die Filterung nach IP-Adressen ist, hängt vom zu überwachenden Netz ab – wenn die Anforderungen an die Netzwerküberwachung in IP-Adressbereichen abzubilden sind, ist das Filtern nach IP-Adressen effektiv.

14.3.2 Surveillance Categories

Losgelöst von der IP-Adresse kann nach der *Surveillance Category* gefiltert werden. Die Gruppierung von Systemen in diesen Kategorien erlaubt eine Behandlung nach beliebigen Kriterien.

Die Verwaltung der Surveillance Categories kann über die WebUI erfolgen (*Admin -> Manage Surveillance Categories*). Als Beispiel sind bei jeder Installation von OpenNMS einige Kategorien angelegt, die das Prinzip verdeutlichen:

```
Development    Production    Test

Routers        Servers       Switches
```

Tipp: Die Namen der Kategorien sollten keine Leer- oder Sonderzeichen enthalten!

Mit den Surveillance Categories wurde ein wichtiges Instrument in OpenNMS eingeführt, um sich von einem allein am physischen Netz orientierten Management zu trennen. Die Gruppierung von Systemen nach abstrakten Kriterien erlaubt es, gezielt am Geschäftsbedarf orientiertes Monitoring und vor allem Troubleshooting zu betreiben.

Ein Beispiel: Typischerweise sind in einer IT-Landschaft Systeme unterschiedlicher Wichtigkeit zu finden. Während man zwischen reinen Entwicklungssystemen und den produktiven Servern noch eine klare Linie ziehen kann, wird es zwischen einem Staging-System und der Produktion schon schwieriger.

Ein weiterer Faktor ist in größeren Unternehmen die physikalische Verteilung der Systeme: Nicht alle Teile des Netzwerkes befinden sich am selben Standort, nicht alle Standorte sind gleich wichtig.

Eine Kategorisierung auf der Basis von IP-Adressen wird diesen Anforderungen nur dann gerecht, wenn man mit großem Aufwand ein Adressierungsschema umsetzt, das diese Anforderungen des Geschäftsbetriebs abbildet.

Einfacher ist es, Surveillance Categories anzulegen. In dem oben genannten Beispiel bietet es sich an, für jeden Grad von »Wichtigkeit« eine Kategorie zu bestimmen:

- *Entwicklung*: Die Systeme der Entwickler, die zwar überwacht, aber von den Entwicklern selber betreut werden.
- *Staging*: Das »Test«-System, das genau wie die Produktion betrieben wird, dessen Ausfall aber nicht kritisch ist.
- *Produktion*: Das Produktionssystem, für dessen Betrieb es ein SLA gibt.

SLA: Service Level Agreement

Zudem kann man die unterschiedlichen Standorte abbilden:

- *Hamburg*: für die Systeme in Hamburg
- *Muenchen*: für die Systeme in München

Die Informationen über die Zugehörigkeit zu Kategorien sind in der Datenbank abgelegt: Sie können jederzeit durch OpenNMS oder auch durch einen Datenbankzugriff von außen geändert werden. Änderungen werden sofort berücksichtigt.

Am Anfang dieses Kapitels wurde darauf hingewiesen, dass man bei der Planung von Notifications »von hinten« anfangen sollte: Im Vordergrund steht die Frage, wer wann welche Informationen bekommt! Mit den Filtern im Allgemeinen und den Surveillance Categories im Speziellen hat man nun die Möglichkeit, genau diese Entscheidungen zu treffen.

Nehmen wir an, dass zwei Admin-Teams für die beiden Datacenter in Hamburg und München existieren und dass es in jedem Datacenter Staging und Produktion gibt. Die Entwicklungsserver werden nur überwacht, aber es werden keine Notifications verschickt.

Im wirklichen Leben sollte man sich aber die Frage stellen, ob man seine Entwickler nicht möglichst frühzeitig in die Überwachung einbindet ;-).

Neben dem IT-Team gibt es noch ein *Network Operating Center*, NOC, das 7x24 Stunden verfügbar ist.

Betrachten wir nun noch einmal den bereits erwähnten Notification Path:

1. Warte 5 Minuten
2. Schicke eine XMPP-Nachricht an das IT-Team
3. Warte 5 Minuten
4. Schicke eine E-Mail an das IT-Team
5. Warte 5 Minuten
6. Schicke eine E-Mail an den Mitarbeiter in Rufbereitschaft
7. Warte 5 Minuten
8. Schicke eine SMS an den Mitarbeiter in Rufbereitschaft
9. Warte 10 Minuten
10. Schicke eine SMS an das IT-Team
11. Warte 10 Minuten
12. Öffne ein Ticket in der Alarm-Queue des NOC (löst sofortige SMS an NOC aus)

Mit diesem Pfad stelle ich sicher, dass während der Geschäftszeiten Probleme schnell (5 Minuten) und ohne großen Aufwand (Jabber-Message) an das IT-Team geschickt werden. Außerdem profitiere ich außerhalb der Geschäftszeiten schamlos davon, dass einige der Mitarbeiter auch zu Hause über Jabber erreichbar sind ;-).

Schließlich eskaliere ich so weiter, dass zuerst diejenigen Mitarbeiter Informationen erhalten, die arbeiten – und danach die Rufbereitschaft alarmiert wird. Wenn alles nichts nützt, geht die Information an das NOC.

An dieser Stelle könnte man diskutieren, ob so ein Pfad sinnvoll ist und das NOC nicht viel früher eingebunden werden sollte – das hängt natürlich vom Einzelfall ab. In meinem Beispiel bleibt das NOC die letzte Rettung für Probleme mit Servern.

Da es wie oben angeführt zwei Teams gibt, muss dieser Notification Path zweimal angelegt werden – einmal für die Hamburger, einmal für die Münchner. Das kann man im Webinterface machen, aber gerade wenn der Pfad umfangreicher ist, empfiehlt es sich, die Konfigurationsdatei zur Hand zu nehmen:

In der Datei `$OPENNMS_HOME/etc/destinationPaths.xml` werden die Pfade gespeichert. Nach dem Erstellen des ersten Pfades für das Team in München enthält die Datei die Definition dieses Pfades:

```
<path name="Produktion_Muenchen" initial-delay="5m">
  <target interval="0m">
    <name xmlns="">IT_Muenchen</name>
    <autoNotify xmlns="">on</autoNotify>
    <command xmlns="">xmppMessage</command>
  </target>
  <escalate delay="5m">
    <target interval="0m">
      <name xmlns="">IT_Muenchen</name>
      <autoNotify xmlns="">on</autoNotify>
      <command xmlns="">javaEmail</command>
    </target>
  </escalate>
  <escalate delay="5m">
    <target interval="0m">
      <name xmlns="">IT_Rufbereitschaft_Muenchen_Rolle</name>
      <autoNotify xmlns="">on</autoNotify>
      <command xmlns="">javaEmail</command>
    </target>
  </escalate>
  <escalate delay="5m">
    <target interval="0m">
      <name xmlns="">IT_Rufbereitschaft_Muenchen_Rolle</name>
      <autoNotify xmlns="">on</autoNotify>
      <command xmlns="">numericPage</command>
    </target>
  </escalate>
  <escalate delay="10m">
    <target interval="0m">
      <name xmlns="">IT_Muenchen</name>
      <autoNotify xmlns="">on</autoNotify>
      <command xmlns="">textPage</command>
    </target>
  </escalate>
  <escalate delay="10m">
    <target interval="0m">
      <name xmlns="">NOC</name>
      <autoNotify xmlns="">on</autoNotify>
      <command xmlns="">javaEmail</command>
    </target>
  </escalate>
</path>
```

Anstatt nun im Webinterface jede einzelne Eskalation wieder zu erstellen, kann man den Pfad in der Datei selbst kopieren, wieder einfügen und München durch Hamburg ersetzen:

```
<path name="Produktion_Hamburg" initial-delay="5m">
  <target interval="0m">
    <name xmlns="">IT_Hamburg</name>
    <autoNotify xmlns="">on</autoNotify>
    <command xmlns="">xmppMessage</command>
  </target>
  <escalate delay="5m">
    <target interval="0m">
      <name xmlns="">IT_Hamburg</name>
      <autoNotify xmlns="">on</autoNotify>
      <command xmlns="">javaEmail</command>
    </target>
  </escalate>
  <escalate delay="5m">
    <target interval="0s">
      <name xmlns="">IT_Rufbereitschaft_Hamburg_Rolle</name>
      <autoNotify xmlns="">on</autoNotify>
      <command xmlns="">javaEmail</command>
    </target>
  </escalate>
  <escalate delay="5m">
    <target interval="0s">
      <name xmlns="">IT_Rufbereitschaft_Hamburg_Rolle</name>
      <autoNotify xmlns="">on</autoNotify>
      <command xmlns="">numericPage</command>
    </target>
  </escalate>
  <escalate delay="10m">
    <target interval="0m">
      <name xmlns="">IT_Hamburg</name>
      <autoNotify xmlns="">on</autoNotify>
      <command xmlns="">textPage</command>
    </target>
  </escalate>
  <escalate delay="10m">
    <target interval="0m">
      <name xmlns="">NOC</name>
      <autoNotify xmlns="">on</autoNotify>
      <command xmlns="">javaEmail</command>
    </target>
  </escalate>
</path>
```

Hinweis: Der neue Pfad für das Team in Hamburg ist übrigens ohne Neustart verfügbar.

Zusammengeführt werden die Events und die Pfade im Admin-Menü über *Admin -> Configure Notifications -> Configure Event Notifications*. Dieser Konfigurations-Wizard ist ebenfalls ein historischer Teil von OpenNMS (der dringend einer Überarbeitung bedarf ...). Aus diesem Grund kann immer nur eine Notification zur gleichen Zeit konfiguriert werden. Wer, zu Referenzzwecken, eine bestehende Notification öffnet, wird den Wizard verwirren und wir alle wissen spätestens seit den Geschichten um Harry Potter, was passiert, wenn Zauberer verwirrt sind ...

Für jede Kombination aus Event/Notification Path wird eine eigene Notification benötigt.

Als Filterregel können jetzt die neu eingeführten Kategorien »Hamburg« und »Muenchen« in Verbindung mit der bereits bestehenden »Produktion« genutzt werden.

```
(IPADDR != '0.0.0.0') & (catincHamburg) & (catincProduktion)
```

Mit der Anweisung `catinc` wird die folgende Kategorie als Filterkriterium genutzt. Der oben dargestellte Filter trifft auf alle Systeme zu, die eine IP-Adresse haben und deren Kategorien »Hamburg« und »Produktion« sind.

Als Namen bietet es sich an, den Event kurz zu beschreiben. Ich habe für die hier dargestellte Kombination *NodeLostService_Hamburg_Produktion* ausgewählt.

Der zu benutzende Notification Path wird ebenfalls auf dieser Seite ausgewählt.

In den Betreff der Notification und den Text können die in der WebUI aufgeführten Parameter eingefügt werden.

Wenn der Text der Notification die notwendigen Informationen enthält, kann sie endgültig gespeichert werden. Danach muss sie noch aktiviert (auf »On« gesetzt) werden.

14.3.3 Notifications testen

Nach der Konfiguration tut man meistens gut daran, die Notification und den Notification Path zu testen, bevor man ihn auf die Anwender loslässt. Ob man diese Tests auf einem besonderen System durchführt oder nicht, hängt von der Ressourcenlage ab – in einem trockenen Lehrbuch stünde hier natürlich, dass sämtliche Änderungen zuerst auf einem Integrationsserver durchgeführt werden sollten. Aber bleiben wir praktisch.

Bevor man mit dem Testen beginnt, sollten die betroffenen Dienste in den Debug-Mode gestellt werden: also der Notifd und, wenn mehr Informationen nötig sind, auch der Eventd. Vorsicht auf großen Systemen ist angebracht: Die Daten können sehr umfangreich werden.

Die wirklich einfachste Methode für den Test einer Notification ist, den entsprechenden Dienst für OpenNMS unerreichbar zu machen. Dies erfolgt durch eine Deaktivierung auf dem Zielsystem oder durch die Zugangsverweigerung mithilfe einer Firewall-Regel. Oder man macht den gesamten Server für OpenNMS unerreichbar, wie zum Beispiel durch:

```
# route add -host $zielhost lo
```

Geht es um Thresholds, kann auch der Fehlerfall simuliert werden. Um nur einen herauszugreifen: Ein volles Dateisystem kann man dadurch kontrolliert(!) erzeugen, in dem man mit dem Kommando `dd` eine Datei anlegt. Die Größe der Datei wird dabei so gewählt, dass sie den gesetzten Threshold gerade so überschreitet:

```
# dd if=/dev/zero of=big_file bs=1024 count=65536
65536+0 records in
65536+0 records out
67108864 bytes (67 MB) copied, 0,493254 s, 136 MB/s
\EndExample
\end{small}
```

Das `big_file` ist mit 67 MB natürlich nicht besonders groß, aber man kann auch problemlos größere Files anlegen: der Parameter `counter=1048576` erzeugt eine Datei mit einer Größe von einem Gigabyte.

Nach dem Testen darf auf keinen Fall vergessen werden, die Dämonen wieder aus dem Debug-Modus zu befreien ;-).

14.3.4 Eigene Notification-Kommandos anlegen

Die Zustellung von Notifications an die Empfänger erfolgt über vorgefertigte, eingebaute Kommandos: E-Mails versenden und Jabber-Nachrichten zustellen, kann OpenNMS von alleine.

Wer über die eingebauten Möglichkeiten hinausgehen möchte, kann selbst geschriebene Skripte einbinden. Wie immer sollte man wissen, was man tut, schließlich schafft man sich eine Abhängigkeit: Schreibt man ein Perl-Skript, muss eben nicht nur OpenNMS funktionieren, sondern auch Perl. Und dazu sämtliche Module, die man benutzt. Um das System einfach zu halten, sollte man daher eigene Erweiterungen außerhalb des OpenNMS-Codes auf das wirklich notwendige Minimum beschränken.

Wenn es dann aber notwendig ist, geht man so vor: Die Notification-Kommandos werden in der Datei

`$OPENNMS_HOME/etc/notificationCommands.xml` konfiguriert. Für den Versand von Jabber (XMPP)-Nachrichten sieht das wie folgt aus:

```
<command binary="false">
  <name>xmppMessage</name>
  <execute>org.opennms.netmgt.notifd.XMPPNotificationStrategy
  </execute>
  <comment>class for sending XMPP notifications</comment>
  <argument streamed="false">
    <switch>-xmpp</switch>
  </argument>
  <argument streamed="false">
    <switch>-tm</switch>
  </argument>
</command>
```

Die `XMPPNotificationStrategy` ist Teil von OpenNMS und wird entsprechend »intern« ausgeführt.

`qpage`, ein Programm zur Zustellung von Pager-Nachrichten, kann folgendermaßen eingebunden werden:

```
<command binary="true">
  <name>numericPage</name>
  <execute>/usr/bin/qpage</execute>
  <comment>numeric paging program</comment>
  <argument streamed="false">
    <substitution>-p</substitution>
    <switch>-d</switch>
  </argument>
  <argument streamed="false">
    <switch>-nm</switch>
  </argument>
</command>
```

Anders als bei der Jabber-Nachricht steht hier `binary` auf `true`, das unter `execute` angegebene Programm wird (extern) ausgeführt. Die `switch`-Parameter dienen der Konfiguration des ausgeführten Programms.

Um auszuprobieren, wie ein eigenes Skript sich verhält, testen wir nun ein kleines Programm in Perl:

```
#!/usr/bin/perl
# Lese alle uebergebenen Argumente in die Variable \$args
my $args="@ARGV";
open (dumpfile,">>/tmp/dump");
print dumpfile $args."\n";
close dumpfile;
```

Sämtliche Informationen, die dem Programm übergeben werden, werden in der Datei `/tmp/dump` gesichert.

Dieses Beispiel zeigt das Prinzip – von hier aus kann die Notification in alle möglichen Systeme weitergegeben werden. Die Möglichkeit, solche Shell-Skripte einzubinden, ist eine der wichtigeren Funktionalitäten in OpenNMS, wenn es um die Integration in bestehende Landschaften geht.

14.4 Jabber/XMPP-Konfiguration

Jabber, korrekterweise XMPP (Extensible Messaging and Presence Protocol), ist ein Chat-Protokoll. Eine der einfachsten Methoden für den Erhalt eines Jabber-Accounts ist, sich einen Google-Mail-Account zuzulegen: GoogleTalk, das Chat-Programm von Google, basiert auf XMPP. Neben Google gibt es eine Vielzahl anderer Messaging-Anbieter, die Jabber/XMPP als Transportprotokoll benutzen, zum Beispiel der Jabber-Server des Chaos Computer Clubs (`jabber.ccc.de`). Es gibt aber auch eine Reihe von Open-Source- oder kostenlosen Jabber-Servern, die man im eigenen Netz betreiben kann. Besonders hervorzuheben ist der OpenFire-Server von Igniterealtime (`http://www.igniterealtime.org`). Er zeichnet sich durch einfache Bedienbarkeit, ein ausgezeichnetes Featureset und hohe Zuverlässigkeit aus. Zudem bietet er eine Reihe von Schnittstellen in andere Chat-Netzwerke.

OpenNMS kann Notifications über Jabber/XMPP zustellen. Dazu wird die Jabber-Library von Igniterealtime (Smack) benutzt – in der Kombination OpenNMS/OpenFire sollte es also keine Probleme geben.

Um OpenNMS an ein Jabber-Netz anzuschließen muss zuerst ein Jabber-Account angelegt werden. Diese Daten werden dann in der folgenden Datei eingetragen: `$OPENNMS_HOME/etc/xmpp-cooonfiguration.properties`

```
xmpp.server = jabber.ccc.de
xmpp.port =5222
xmpp.TLSEnabled = false
xmpp.selfSignedCertificateEnabled =  true
xmpp.user    = opennms-user
xmpp.pass    = password
```

In der Datei selbst sind die Parameter auch dokumentiert. Eine typische Fehlerquelle ist der `xmpp.user`: Hier schreibt man wirklich nur den Benutzernamen, ohne den Server. OpenNMS bastelt aus dem Server- und Benutzernamen die notwendigen Login-Informationen.

Obwohl XMPP ein gut definiertes Protokoll ist und man mit Desktop-Clients typischerweise keine Probleme hat, kann es sein, dass die Kommunikation mit OpenNMS in unterschiedlichen Varianten getestet werden muss. Die Beispielkonfiguration mit `jabber.ccc.de` funktioniert stabil.

jabber.ccc.de ist in der Vergangenheit zuverlässig gewesen, die Betreiber nutzen den Server selber und wissen sehr genau, was sie tun ;-).

14.5 JavaMail-Konfiguration

Weitaus häufiger benötigt man allerdings die Möglichkeit, Notifications als E-Mails zu versenden. Die dafür notwendige Konfiguration befindet sich in der Datei `$OPENNMS_HOME/etc/javamail-configuration.properties`:

```
org.opennms.core.utils.fromAddress=opennms@this_opennms.server.
com
org.opennms.core.utils.mailHost=127.0.0.1
org.opennms.core.utils.mailer=smtpsend
org.opennms.core.utils.transport=smtp
org.opennms.core.utils.debug=false
org.opennms.core.utils.smtpport=25
org.opennms.core.utils.smtpssl.enable=false
org.opennms.core.utils.quitwait=true
org.opennms.core.utils.useJMTA=false
```

Die wichtigste Zeile ist die unterste: In dieser Konfiguration habe ich den JMTA ausgeschaltet. JMTA steht für *Java Mail Transport Agent*. Da, wie bereits häufiger angesprochen, der Lieferumfang von OpenNMS alle benötigten Dienste umfasst, ist auch ein kleiner Mailversender dabei. Dieser Mailversender, *Mail Transport Agent*, kann benutzt werden, wenn kein Mailserver zur Verfügung steht.

Wenn allerdings ein Mailserver zur Verfügung steht, sollte dieser auch verwendet werden. Man macht sich zwar von einem weiteren Server abhängig (fällt der Mailserver aus, kommen keine Notifications mehr an), aber klassische Mailserver wie Postfix oder auch Exim sind etwas handlicher zu verwalten und zu debuggen als der JMTA.

Die Konfiguration ist weitestgehend selbsterklärend: `fromAddress` ist die Absenderadresse, die von OpenNMS verwendet wird. Gibt es einen Spamschutz auf dem Mailserver, muss diese Adresse entweder eine richtige Mailadresse sein oder aber auf dem Server freigeschaltet werden.

Der `MailHost` besagt, an welchen Server OpenNMS die Mail liefern soll. In diesem Fall habe ich einen Postfix auf dem OpenNMS-Server, sodass ich `localhost` als Ziel benutze.

15 Acknowledgements

»Ich kümmere mich darum!«. Grenzt man den Aufwand und die Gedanken, die man sich um Alarme macht, einmal auf das Wesentliche ein, dann steht diese Aussage im Mittelpunkt. Etwas läuft nicht so, wie es soll: Der dafür zuständige Mensch soll das wissen und schließlich bestätigen, dass er sich um das Problem kümmert.

In OpenNMS wird dieser Ablauf durch das Bestätigen, auf Englisch *to acknowledge*, von Notifications abgebildet. Tritt ein Fehlerzustand ein, wird eine Notification in ihren Eskalationspfad geschickt. Kommt sie bei mir an und kümmere ich mich darum – und ich *bestätige* die Notification. Damit verhindere ich, dass die Eskalation weitergeht und meine Kollegen vielleicht wegen eines Problems geweckt werden, an dessen Lösung ich bereits arbeite.

Um eine Notification zu »ack'en«, d.h. sie zu bestätigen, kann die WebUI benutzt werden. In der Liste der offenen Notifications wähle ich die entsprechende aus und verhindere damit die weitere Eskalation.

Wenn der Zugriff auf die WebUI von OpenNMS nicht möglich ist, gestaltet sich das schwieriger. In Datacentern ist zwar oft alles voller Rechner, aber nicht immer ist auch ein System vorhanden, mit dem man wirklich im Internet surfen kann (so paradox das klingt ;-)). Oder es ist nur ein Mobiltelefon zur Hand, mit dessen kleinem Bildschirm das Surfen zur OpenNMS-WebUI schmerzvoll bis unmöglich ist. Für solche Fälle steht der *Acknowledgement-Daemon*, kurz *Ackd*, zur Verfügung.

In der einfachsten Variante überwacht Ackd eine Mailbox und analysiert die eingehenden Nachrichten.

Ein Beispiel: Ich erhalte folgende Notification per E-Mail:

```
Subject: Notice #13988: 10.9.0.1 (10.9.0.1) on node
         myHome down.

All services are down on interface 10.9.0.1 (10.9.0.1) on
node eeeblack.  New Outage records have been created and
service level availability  calculations will be impacted
until this outage is resolved.
```

Dann kann ich auf diese Mail antworten: Ackd liest die Antwort und ordnet sie der Notification zu. Welche Stichworte dabei von OpenNMS zu welcher Aktion führen, das steht in der Datei `$OPENNMS_HOME/etc/ackd-configuration.xml`:

```
<ackd-configuration xmlns:this="http://xmlns.opennms.org/xsd/
config/ackd-configuration"
  xmlns:xsi="http://www.w3.org/2001/XMLSchema-instance"
  xsi:schemaLocation="http://xmlns.opennms.org/xsd/config/
  ackd-configuration"
  alarm-sync="true"
  ack-expression="~(?i)^ack$"
  clear-expression="~(?i)^(resolve|clear)$"
  escalate-expression="~(?i)^esc$"
  notifyid-match-expression="~(?i).*Re:.*Notice #([0-9]+).*"
  alarmid-match-expression="~(?i).*alarmid:([0-9]+).*"
  unack-expression="~(?i)^unack$" >
```

Die wichtigste Einstellung ist die `notifyid-match-expression`. Mithilfe der dort gesetzten Regex (Regular Expression) versucht OpenNMS beim Lesen der Mail herauszufinden, auf welche Notification sich die Nachricht bezieht. Schreibt das Mailprogramm also statt »`Re:`« für Reply an den Anfang des Betreffs lieber »`Antw:`« für Antwort, so wird OpenNMS die Notification nicht identifizieren können. In dem Fall muss die Regex so angepasst werden, dass alle möglichen Fälle abgedeckt werden. Um also auch deutschsprachige Mitarbeiter in die Segnung der Bestätigung per Mail einzubeziehen, müsste die Regex etwa so aussehen:

```
"~(?i).*(Re|Antw):.*Notice #([0-9]+).*"
```

Die anderen Ausdrücke dienen OpenNMS dazu, die gewünschte Aktion zu identifizieren. Ein `ack` bestätigt, ein `clear` hebt auf (weil das Problem behoben ist) und ein `escalate` eskaliert. Ackd funktioniert auch für Alarme, wenn eine Alarm-ID gefunden wird. Schließlich kann man nach erfolglosem Versuch, das Problem zu lösen, auch ein *Unack* schicken: Dann läuft die Eskalation weiter.

Nach dieser funktionalen Konfiguration muss dem Ackd noch erklärt werden, welche E-Mail-Funktionen er benutzen soll:

```
    <readers>
      <reader enabled="true" reader-name="JavaMailReader">
        <reader-schedule interval="60" unit="s"/>
        <parameter key="readmail-config" value="google" />
      </reader>
    </readers>
  </ackd-configuration>
```

In diesem Fall wird der Ackd angewiesen, sich das Profil `google` zu eigen zu machen, um Mails zu lesen. Nicht vergessen sollte man, `enabled` auf `true` zu setzen, sonst liest Ackd nämlich seine E-Mails nicht – während bei den meisten Menschen das Antworten auf Mails zu oft stattfindet, ist der Ackd von Haus aus eher ruhig ;).

Wie E-Mails gelesen und gesendet werden sollen, steht dann in der Datei `$OPENNMS_HOME/etc/javamail-configuration.xml`. Momentan werden die Informationen zum Versand von Notifications noch aus den (alten) `javamail-configuration.properties` geholt. Diese Datei wird aber im Laufe der nächsten Versionen verschwinden und durch die XML-Variante ersetzt werden.

Es können sowohl für den Versand als auch für den Empfang mehrere Profile angelegt werden. Hier sind die Konfigurationsbeispiele für die Nutzung von Google:

```
<sendmail-config name="google" attempt-interval="3000" use-
      authentication="true" use-jmta="true" debug="true" >
  <sendmail-host host="smtp.gmail.com" port="465"/>
  <sendmail-protocol char-set="us-ascii" mailer="smtpsend"
             message-content-type="text/plain" message-
             encoding="7-bit"
             quit-wait="true" ssl-enable="true"
             start-tls="false"
             transport="smtps"/>
  <sendmail-message to="test.user@my.doma.in"
                    from="opennms@gmail.com"
                    subject="OpenNMS Test Message"
                    body="This is an OpenNMS test message."
   />
  <user-auth user-name="opennms" password="geheim" />
</sendmail-config>
```

```
<readmail-config name="google" attempt-interval="1000"
          delete-all-mail="true" mail-folder="INBOX" debug=
          "true" >
   <readmail-host host="imap.gmail.com" port="993">
        <readmail-protocol ssl-enable="true"
         start-tls="true" transport="imaps"/>
   </readmail-host>
   <user-auth user-name="opennms" password="geheim" />
</readmail-config>
```

Über seine Tätigkeit berichtet der Ackd in seinem eigenen Logfile (`ackd.log`). Im Logfile sieht die Arbeit von Ackd dann so aus:

```
2010-01-22 09:21:31,077 INFO  [pool-7-thread-1] Ackd: run:
Processing mail acknowledgments (opposed to femail acks ;)...
2010-01-22 09:21:31,078 DEBUG [pool-7-thread-1] Ackd: findAnd
ProcessAcks: checking for acknowledgments...
2010-01-22 09:21:31,078 DEBUG [pool-7-thread-1] Ackd: retriev
eAckMessages: Retrieving messages...
2010-01-22 09:21:31,078 DEBUG [pool-7-thread-1] Ackd: retriev
eAckMessages: creating JavaReadMailer with config: host: imap
.gmail.com port: 993 ssl: true transport: imaps user: opennms
 password: xxx
```

Ackd versucht hier, von einem Mail-Account Nachrichten abzuholen. Im nächsten Schritt wird nach Nachrichten gesucht, deren Subject den oben bestimmten regulären Ausdruck verwendet:

```
2010-01-22 09:21:37,295 INFO  [pool-7-thread-1] Ackd: retriev
eAckMessages: Iterating 1 messages with notif expression: (?i
).*Re:.*Notice #([0-9]+).* and alarm expression: (?i).*alarmi
d:([0-9]+).*
2010-01-22 09:21:37,396 DEBUG [pool-7-thread-1] Ackd: retriev
eAckMessages: comparing the subject: Re: Notice #13988: 10.9.
0.1 (10.9.0.1) on node eeeblack down.
```

Eine als Bestätigung geschickte Nachricht wurde gefunden:

```
2010-01-22 09:21:37,398 DEBUG [pool-7-thread-1] Ackd: createA
cks: detecting acks in message: Re: Notice #13988: 10.9.0.1 (
10.9.0.1) on node eeeblack down.
2010-01-22 09:21:37,398 DEBUG [pool-7-thread-1] Ackd: detectI
d: Detecting aknowledgable ID from subject: Re: Notice #13988
: 10.9.0.1 (10.9.0.1) on node eeeblack down. using expression
: ~(?i).*Re:.*Notice #([0-9]+).*
2010-01-22 09:21:37,398 DEBUG [pool-7-thread-1] Ackd: detectI
d: found acknowledgable ID: 13988
..
2010-01-22 09:21:38,368 DEBUG [pool-7-thread-1] Ackd: findAnd
ProcessAcks: Found 1 acks.  Processing...
2010-01-22 09:21:38,370 INFO  [pool-7-thread-1] Ackd: process
```

```
Acks: Processing 1 acknowledgements...
2010-01-22 09:21:38,614 DEBUG [pool-7-thread-1] Ackd: findAnd
ProcessAcks: acks processed.
2010-01-22 09:21:38,614 DEBUG [pool-7-thread-1] Ackd: findAnd
ProcessAcks: completed checking for and processing acknowledg
ments.
2010-01-22 09:21:38,614 INFO  [pool-7-thread-1] Ackd: run: Fi
nished processing mail acknowledgments.
2010-01-22 09:21:38,614 DEBUG [pool-7-thread-1] Ackd: run: me
thod completed.
```

Anschließend wurde im Text der Nachricht nach dem `ack` gesucht und die Notification bestätigt. (Aus dem Log sind hier einige Zeilen entfernt, um den Text im Buch nicht zu lange werden zu lassen.)

Im Produktivbetrieb sollte aus Sicherheitsgründen das Debugging ausgeschaltet werden – Passwörter in Logfiles herumliegen zu lassen ist keine gute Idee.

In OpenNMS wird übrigens die Bestätigung einer Notification in der Notification selber vermerkt. Dort ist dann die Mailadresse des Senders der Bestätigung zu sehen.

16 *Graphing*: Messwerte und ihre Darstellung

Es gibt Momente, da schlägt einem die geballte Macht der Geschichte entgegen. Meist ist das so, wenn man ein sehr altes, sehr ehrwürdiges Gebäude betritt: Der leicht muffige Geruch alter Dokumente mischt mit den Ausdünstungen der dort arbeitenden Menschen. Diese Orte sind ruhig, abgeschirmt, die Luft ist trocken und kühl, um die kostbaren Dokumente oder Ausstellungsstücke nicht zu gefährden. Alles hat seinen Platz und jede Abweichung von der Ordnung wird vom scheinbar mit dem Ort eins gewordenen Personal streng durch missfallende Blicke und ruhige Worte der Ermahnung geahndet.

So ungefähr sollte man sich fühlen, wenn man die sagenumwobene Datei `response-graph.properties` oder `snmp-graph.properties` mit dem Editor öffnet ...

Vieles an OpenNMS wurde in den letzten Jahren erneuert, überarbeitet und in seiner Logik an eine moderne Applikation angepasst – bis auf diese Dateien. Sie sind vielleicht die letzten Überlebenden ihrer Art, Zeugnis einer (völlig zu recht?) untergegangenen Kultur des Aneinanderflanschens von Applikationen über die Kommandozeile.

Round Robin Database Tool
RRDtool: oss.oetiker.ch/rrdtool/
JRobin: www.jrobin.org

Früher wurde Tobi Oetikers RRDtool über einen `system()`-Call aufgerufen. Dieser Ansatz wurde in der Zwischenzeit durch JRobin ersetzt. Die Parameter für diesen Aufruf finden sich in den beiden oben genannten Dateien. Der Aufbau der Dateien ist identisch.

Im Kopf der Datei werden die Parameter für die Ausführung des RRDtools gesetzt. Obwohl OpenNMS mittlerweile JRobin benutzt, werden diese Parameter benötigt. Das liegt daran, dass JRobin als »Ersatz für das RRDtool in Java« gedacht war und sich entsprechend eng an das Original anlehnt. Umgekehrt bedeutet das auch, dass die Beispiele auf den Seiten des RRDtools fast komplett übernommen werden können. Einschränkungen gibt es vor allem bei neuen Features, die in JRobin noch nicht umgesetzt wurden.

Wer sich die beiden Dateien im Verzeichnis `$OPENNMS_HOME/etc` anschaut, findet nach den grundlegenden Konfigurationen eine Liste mit den Reports, die »Prefab«, also bereits vorgefertigt sind. »Vorgefertigt« bedeutet allerdings entgegen dem Wortlaut nicht, dass OpenNMS diese Reports periodisch generieren würde, denn: Sämtliche Graphen werden ad hoc erstellt, es gibt kein Caching irgendeiner Art.

Wenn ein Report in der Zeile(!) `reports=` aufgenommen wird, wird er lediglich automatisch erstellt, wenn man über die WebUI die Statistiken eines Systems abruft. Fügt man den Report dort nicht ein, kann man ihn sich zum Beispiel über die KSC-Reports anschauen, nicht aber über die Webseiten, die mit dem Node zusammenhängen – wer also einen eigenen Graphen bastelt und ihn stets sehen will, fügt ihn dieser Liste hinzu.

Die Graphen werden auch nur dann angezeigt, wenn auch Daten verfügbar sind. Die WebUI durchforstet die Speicherorte für die Performance- und SNMP-Daten und erzeugt die »Prefab«-Reports (=Graphen) dann, wenn es ein RRD- oder JRobin-File gibt. Wenn keine Datei vorhanden ist, wird nichts angezeigt, es gibt auch keine Fehlermeldung.

Der Vorteil dieses Vorgehens ist, dass die WebUI nichts über den Node selber wissen muss. Der Nachteil ist, dass man aufgrund der fehlenden Fehlermeldung nicht merkt, wenn keine Daten für einen Graphen vorliegen, den man eigentlich hätte sehen wollen.

16.1 General Report Settings

Die Konfigurationsdateien bestehen aus zwei Bereichen. Begonnen wird mit dem folgenden Bereich:

```
###############################################################
## G E N E R A L   R E P O R T I N G   S E T T I N G S
###############################################################

command.prefix=/usr/bin/rrdtool graph - --imgformat PNG  \
--font DEFAULT:7  --font TITLE:10 --start {startTime}    \
--end {endTime}

#the command used to get the RRD info
info.command=/usr/bin/rrdtool info

#The default graph for KSC node and domain reports
default.report=mib2.HCbits
```

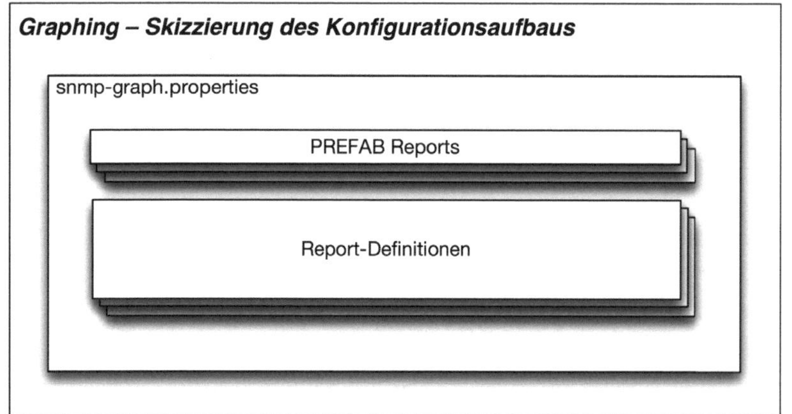

Abbildung 16.1
Aufbau der snmp-graph.properties

```
#the output type of the image, should correspond to the type we
#specified in the command.prefix variable
output.mime=image/png
```

Diese *General Reporting Settings* haben nach der weitgehenden Umstellung auf JRobin nur noch wenig Bedeutung.
Den »Default«-Report kann man ändern:

```
default.report=mib2.HCbits
```

Hier hingegen ist Vorsicht geboten:

```
output.mime=image/png
```

Der hier eingestellte Mime-Type muss mit der Gesamtkonfiguration übereinstimmen, und wenn es keine dringenden betrieblichen Gründe für eine Änderung gibt, hat man in den General Settings also nichts mehr zu tun.

16.2 Prefab Reports

Im Anschluss an die General Settings geht es auch gleich ins Detail mit den

```
## P R E F A B   R E P O R T S
```

Dieser Abschnitt beschreibt die »Standard«-Graphen, die im Webinterface angezeigt werden. Entgegen dem Wortlaut geht es um Graphen – und nicht um Reports. Darüber lässt sich natürlich diskutieren, schließlich sind Graphen auch eine Art Report. Der Begriff Report wird aber – später in der Genese des Systems – anders benutzt. Daher wird von nun an von Graphen gesprochen (auch wenn in der Konfiguration von Reports die Rede ist). Alles klar?

Damit ein Graph (;-)) angezeigt wird, muss er in die folgende Zeile aufgenommen werden:

```
reports=mib2.HCbits, mib2.bits, mib2.percentdiscards, \
mib2.percenterrors, mib2.discards, mib2.errors, mib2.packets, \
```

Diese Liste kann man sich wie eine Vokabelliste vorstellen. Nur die hier genannten Reports sind bekannt. Unter der weiteren Voraussetzung, dass es auch Daten für den Report gibt, wird ein Graph angezeigt. Angesichts der epischen Länge der Liste kann man feststellen, dass OpenNMS die Sprache der Netzwerküberwachung schon ganz gut spricht ;-).
Die JRB- (oder RRD-)-Datei für den Report wird hingegen völlig unabhängig von der Definition eines Graphen angelegt und mit Daten gefüllt. Es ist also nicht unmöglich, dass man nach dem Hinzufügen eigener *Collections* Daten hat, für die noch kein Report vorhanden ist. Man sieht sie dann eben (noch) nicht.

Collections: Datensammlungen

Tipp: Zum besseren Management der Konfiguration bei einem Update: Alle selbst erstellten Reports werden auf einer oder zwei eigenen Zeilen angefügt, zum Beispiel am Ende der »reports«-Definition.

Hervorzuheben ist weiter der Backslash (\) am Ende der Zeile. Die Älteren unter uns kennen das noch von Shell-Kommandos, die länger als eine Eingabezeile sind. Mit dem Backslash wird der Zeilenumbruch »escaped«, also nicht als Ende der Eingabe(zeile) interpretiert.

Dank XML ist das »Escapen« in OpenNMS recht selten, es gibt aber Bereiche, in denen man nicht vergessen darf, sich des Backslash zu bedienen, wie zum Beispiel im nächsten Abschnitt.

Danke an Herrn Rainer Koch für dieses wunderbare Zitat. Er wird sich als Verwaltungswissenschaftler fragen, was er in einem Buch über Netzwerkmanagement macht. Sagen wir: Die Systemtheorie ist schuld. Alles weitere sprengte den Rahmen einer Fußnote.

16.2.1 Konfiguration des Graphen

Nun aber ist der Moment des Eintauchens in die Prähistorie gekommen: Bereiten wir uns also darauf vor, dass der Elephant Wasser lässt und sich die Erkenntnis über uns ergießt:

```
report.netsnmp.hrNumUsers.name=Number of Users (Net-SNMP)
report.netsnmp.hrNumUsers.columns=hrSystemNumUsers
report.netsnmp.hrNumUsers.type=nodeSnmp
report.netsnmp.hrNumUsers.command=--title="Number of Users" \
 --vertical-label Users \
 DEF:hrSystemNumUsers={rrd1}:hrSystemNumUsers:AVERAGE \
 DEF:minHrSystemNumUsers={rrd1}:hrSystemNumUsers:MIN \
```

```
DEF:maxHrSystemNumUsers={rrd1}:hrSystemNumUsers:MAX \
LINE2:hrSystemNumUsers#0000ff:"Number of Users" \
GPRINT:hrSystemNumUsers:AVERAGE:" Avg  \\: %8.2lf %s" \
GPRINT:hrSystemNumUsers:MIN:"Min   \\: %8.2lf %s" \
GPRINT:hrSystemNumUsers:MAX:"Max   \\: %8.2lf %s\\n"
```

Tipp: Wenn man eigene Graphen erstellt, bietet sich das Kopieren an. Aber Vorsicht: Die Namen und Referenzen müssen sorgfältig überall geändert werden.

Dieses Beispiel ist die einfachste (sinnvolle) Ausprägung der Konfiguration eines Graphen des Namens `netsnmp.hrNumUsers` in OpenNMS und wird anhand der Attribute `name`, `columns`, `type` und `command` definiert.

Name des Graphen: `name`

`report.netsnamp.hrNumUsers.name=Number of Users (Net-SNMP)` setzt den Namen des Graphen auf »Number of Users (Net-SNMP)«. Dieser Name taucht dann in der WebUI wieder auf, um den Graphen zu identifizieren. Im Graphen selber wird er nicht angezeigt.

RRD-Quellen des Graphen: `columns`

`report.netsnmp.hrNumUsers.columns=hrSystemNumUsers` bestimmt, woher JRobin bzw. RRDtool die Daten für den Graphen beziehen. Steht hier beispielsweise der Wert `hrSystemNumUsers`, so benötigt JRobin eine Datei namens `hrSystemNumUsers.jrb`, während RRDtool analog die Datei `hrSystemNumUsers.rrd` erwartet.

Die Reihenfolge dieser Quelldateien ist wichtig und wird später referenziert: Die erste angegebene Quelle ist `rrd1`, die zweite `rrd2` und so weiter. Datenquellen, die in einem Graphen gemeinsam angezeigt werden sollen, müssen im selben physischen Verzeichnis verfügbar sein. Das bedeutet, dass sie vom selben Typ sein müssen.

Tipp: Im Zweifelsfall sollten Sie auf der Konsole in das entsprechende Verzeichnis navigieren und nachschauen, ob die Dateien vorhanden sind – auch bei Problemen mit Graphen lohnt sich ein Blick ins Dateisystem.

Trotz der etwas kruden Konfiguration zeigt sich schon hier, dass das Werkzeug extrem flexibel ist: Jede vorhandene Datenquelle kann eingebunden werden, um einen Graphen zu erstellen, der mehrere Werte gemeinsam anzeigt (zum Beispiel die Anzahl User und die Systemlast).

Lokalisierung im System: `type`

`report.netsnmp.hrNumUsers.type=nodeSnmp` bestimmt, wie OpenNMS die Daten für die Graphen im System findet. Wer in das Verzeichnis `$OPENNMS_HOME/share/rrd` schaut, sieht zwei grundlegende Unterscheidungen, denn es gibt Unterverzeichnisse namens `response` und `snmp`:

- Graphen, die auf Daten aus dem `response`-Verzeichnis zugreifen sollen, benutzen den Typ `responseTime`. Ursprung der Daten sind die *Poller*, die zum Beispiel testen, ob der HTTP-Service auf einem Interface angesprochen werden kann. Die Antwortzeit (*response time*) wird in dieser Verzeichnisstruktur abgelegt.
- Alle anderen Typen beziehen sich auf Werte, die in der `snmp`-Hierarchie abgelegt sind.

Die Tatsache, dass SNMP mehr als eine Dimension hat, ist nur einer auserwählten Minderheit an Menschen bekannt.

An dieser Stelle wird der Einfachheit halber ein kleiner Abstecher zu SNMP gemacht, denn eine Besonderheit an SNMP ist die Art und Weise, wie die Daten über Ressourcen herausgegeben werden, die in einem System mehrfach vorhanden sind. Klingt das zu kompliziert? Anhand eines Beispiels lässt sich das wohl einfacher verdeutlichen: Angenommen, ein System hat drei Festplattenpartitionen. Dann stellt sich die Frage: *»Wie transportiere ich die Information über die Menge des belegten Platzes pro Partition?«*

SNMP benutzt hierzu Tabellen und Indextabellen: In der Indextabelle wird beschrieben, welche Ressource zu welchem Index gehört. In diesem Beispiel ist »Partition 1« Index 1, »Partition 2« ist Index 2 usw.

Im nächsten Schritt wird für die Parameter angegeben, auf welchen Index sie sich beziehen: Festplattennutzung.Index1, Festplattennutzung.Index2 usw.

Damit die Daten von OpenNMS nun sinnvoll dargestellt werden können, muss das System verstehen, dass es sich bei der Datenquelle um eine indizierte Quelle handelt. Hierzu stehen die **Index*-Typen zur Verfügung. Für Festplatten (Disks) wird beispielsweise `dskIndex` genutzt:

- `report.netsnmp.disk.type=dskIndex`

Diese Indextypen sind in OpenNMS programmiert und entsprechend bedeutet das Hinzufügen neuer Typen auch, zu programmieren, wie die Daten aufgerufen werden sollen (was natürlich keine unmöglich Sache ist!).

Wesentlich häufiger als die Indizes werden aber `nodeSnmp` und `interfaceSnmp` genutzt:

- `nodeSnmp` wird für alle Informationen genutzt, die auf »Node«-Ebene verfügbar sind (also zum Beispiel die Anzahl der angemeldeten Benutzer),
- `interfaceSnmp` für die Daten, die pro Interface bereitgestellt werden.

Zur Wiederholung: Der `type` bestimmt, woher OpenNMS im Dateisystem die Daten für die Erstellung des Graphen holt.

Definition des RRD-Kommandos: command

Nachdem die grundlegenden Informationen vorhanden sind, kommt die eigentliche Konfiguration des Graphen:

```
report.netsnmp.hrNumUsers.command=--title="Number of Users" \
 --vertical-label Users \
 DEF:hrSystemNumUsers={rrd1}:hrSystemNumUsers:AVERAGE \
 DEF:minHrSystemNumUsers={rrd1}:hrSystemNumUsers:MIN \
 DEF:maxHrSystemNumUsers={rrd1}:hrSystemNumUsers:MAX \
 LINE2:hrSystemNumUsers#0000ff:"Number of Users" \
 GPRINT:hrSystemNumUsers:AVERAGE:" Avg  \\: %8.2lf %s" \
 GPRINT:hrSystemNumUsers:MIN:"Min  \\: %8.2lf %s" \
 GPRINT:hrSystemNumUsers:MAX:"Max  \\: %8.2lf %s\\n"
```

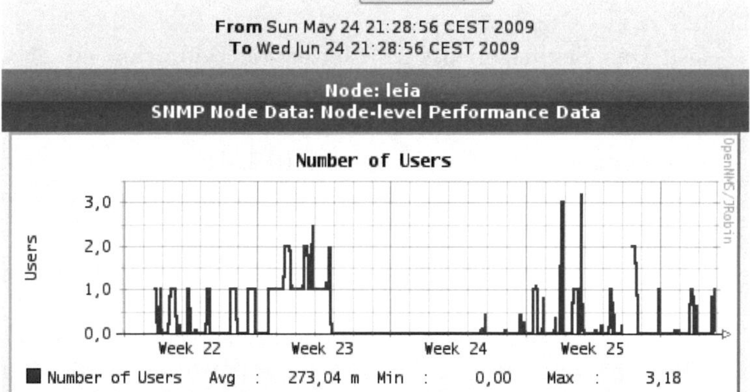

Abbildung 16.2 *Das Ergebnis der Definition des Graphen »Number of Users«*

Wenn man sich diesen Block anschaut, kann man ziemlich schnell den Mut verlieren – mir ging es jedenfalls am Anfang so und ich habe bestimmt ein oder zwei Jahre benötigt, bis ich mich an die Veränderung von Graphen herangetraut habe.

Die Variable `command` enthält den eigentlichen Aufruf des RRD-Tools oder eben die Parameter, die an JRobin übergeben werden.

Tipp: JRobin ist eine Übersetzung des RRD-Tools in Java. Neben der Dokumentation von JRobin (www.jrobin.org) kann auch die Dokumentation des RRDtools herangezogen werden. Gerade die Beispiele in der Dokumentation von Tobi Oetiker sind sehr hilfreich, wenn man eigene Graphen designen möchte. Da die Übersetzung vor einiger Zeit geschah, sind möglicherweise nicht alle Funktionen des RRDtools in JRobin verfügbar. Man kommt ums Ausprobieren nicht herum.

Im Einzelnen handelt es sich dabei um folgende Parameter:

- `-title`: Die Kopfzeile des Graphen kann einen Titel enthalten, der hier angegeben werden kann. Wenn Leerzeichen im Titel sind, muss er in Anführungszeichen gesetzt werden (wir befinden uns auf der Konsole!).
- `-vertical-label`: Die vertikale Beschriftung des Graphen: Bei einem Graphen, der die Anzahl der Benutzer anzeigt, ist das die Anzahl der Benutzer.

Nach den Beschriftungen folgen die Definitionen der Datenquellen. Die Definitionen sind starr nach diesem Schema aufgebaut:

- `DEF:ErsteRRDVariable=rrd1:hrSystemNumUsers:AVERAGE` Das Schlüsselwort `DEF` leitet die Definition ein. Nach dem ersten Doppelpunkt wird eine Variable definiert: `ErsteRRDVariable`. Dieser Variablen wird eine RRD-Datei zugeordnet. Hier die erste RRD-Datei, `rrd1`. Welche Datei das ist, wurde bereits durch die Definition von `report.netsnmp.hrNumUsers.columns=hrSystemNumUsers` bestimmt. In `columns` wurde als erste (und einzige) Datenquelle `hrSystemNumUsers` bestimmt. Gibt man in `columns` mehrere Datenquellen an, könnte man – siehe oben – darauf mit `rrd2`, `rrd3` usw. entsprechend zugreifen.

Um den Anfänger zu verwirren und ein Verständnis der RRD-Syntax möglichst schwierig zu gestalten, wird nach dem nächsten

Doppelpunkt noch einmal `hrSystemNumUsers` definiert. Dieser Wert bezieht sich aber auf den Variablennamen in der RRD-Datei selbst.

Der Grund für diese Definition ist, dass eine RRD-Datei tatsächlich mehrere Variablen enthalten kann. Wenn also zwei Zeitreihen (*Time series data*) in einer RRD-Datei gespeichert werden, gibt man den beiden unterschiedliche Variablennamen in der Datei. Natürlich ist das sinnvoll und bietet viel Flexibilität, es ist aber auch ziemlich verwirrend und eine wunderbare Möglichkeit, schwer zu findende Fehler zu machen.

Zur Verdeutlichung nocheinmal in Prosa:

```
DEF:ErsteRRDVariable={ReferenzAufRRDDatenquelle}:VariableIn
Datenquelle:AVERAGE
```

Tipp: Man kann den Variablennamen in einer RRD-Datenquelle später nicht mehr ohne größeren Aufwand ändern. Gerade wenn man eigene RRDs erstellt (zum Beispiel weil man eigene SNMP-Datacollections einsetzt), sollte man sich und dem nächsten Administrator den Gefallen tun, am geeigneten Ort die Variablennamen zu dokumentieren. Es ist zwar möglich, sich RRDs anzuschauen, kostet aber mehr Zeit, als wenn in der Konfiguration der Datacollection ein Kommentar steht.

Nachdem die Variable `ErsteRRDVariable`, oder `hrSystemNumUsers`, mit einer Datenquelle versehen wurde, kommt nach dem letzten Doppelpunkt das eigentliche Kommando für RRD: `AVERAGE`. Dadurch wird das System angewiesen, den Durchschnittswert zu verwenden. An dieser Stelle wissen JRobin

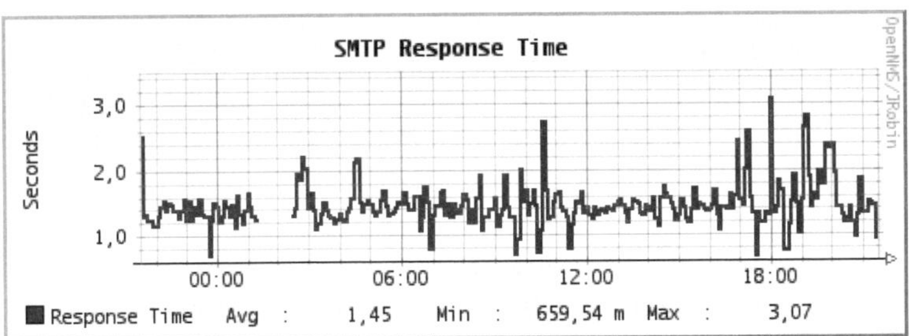

Abbildung 16.3
Linie (2 Punkt)

und RRDtool, *welche* Werte dargestellt werden sollen. Die Frage, *wie* die Werte dargestellt werden, ist noch nicht beantwortet. Dazu dient die nächste Zeile:

```
LINE2:hrSystemNumUsers#0000ff:"Number of Users" \
```

LINE2 ist eine mögliche Variante der Darstellung, eben eine Linie. Weitere Darstellungsmöglichkeiten sind zum Beispiel AREA und STACK. AREA sorgt dafür, dass die Fläche unter der Linie gefüllt wird, STACK stapelt im Graphen die Werte übereinander (ausprobieren!).
Die 2 im Namen (LINE2) gibt dabei die Stärke der Linie in Punkten an (siehe Abb. 16.3).

Die Fläche (Area) überschreibt dabei alles, was vorher »gemalt« wurde (siehe Abb. 16.4). Anschließend wird die oben de-

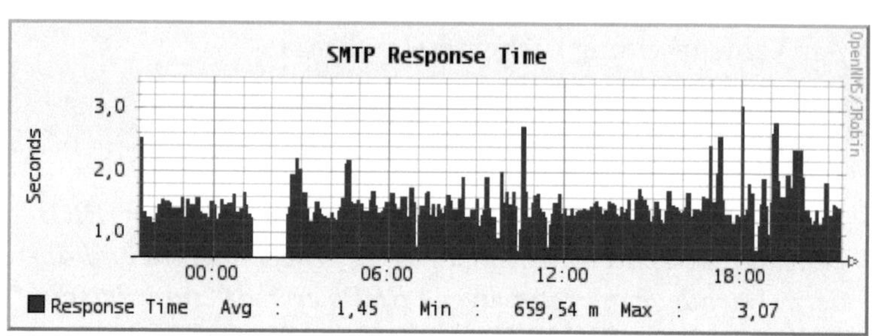

Abbildung 16.4
Area (Fläche)

finierte Variable aufgerufen, `ErsteRRDVariable`, hier im Beispiel `hrSystemNumUsers`. Danach wird der RGB-Farbcode der Linie festgelegt. Damit die Konfiguration sich dem Anfänger nicht zu leicht erschließt, verzichtet RRD hier ausnahmsweise auf den Doppelpunkt als Trennung, der Farbcode wird einfach an die Variable angefügt.

XML? XML is too much XML, ich wünsche mir wirklich keine Konfigurationsdateien als XML. Aber für die Definition von Graphen wäre eine XML-basierte Konfiguration wirklich einfacher.

Im nächsten Schritt bekommt die Linie noch einen Text zugeordnet, hier `Number of Users`.

Wer bis hierhin gekommen ist, darf sich noch der Legende des Graphen widmen.

```
GPRINT:hrSystemNumUsers:AVERAGE:" Avg  \\: %8.2lf %s" \
```

Die `GPRINT`-Anweisungen werden sequenziell abgearbeitet. Wieder wird eine für den Graphen definierte Variable (`ErsteRRDVariable`) aufgerufen, dann eine RRD-Anweisung gegeben und anschließend analog zu `printf()` die Ausgabe angesteuert.

So weit war die Konfiguration nur kompliziert und umständlich – aber noch nicht wirklich spannend. Das Element der Spannung, gepaart mit Kreativität, wird durch die Möglichkeit der Berechnung von Werten in RRD selbst eingeführt.

Auf den Webseiten des RRD-Tools ist die Logik der Berechnung von Werten erklärt, ein Mathematiker wird sie leicht verstehen. Für alle anderen geht es nun Schritt für Schritt am Beispiel weiter.

Als Erstes wird dem RRDtool über den Befehl `CDEF` mitgeteilt, dass man eine neue Variable definieren möchte:

```
CDEF:rawbitsOut=octOut,8,*
```

Danach kommt ein Doppelpunkt und anschließend der Name der neuen Variablen, `rawbitsOut`, nach dem Gleichheitszeichen reicht der Mathe-Grundkurs nicht mehr aus ;-)footnoteRRDtool verwendet die »Umgekehrte Polnische Notation (UPN)« [51], auch Postfix-Notation genannt. Im Klartext geschrieben steht dort: Multipliziere den Wert von `octOut` mit 8. Mitgeteilt wird das dem RRDtool aber in der Form »nimm den Wert von `octOut`, nimm 8, multipliziere beide miteinander«. Da `octOut` Bytewerte angibt, erhält man dann die Anzahl der Bits. Ein anderes hilfreiches Beispiel:

RRDtool hat einen starken akademischen »Touch« und ist ein schöner Beweis dafür, dass eine akademische Lösung eines Problems einfache Dinge auf außergewöhnliche Art und Weise verkomplizieren kann, und zwar über alle Disziplinen hinweg. BWL-Professoren schaffen es ohne Probleme, Botschaften wie »gebe weniger Geld aus als Du einnimmst und Deiner Firma geht es gut« auf Jahre zu strecken.

```
CDEF:pktsOutNeg=0,pktsOut,-
```

Hier wird der Wert `pktsOut` negiert, indem der (positive) Wert von 0 substrahiert wird. Das ist dann nützlich, wenn man beispielsweise die eingehenden Pakete positiv und die ausgehenden negativ darstellen möchte. Sinnvoll ist so eine Darstellung vor allem bei der Überwachung von Ein/Ausgabewerten, die in einem bestimmten Verhältnis zueinander stehen sollen. Bei einem Webserver sollte die Anzahl der ausgehenden Pakete (Content) deutlich höher sein als die Anzahl der hereinkommenden (Anfragen). Auf einer Internetverbindung, die im Wesentlichen für *Voice over IP* (VoIP) genutzt wird, sollten beide Werte annähernd gleich sein. Durch die negative Darstellung eines der beiden Werte lässt sich schnell visuell kontrollieren, ob die Nutzung wie erwartet ist oder ob eine tiefer gehende Analyse notwendig ist.

Man könnte aber auch einen Quotienten, das Verhältnis, zwischen ein- und ausgehenden Paketen errechnen und darstellen:

```
CDEF:MeinQuotient=pktsIn,pktsOut,/
```

Möchte man den Graphen mit größeren Ausschlägen sehen, multiplizert man das Ergebnis noch mit 100:

```
CDEF:MeinQuotient=pktsIn,pktsOut,/,100,*
```

Wer noch tiefer in die Materie einsteigen möchte, sollte sich auf jeden Fall die Dokumentation auf den Webseiten des RRDtools durchlesen – und sich vielleicht näher mit der umgekehrten polnischen Notation [51] beschäftigen ;-). So schmerzhaft die Konfiguration und Benutzung des Tools auch ist – man kann mit etwas Sorgfalt wirklich aussagekräftige Graphen erzeugen, die bei der

Überwachung von Systemen ein weitaus höheres Abstraktionsniveau als das alleinige Betrachten der Schwellwerte erreichen.

Noch eine Abstraktionsebene höher springt man, wenn Werte mehrerer Datenquellen miteinander kombiniert und dargestellt werden.

Angenommen ein Cluster mehrerer Rechner soll überwacht werden. Ein Loadbalancer sorgt normalerweise für eine gerechte Verteilung der Aufgaben. Wie kann das kontrolliert und sichtbar gemacht werden? Angenommen der entscheidende Wert ist die CPU-Last, dann wäre es doch hilfreich, die CPU-Lastkurven aller Systeme im Cluster in einem einzigen Graphen zu sehen?

Mit ein wenig Handarbeit ist das ohne Probleme möglich.

In einem ersten Schritt legt man sich über die Weboberfläche mittels des manuellen Provisionings einen Reporting-Node an. Dieser Node benötigt keine Interfaces und Services, er muss lediglich existieren. Der Vorteil dieses virtuellen Nodes liegt darin, dass er nicht ausfallen kann, nie ersetzt wird und auch niemals eine neue IP-Adresse bekommt. Wählt man für die Aggregation der Daten einen wirklich existierenden Node, ist man auch an dieses System gebunden. Da die Lebensdauer von Systemen aber nicht unendlich ist, baut man sich so leicht selber eine Falle.

Im nächsten Schritt schreibt man sich die Node-ID des virtuellen Nodes auf. OpenNMS legt die RRD-Dateien im Dateisystem in der Logik `$OPENNMS_HOME/share/rrd/snmp/Node-ID` ab.

Damit ist der Zielknoten definiert, in dem die Daten aggregiert werden sollen – und wo die Daten liegen müssen. Wie bekommt man nun die Daten an die richtige Stelle?

Die einfachste Lösung ist die Benutzung von symbolischen Links. Beim Erzeugen der Links im Zielverzeichnis muss der Dateiname angepasst werden. Zur Übersichtlichkeit bietet es sich an, die Node-ID in den Dateinamen aufzunehmen:

```
ln -s /usr/share/opennms/share/rrd/snmp/SourceNodeID/hrSystem
NumUsers.jrb /usr/share/rrd/NodeID/SourceNodeID_hrSystemNumUs
ers.jrb
```

Über das Webinterface findet man also zuerst die Node-IDs der Nodes, die man aggregieren möchte, heraus, anschließend werden die symbolischen Links gesetzt.

Jetzt sind aus Sicht von OpenNMS die verlinkten Datenquellen für den neuen, virtuellen Node verfügbar.

Mittels eines neuen Reports in der Datei `snmp-graph.properties` können diese Datenquellen jetzt in einen gemeinsamen Graphen aufgenommen werden.

Zum Schluss noch ein paar »schöne« Beispiele für Graphen:

Wenn man Werte kombiniert in einem Graphen darstellen möchte, muss man dem RRDtool die zu zeichnenden Graphen in der richtigen Reihenfolge vorgeben. Eine AREA würde sonst alles überdecken, was »unter« ihr liegt (also zeichnet man sie zuerst). Möchte man eine Linie auf der Fläche sehen, muss man die Linie nach der Fläche in den Graphen einfügen:

```
report.gewerblich.name=Gewerblich
report.gewerblich.columns=gewerblich,anmeldung
report.gewerblich.type=responseTime, distributedStatus
report.gewerblich.command=--title="Antwortzeit Gewerblich" \
 --vertical-label="Seconds" \
 DEF:rtMills={rrd1}:gewerblich:AVERAGE \
 DEF:minRtMills={rrd1}:gewerblich:MIN \
 DEF:maxRtMills={rrd1}:gewerblich:MAX \
 DEF:artMills={rrd2}:anmeldung:AVERAGE \
 DEF:aminRtMills={rrd2}:anmeldung:MIN \
 DEF:amaxRtMills={rrd2}:anmeldung:MAX \
 CDEF:rt=rtMills,1000,/ \
 CDEF:art=artMills,1000,/ \
 CDEF:minRt=minRtMills,1000,/ \
 CDEF:maxRt=maxRtMills,1000,/ \
 AREA:art#999999:"Anmeldung" \
 LINE2:rt#0000ff:"Antwortzeit" \
 GPRINT:rt:AVERAGE:" Avg  \\: %8.2lf %s" \
 GPRINT:rt:MIN:"Min  \\: %8.2lf %s" \
 GPRINT:rt:MAX:"Max  \\: %8.2lf %s\\n"
```

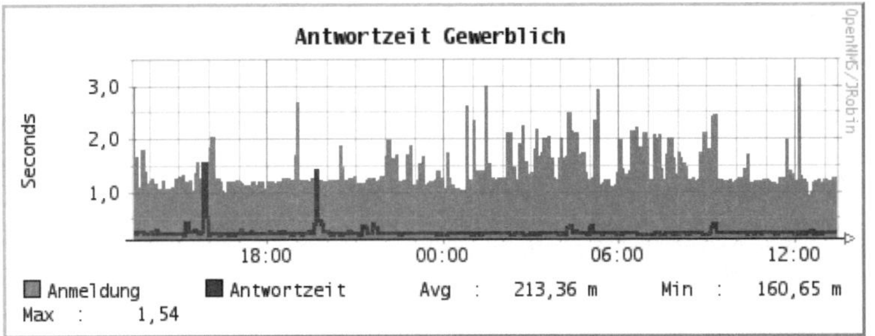

Abbildung 16.5
Area mit Line2

Möchte man einen Wert »auf den anderen« legen, also zum Beispiel einen Gesamtwert zeigen, der sich aus mehreren Einzelwerten ergibt, kann man STACK verwenden (Stapeln):

```
AREA:art#999999:"Anmeldung" \
STACK:rt#0000ff:"Antwortzeit" \
```

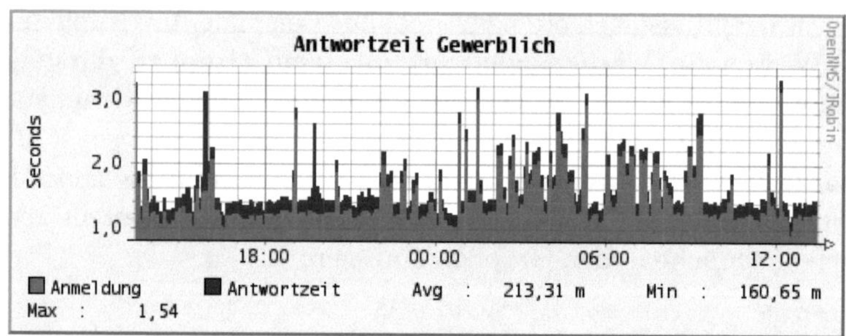

Abbildung 16.6
Area mit aufgestapelten Werten

Während die Farbauswahl sicher zu verbessern ist, zeigen die Beispiele zumindest, wie man Werte miteinander kombinieren kann ;-) .

Da hier mit `STACK` »auf etwas drauf« gestapelt wird, muss zuerst eine Linie oder eine Area definiert werden, auf die dann aufgestapelt werden kann.

Tipp: Auch hier sollten alle selbst definierten Reports ans Ende der Datei gestellt werden – und mit entsprechender Dokumentation versehen werden.

16.3 Neustart

Wenn neue Graphen hinzugefügt werden, muss OpenNMS neu gestartet werden. Nach einer Konfigurationsänderung ist ein Neustart nicht notwendig.

17 Maps

»Ein Bild sagt mehr als tausend Worte!«. Dieses Sprichwort trifft wohl nicht nur auf die Werbebranche zu, sondern lässt sich auch sehr schön auf das Netzwerkmanagement übertragen. Abbildungen eignen sich gut für die Darstellung komplexer Netzwerkstrukturen und deren Zusammenhänge. OpenNMS bietet uns die Möglichkeit, Karten zur Visualisierung einzubinden. Die Dokumentation lässt sich damit auch im Bereich des Netzwerk-Monitorings sehr effektiv nutzen.

In diesem Kapitel wird beschrieben, wie die Kartenansicht bedient wird und welche Möglichkeiten zum Einbinden von Karten zur Verfügung stehen. Des Weiteren werden die Konfigurationsdateien Stück für Stück erläutert, um Ihnen alle bestehenden Konfigurationsmöglichkeiten darzustellen. Jetzt aber genug der warmen Worte und keine Angst, *»Please try this at home!«* ;-).

17.1 Wo sind die Karten?

Nach der ersten Installation wird man zunächst vergeblich nach den Karten im Menü suchen. Diese sind nämlich per Standard abgeschaltet und müssen erst aktiviert werden. Die Karten werden in OpenNMS aktiviert, indem man die Datei `map.disable` in `map.enable` umbenennt:

Karten sind standardmäßig deaktiviert und müssen über map.enable aktiviert werden.

```
cd $OPENNMS_HOME/etc
mv map.disable map.enable
```

Der Menüpunkt *Maps* ist anschließend in der Hauptmenüleiste der WebUI verfügbar. OpenNMS braucht dazu nicht neu gestartet zu werden. Nach der Installation von OpenNMS sind keine Karten erstellt. Beim Auswählen erhält man zunächst nur eine weiße Seite und eine Menüleiste auf der rechten Seite.

Eine Karte setzt sich aus drei Komponenten zusammen: Knoten, Hintergrund und Verweise auf weitere Karten. Über die Knoten wird der entsprechende Status der Geräte repräsentiert. Zur besseren Unterscheidung können für die Knoten Symbole wie Router, Switch oder Server ausgewählt sowie eigene Abbildungen in den Hintergrund gelegt werden. Zunächst wenden wir uns jedoch den grundlegenden Funktionen zu und erklären erst einmal, wie die Menüs funktionieren.

17.2 Das Kartenmenü

Für die Auswahl und die Modifikation der Karten findet man auf der rechten Seite ein Menü und eine Statusleiste. Das Menü enthält zwei Modi: einen Anzeige- und einen Administrationsmodus (*Admin Mode*).

Im Menüpunkt *Map* können Karten geöffnet und geschlossen werden. Zusätzlich erreicht man dort den *Admin Mode* zur Verwaltung und Konfiguration der Karten. In den Menüpunkten *View* und *Reload* wird zum einen der Status dargestellt und zum anderen kann die Aktualisierung der Karte manuell erzwungen werden.

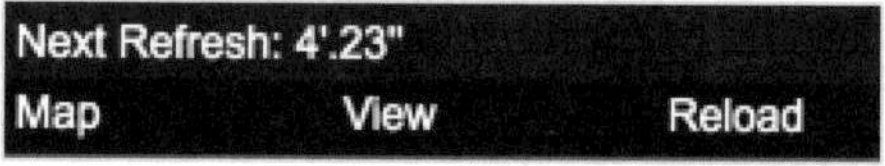

Abbildung 17.1 *Hauptmenü der Karten*

Im Anzeigemodus werden die entsprechenden Status der Knoten dargestellt, im Administrationsmodus hingegen können neue Karten erstellt oder bestehende Karten bearbeitet werden. Die Funktionen der einzelnen Menüpunkte und die Funktionsweisen der unterschiedlichen Anzeigemodi werden im Folgenden detailliert beschrieben.

Der Anzeigemodus

Der Anzeigemodus stellt verschiedene Views bereit. Mit Toggle Screen kann auf die Vollbildansicht umgeschaltet werden. Siehe kennen ACME nicht? Dann schauen Sie doch einmal bei [4] nach.

Der Anzeigemodus, im Menü *Refresh Mode* genannt, zeigt dem Administrator die Karte und die entsprechenden Status der Netzwerkgeräte an. Der Anzeigemodus ist also genau dann notwendig, wenn Sie einen Beamer oder einen großen Plasmabildschirm übrig haben und bei Ihren Geschäftsführern oder Kunden mit einer ACME-Weltherrschaftskarte richtig Eindruck machen wollen. Sie können diese Funktion aber auch dazu verwenden, um schnell Ausfälle zu lokalisieren und schnell qualifizieren zu können.

Der Anzeigemodus kann für verschiedene Anforderungen angepasst werden. Die wichtigsten Einstellungen dazu findet man unter dem Menüpunkt *View*. Der Menüpunkt *Toggle Screen* schaltet auf eine Vollbildansicht. Die OpenNMS-Kopfzeile wird dann ausgeblendet und die Anzeigefläche des Bildschirms wird besser genutzt. Weiterhin kann mit *Set Dimension* die Icongröße der Knoten bestimmt werden. Das führt zu einer besseren Skalierung. Im folgenden Beispiel wird der Anzeigemodus mit der *Status View* dargestellt.

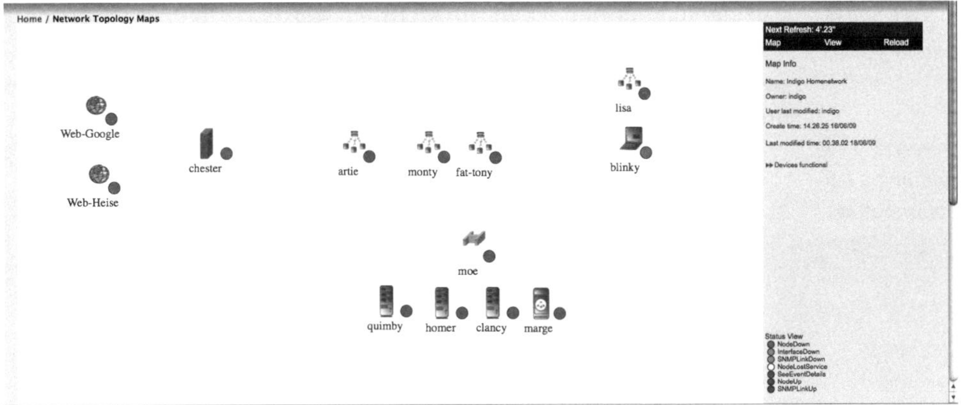

Abbildung 17.2 *Ansicht des Anzeigemodus*

Unter dem Menüpunkt *View by...* kann festgelegt werden, welcher Status für die Knoten angezeigt werden soll.

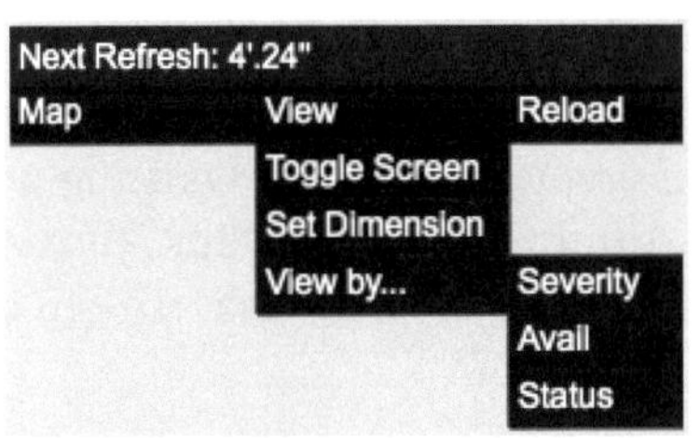

Abbildung 17.3 *Menüansicht View by*

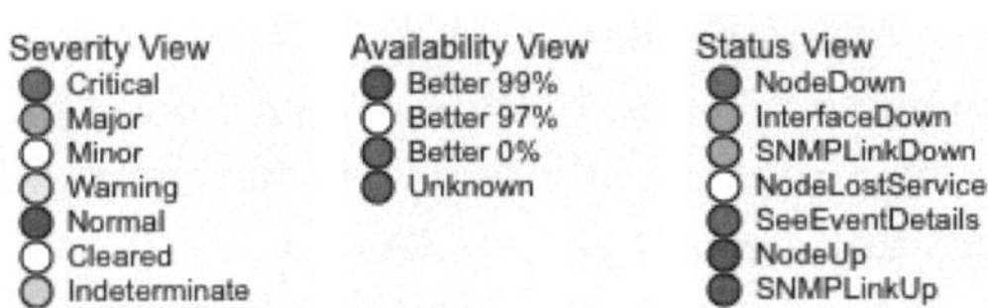

Abbildung 17.4 *Anzeige der unterschiedlichen Status*

Der Benutzer kann die folgenden Einstellungen wählen:

- *View by Severity:* Zeigt den Status für den schwerwiegendsten und unbestätigten Event des Nodes an an.

- *View by Availability:* Zeigt an, wie verfügbar der Node in den letzten 24 Stunden gewesen ist.
- *View by Status:* Zeigt an, ob aktuell Dienste oder der Knoten selbst ausgefallen ist.

Wichtige Kommandos wie `traceroute` *oder* `ping` *können vom Anzeigemodus ausgeführt werden.*

Falls der Administrator dann doch einmal in die unangehme Situation kommt, dass ein Gerät oder Dienst ausgefallen ist, können hilfreiche Kommandos wie *Traceroute* oder *Ping* direkt vom Anzeigemodus der Karte ausgeführt werden. Das Menü enthält zusätzlich noch die wichtigsten Links: Knotendetails, Ereignisse oder Alarme, um eine schnelle Fehlerdiagnose für den Knoten durchführen zu können.

Abbildung 17.5 *Troubleshooting-Menü*

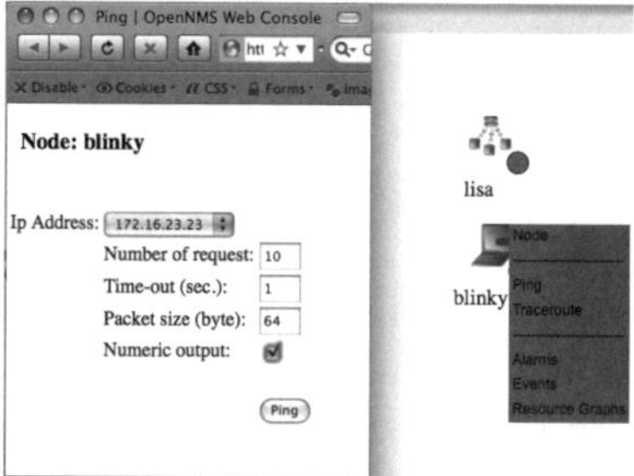

17.2.1 Der Administrationsmodus

Um mit den Karten zu arbeiten in den Refresh Mode wechseln; Verwalten und Erstellen im Admin Mode

Bevor wir jedoch überhaupt etwas sehen können, müssen wir entsprechende Karten erzeugen! Zur Verwaltung und Erstellung von Karten dient der Administrationsmodus kurz *Admin Mode*. Der Administrationsmodus erfüllt im Wesentlichen die folgenden Aufgaben:

- Erstellen von neuen Karten
- Löschen von bestehenden Karten
- Ändern von bestehenden Karten
- Hinzufügen von Nodes, Nachbarn und Node-Gruppen
- Setzen von Hintergrundbildern und -farben von Karten
- Speichern und Benennen von Karten
- Knotensymbole wie Router, Switch oder Server festlegen
- Dimensionen für die Icongröße der Nodes festlegen

In dem folgenden Abschnitt wird das Anlegen und Verwalten von Knoten im Administrationsmodus der Karten beschrieben.

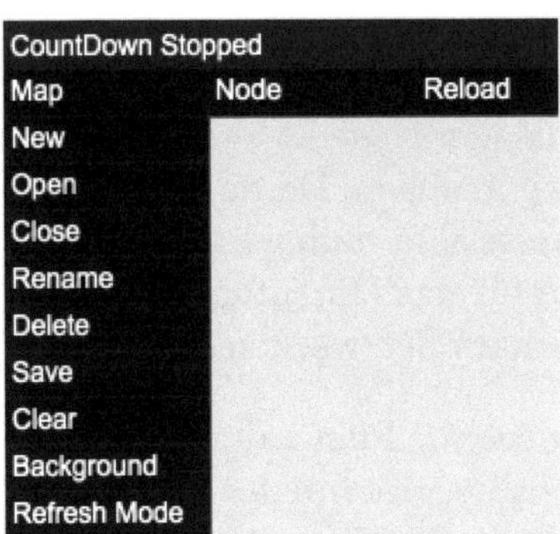

Abbildung 17.6
Menüpunkte im Admin Mode

17.3 Wie kann ich Karten erstellen, ändern und löschen?

Das Thema Visualisierung und Darstellung ist vermutlich nicht eine der Kernkompetenzen eines Administrators. Mit ein wenig Geduld, struktureller Vorgehensweise und einem Hauch Kreativität lassen sich jedoch sehr hilfreiche Übersichten erstellen. OpenNMS bietet einige Funktionen, um auch eine große Anzahl von Nodes oder Gruppen auf einer Übersichtskarte darzustellen.

Neue Karte anlegen

Am Anfang war das Nichts ... und genau das sehen wir, wenn das erste Mal das Kartenmenü aufgerufen wird. Damit das nicht so bleibt, gehen wir als Erstes im rechten Menü auf *Map –> Admin Mode*. Nur im *Admin Mode* kann eine neue Karte angelegt oder bearbeitet werden. Als Allererstes erstellen wir eine neue Karte mittels *Map –> New*. Der soeben jungfräulich erstellten Karte geben wir einen sinnvollen Namen und wählen dazu *Map –> Rename* aus. Soll zusätzlich noch ein ansprechender Hintergrund ausgewählt werden, muss dazu der Menüpunkt *Map –> Background...* ausgewählt werden. Als Hintergrund lassen sich sowohl Abbildungen als auch verschiedene Hintergrundfarben auswählen. Wie man sehen kann, haben die OpenNMS-Entwickler bereits einige Beispielabbildungen mitgeliefert. Das Erstellen und Einbinden von eigenen Hintergrundbildern wird im anschließenden Abschnitt detailliert beschrieben. Wir wollen uns hier erst einmal auf das Wesentliche beschränken.

Im Admin Mode eine neue Karte erstellen, Namen und Hintergrund auswählen, Knoten hinzufügen. Speichern nicht vergessen!

So richtig gut sieht das Ganze ja noch nicht aus. Irgendwie fehlt da noch etwas: genau, die Nodes und deren Status. Um der Karte Leben einzuhauchen, lassen sich Knoten auf verschiedene

Im Menüpunkt »Add« können Nodes nach verschiedenen Kriterien hinzugefügt werden.

Weise auf der Karte hinzufügen. Die einfachste Variante ist es, die Nodes einzeln auszuwählen. Dazu kann man einfach im Menüpunkt *Node –> Add* oder *Node –> Add By Label* anwählen und die Knotenbezeichnung angeben. Da das Hinzufügen von sehr vielen Nodes auf diese Weise sehr mühselig sein kann, wurden noch weitere Möglichkeiten für das Hinzufügen von Knoten bereitgestellt. Die wichtigsten Funktionen werden hier nun kurz erläutert:

- *Add By Category:* Fügt alle Knoten einer bestimmten Surveillance-Kategorie hinzu.
- *Add Range:* Fügt alle Nodes hinzu, die einer bestimmten IP-Adressregel entsprechen (192.168.*.1-3).
- *Add Neighbors:* Fügt für einen bestehenden Node alle direkten Nachbarn hinzu *Anmerkung:* Dazu muss der *Linkd* aktiviert und von den Knoten unterstützt werden!).
- *Add With Neighbors:* Fügt einen neuen Node mit all seinen direkten Nachbarn hinzu. Hierbei gilt das Gleiche wie bei *Add Neighbors*.
- *Add Map As Node:* Fügt eine bestehende Karte hinzu. Diese Funktion eignet sich sehr gut um Drill-down- oder Bottom-up-Visualisierungen aufzubauen.

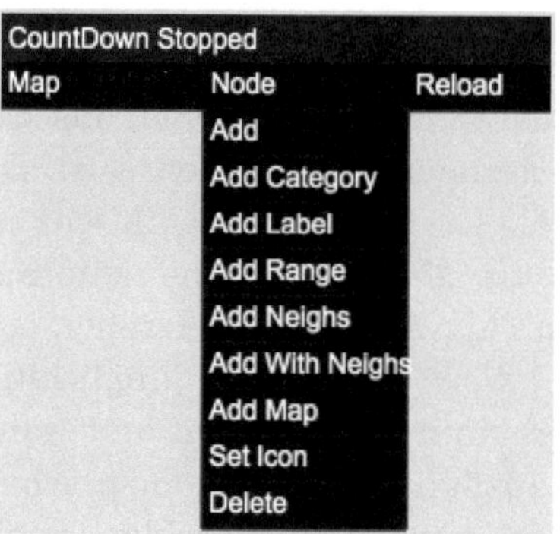

Abbildung 17.7 *Hinzufügen von Nodes im Node-Menü*

Um das Ganze noch ein wenig »aufzuhübschen«, können die verschiedenen Knoten mit sogenannten *Icon-Sets* versehen werden. Für unterschiedliche Funktionen können Symbole für Router, Server, Switch oder Firewall ausgewählt werden. Die Knoten können jetzt noch mit der Maus entsprechend sinnvoll positioniert werden. Damit hat die Karte ihren letzten Schliff erhalten und Ihre Kollegen werden es Ihnen danken. Aber Achtung: Nach aller Euphorie darf man jetzt nicht vergessen, die Karte abzuspeichern, sonst war alle Mühe umsonst. Nach dem Speichern ist nun jeder

Nutzer mit einem gültigen OpenNMS-Konto in der Lage, Ihr Werk zu bewundern.

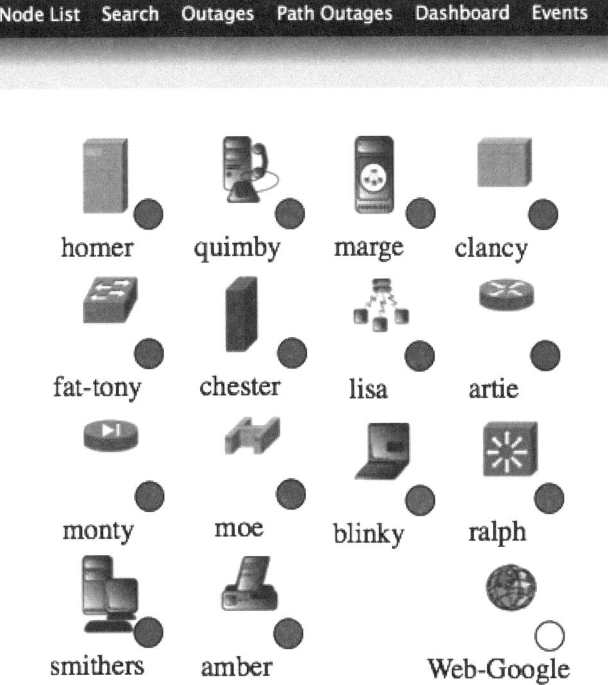

Abbildung 17.8
Die verschiedenen Icon-Sets für Knoten

17.3.1 Bestehende Karte ändern oder löschen

Bei Dokumentationen und Übersichten kommt man nicht drum herum, die Karten entsprechend zu pflegen oder gar zu löschen. Das Bearbeiten und Löschen kann ebenfalls nur im Administrationsmodus durchgeführt werden. Dazu wird die entsprechende Karte über *Map -> Open* geöffnet. Danach wechselt man in den Administrationsmodus. Jetzt kann die Karte bearbeitet und geändert werden. Vergessen Sie wiederum nicht, Ihre Änderungen zu speichern, und wechseln Sie dann wieder zurück in den Ansichtsmodus, indem *Map -> Refresh Mode* ausgewählt wird. Im Administrationsmodus kann eine geöffnete Karte mit *Map -> Delete* vom System verbannt werden.

17.4 Wie kann ich den Hintergrund ändern?

Nun haben wir bereits die wichtigste Funktion, nämlich »das Erstellen einer Karte«, kennengelernt. Wir können eigene Karten anlegen und wissen auch, wie wir unsere Knoten auf die Karte bekommen. Wie oben bereits angesprochen, ist es auch möglich, als Hintergrund eigene Grafiken und Zeichnungen einzubinden. Damit bekommen die Karten mehr Aussagekraft und vermitteln komplexe Zusammenhänge wesentlich besser. Zur Erstellung der Bilder können verschiedenste Programme verwendet werden. Ich möchte jedem die Möglichkeit geben, sich seine eigene Meinung zu bilden, deshalb erwähne ich wertfrei, welche Programme mir begegnet sind und sich für die Erstellung von Netzwerkgrafiken aus meiner Sicht eignen:

- Dia (GPL, Linux, Mac OS X (Darwin Ports), Windows)
- OmniGraffl (kommerziell, Mac OS X)
- OpenOffice Draw (LGPL, Linux, Mac OS X, Windows)
- Microsoft Visio (kommerziell, Windows)

Bilder als JPG-Datei im 4:3-Format im RGB-Modus erstellen und auf den Server kopieren

Es wird wohl auch noch eine Menge anderer Programme geben, wenn man eine geeignete Suchmaschine quält. Letztendlich bleibt es aber dabei: Es muss eine Zeichnung im JPG Format vorliegen.

Tipp: Es ist hilfreich, die Abbildungen im Verhältnis 4:3 (800x600, 1024x768, 1280x960) zu erstellen. Damit werden Verzerrungen bei der Darstellung vermieden. Achten Sie darauf, die Bilddatei im RGB-Modus zu speichern. Verwenden Sie einen andern Modus wie CMYK, kann es sein, dass die Grafik nicht oder fehlerhaft dargestellt wird. Wer es nicht so kompliziert braucht, kann sich auch einfach den Hintergrund einfärben.

Für das Kopieren der Bilder auf den Server kann man sich unter Windows des Kommandos `pscp` aus der Putty-Suite oder aber auch `WinSCP` bedienen. Die meisten UNIX-Betriebssysteme können mit der Sechure Shell [43], SSH, umgehen und liefern auch das Programm `scp` mit. Das Kopieren über SAMBA oder FTP funktioniert natürlich auch, aber empfehlen möchte ich das an dieser Stelle eher nicht. Das Bild muss auf jeden Fall in das Verzeichnis `$OPENNMS_HOME/jetty-webapps/map/images/background` kopiert werden.

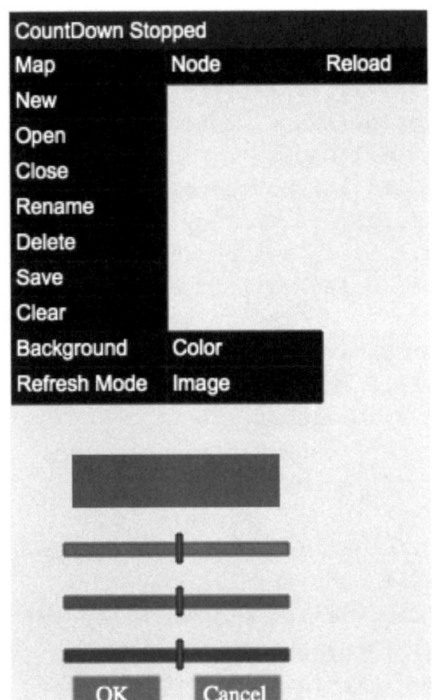

Abbildung 17.9 *Einfärben des Hintergrundes*

Hinweis: Wenn Sie einen anderen Servlet-Container für Ihre Webapplikation verwenden, kann der Zielpfad abweichen! Im folgenden Beispiel wurde die OpenNMS Webapplikation in einem Apache-Tomcat-Container installiert.

In der Datei `map.properties` *muss ein Name und die Bilddatei konfiguriert werden.*

Ist die Karte im richtigen Verzeichnis angekommen, müssen wir dies OpenNMS noch bekannt geben. Dazu wird die Datei `$OPENNMS_HOME/etc/map.properties` geöffnet und eine Bezeichnung für das Hintergrundbild angelegt.

Anschließend wird festgelegt, welche Bilddatei für diese Bezeichnung angezeigt werden soll. Die Datei ähnelt der Konfigurationsdatei der SNMP-Graphen und ist derzeit noch nicht in der gewohnten XML-Struktur aufgebaut. Zum Anlegen der Hintergrundgrafik sucht man am besten die Sektion *Background images* und nimmt dort zwei Einträge vor. Im folgenden Beispiel wurde eine Karte mit der Bezeichnung `meine_karte` und der JPG-Datei `meine_grafik.jpg` hinzugefügt.

```
#################################################################
## B A C K G R O U N D   I M A G E S
#################################################################
# A comma-separated list of bgimages keys.
# bgimages.{KEY}.filename
bgimages=napoli,italia,abruzzo,basilicata,calabria,campania,
emilia_romagna,friuli,lazio,liguria,lombardia,molise,marche,
piemonte,puglia,sicilia,sardegna,trentino,toscana,umbria,
united_states_unlabeled,valle_d_aosta,veneto,meine_karte

bgimage.napoli.filename=napoli.gif
bgimage.italia.filename=italia.jpg
bgimage.abruzzo.filename=abruzzo.jpg
bgimage.basilicata.filename=basilicata.jpg
bgimage.calabria.filename=calabria.jpg
bgimage.campania.filename=campania.jpg
bgimage.emilia_romagna.filename=emilia_romagna.jpg
bgimage.friuli.filename=friuli.jpg
bgimage.lazio.filename=lazio.jpg
bgimage.liguria.filename=liguria.jpg
bgimage.lombardia.filename=lombardia.jpg
bgimage.molise.filename=molise.jpg
bgimage.marche.filename=marche.jpg
bgimage.piemonte.filename=piemonte.jpg
bgimage.puglia.filename=puglia.jpg
bgimage.sicilia.filename=sicilia.jpg
bgimage.sardegna.filename=sardegna.jpg
bgimage.trentino.filename=trentino.jpg
bgimage.toscana.filename=toscana.jpg
bgimage.umbria.filename=umbria.jpg
bgimage.united_states_unlabeled.filename=united_states_unlabe
led.jpg
bgimage.valle_d_aosta.filename=valle_d_aosta.jpg
bgimage.veneto.filename=veneto.jpg
bgimage.meine_karte.filename=meine_grafik.jpg
```

Damit die Karte verwendet werden kann, muss OpenNMS allerding neu gestartet werden. Dazu muss das Kommando

```
/etc/init.d/opennms restart
```

ausgeführt werden.

Hinweis: Wenn ein anderer Servlet-Container verwendet wird, reicht es aus, die Webapplikation neu zu starten. Im Anschluss kann eine neue Karte erstellt, bearbeitet und der neue Hintergrund zugewiesen werden.

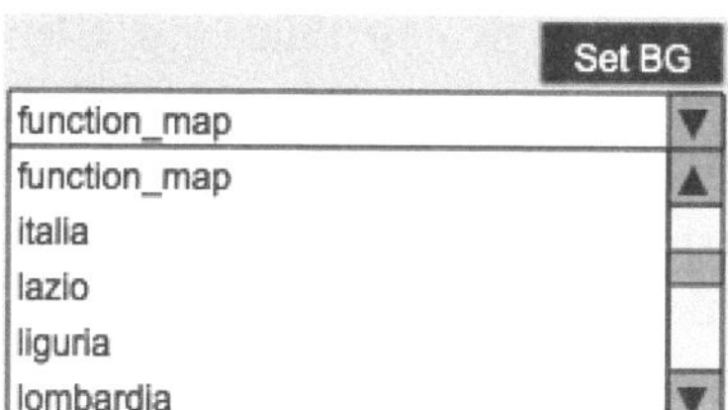

Abbildung 17.10 *Das neue Hintergrundbild wird zugewiesen.*

17.5 Darstellung von Unterkarten (Sub-Maps)

Noch nicht genug des Umfangs kommt es jetzt noch zu einer weiteren interessanten Funktion: das Einbinden von Karten auf Karten. So verrückt, wie sich das zunächst anhört, ist es allerdings gar nicht. Mit dieser nützlichen Funktion lassen sich sehr schöne »Drill-down«, »Bottom-Up«, »Left-to-Right«, »Front-to-Back« – oder was einem sonst noch so für Strukturen einfallen – visualisieren. Vermutlich wird es einige geben, die sofort versuchen, eine Karte auf sich selbst einzutragen, nur um zu sehen, wie OpenNMS reagiert, denjenigen sei gesagt: Das geht nicht!

Das Hinzufügen einer Karte gestaltet sich recht einfach. Es verhält sich genauso, als würde man einen Knoten hinzufügen. Dazu öffnet man eine bestehende Karte oder legt eine neue an und kann nun über *Menü –> Add Map* eine weitere bereits bestehende Karte auswählen. Anschließend befindet sich in der linken oberen Ecke die hinzugefügte Karte. Wenn man diese nun noch schick positioniert und das Ganze abspeichert, ist man bereits fertig. War doch gar nicht so kompliziert, oder?

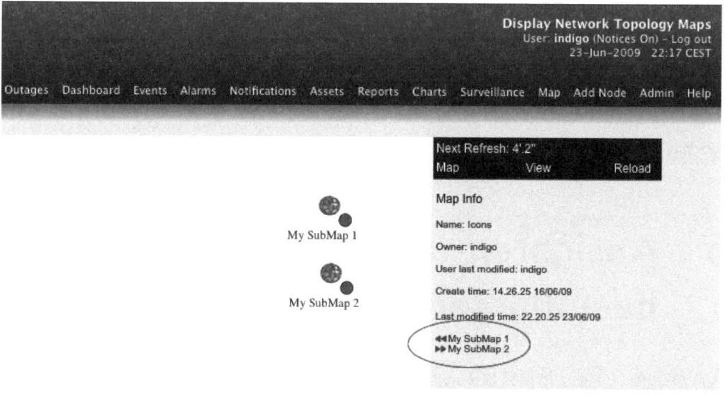

Abbildung 17.11 *Beispiel zur Anzeige von Unterkarten und deren Status*

Wie immer gibt es jetzt noch einige interessante Details, die weiter beleuchtet werden wollen. Der Status einer Karte ist von den Status der Knoten der Karte abhängig. Nicht Klar? Also nochmal als Beispiel: Geht es vielen Knoten auf der Karte schlecht, dann geht es auch der Karte schlecht und das kann dann entsprechend als Kartenstatus visualisiert werden. Der Kartenstatus richtet sich hier nach der sogenannten *Severity* (Schweregrad). Das bedeutet nichts anderes als: »Für alle auf der Unterkarte enthaltenen Knoten wird das schlimmste unbestätigte Ereignis ermittelt und als Kartenstatus angezeigt«. OpenNMS wäre nicht OpenNMS, wenn man nicht auch dieses Verhalten konfigurieren könnte. Hierzu sind ziemlich am Ende der Konfigurationsdatei `$OPENNMS_HOME/etc/map.properties` die folgenden Einstellungen zu finden:

```
# Also, you can define the way to calculate severity for
# (sub)Maps.
# property 'severity.map' may be
#       -'worst': gets the worst severity of the elements of
#                 the map
#       -'avg':   calculates the severity of the map as the
#                 average severity of all the elements of
#                 the map
#       -'best':  gets the best severity of the elements of
#                 the map
# default value='avg'

severity.map=worst
```

Für die Standardkonfiguration gilt also, dass der Kartenstatus bei der Ansicht *View by Severity* sich nach dem schlechtesten, unbestätigten Ereignis aller auf der Karte befindlichen Knoten richtet. Die Ermittlung von *worst* und *average* erfolgt aus der bereits weiter oben beschriebenen Zuordnung der Severity-Ids. Für eine entsprechend andere Darstellung stehen die Optionen `severity.map='worst' | 'avg' | 'best'` zur Verfügung. Es ist jedoch festzustellen, dass dies eine globale Einstellung für den Status aller Karten ist. Das gleiche Verhalten gilt auch bei der Anzeige *View by Status* für den Knotenstatus.

17.6 Ansichten und Kartenverhalten beeinflussen

Die Anzeige des Status von Knoten oder Karten ist ja eigentlich die Hauptaufgabe der Map-Implementierung in OpenNMS. Dem fortgeschrittenen Benutzer, der Sie mittlerweile sind, stehen jetzt auch noch Mittel und Wege offen, die Anzeige der

Status zu manipulieren. Dazu wird nun die Konfigurationsdatei `$OPENNMS_HOME/etc/map.properties` noch ein Stück weiter seziert und es werden noch ein paar Geheimnisse gelüftet. Einen kleinen Wermutstropfen gibt es allerdings: Für die Änderungen muss entweder OpenNMS oder die Webanwendung neu gestartet werden. Nichtsdestotrotz schauen wir uns an, wie die Konfiguration für die Darstellung des *Severity-Status* aussieht und was diese bedeutet:

```
###############################################################
## S E V E R I T I E S
###############################################################

# A comma-separated list of severities.  A severity.{KEY}.id,
# severity.{KEY}.color,
# severity.{KEY}.label,
# severity.{KEY}.flash default false
# property must be set for each key in this property.
# properties severity.default and severity.indeterminate are
# mandatory
# Severities must be ordered from worst to best
# (i.e.: critical.id < minor.id < normal.id, etc.)
# and must be a continous sequence of interger

severities=critical,major,minor,warning,normal,cleared,indeterminate

severity.critical.id=0
severity.critical.label=Critical
severity.critical.color=red
severity.critical.flash=true

severity.major.id=1
severity.major.label=Major
severity.major.color=orange
```

Wie am Kommentar unschwer zu erkennen ist, sind die verschiedenen Schweregrade alphanumerisch nach der *Severity-Id* sortiert. Diese Sortierung lässt zum einen die Ermittlung des »schlimmsten« Ereignisses und zum anderen die Berechnung des durchschnittlichen Schweregrades zu. In der folgenden Tabelle wird kurz zusammengefasst, welche Zuordnungen für die Schweregrade in der Standardkonfiguration gültig sind:

Farbe	*Severity*	*Wert*
red	critical	0
orange	major	1
yellow	minor	2
cyan	warning	3
green	normal	4
white	cleared	5
lightblue	indeterminate	6

Nach exakt dem gleichen Prinzip funktioniert auch die Anzeige für den Knotenstatus (Node status), den Verfügbarkeitsstatus (Availability status) und auch für den Linkstatus. Die entsprechenden Teile sind in der Konfigurationsdatei unter

```
############################################################
## N O D E   S T A T U S
############################################################
.
.
############################################################
## A V A I L
############################################################
.
.
############################################################
## L I N K S
############################################################
```

zu finden. In der ersten Zeile `statuses= ...` werden alle verfügbaren Status definiert. Die einzelnen Status werden dann beginnend mit einer `status.nodedown.id` definiert. Die Reihenfolge der Status ist dabei wichtig: Die Sortierung muss wie bei dem Severity-Status vom schlechtesten bis zum besten Status sortiert werden. Das Prinzip ist bei allen anderen Status immer identisch.

Für den *Node status* können die entsprechenden Farben angepasst werden. Für alle Status lässt sich festlegen, ob er blinkend angezeigt werden soll oder nicht. Bei dem *Availability status* kann zusätzlich noch der Schwellwert angepasst werden. Hier wird entschieden, ab welcher prozentualen Verfügbarkeit der letzten 24 Stunden welche Farbe angezeigt werden soll. Falls die Schwellwerte geändert werden, denken Sie daran, dass die Status nach Schweregrad sortiert sind (der Teufel steckt wie so oft im Detail).

Falls Sie den *Linkd* konfiguriert haben, werden auf den Karten die Layer-2-Topologie-Informationen mit dargestellt. Zusätzlich kann OpenNMS für die entsprechenden Links den Status in der Karte mit anzeigen. Die Linien repräsentieren dann den Status *Link Up* oder *Link Down*. Das Verhalten lässt sich unter dem Abschnitt *Links* wie bereits oben beschrieben verändern.

Am Ende der Konfigurationsdatei kann des Weiteren das globale Verhalten der Karte konfiguriert werden:

```
enable.reload=false
enable.contextmenu=true
enable.doubleclick=true
```

Die Eigenschaft `enable.reload` bestimmt, ob die Karte automatisch nur den Inhalt aktualisiert oder aber ob die Karte komplett neu lädt. Dieses Verhalten ist interessant, wenn sich während des Betrachtens Links oder Gerätekonfigurationen ändern, ein einfaches »Refresh...« reicht dann nicht mehr aus. Die beiden anderen Einstellungen sind relativ selbsterklärend. Mit `enable.contextmenu` können die Menüs für die Kartenelemente abgeschaltet werden. Das Ausführen von *Ping*, *Traceroute* oder die Verweise auf die Ereignisse der Knoten wird damit unterbunden. Mit dem Deaktivieren der Eigenschaft `enable.doubleclick` wird erreicht, dass der Benutzer nicht mehr die Möglichkeit hat, auf die Detailansicht des Knotens zu gelangen.

17.7 Darstellung von Topologie-Informationen

In OpenNMS gibt es einen sogenannten *Link Daemon*, kurz *Linkd* genannt. Dieser Dienst ist für die Layer-2-Beziehungen zwischen den Knoten zuständig. Der Linkd verwendet verschiedene Informationen (zum Beispiel das *Cisco Discovery Protocol*, *CDP*) und die relevanten SNMP-Tabellen. Diese Informationen werden dann automatisch auch auf der Karte zur Visualisierung genutzt. Hierbei erhält der Benutzer noch zusätzliche Informationen wie den Linkstatus zwischen zwei Knoten oder Standorten.

CDP: Cisco Discovery Protocol

In der Abb. 17.12 ist ein Link zwischen zwei Knoten ausgefallen und wird in der Karte rot dargestellt (auch wenn man diese farbliche Unterscheidung in der Graustufendarstellung nicht sehen kann). Damit stehen den Administratoren und Benutzern von OpenNMS sehr hilfreiche Werkzeuge zur Verfügung, um Fehler schnell festzustellen und entsprechend zu reagieren.

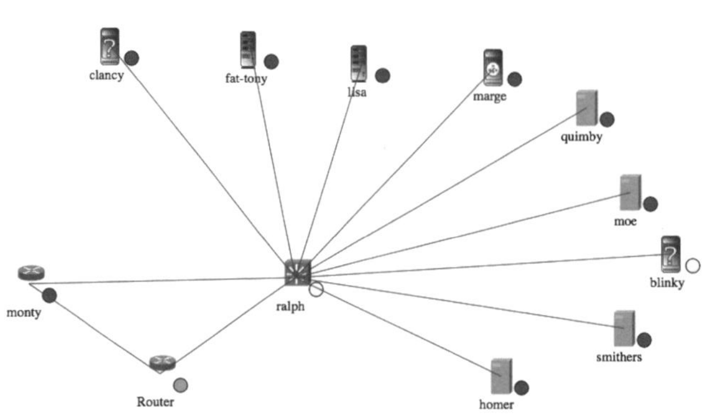

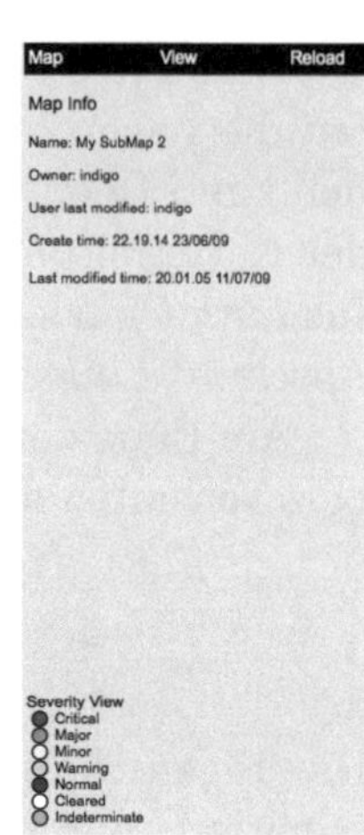

Abbildung 17.12 *»Link Down«-Status in der Topologieansicht*

Natürlich darf man nicht vergessen, dass die Probleme, die in der realen Welt auftreten, häufig viel komplizierter sind. Bei der Fehlerdiagnose können solche Topologie-Informationen jedoch Zeit bei der Analyse sparen und helfen, den Fehler schneller zu lokalisieren.

17.8 Erweitern des Icons-Sets und automatische Zuordnung

Bei dem Hinzufügen von Knoten sind dem einen oder anderen bestimmt die Symbole aufgefallen, die den Knoten zugeordnet werden können. Sie machen die Karte nicht nur hübsch, sondern helfen auch, schnell und einfach unterschiedliche Funktionen darzustellen. Damit lassen sich in der Visualisierung sehr viele Informationen in kurzer Zeit übermitteln. Die Frage, ob bei einer Störung ein Routing-, Firewall- oder Serverspezialist benötigt wird, lässt sich somit sehr schnell beantworten.

Im ersten Schritt wird gezeigt, wo die vorhandenen *Icon-Sets* definiert sind und wie diese erweitert werden können. Die Konfiguration befindet sich in der Datei `map.properties` – wir brauchen uns also gar nicht weiter umzugewöhnen. Der entsprechende Abschnitt sieht wie folgt aus:

```
################################################################
## I C O N S
################################################################
# A comma-separated list of incons keys.
# icon.{KEY}.filename
```

```
icons=desktop,infrastructure,laptop,opennms,other,printer,server,\
telephony,unspecified,map,fileserver,firewall,mainframe,\
multilayerswitch,pix,router,switch,vax

icon.desktop.filename=png/desktop.png
icon.infrastructure.filename=png/infrastructure.png
icon.laptop.filename=png/laptop.png
icon.opennms.filename=png/opennms.png
icon.other.filename=png/other.png
icon.printer.filename=png/printer.png
icon.server.filename=png/server.png
icon.telephony.filename=png/telephony.png
icon.unspecified.filename=png/unspecified.png
icon.map.filename=map.gif
icon.fileserver.filename=png/fileserver.png
icon.firewall.filename=png/firewall.png
icon.mainframe.filename=png/mainframe.png
icon.multilayerswitch.filename=png/multilayerswitch.png
icon.pix.filename=png/pix.png
icon.router.filename=png/router.png
icon.switch.filename=png/switch.png
icon.vax.filename=png/vax.png

// icon.default.map and icon.default.node are required values
// they should be equals to defined icons
icon.default.map=map
icon.default.node=unspecified
// icon.default.mapelementdimension is not required can be set here
// uncomment the following object to set defaulElementSize to 20
// default now is 25 for Firefox best rendering.On IE 20 is suitable
# icon.default.mapelementdimension = 20
```

Die Konfiguration folgt dem üblichen Schema: Als Erstes wird in `icons` definiert, welche Symbole alle verfügbar sein sollen. Im Anschluss werden die Symbole dann konkret beschrieben. Für jedes Symbol kann eine Datei im PNG-Format abgelegt werden. Die Bilddateien müssen dazu im Verzeichnis `$OPENNMS_HOME/opennms/jetty-webapps/opennms/map/images/elements/png` vorhanden sein.

Mit der Option `icon.default.mapelementdimension` kann die Standardgröße der Symbole festgelegt werden. Die Einstellung entspricht der Einstellung *Set Dimension*. Die Symbolgröße wird jedoch nicht für jede Karte einzeln abgespeichert, sondern kommt für alle Karten aus dieser Einstellung.

Um eine neue Symbolabbildung hinzuzufügen, müssen die folgenden Schritte ausgeführt werden:

- ❑ Neue Symbolabbildung im PNG-Format auf den Server kopieren
- ❑ Neues *icon* in `icons` benennen
- ❑ Symbol ein entsprechendes PNG zuordnen
- ❑ OpenNMS oder die Webanwendung neu starten

Damit der Benutzer für die vielen Knoten die Symbole nicht manuell ändern muss und die Funktion auch in größeren Umgebungen noch effektiv funktioniert, haben sich die Entwickler eine wirklich nette Geschichte einfallen lassen. Die Geräte können über die in SNMP spezifierte System-Object-ID (SysOid) sehr gut kategorisiert werden. In OpenNMS kann man nun einer solchen `sysoid` ein Symbol zuordnen. Voraussetzung ist allerdings, dass auf den entsprechenden Geräten SNMP installiert ist und die SNMP-MIB2 SysOid unterstützt wird. Bei allen gängigen Herstellern sollte das aber kein Problem sein. Das folgende Beispiel stellt die entsprechende Konfiguration dar:

```
################################################################
## SYSOIDS to ICONS
################################################################
# A comma-separated list of sysoids keys.
# sysoids.{KEY}.iconName
sysoids=.1.3.6.1.4.1.9.1.17,\
.1.3.6.1.4.1.9.1.48,\
.1.3.6.1.4.1.9.1.222,\
.1.3.6.1.4.1.9.1.278,\
.1.3.6.1.4.1.9.1.282,\
.1.3.6.1.4.1.9.1.283,\
.1.3.6.1.4.1.9.1.326,\
.1.3.6.1.4.1.9.1.359,\.1.3.6.1.4.1.9.1.400,\
.1.3.6.1.4.1.9.1.451,\
.1.3.6.1.4.1.9.1.516,\
.1.3.6.1.4.1.9.1.543,\
.1.3.6.1.4.1.9.1.674,\
.1.3.6.1.4.1.9.1.863,\
.1.3.6.1.4.1.9.1.928,\
.1.3.6.1.4.1.9.5.40

sysoid..1.3.6.1.4.1.9.1.17.iconName=router
sysoid..1.3.6.1.4.1.9.1.48.iconName=router
sysoid..1.3.6.1.4.1.9.1.222.iconName=router
sysoid..1.3.6.1.4.1.9.1.278.iconName=switch
sysoid..1.3.6.1.4.1.9.1.282.iconName=multilayerswitch
sysoid..1.3.6.1.4.1.9.1.283.iconName=multilayerswitch
sysoid..1.3.6.1.4.1.9.1.326.iconName=router
sysoid..1.3.6.1.4.1.9.1.359.iconName=switch
sysoid..1.3.6.1.4.1.9.1.400.iconName=switch
sysoid..1.3.6.1.4.1.9.1.451.iconName=firewall
```

```
sysoid..1.3.6.1.4.1.9.1.516.iconName=switch
sysoid..1.3.6.1.4.1.9.1.543.iconName=telephony
sysoid..1.3.6.1.4.1.9.1.674.iconName=firewall
sysoid..1.3.6.1.4.1.9.1.863.iconName=router
sysoid..1.3.6.1.4.1.9.1.928.iconName=switch
sysoid..1.3.6.1.4.1.9.5.40.iconName=switch
sysoid..1.3.6.1.4.1.8072.3.2.255.iconName=router
```

Sobald man nun Knoten auf eine Karte einfügt und die entsprechenden SNMP SysOids übereinstimmen, werden die entsprechenden Symbole automatisch zugewiesen. Um also einem neuen Knoten ein entsprechendes Symbol zuzuordnen, muss wie folgt vorgegangen werden:

- SysOid der Knotenklasse ermitteln
- SysOid in `sysoids` hinzufügen
- SysOid den entsprechenden Symbolnamen zuordnen
- OpenNMS oder die Webanwendung neu starten

17.9 Erweiterung des Kommandomenüs

Die bisher gezeigten Funktionen haben sich alle hauptsächlich mit der reinen Darstellung beschäftigt. Um den Karten jetzt noch einen Tick mehr Leben einzuhauchen, kann man dem zur Verfügung gestellten Kontextmenü noch ein paar neue Funktionen spendieren. Zunächst schauen wir uns wieder die bestehende Standardkonfiguration an und erweitern diese dann anhand eines Beispiels um einen neuen Menüpunkt.

```
cmenu.commands=Node,-,Ping,Traceroute,-,Alarms,Events,\
  Resource%20Graphs,Remote%20Desktop
cmenu.Node.link=element/node.jsp?node=ELEMENT_ID
cmenu.Node.params=toolbar,width=1280,height=800, left=0,\
  top=0,scrollbars=1, resizable=1
cmenu.Ping.link=map/response/ping.jsp?node=ELEMENT_ID
# use this on solaris
#cmenu.Ping.link=map/response/ping.jsp?node=ELEMENT_ID&solaris=true
```

In dem ersten Abschnitt werden wieder in bekannter Art und Weise die zur Verfügung stehenden Kommandos definiert. Das - gibt uns hierbei an, wo die Trennzeichen im Kontextmenü angezeigt werden sollen. Damit werden die Kommandos visuell gruppiert. Im zweiten Teil der Konfiguration werden die entsprechenden Funktionsaufrufe hinter den Kommandos definiert:

```
cmenu.Ping.params=toolbar,width=300,height=300, left=0,\
 top=0, scrollbars=1, resizable=1
cmenu.Traceroute.link=map/response/traceroute.jsp?node=ELEMENT_ID
cmenu.Traceroute.params=toolbar,width=300,height=300, \
  left=0, top=0,scrollbars=1, resizable=1
cmenu.Alarms.link=alarm/list.htm?sortby=id&\
  acktype=unack&limit=20&filter=node%3DELEMENT_ID
cmenu.Alarms.params=toolbar,width=1280,height=800, left=0,\
  top=0,scrollbars=1, resizable=1
cmenu.Events.link=event/list?filter=node%3DELEMENT_ID
cmenu.Events.params=toolbar,width=1280,height=800, left=0,\
  top=0,scrollbars=1, resizable=1
cmenu.Resource%20Graphs.link=graph/chooseresource.htm?\
  parentResourceType=node&parentResource=ELEMENT_ID&reports=all
cmenu.Resource%20Graphs.params=toolbar,width=1280,height=800,\
  left=0,top=0,scrollbars=1, resizable=1
cmenu.Remote%20Desktop.link=graph/chooseresource.htm?\
  parentResourceType=node&parentResource=ELEMENT_ID&reports=all
cmenu.Remote%20Desktop.params=toolbar,width=1280,height=800,\
  left=0,top=0,scrollbars=1, resizable=1
```

In den Funktionsaufrufen kann die Variable `ELEMENT_ID` verwendet werden. Diese wird stellvertretend mit der OpenNMS-eigenen Node-ID (eindeutige Knotenidentifikation) ausgefüllt. Kommen wir nun zu einem praktischen Beispiel und fügen einen weiteren Menüpunkt in das Kontextmenü hinzu. Wir möchten einen zusätzlichen Link im Menü, der die Asset-Informationen des Nodes anzeigt. Dazu wird das neue Kommando hinzugefügt:

```
cmenu.commands=Node,-,Ping,Traceroute,-,Alarms,Events,\
Resource%20Graphs,Remote%20Desktop,-,Assets
```

Anschließend legen wir noch fest, dass für diesen Menüeintrag eine URL aufgerufen werden soll:

```
cmenu.Assets.link=/asset/modify.jsp?node=ELEMENT_ID
```

Das Einfügen von weiteren Links funktioniert nur auf Seiten innerhalb der OpenNMS-Webapplikation. Falls externe Programme aufgerufen werden sollen, können separate JSP-Seiten mit IFrames erstellt werden.

Wer zusätzlich die Möglichkeit haben möchte, sich mit Telnet oder SSH auf den Server zu verbinden, der kann mit den folgenden Einträgen das Menü entsprechend erweitern:

```
cmenu.commands=Node,-,Telnet,Ssh,Ping,Traceroute,-,Alarms,\
Events, ...
...
cmenu.Telnet.link=telnet://ELEMENT_LABEL
cmenu.Ssh.link=ssh://ELEMENT_LABEL
```

Die entsprechenden Protokoller der URLs können dann im Browser einer entsprechenden Anwendung zugewiesen werden. Denken Sie daran, dass OpenNMS für die URL den Gerätenamen übergibt. Wenn Sie also den Namen des Knotens manuell gesetzt haben und die Namensauflösung nicht funktioniert, dann klappt das so nicht! Aus diesem Grund ist also zu empfehlen, Gerätenamen über DNS korrekt zu pflegen, anstatt diese manuell einzugeben. Eine gut gepflegte Namensauflösung wirkt sich also nicht nur positiv auf die Qualität in Ihrem Netzwerk, sondern auch in Ihrem Netzwerkmanagement mit OpenNMS aus ;-).

18 Reports

Es gibt wohl kaum ein Thema, das so endlos und faszinierend zugleich sein kann wie Reports – wenn man Netzwerkmanagement mal außen vor lässt ;-).

Es gibt zahllose Ansätze und Ideen zum Kombinieren von Informationen für eine gelungenene Ansicht. Letztendlich sollte man sich im Grundsatz die Frage stellen, was einem ein schön aussehender Report bringt, wenn er erstens auf keinen konkreten Anwendungsfall passt und zweitens nicht verstanden wird. Um zumindest dem Thema des »Nichtverstehens« entgegenzuwirken, widmen wir ein ganzes Kapitel voll und ganz dem Thema Reporting und der Frage, welche Möglichkeiten uns OpenNMS hier bietet.

18.1 Fragen über Fragen?

Wer schon einmal für ein Netzwerk verantwortlich gewesen ist oder noch ist, hat sich sicherlich schon Fragen wie die folgenden gestellt:

- Wie gut laufen meine Dienste oder Netzwerkkomponenten?
- Wie sind meine Ressourcen ausgelastet?
- Wie lange reichen die Ressourcen vielleicht noch?
- ...

Erst mit dem Einsatz eines Netzwerkmanagement- oder Netzwerkmonitoring-Systems lassen sich solche Fragen überhaupt erst beantworten. In OpenNMS können Auswertungen über Leistungs- und Antwortzeiten und über die Verfügbarkeit von Knoten und Diensten erstellt werden. Die entsprechenden Menüpunkte, die in diesem Abschnitt ausführlich behandelt werden, sind *Reports*, *Charts* und die *KSC-Reports*.

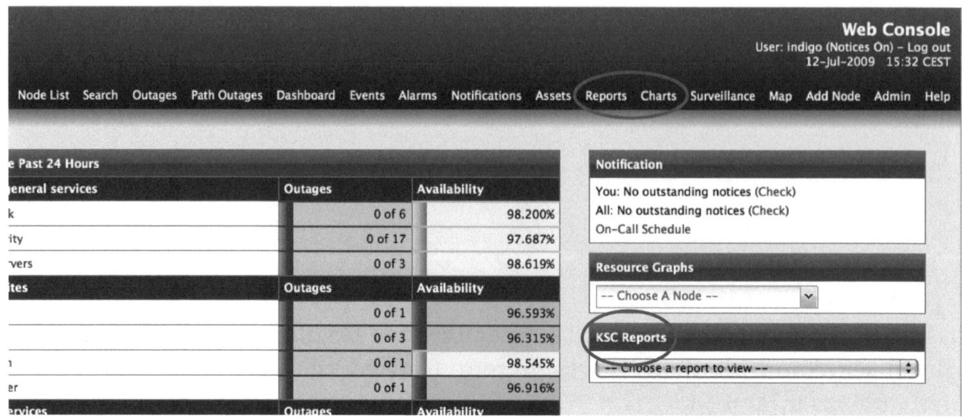

Abbildung 18.1
Reports im Menü

18.2 Reports über Leistungsdaten

Wie wir bereits in den vorangegangenen Kapiteln gelernt haben, kann OpenNMS eine Menge Daten aufzeichnen, die uns etwas über das Antwortzeitverhalten oder aber über die Leistung der Knoten sagen. Wir können uns in OpenNMS alle Graphen über den Knoten anzeigen lassen. Damit lässt sich bereits schnell über ein einzelnes Gerät ein Überblick verschaffen. Will man allerdings mehrere Geräte auf einen Blick sehen, um Trends oder Auslastungen zu erkennen, dann kann man sich die KSC-Reports zunutze machen.

18.3 Leistungsdatenübersicht mit KSC-Reports

Die KSC-Reports findet man gleich auf der ersten Seite der Weboberfläche. Bei einer neuen Installation von OpenNMS erscheint deren Anzeige noch ziemlich leer und jungfräulich. Kritische Leser werden sicher gleich fragen, was KSC denn überhaupt bedeutet. Unter KSC versteht man die *Key SNMP Customized-Reports*. Die Bezeichnung ist vielleicht nur die halbe Wahrheit – aber einfach gesagt handelt es sich um eine benutzerdefinierte Zusammenstellung von beliebigen Graphen über beliebige Knoten.

KSC-Reports: Key SNMP Customized-Reports

18.3.1 Erstellen der KSC-Reports

Die KSC-Reports erreicht man auf zwei Wegen, entweder über die *Home*-Seite in der WebUI (siehe Abb. 18.2) oder über das Hauptmenü *Reports -> KSC Performance, Nodes, Domains*.

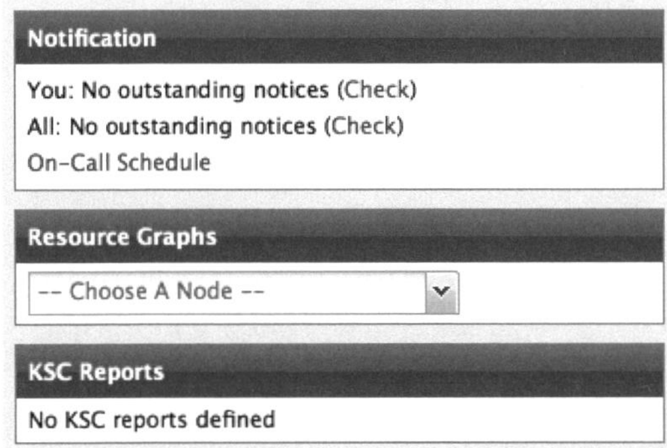

Abbildung 18.2
Keine KSC-Reports angelegt

Zu Beginn sieht man auf der linken Seite der Darstellung, welche KSC-Reports bereits angelegt sind. Im unteren Bereich können KSC-Reports erstellt, bearbeitet, gelöscht oder betrachtet werden. Mit dem Menüpunkt *Create New from Existing* kann ein bestehender Report wie von einer Vorlage kopiert und anschließend bearbeitet werden. Machen wir uns auf und erstellen uns zunächst einen Report, um uns die Auslastung von drei Servern anzuzeigen. Wir wählen *Create New* aus und bestätigen mit *Submit*.

Im nächsten Schritt wird gefragt, unter welcher Bezeichnung der KSC-Report angezeigt werden soll. Wir beschreiben in mit *»Server Systemauslastung«*. Die unteren beiden Auswahlfelder *Show Timespan Button* und *Show Graphtype Button* bestimmen, ob für den gesamten KSC-Report später eine Änderung der Zeitspanne und Graphen auswählbar sein soll. Um das Ganze mal auszuprobieren, setzen wir die Auswahl und schauen uns dann später die Funktion genauer an.

Ganz unten befindet sich noch eine kleine Auswahlbox, die festlegt, wie viele Graphen nebeneinander angezeigt werden sollen. Einen Hinweis kann ich schon einmal geben, für drei Graphen nebeneinander sollte man über eine Auflösung von 1920x1200 Pixel verfügen, ansonsten darf man ziemlich viel seitwärts scrollen. Ab diesem Zeitpunkt dürfen jetzt also Bedarfsanmeldungen geschrieben werden, denn es gibt jetzt einen handfesten Grund für große Displays auf dem Platz eines Netzwerkadministrators ;-).

Nun beginnt eigentlich der spannende und nervenaufreibendste Teil: Es müssen die gewünschten Graphen auf dem Report hin-

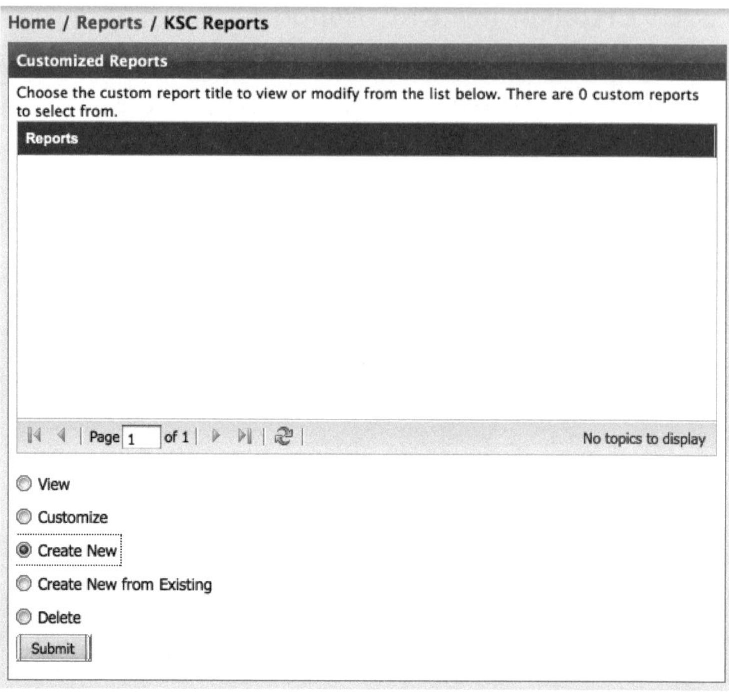

Abbildung 18.3
Erstellen eines neuen KSC-Reports

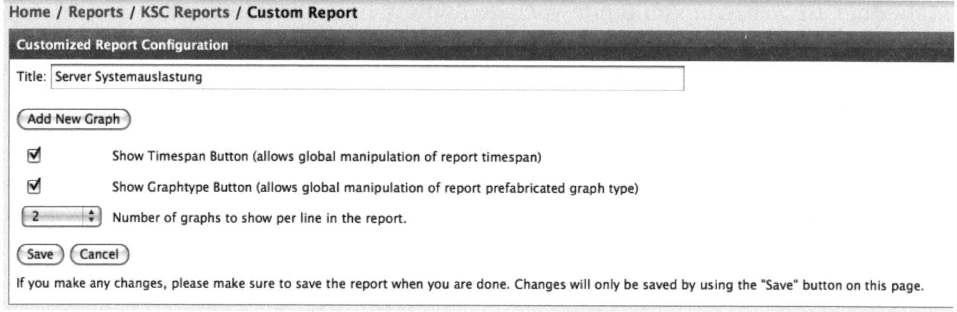

Abbildung 18.4
Benennen und Hinzufügen der Graphen

zugefügt und platziert werden! Die einzelnen Graphen werden durchnummeriert und damit die Reihenfolge bestimmt. Es wird von links oben nach rechts unten durchnummeriert und in dieser Reihenfolge werden die Graphen dann auch angezeigt.

Zuerst wählen wir den Node aus, von dem wir Graphen angezeigt haben möchten. OpenNMS zeichnet bereits im Standard eine Vielzahl von Leistungsdaten und Antwortzeiten auf, aus dieser Fülle haben wir die Qual der Wahl. Für das Beispiel der Systemauslastung wählen wir einen Server aus und lassen mit *View Child Resource* alle Ressourcen anzeigen. Wir wählen *SNMP No-*

de Data: Node-level Performance Data, denn hier werden die Leistungsdaten des Servers aufgelistet. Um nachzusehen, welche Leistungsdaten überhaupt unter dieser Ressource zur Auswahl stehen, kann man diese mit *View Child Resource* betrachten.

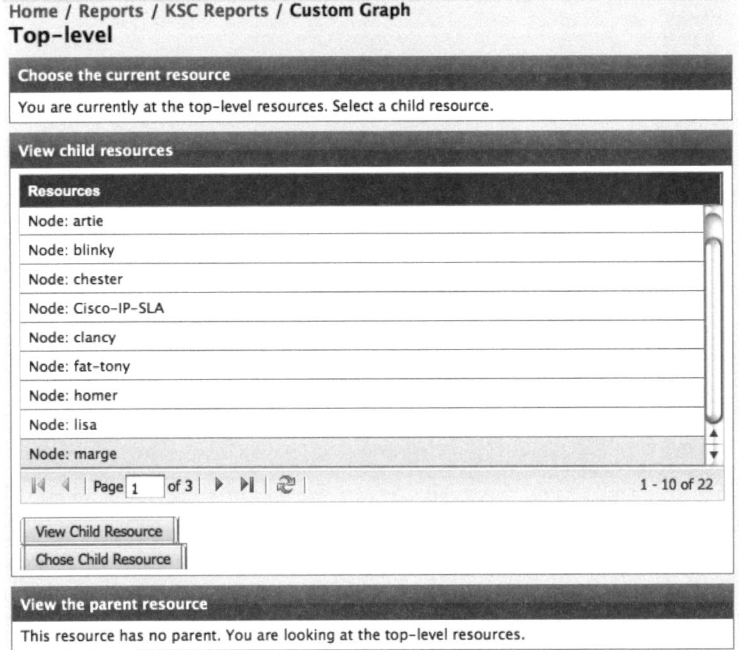

Abbildung 18.5
Knoten für die Graphen auswählen

Mit *Chose Child Resource* werden die Graphen ausgewählt. Die Auswahl der Graphen erfolgt immer vom Knoten, ausgehend über Interfacegraphen, Antwortzeiten oder Resource Types. In Abbildung 18.6 wird entsprechend unserem Beispiel *Node-level Performance Data* ausgewählt.

Damit nicht genug der Auswahl: Der Benutzer kann sich alle verfügbaren Graphen, die pro Knoten aufgezeichnet werden, anzeigen lassen (siehe Abb. 18.7). Nun wird der Graph für die CPU-Auslastung hinzugefügt. Dem Graphen kann jetzt noch eine Bezeichnung gegeben werden. Um Trends sichtbar zu machen, kann sich der Benutzer eine Zeitspanne von bis zu einem Jahr anzeigen lassen. Damit sollte auch die letzte schleichende Änderung sichtbar werden. Über den Index kann die Reihenfolge der Graphen festgelegt werden.

Der Graph wird dann gespeichert und man kann sich und seinen Arbeitskollegen wichtige Leistungsdaten zur Verfügung stellen. In Abbildung 18.9 wird die CPU-Auslastung von drei Servern nebeneinander dargestellt.

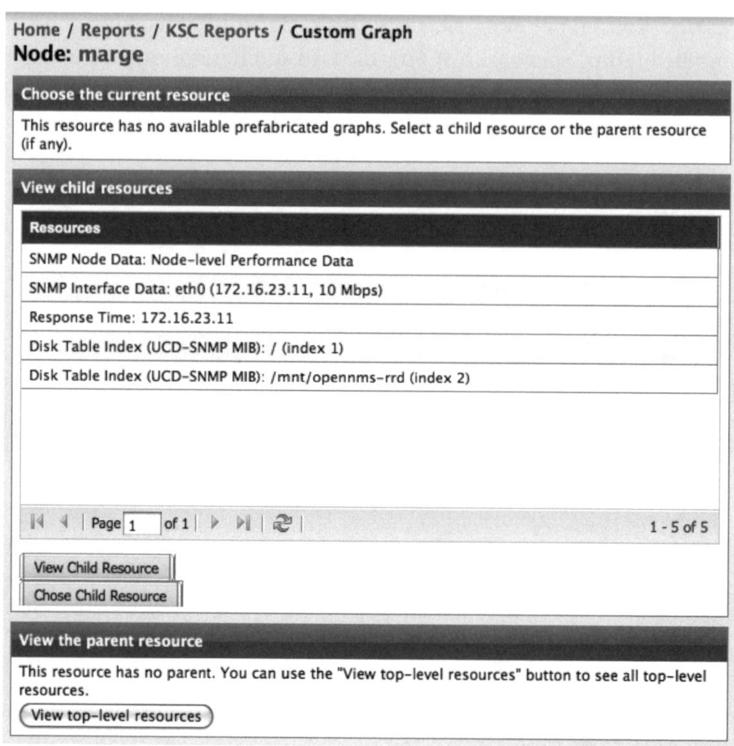

Abbildung 18.6
Ressourcen für die Graphen auswählen

Es ist natürlich auch möglich, sich die Netzwerkauslastung von wichtigen Anbindungen, die Speicherauslastung von wichtigen Netzwerkkomponenten, die Anzahl von Einwahlsitzungen oder aber die Latenzen und Antwortzeiten von wichtigen Anwendungen darstellen zu lassen. Je nach Anwendungsfall lassen sich hier verschiedenste Szenarien abbilden.

18.3.2 Konfigurationsdateien

Wer sich mit dem Thema KSC-Reports noch ein wenig genauer beschäftigen will, kommt leider um einen guten Editor und XML nicht herum. Die Konfigurationsdateien für die KSC-Reports befinden sich wie gewohnt in der Datei `$OPENNMS_HOME/etc/ksc-performance-reports.xml`. Dort werden die KSC-Reports, so wie sie in der Weboberfläche konfiguriert wurden, gespeichert. Der Aufbau ist relativ selbsterklärend. Die `Report id` legt die Reihenfolge fest, wie diese in der WebUI dargestellt werden. Mittlerweile sind die Reports alphabetisch nach Namen geordnet.

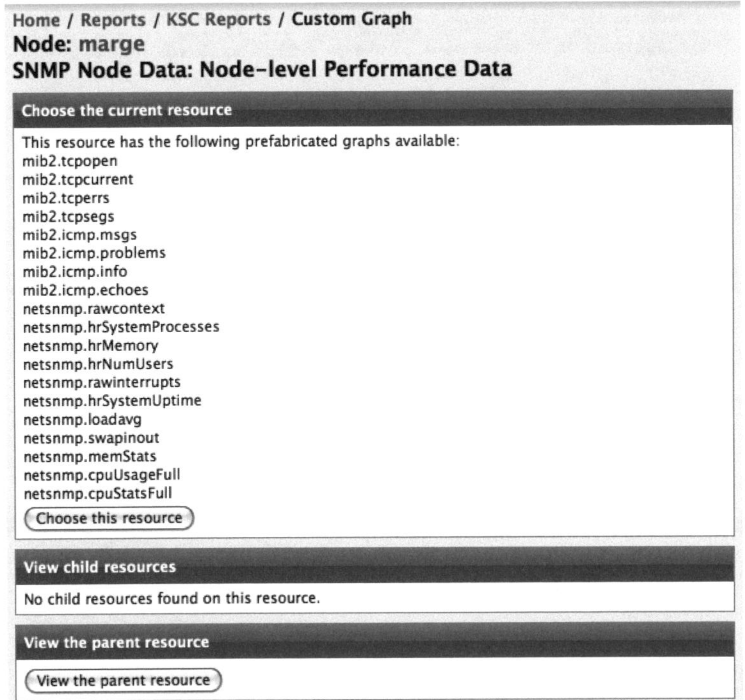

Abbildung 18.7 Anzeige, welche Graphen verfügbar sind

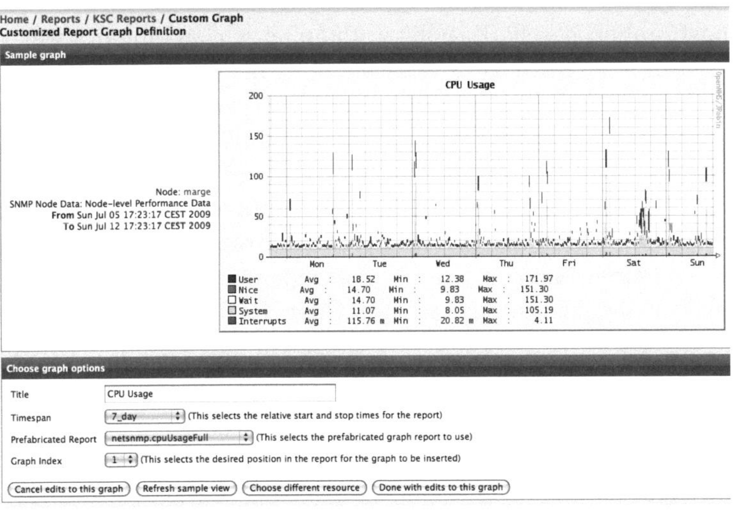

Abbildung 18.8 Gewünschten Graphen hinzufügen und konfigurieren

Anschließend kommen für den Report die entsprechenden `Resourcen`. Jeder Graph hat eine Bezeichnung über `Graph title`. Eine manuelle Bearbeitung kann also dann sinnvoll sein, wenn man sehr viele Graphen anlegen und sich mit »Copy & Pas-

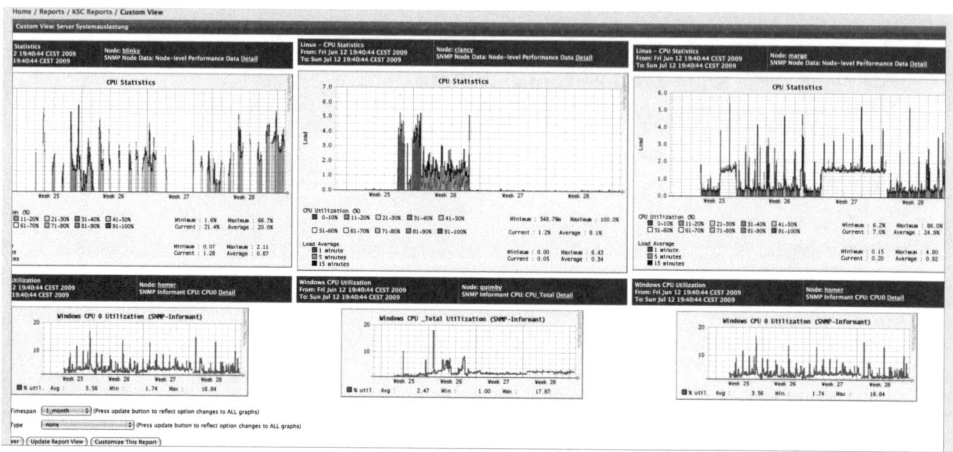

Abbildung 18.9 Beispiel eines angelegten KSC-Reports

te« das Durchklicken über die WebUI ersparen möchte. Damit die Änderungen wirksam werden, muss die WebUI oder, falls alles zusammen installiert wurde, OpenNMS neu gestartet werden.

18.4 Verfügbarkeitsreports

Bisher haben wir uns nur mit den hübsch anzusehenden Leistungsgraphen beschäftigt. Jetzt kommen wir zu einem etwas trockeneren aber nicht zu unterschätzenden Thema: die Verfügbarkeitsreports.

OpenNMS zeigt die Verfügbarkeit auf der Startseite innerhalb der letzten 24 Stunden an. Diese Verfügbarkeiten werden auf Basis von Kategorien ermittelt, die vom Benutzer frei konfigurierbar sind. Bevor wir in die Tiefen der Konfiguration tauchen, machen wir noch einen kleinen Exkurs über OpenNMS und seine Kategorien. Der Begriff »Kategorie« ist in OpenNMS ein wenig überbelegt und taucht an sehr vielen verschiedenen Stellen auf. Prinzipiell muss man wissen, dass es drei unterschiedliche Kategorien gibt:

SLA: Service Level Agreement

- *SLA-Kategorien*: Verfügbarkeit per Mail und/oder Startseite von OpenNMS
- *Überwachungskategorien*: »Surveillance-Views« und/oder verwendbar in Regeln und Filtern
- *Asset-Kategorien*: Suche über Asset-Informationen und/oder Gruppierung von Knoten für Regeln und Filter

18.4.1 SLA-Kategorien

Das Berichtswesen von OpenNMS über die Verfügbarkeit funktioniert also über SLA-Kategorien. Die Reports können dann im HTML- oder PDF-Format als E-Mail versandt werden und man kann optional eine Darstellung auf der Startseite von OpenNMS ermöglichen.

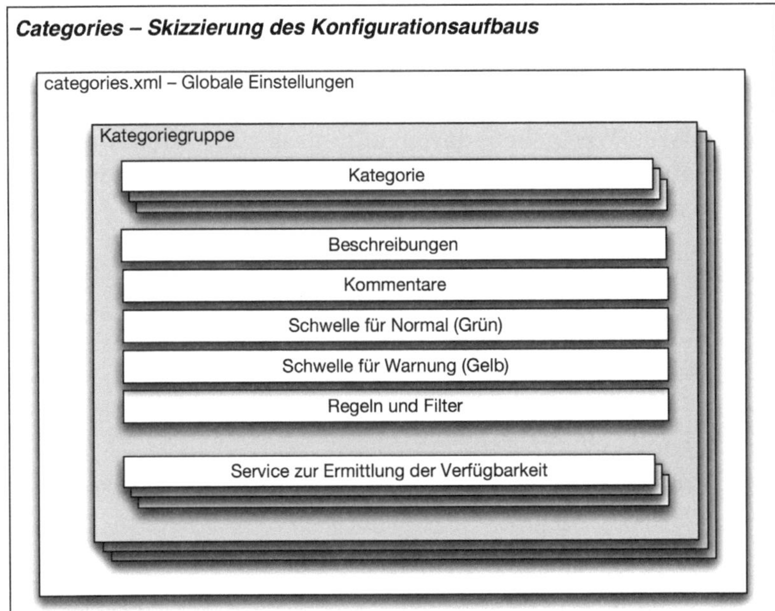

Abbildung 18.10 *Aufbau der Konfiguration categories.xml*

Die Konfiguration wird, wen wundert es, in der XML-Datei `$OPENNMS_HOME/etc/categories.xml` vorgenommen. Der Aufbau der Datei ist dabei wiederum einigermaßen selbsterklärend. Eine Kategorie wird durch eine Gruppe von Knoten, die durch eine Regel definiert werden, dargestellt. Für jede Kategorie lassen sich noch zusätzliche Eigenschaften hinterlegen. Der Kommentar wird beispielsweise beim »Mouse-Over« in der WebUI dargestellt. Um die Visualisierung der Verfügbarkeit zu beeinflussen, kann der Schwellwert für die Farbdarstellung entsprechend gesetzt werden. Im Standard werden Verfügbarkeiten in den letzten 24 Stunden, die größer als 99,99% sind, grün dargestellt, zwischen 97% und 99,99% gelb und alles unter 97% wird rot dargestellt. Der wichtigste Teil stellt jedoch die Regel für die Gruppierung der Geräte dar.

Üblicherweise kann man zwei verschiedene Regelansätze wählen: entweder die manuelle Zuordnung von Geräten über die Zugehörigkeit von Surveillance Categories oder aber automatische Zuordnungen über IP-Adressbereiche, Asset-Informationen oder SNMP-Informationen. Möchte man die Verfügbarkeiten nur von bestimmten Diensten abbilden, lassen sich über `Service` noch die entsprechenden Dienste angeben. Werden keine spezifischen Dienste angegeben, wird die Verfügbarkeit über alle Dienste ermittelt. Sinn und Zweck der Regeln ist es also, auf irgendeine Art und Weise Knoten und Dienste zu gruppieren.

Um die Funktion zu verdeutlichen, schauen wir uns ein kleines Anwendungsbeispiel an. Wir möchten die Verfügbarkeit von allen Microsoft-Windows-Servern auf denen ein Mailserver läuft, überwachen. Wir gehen davon aus, dass alle Windows-Server SNMP ausführen und in OpenNMS korrekt eingebunden sind. Wäre ja auch schade, wenn nicht.

```
<category>
  <label><![CDATA[Microsoft Windows Mail-Server]]></label>
  <comment>Alle Microsoft Server mit Mail-Diensten</comment>
  <normal>99.99</normal>
  <warning>97</warning>
  <service>SMTP</service>
  <rule>
    <![CDATA[(nodesysoid like '.1.3.6.1.4.1.311.1.1.3.1.2' |
    nodesysoid like '.1.3.6.1.4.1.311.1.1.3.1.3') & isSMTP]]>
  </rule>
</category>
```

Tipp: Um Fehler zu vermeiden, setzen Sie den Ausdruck in `<rule>ihre Regel</rule>` komplett in eine Zeile.

In diesem Beispiel werden alle Microsoft-Windows-Server und Domain Controller selektiert, die den SMTP-Dienst zur Verfügung stellen. Über den Eintrag `<service / >` wird festgelegt, über welche Dienste die Verfügbarkeit ermittelt werden soll. Es können hier beliebig viele Dienste angegeben werden.

Mit einer solchen Regel können auch neue Server oder Änderungen sehr wartungsarm abgebildet werden. Auf jeden weiteren Windows-Server, der im Netzwerk eingerichtet oder auf dem ein Maildienst installiert wird, trifft die Regel entsprechend zu und wird ohne weiteres Zutun des Administrators berücksichtigt. Falls jedoch lieber der manuelle Weg bevorzugt wird, kann auch eine Überwachungskategorie, *Surveillance Categoy*, angegeben werden. In unserem Beispiel gibt es eine Gruppe »Server« und die Regel sieht dann wie folgt aus:

```
<rule><![CDATA[catincServer & isSMTP]]></rule>
```

Die Aufgabe des Administrators ist jetzt, dafür zu sorgen, dass auch alle Knoten in der Gruppe korrekt zugeordnet sind.

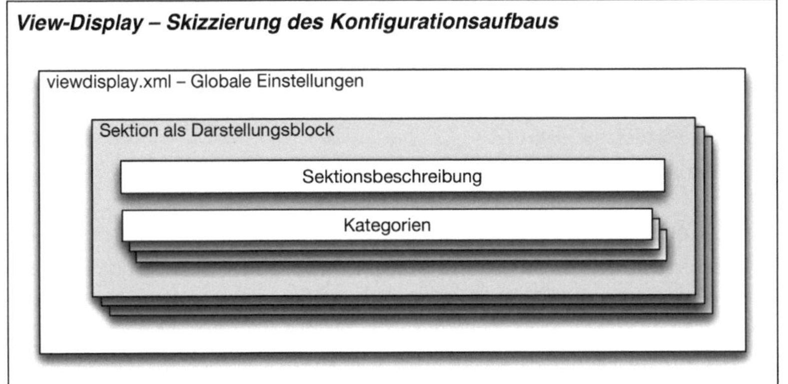

Abbildung 18.11 *Aufbau der Konfiguration viewdisplay.xml*

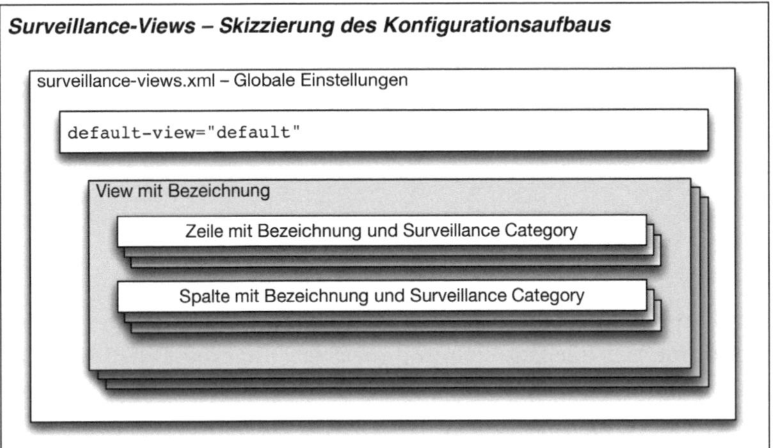

Abbildung 18.12 *Aufbau der Konfiguration surveillance-views.xml*

18.4.2 Reportformate und Ausgabe

Man kann sich die Ergebnisse auf zwei Arten betrachten: durch den Versand an eine Mailadresse oder direkt über die Weboberfläche. Die Verfügbarkeitsreports erreicht man im Menü unter *Reports –> Availability –> Run availability report*. Hat man sich bis hierhin durchgeklickt, steht man vor einer kleinen Auswahl der verfügbaren Formate:

- Grafisch im PDF-Format
- Numerisch im PDF-Format
- Numerisch im HTML-Format

Um die Qual der Wahl noch ein wenig zu erhöhen, kann man unterschiedliche Formate für die Monatsübersicht wählen:

- Klassisches Format
- Kalenderformat

Die Kalenderformate und die Dateiformate lassen sich beliebig kombinieren, damit sollte für jeden etwas dabei sein. Zum Schluss gibt man noch die SLA-Kategorie und das Ende des Reportingzeitraums an. Für den Mailversand wird der gleiche Mechanismus verwendet wie für eine Mailbenachrichtigung. OpenNMS muss also hier entsprechend konfiguriert sein.

Sollen die IT-Verantwortlichen die Verfügbarkeit täglich im Blick behalten, kann man sich die SLA-Kategorien auf der Startseite anzeigen lassen. In diesem Beispiel nehmen wir also wieder unsere allseits beliebten »Windows Mail Server« und binden diese in der Startseite von OpenNMS mit ein.

```
<section>
  <section-name><![CDATA[Server]]></section-name>
  <category><![CDATA[Microsoft Windows Mail-Server]]>
  </category>
</section>
```

Mit dem oben gezeigten Eintrag erreichen wir es, dass eine neue Trennlinie mit der Bezeichnung »Server« angezeigt wird und darunter die Verfügbarkeit der letzten 24 Stunden für alle Microsoft-Windows-Mail-Server dargestellt wird. Zusammenfassend kann man also festhalten, dass die Darstellung der Verfügbarkeiten auf der Startseite über die Datei `viewdisplay.xml` geregelt wird. Um das Reporting für bestimmte Kategorien generell zu ermöglichen, müssen diese über die Datei `categories.xml` angelegt werden.

18.5 Statistische Reports

Sie kennen doch sicherlich diese Fernsehsendungen, die Ihnen die 100 erfolglosesten oder erfolgreichsten Pop-Hits der letzten 20 Jahre präsentieren? Genau so etwas können wir auch mit OpenNMS machen. OpenNMS zeichnet bei Ihnen zwar vermutlich nicht die Verkaufszahlen der Pop-Hits auf, dafür aber eine ganze Menge anderer interessanter Leistungsdaten. OpenNMS kann Ihnen die besten N oder die schlechtesten N Geräte ermitteln und archivieren.

Um diese Auswertungen erstellen zu können, muss zunächst sichergestellt werden, dass der Dienst *Statsd* in der Datei `$OPENNMS_HOME/etc/service-configuration.xml` auskommentiert ist und daher mit OpenNMS gestartet wird.

Die Konfiguration der *Statistics Reports* wird in der Datei `$OPENNMS_HOME/etc/statsd-configuration.xml` vorgenommen. Der Statsd führt zeitgesteuert regelmäßig Analysen über die angelegten Leistungsdaten (JRB- oder RRD-Dateien) durch und überträgt die einzelnen Werte in die PostgreSQL-Datenbank.

Die einzelnen Reports können in verschiedenen *packages* gruppiert werden. Jedes Package kann demnach einen oder mehrere `packageReports` enthalten. Der Aufbau eines `packageReports` wird im folgenden Beispiel erläutert:

```
<package name="example1">
  <packageReport
      name="TopN"
      description="Top 20 ifInOctets across all nodes"
      schedule="0 20 1 * * ?" retainInterval="2592000000"
      status="on">
    <parameter key="count" value="20"/>
    <parameter key="consolidationFunction" value="AVERAGE"/>
    <parameter key="relativeTime" value="YESTERDAY"/>
    <parameter key="resourceTypeMatch" value="interfaceSnmp"/>
    <parameter key="attributeMatch" value="ifInOctets"/>
  </packageReport>
</package>
<report name="TopN" class-name=
  "org.opennms.netmgt.dao.support.TopNAttributeStatisticVisitor"/>
```

Dieser Report wird täglich um 1:20 Uhr gestartet und ermittelt über alle Netzwerkschnittstellen die Top 20 derjenigen mit den meisten eingehenden »Octets«.

Ein Octet entspricht einem Byte.

18.5.1 Gruppieren und Filtern mit »Package name«

Über den `package name` können verschiedene Reports gruppiert und strukturiert werden. Man kann beispielsweise Reports, die thematisch zusammengehören, organisieren: Reports über Latenzen, Antwortzeiten, Festplattenauslastungen, CPU-Auslastungen, Speicherauslastungen und so weiter. Seien Sie freundlich zu Ihren Kollegen und wählen Sie einen sprechenden Namen für das Package!

Innerhalb eines package ist es ebenfalls möglich, einen <filter>catincServers</filter> zu setzen. Damit werden dann nur noch alle Knoten berücksichtigt, die in der Gruppe »Servers« enthalten sind.

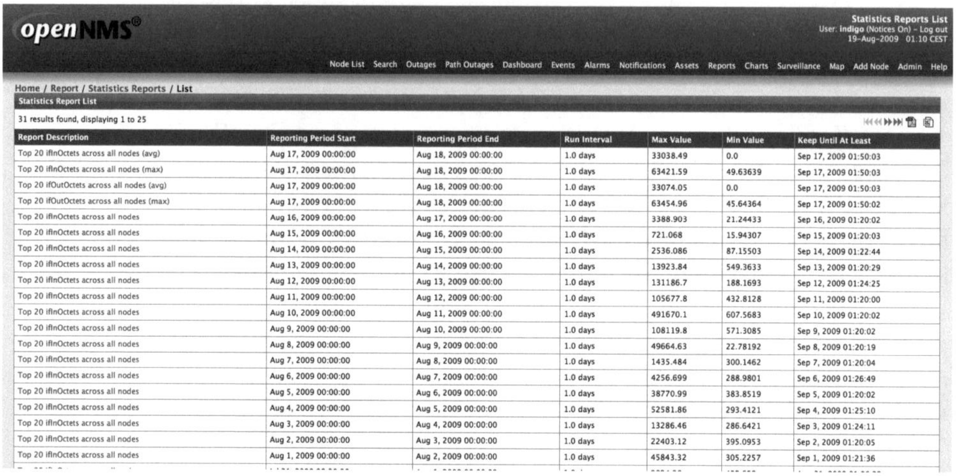

Report Description	Reporting Period Start	Reporting Period End	Run Interval	Max Value	Min Value	Keep Until At Least
Top 20 ifInOctets across all nodes (avg)	Aug 17, 2009 00:00:00	Aug 18, 2009 00:00:00	1.0 days	33038.49	0.0	Sep 17, 2009 01:50:03
Top 20 ifInOctets across all nodes (max)	Aug 17, 2009 00:00:00	Aug 18, 2009 00:00:00	1.0 days	63421.59	49.63639	Sep 17, 2009 01:50:03
Top 20 ifOutOctets across all nodes (avg)	Aug 17, 2009 00:00:00	Aug 18, 2009 00:00:00	1.0 days	33074.05	0.0	Sep 17, 2009 01:50:03
Top 20 ifOutOctets across all nodes (max)	Aug 17, 2009 00:00:00	Aug 18, 2009 00:00:00	1.0 days	63454.96	45.64364	Sep 17, 2009 01:50:02
Top 20 ifInOctets across all nodes	Aug 16, 2009 00:00:00	Aug 17, 2009 00:00:00	1.0 days	3388.903	21.24433	Sep 16, 2009 01:20:02
Top 20 ifInOctets across all nodes	Aug 15, 2009 00:00:00	Aug 16, 2009 00:00:00	1.0 days	721.068	15.94307	Sep 15, 2009 01:20:03
Top 20 ifInOctets across all nodes	Aug 14, 2009 00:00:00	Aug 15, 2009 00:00:00	1.0 days	2536.086	87.15503	Sep 14, 2009 01:22:44
Top 20 ifInOctets across all nodes	Aug 13, 2009 00:00:00	Aug 14, 2009 00:00:00	1.0 days	13923.84	549.3633	Sep 13, 2009 01:20:29
Top 20 ifInOctets across all nodes	Aug 12, 2009 00:00:00	Aug 13, 2009 00:00:00	1.0 days	131186.7	188.1693	Sep 12, 2009 01:24:25
Top 20 ifInOctets across all nodes	Aug 11, 2009 00:00:00	Aug 12, 2009 00:00:00	1.0 days	105677.8	432.8128	Sep 11, 2009 01:20:00
Top 20 ifInOctets across all nodes	Aug 10, 2009 00:00:00	Aug 11, 2009 00:00:00	1.0 days	491670.1	607.5683	Sep 10, 2009 01:20:02
Top 20 ifInOctets across all nodes	Aug 9, 2009 00:00:00	Aug 10, 2009 00:00:00	1.0 days	108119.8	571.3085	Sep 9, 2009 01:20:02
Top 20 ifInOctets across all nodes	Aug 8, 2009 00:00:00	Aug 9, 2009 00:00:00	1.0 days	49664.63	22.78192	Sep 8, 2009 01:20:19
Top 20 ifInOctets across all nodes	Aug 7, 2009 00:00:00	Aug 8, 2009 00:00:00	1.0 days	1435.484	300.1462	Sep 7, 2009 01:20:04
Top 20 ifInOctets across all nodes	Aug 6, 2009 00:00:00	Aug 7, 2009 00:00:00	1.0 days	4256.699	288.9801	Sep 6, 2009 01:26:49
Top 20 ifInOctets across all nodes	Aug 5, 2009 00:00:00	Aug 6, 2009 00:00:00	1.0 days	38770.99	383.8519	Sep 5, 2009 01:20:02
Top 20 ifInOctets across all nodes	Aug 4, 2009 00:00:00	Aug 5, 2009 00:00:00	1.0 days	52581.86	293.4121	Sep 4, 2009 01:25:10
Top 20 ifInOctets across all nodes	Aug 3, 2009 00:00:00	Aug 4, 2009 00:00:00	1.0 days	13286.46	286.6421	Sep 3, 2009 01:24:11
Top 20 ifInOctets across all nodes	Aug 2, 2009 00:00:00	Aug 3, 2009 00:00:00	1.0 days	22403.12	395.0953	Sep 2, 2009 01:20:05
Top 20 ifInOctets across all nodes	Aug 1, 2009 00:00:00	Aug 2, 2009 00:00:00	1.0 days	45843.32	305.2257	Sep 1, 2009 01:21:36

Abbildung 18.13
Liste mit ausgeführten Reports

18.5.2 Reportbeschreibung mit »packageReport«

Jetzt gehts an den eigentlichen Report, dem wir zunächst über package mit dem Attribut name erst einmal eine vernünftige Bezeichnung und mit description eine Beschreibung mitgeben. Damit der Statsd auch weiß, wann er etwas zu tun bekommt, wird ein schedule definiert. Die Syntax ist dabei ähnlich wie bei Cronjobs unter Linux-Systemen (Sekunden, Minuten, Stunden, Tag, Monat, Jahr). Damit wir unsere Datenbank nicht bis ins Unendliche füllen, kann über ein retainInterval festgelegt werden, wie lange die Daten aufbewahrt werden sollen.

Der Wert 2592000000 ist übrigens ein Monat in Millisekunden. Über count legen wir fest, welchen Umfang unser TopN-Report haben soll. Da alle Leistungsdaten aus den JRB-/RRD-Dateien ausgelesen werden, lässt sich über die consolidationFunction festlegen, ob man den AVERAGE-, MIN- oder MAX-Wert haben möchte.

Das Zeitintervall, über das die Daten ausgelesen werden, wird über relativeTime festgelegt. Hier sind die Werte LASTHOUR und YESTERDAY zulässig. Diese Definition bezieht sich dabei auf den Ausführungszeitraum des Zeitplans (schedule). Bei all den Beschreibungen fehlt natürlich jetzt noch das Allerwichtigste: die Angabe, über welche Leistungsdaten der Report eigentlich erstellt werden soll. Dazu werden die beiden Definitionen `resourceTypeMatch` und `attributeMatch` angegeben. Der `resourceTypeMatch` beschreibt dabei, wo sich die Leistungsdaten befinden. CPU, Speicher und Anzahl der Benutzer auf einem System sind unter `nodeSnmp` verfügbar. Festplatten oder Netzwerkkarten hingegen unter `hrStorageIndex` oder `interfaceSnmp`. Um mögliche `resourceType`-Werte zu ermitteln, ist ein Blick in den Bereich »Datacollection« ratsam. Über das `attributeMatch` legen wir noch fest, welche Leistungsdaten wir ermitteln wollen. Hier ist von der Anzahl der Benutzer bis hin zu eingehenden, ausgehenden Octets, verworfenen Paketen all das möglich, was mit OpenNMS in irgendeiner Form als JRB/RRD-Datei aufgezeichnet wird.

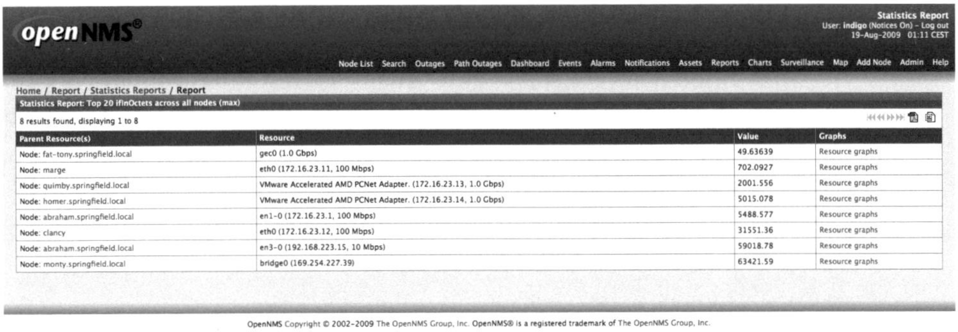

Parent Resource(s)	Resource	Value	Graphs
Node: fat-tony.springfield.local	gec0 (1.0 Gbps)	49.63639	Resource graphs
Node: marge	eth0 (172.16.23.11, 100 Mbps)	702.0927	Resource graphs
Node: quimby.springfield.local	VMware Accelerated AMD PCNet Adapter. (172.16.23.13, 1.0 Gbps)	2001.556	Resource graphs
Node: homer.springfield.local	VMware Accelerated AMD PCNet Adapter. (172.16.23.14, 1.0 Gbps)	5015.078	Resource graphs
Node: abraham.springfield.local	en1-0 (172.16.23.1, 100 Mbps)	5488.577	Resource graphs
Node: clancy	eth0 (172.16.23.12, 100 Mbps)	31551.36	Resource graphs
Node: abraham.springfield.local	en3-0 (192.168.223.15, 10 Mbps)	59018.78	Resource graphs
Node: monty.springfield.local	bridge0 (169.254.227.39)	63421.59	Resource graphs

Abbildung 18.14
Auswertung der einzelnen Reports

18.5.3 Was solls denn bitte sein? - Der »report class-name«

Es sind zwei verschiedene Reports möglich: der TopN-Report, der die N größten Werte ermittelt, sowie ein BottomN-Report, der die N niedrigsten Werte ermittelt. Die Art des Reports wird dann entsprechend mit der Klasse `TopNAttributeStatisticVisitor` oder `BottomNAttributeStatisticVisitor` definiert.

Bei all den Reports sollte man jedoch nicht vergessen, dass hier zusätzliche Last auf den Festplatten erzeugt wird. Der Statsd läuft zu den angegebenen Uhrzeiten über alle JRB/RRD-Daten und verursacht damit zusätzliche I/O-Last. Verlieren Sie also bei großen Installationen die Festplattenleistung Ihres OpenNMS-Servers nicht aus den Augen!

Der Statsd beginnt seinen Dienst allerdings erst nach einem Neustart und schreibt dann brav alle Werte in die PostgreSQL-

Datenbank. Die Daten stehen anschließend auch über die WebUI bereit (siehe Abb. 18.13 und 18.14).

18.6 Charts

In den bisherigen Abschnitten waren nur die Leistungsgraphen und die Maps etwas fürs Auge. Die weiteren Daten kommen ziemlich einheitlich in Tabellen und Textstruktur daher. Damit wir unseren Augen mal wieder etwas Gutes antun können, haben sich die Entwickler eine auf den ersten Blick unscheinbare, aber ziemlich feine Sache einfallen lassen: die *Charts*.

Mit der Standardinstallation kommt OpenNMS mit drei unterschiedlichen Charts daher, die wir uns getreu der Devise, »erst mal anschauen, dann anfassen« zu Gemüte führen. Für den Anfang sei gesagt, dass hier wie immer XML, XML und noch einmal XML sowie auch SQL Kenntnisse gefragt sind. Wir werden aber am Ende noch Beispiele zum Ausprobieren mitgeben, die als Inspiration oder Vorlage zu eigenen Ergänzungen oder Änderungen genutzt werden können.

Über das Hauptmenü in der WebUI erreichen wir den Menüpunkt *Charts*. Bei einer jungfräulichen Installation zeigt uns OpenNMS die folgenden drei Charts an:

- Alarms - Severity Chart
- Last 7 Day Outages - Outages Chart
- Node Inventory

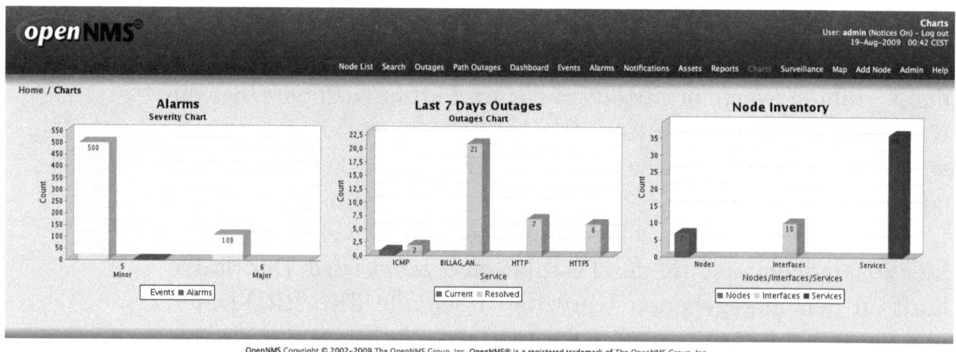

Abbildung 18.15 *Standardcharts in OpenNMS*

Was sagen uns diese Diagramme jetzt eigentlich? Das erste Diagramm mit der Bezeichnung *Alarms - Severity Chart* zeigt alle Ereignisse, deren Schweregrad schlimmer als »Warning« ist, sowie die entsprechenden Alarmeinträge an. Im mittleren Diagramm werden alle Störungen der letzten sieben Tage angezeigt, wobei gelöste und noch offene Störungen im Diagramm mit dargestellt werden. Im letzten wird dargestellt, wie viele Dienste, Knoten und Netzwerkschnittstellen in OpenNMS erfasst sind. Diese kleine Auswahl lässt vermuten, dass sich hinter diesen Diagrammen Informationen aus der PostgreSQL-Datenbank von OpenNMS befinden. Genau hier kommt dann der SQL-Teil ins Spiel, dazu aber später mehr.

Die Charts werden in der Datei `$OPENNMS_HOME/etc/chart-configuration.xml` konfiguriert. Sie werden sich vermutlich wundern, warum in Abbildung 18.15 die Graphen so wunderschön dreidimensional aussehen, wohingegen Ihre nur platt zweidimensional dargestellt werden? Wir fangen klein an und passen die entsprechende Datei an. Die Konfiguration eines Charts unterteilt sich grob in drei Teile:

- Beschreibung des Charts
- Format und Aussehen
- Datenbasis

Starten wir nun mit dem ersten Konfigurationsteil: der Beschreibung und dem Aussehen der Charts. Die meisten Attribute sind wiederum selbsterklärend, werden jedoch zum Verständnis ein wenig erläutert. Jeder Chart hat einen Namen, der in `bar-chart name` bestimmt wird. Über die `variation` können wir festlegen, ob die Charts in 2D oder 3D dargestellt werden sollen. Wenn Sie also möchten, dass die Charts wie im Screenshot aussehen, dann können Sie an dieser Stelle schon einmal den ersten Hebel ansetzen und alles, was «`2d`« heißt mit »`3d`« ersetzen (und OpenNMS neu starten). Über Geschmack lässt sich ja bekanntlich streiten – ich habe für die Beispiele die 3D-Ansicht gewählt.

```
<tns:bar-chart name="sample-bar-chart3"
      variation="2d"
      domain-axis-label="Nodes/Interfaces/Services"
      show-legend="true"
      plot-orientation="vertical"
      draw-bar-outline="true"
      range-axis-label="Count"
      show-urls="false"
  show-tool-tips="false">
```

Hervorzuheben sind noch die beiden Attribute domain-axis-label und range-axis-label: Dort werden die Achsenbeschreibungen des Charts angegeben. Der folgende Abschnitt beschreibt, wie das Diagramm dargestellt werden soll. Über title kann eine Überschrift für das Diagramm angegeben werden. Über die Parameter hz-size und vz-size lässt sich die Größe beeinflussen:

```
<tns:title font="SansSerif" style=""
    value="Node Inventory" pitch="12" />
<tns:image-size>
  <tns:hz-size>
    <tns:pixels>450</tns:pixels>
  </tns:hz-size>
  <tns:vt-size>
    <tns:pixels>300</tns:pixels>
  </tns:vt-size>
</tns:image-size>
```

Nun wird beschrieben, wie der Diagrammhintergrund aussehen soll, ob Raster angezeigt werden sollen und welche Farbe diese haben:

```
<tns:grid-lines visible="true">
  <tns:rgb>
    <tns:red>
      <tns:rgb-color>255</tns:rgb-color>
    </tns:red>
    <tns:green>
      <tns:rgb-color>255</tns:rgb-color>
    </tns:green>
    <tns:blue>
      <tns:rgb-color>255</tns:rgb-color>
    </tns:blue>
  </tns:rgb>
</tns:grid-lines>
```

In OpenNMS existiert momentan nur die Möglichkeit, Balkendiagramme zu erstellen. Wie diese farblich gestaltet werden, lässt sich über den folgenden Konfigurationsteil beschreiben. Die Farbwerte sind dabei in RGB-Notation angegeben: 0 0 0 bedeutet Schwarz und 255 255 255 ist die Farbe Weiß.

RGB: Der Farbwert setzt sich aus den Anteilen in Rot, Grün und Blau zusammen.

Die Balken werden über sogenannte series definiert. In diesem Beispiel wird jeder series eine einzelne SQL-Abfrage zugeordnet. Series 1 stellt die Knoten dar, Series 2 die Netzwerkschnittstellen und Series 3 letztendlich die Anzahl der Dienste in OpenNMS. Wir werden uns später in einem Beispiel ansehen, wie eine Series den zeitlichen Verlauf abbilden kann.

```
<tns:series-def number="1"
    series-name="Nodes" use-labels="true" >
      <tns:jdbc-data-set db-name="opennms"
        sql="select 'Nodes', count(*) from node" />
  <tns:rgb>
    <tns:red>
      <tns:rgb-color>255</tns:rgb-color>
    </tns:red>
    <tns:green>
      <tns:rgb-color>0</tns:rgb-color>
    </tns:green>
    <tns:blue>
      <tns:rgb-color>0</tns:rgb-color>
    </tns:blue>
  </tns:rgb>
</tns:series-def>
<tns:series-def number="2"
  series-name="Interfaces" use-labels="true" >
      <tns:jdbc-data-set db-name="opennms"
        sql="select 'Interfaces', count(*)
             from ipinterface" />
  <tns:rgb>
    <tns:red>
      <tns:rgb-color>0</tns:rgb-color>
    </tns:red>
    <tns:green>
      <tns:rgb-color>255</tns:rgb-color>
    </tns:green>
    <tns:blue>
      <tns:rgb-color>0</tns:rgb-color>
    </tns:blue>
  </tns:rgb>
</tns:series-def>
<tns:series-def number="3"
  series-name="Services" use-labels="true" >
      <tns:jdbc-data-set db-name="opennms"
        sql="select 'Services', count(*)
             from ifservices" />
  <tns:rgb>
    <tns:red>
      <tns:rgb-color>0</tns:rgb-color>
    </tns:red>
    <tns:green>
      <tns:rgb-color>0</tns:rgb-color>
    </tns:green>
    <tns:blue>
      <tns:rgb-color>255</tns:rgb-color>
    </tns:blue>
  </tns:rgb>
</tns:series-def>
</tns:bar-chart>
```

Das Nonplusultra der Charts sind dabei die SQL-Statements. Die oben gezeigten Abfragen sind relativ einfach und zählen über `count(*)` etwas zusammen. Mit den nächsten Beispielen sollen Anreize zum Selbstausprobieren gegeben werden. Hier wird deutlich, dass OpenNMS eine sehr flexibel konfigurierbare Plattform ist. Für einen ersten Anlaufpunkt kann auf jeden Fall auf das gut dokumentierte Datenbankschema im OpenNMS-Wiki hingewiesen werden.

18.6.1 Mein erster eigener Chart: »Störungen pro Tag«

Nun möchten wir uns ansehen, wie sich die Störungen im aktuellen Monat entwickeln. Als Allerertes stellt sich die Frage, wo man diese Informationen herbekommt. Alle Störungen werden in der Tabelle `outages` in der OpenNMS-Datenbank aufgezeichnet. Um sich mit der OpenNMS-Datenbank vertraut zu machen, können Tools, wie das quelloffene *PGAdminIII* (für verschiedenste Plattformen verfügbar), verwendet werden. Das folgende SQL-Statement zeigt uns die Summe aller Störungen pro Tag im aktuellen Monat an:

```
SELECT
  extract(DAY from outages.iflostservice) as day_of_month,
  count(*) as outages_count
FROM
  outages
WHERE
  extract(MONTH from outages.iflostservice) =
    extract(MONTH from now()) AND
  extract(YEAR from outages.iflostservice) =
    extract(YEAR from now())
GROUP BY
  day_of_month
ORDER BY
  day_of_month;
```

Achtung: Dieser SQL-Ausdruck muss in der Chart-Konfiguration als »Einzeiler« eingefügt werden. Um jedoch den Ausdruck besser lesen zu können, wurde er hier über mehrere Zeilen formatiert.

Die Ausgabe auf einer Konsole kann dann ungefähr so aussehen:

```
 outage_day | per_day
------------+---------
          1 |      17
          2 |       7
          3 |       3
          4 |      11
          5 |      14
          6 |      22
          7 |      19
          8 |      23
          9 |       8
         10 |       4
         11 |       1
         12 |       2
         13 |       3
         14 |      10
         15 |      12
         16 |       2
         17 |       6
         18 |       2
         19 |       3
         20 |       1
         21 |       3
(21 rows)
```

Da gerade der 21. August ist, wird die Anzahl der Störungen des aktuellen Monats aufgelistet. Das SQL-Statement ist schon einmal die halbe Miete. Das monatliche Histogramm über die Störungen soll am Ende so aussehen wie in Abbildung 18.16.

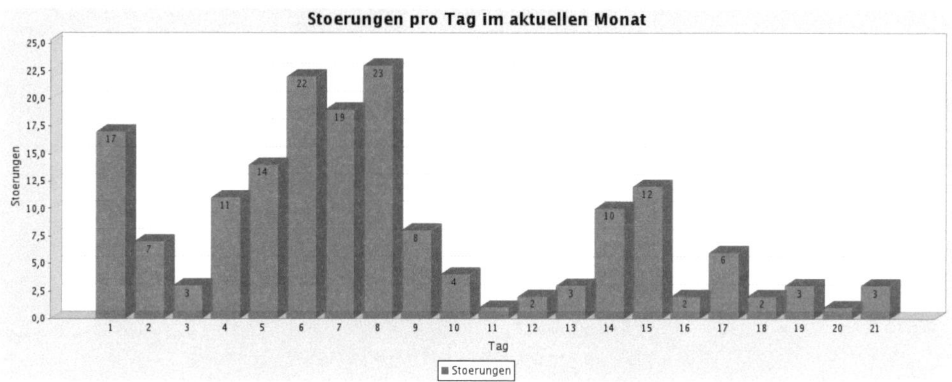

Abbildung 18.16
Anzahl der Störungen im aktuellen Monat pro Tag

Mit dem SQL-Statement packen wir jetzt alles zusammen in eine Chart-Definition. Wir geben dem Chart über `bar-chart name` einen Namen und beschreiben die X-Achse mit `Tag` und die Y-Achse mit `Stoerungen` (wie in der Packungsbeilage schon erwähnt, sollte man auf Umlaute verzichten):

```
<tns:bar-chart name="stoerungen_pro_tag_akt_monat"
      variation="3d"
      domain-axis-label="Tag"
      show-legend="true"
      plot-orientation="vertical"
      draw-bar-outline="true"
      range-axis-label="Stoerungen"
      show-urls="false"
  show-tool-tips="false">
```

Den Konfigurationsteil mit `grid-lines` übernehmen wir ohne weitere Änderungen. Als Nächstes fügen wir unsere `series definition` ein:

```
<tns:series-def number="1" series-name="Stoerungen"
                use-labels="true" >
      <tns:jdbc-data-set db-name="opennms"
        sql="select extract(DAY
             from outages.iflostservice) as day_of_month,
                  count(*) as outages
             from outages
             where
               extract(MONTH from outages.iflostservice) =
                 extract(MONTH from now()) AND
               extract(YEAR from outages.iflostservice) =
                 extract(YEAR from now())
            group by
              day_of_month
            order by
              day_of_month" />
      <tns:rgb>
        <tns:red>
          <tns:rgb-color>242</tns:rgb-color>
        </tns:red>
    <tns:green>
      <tns:rgb-color>101</tns:rgb-color>
    </tns:green>
    <tns:blue>
      <tns:rgb-color>34</tns:rgb-color>
    </tns:blue>
  </tns:rgb>
</tns:series-def>
</tns:bar-chart>
```

Hinweis: Es ist darauf zu achten, dass der SQL-Ausdruck ohne Zeilenumbruch einzufügen ist. Da die Buchseiten leider nicht unendlich breit sind, wurde er hier entsprechend formatiert.

Wie wir sehen, lässt sich damit relativ leicht über den aktuellen Monat verfolgen, an welchem Tag es besonders häufig Störungen gegeben hat oder nicht. Wenn man OpenNMS als zentrales Logging-Werkzeug für Syslog und SNMP-Traps verwendet, kann man das gleiche Histogramm auch für Ereignisse erstellen. Der entsprechende SQL-Ausdruck muss dann wie folgt aussehen:

```
SELECT
  extract(DAY from events.eventtime) as day_of_month,
  count(*) as event_count
FROM
  events
WHERE
  extract(MONTH from events.eventtime) =
    extract(MONTH from now()) AND
  extract(YEAR from events.eventtime) =
    extract(YEAR from now())
GROUP BY
  day_of_month
ORDER BY
  day_of_month
```

Der Diagrammtitel und die Achsenbeschriftung sind wie im oberen Beispiel anzupassen. Das Ergebnis ist in Abbildung 18.17 dargestellt. Als Ideenanreiz kann man noch erwähnen, dass das

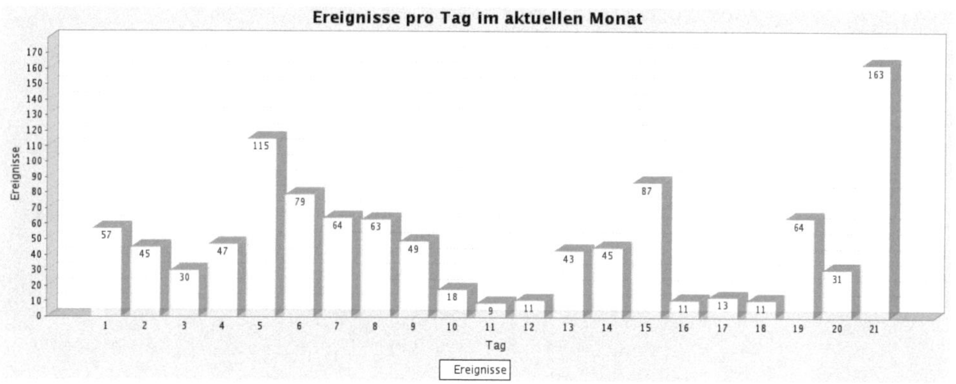

Abbildung 18.17 *Anzahl der Ereignisse im aktuellen Monat pro Tag*

Störungshistogramm auch für Knoten in bestimmten Surveillance Categoies erstellt werden kann. Hierzu müssen die Tabellen `outages`, `categories` und `category_node` über die entsprechenden `IDs` verknüpft werden.

Ein Blick unter die Motorhaube von OpenNMS lohnt sich also, denn die wirkliche Mächtigkeit sieht man oft erst auf den zweiten Blick!

18.6.2 Wir kombinieren! – Charts über statistische Daten

Jetzt wirds interessant! Aus dem Abschnitt über statistische Reports haben wir gelernt, dass der Statsd die TopN- oder BottomN-Werte aus den JRB-Dateien in die SQL-Datenbank überführt. Mit den Charts haben wir gesehen, wie man Daten aus der SQL-Datenbank visualisieren kann. Es liegt also irgendwie nahe, die beiden Methoden miteinander zu kombinieren.

Zunächst ein kleiner Anwendungsfall, der abgebildet werden soll: In einem Histogramm soll über den aktuellen Monat ein Verlauf der Top-20-Geräte angezeigt werden, die den meisten Netzwerkverkehr eingehend und ausgehend verursachen.

Wir haben ja bereits einen statistischen Report für die Top-20-Geräte über den eingehenden Netzwerkverkehr erstellt (siehe Abschnitt 18.5). Wir erweitern das Ganze noch um ausgehenden Netzwerkverkehr. Im folgenden Beispiel wurde eine separate Gruppe angelegt und es wird zwischen ein- und ausgehenden *Octets* unterschieden. Zusätzlich werden aus den JRB-Dateien die Top-20-`AVERAGE`-Werte ausgelesen. Die Konfiguration in `statsd-configuration.xml` sieht dann wie folgt aus:

```
<package name="In-Out-Traffic">
  <packageReport name="TopN-inoctets"
      description="Top 20 ifInOctets across all nodes"
      schedule="0 20 1 * * ?" retainInterval="2592000000"
      status="on">
    <parameter key="count" value="20"/>
    <parameter key="consolidationFunction" value="AVERAGE"/>
    <parameter key="relativeTime" value="YESTERDAY"/>
    <parameter key="resourceTypeMatch" value="interfaceSnmp"/>
    <parameter key="attributeMatch" value="ifInOctets"/>
  </packageReport>
  <packageReport name="TopN-outoctets"
      description="Top 20 ifOutOctets across all nodes"
      schedule="0 20 1 * * ?" retainInterval="2592000000"
      status="on">
    <parameter key="count" value="20"/>
    <parameter key="consolidationFunction" value="AVERAGE"/>
    <parameter key="relativeTime" value="YESTERDAY"/>
    <parameter key="resourceTypeMatch" value="interfaceSnmp"/>
    <parameter key="attributeMatch" value="ifOutOctets"/>
  </packageReport>
</package>
<report name="TopN-inoctets" class-name=
"org.opennms.netmgt.dao.support.TopNAttributeStatisticVisitor"/>
<report name="TopN-outoctets" class-name=
"org.opennms.netmgt.dao.support.TopNAttributeStatisticVisitor"/>
```

Wir werden jetzt also täglich die entsprechenden Werte in die SQL-Datenbank eingelesen bekommen.

Um den entsprechenden Chart dafür zu erzeugen, benötigen wir zwei SQL-Abfragen: eine über den summierten eingehenden Traffic und eine für den summierten ausgehenden Traffic. Jede SQL-Abfrage wird einer `series definition` zugewiesen. Für die `series-def number=1` hinterlegen wir die folgende SQL-Abfrage:

```
SELECT
  extract(DAY FROM statisticsreport.startdate) AS top20_day,
  sum(value)/1024 AS sum_top20_perday
FROM
  statisticsreport
LEFT JOIN
  statisticsreportdata
ON
  (statisticsreport.id = statisticsreportdata.reportid)
WHERE
  extract(MONTH from startdate) = extract(MONTH from now()) AND
  extract(YEAR from startdate) = extract(YEAR from now()) AND
  description = 'Top 20 ifInOctets across all nodes'
GROUP BY top20_day
ORDER BY top20_day
```

Um die Informationen für den ausgehenden Traffic im selben Histogramm zu sehen, fügen wir eine weitere `series-def number=2` ein. Die Abfrage unterscheidet sich lediglich in der `WHERE`-Bedingung und filtert auf die Reports mit der Bezeichnung `Top 20 ifOutOctets accross all nodes`.

```
SELECT
  extract(DAY FROM statisticsreport.startdate) AS top20_day,
  sum(value)/1024 AS sum_top20_perday
FROM
  statisticsreport
LEFT JOIN
  statisticsreportdata
ON
  (statisticsreport.id = statisticsreportdata.reportid)
WHERE
  extract(MONTH from startdate) = extract(MONTH from now())
  AND
  extract(YEAR from startdate) = extract(YEAR from now())
  AND
  description = 'Top 20 ifOutOctets across all nodes'
GROUP BY
  top20_day
ORDER BY
  top20_day
```

Wie das Ganze dann aussehen kann, zeigt Abbildung 18.18 Man sollte jedoch auch immer im Hinterkopf behalten, wie sich die Daten zusammensetzen. Gibt es beispielsweise einen zentralen Backup-Server, dann wird dieser sehr wahrscheinlich extrem viel Netzwerkverkehr verursachen und kann damit die Aussage des Charts sehr stark beeinflussen.

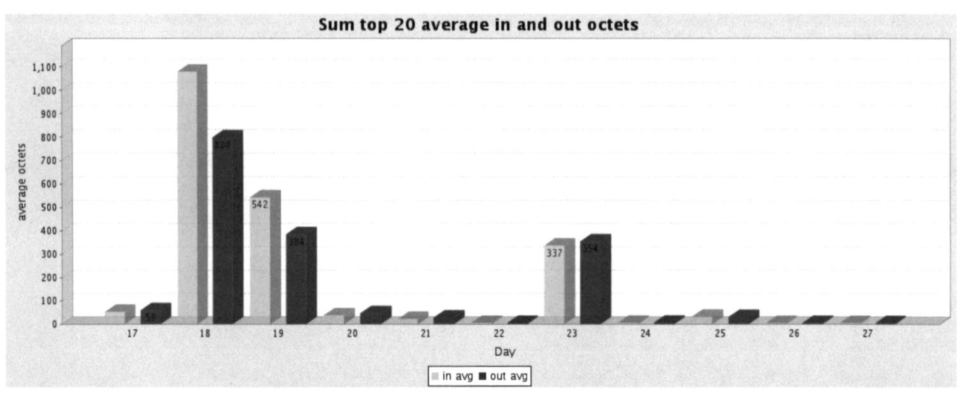

Abbildung 18.18
Summe der Top-20-Geräte mit dem höchsten Netzwerkverkehr im aktuellen Monat

Mit den Statistiken und Charts hat OpenNMS sehr wirkungsvolle Werkzeuge an Bord, die auch für Langzeitbetrachtungen genutzt werden können. Sowohl die Aufbewahrungszeiten als auch die Charts sind konfigurierbar und das entsprechende SQL-Wissen lässt sich verhältnismäßig schnell erlernen.

19 Automations

Es gibt Dinge, die lassen sich nur im Zusammenhang verstehen: Ein einzelner Service verabschiedet sich – das führt in größeren Umgebungen nicht zu einem Großalarm. Alle Webservices einer bestimmten Applikation sind nicht mehr verfügbar, das ist kritisch. Aber wie merkt man das?

Eine Möglichkeit besteht darin, sich das Dashboard anzeigen zu lassen. Das Dashboard kann so konfiguriert werden, dass über eine geschickte Auswahl der Kategorien klar wird, wie viele Webservices einer Applikation verfügbar sind. Diese *User-Procedure* funktioniert ganz gut, wenn stets jemand das Dashboard im Blick hat. Aber was macht man, wenn man kein Unternehmen mit einem 24x7 besetzten Network Operations Center ist?

Eine User-Procedure wird immer dann gewählt, wenn man nicht weiterweiß ;-).

Ganz einfach: Man lässt OpenNMS die Arbeit machen und wartet auf eine Notification.

Diese Funktion in OpenNMS, die für »den Überblick« zuständig ist, nennt sich *Automation*. Eine Automation besteht aus einem Trigger und einer auszuführenden Aktion. Konfiguriert werden die Automations ebenfalls in der Datei `$OPENNMS_HOME/etc/vacuumd-configuration.xml`. Der erste Eintrag für eine Automation sieht so aus:

```
<automation name="createTickets" interval="30000" active="true"
  trigger-name="selectNullTicketStateAlarms"
  action-name="acknowledgeAlarm"
  action-event="createTicket" />
```

Neben dem Namen (`name`) wird auch das Intervall (`interval`) angegeben, in dem die Automation ausgeführt werden soll. OpenNMS-typisch werden auch hier handliche Millisekunden verwendet. Die 30.000 Millisekunden für `createTickets` sind 30 Sekunden, diese Automation wird also recht häufig ausgeführt.

Der Trigger für die Automation ist `select NullTicketStateAlarms` und ist weiter unten definiert:

```
<!-- Find Alarms that are older than 15 minutes with
  no Ticket ID (Only works with PostgreSQL 8.1 or better) -->
<trigger name="selectNullTicketStateAlarms"
  operator="&gt;=" row-count="1" >
  <statement>
    SELECT
      a.alarmid AS _alarmid,
      a.eventuei AS _eventuei,
      'admin' AS _user,
      a.tticketID AS _tticketID,
      now() AS _ts
    FROM
      alarms a
    WHERE
      a.severity &gt; 2 AND
      ( a.alarmType = 1 OR a.alarmType = 3 ) AND
      a.alarmAckUser is NULL AND
      a.tticketState IS NULL AND
      GREATEST(lastautomationtime, lasteventtime) &lt;
        now() - interval '15 minutes'
  </statement>
</trigger>
```

Die mathematischen Operatoren (>,<,>=,<=) müssen in der XML-Datei maskiert werden.

Bemerkenswert an dieser Definition ist zunächst, dass anstelle der Zeichen die korrekte HTML-Bezeichnung für die mathematischen Operatoren genutzt wird. In der Definition für den Trigger wird zuerst festgelegt, unter welcher Bedingung der Trigger als ausgelöst gilt. Sobald das folgende Statement eine oder mehrere Ergebniszeilen zurückgibt, wird der Trigger ausgelöst – der Operator ist >= und `row-count` ist auf 1 gesetzt.

Dann folgt das Statement, das auf der OpenNMS-Datenbank ausgeführt wird. Damit wird auch klar, dass nur Szenarien durch Automations abgedeckt werden können, die sich aus der Datenbank heraus abbilden lassen. In irgendeiner Form müssen die Ereignisse aus der Datenbank herauslesbar sein. Dort sind wiederum der Freiheit keine Grenzen gesetzt.

Der Trigger muss allerdings ein `SELECT`-Statement sein. Ein Trigger ist für die Automation aber nicht zwingend notwendig – wenn man in bestimmten Zeitintervallen bestimmte Aktionen ausführen möchte, kann das auch ohne Trigger konfiguriert werden. Wenn der Trigger ausgelöst wird, kommt die Aktion. Zuerst wird die Aktion mit der Bezeichnung `acknowledgeAlarm` in der Datenbank ausgeführt:

```
<action name="acknowledgeAlarm" >
  <statement>
    UPDATE
      alarms
    SET
      alarmackuser = ${_user},
      alarmacktime = ${_ts},
      lastautomationtime = ${_ts}
    WHERE
      alarmid = ${_alarmid}
  </statement>
</action>
```

Hier werden die im Trigger gefundenen Alarme auf *Acknowledged* gesetzt und damit aus der Eskalation herausgenommen. Die im Trigger als Ergebnis gelieferten Werte stehen der Aktion zur Verfügung. In diesem Beispiel wird über `${_ts}` auf den im Trigger bestimmten Timestamp zugegriffen.

Schließlich folgt das auszulösende Event (`action-event`):

```
<action-event name="createTicket" for-each-result="true">
  <assignment type="field" name="uei"
    value="uei.opennms.org/troubleTicket/create" />
  <assignment type="parameter" name="alarmUei"
    value="${_eventuei}" />
  <assignment type="parameter" name="user"
    value="${_user}" />
  <assignment type="parameter" name="alarmId"
    value="${_alarmid}" />
</action-event>
```

Das Ergebnis des ausgelösten Triggers ist wiederum ein Event, nicht mehr. Was dann mit diesem Event geschieht, hängt von der OpenNMS-Konfiguration ab. In diesem Fall erwartet man, dass aufgrund des Events `uei.opennms.org/troubleTicket/create` ein Programm ein Ticket in einem Ticketing-System erzeugt. Welches Programm das macht und in welchem Ticketing-System das geschieht, ist OpenNMS gleich, denn es erzeugt zunächst nur den Event.

Kleines Beispiel? Gerne. Nehmen wir an, ich habe eine USV, die mir für jede Spannungsspitze einen SNMP-Trap schickt. Die SNMP-Traps wandele ich innerhalb OpenNMS in einen Event namens `uei.opennms.org/MeineUSV/zuckt` um. Wenn ich in fünf Minuten mehr als drei Spannungsspitzen in meinem System habe, möchte ich gerne eine Notification erhalten. Die Notification binde ich auf einen Event namens `uei.opennms.org/MeineStromversorgung/istschlecht`. Meine Automation soll also Folgendes tun:

1. Zähle alle 30 Sekunden, wie viele Events vom Typ `uei.opennms.org/MeineUSV/zuckt` es in den letzten fünf Minuten gegeben hat.
2. Sind das mehr als drei, dann löse den Event `uei.opennms.org/MeineStromversorgung/istschlecht` aus.

Diese Events muss ich OpenNMS erst erklären. Dazu lege ich die Datei `meine.events.xml` im Verzeichnis `$OPENNMS_HOME/etc/events` an:

```
<events>
  <event>
    <uei>uei.opennms.org/MeineUSV/zuckt</uei>
    <event-label>MeineUSVzuckt</event-label>
    <descr>
      &lt;p&gt;Spannungsspitze auf USV.&lt;/p&gt;
    </descr>
    <logmsg dest='logndisplay'>
      &lt;p&gt;Spannungsspitze: %parm[#1]%.&lt;/p&gt;
    </logmsg>
    <severity>Normal</severity>
  </event>
  <event>
    <uei>uei.opennms.org/MeineStromversorgung/istschlecht</uei>
    <event-label>MeineStromversorgungistschlecht</event-label>
    <descr>
      &lt;p&gt;Qualitaetsprobleme bei der Stromversorgung.
      &lt;/p&gt;
    </descr>
    <logmsg dest='donotpersist'>
      &lt;p&gt;Stromversorgungsprobleme.&lt;/p&gt;
    </logmsg>
    <severity>Normal</severity>
  </event>
</events>
```

Im Bereich `<automations>` der Datei `vacuumd-configuration.xml` wird anschließend eine neue Automation angelegt:

```
<automation name="MeineAutomation" interval="30000"
  active="true"
  trigger-name="Spannungsspitzen"
  action-name="Spitzenloeschen"
  action-event="MeldeSpannungsspitzen" />
```

Für die Definition der Datenbankabfrage muss man sich zuerst die Struktur der Event-Tabelle ansehen. In der Version von OpenNMS, die in diesem Buch verwendet wird, sieht die Event-Tabelle wie folgt aus:

```
eventid | eventuei | nodeid | eventtime | eventhost |
 eventsource | ipaddr | eventdpname | eventsnmphost |
 serviceid | eventsnmp | eventparms | eventcreatetime |
 eventdescr | eventloggroup | eventlogmsg | eventseverity|
 eventpathoutage | eventcorrelation | eventsuppressedcount |
 eventoperinstruct | eventautoaction | eventoperaction |
 eventoperactionmenutext | eventnotification | eventtticket |
 eventtticketstate | eventforward | eventmouseovertext |
 eventlog | eventdisplay | eventackuser | eventacktime |
 alarmid | ifindex
```

Wichtig sind für mich in diesem Fall: `eventid`, `eventuei` und `eventtime`. Zur Definition der SQL-Query wendet man sich zuerst an die Datenbank. Das kann als User `postgres` mit dem Kommando

```
# (sudo su - postgres; psql opennms).
```

geschehen. Anschließend fängt man mit einer einfachen Suche an:

```
opennms=# SELECT
opennms-#   e.eventid AS _eventid,
opennms-#   now() AS _ts
opennms-# FROM
opennms-#   events e
opennms-# WHERE
opennms-#   e.eventuei = 'uei.opennms.org/MeineUSV/zuckt';

_eventid | _ts
---------+----
(0 rows)
```

Das gesuchte Event `uei.opennms.org/MeineUSV/zuckt` ist in der Datenbank noch nicht vorhanden. Um die Datenbank zu füllen (schließlich habe ich zurzeit keine USV zur Hand), benutze ich das mitgelieferte Skript `send-event.pl`, das im Verzeichnis `$OPENNMS_HOME/bin` zu finden ist:

```
./send-event.pl uei.opennms.org/MeineUSV/zuckt
```

Das Ergebnis meiner Suche in der Datenbank sieht anschließend folgendermaßen aus:

```
opennms=# SELECT
opennms-#   e.eventid AS _eventid,
opennms-#   now() AS _ts
opennms-# FROM
opennms-#   events e
```

```
opennms-# WHERE
opennms-#   e.eventuei = 'uei.opennms.org/MeineUSV/zuckt';

_eventid |              _ts
---------+-------------------------------
      129 | 2009-08-18 15:43:42.400724+02
(1 row)
```

Als Nächstes muss noch die Dimension »Zeit« hinzugefügt werden. Und neben dem Timestamp interessiert mich auch, wann der Event aufgetreten ist:

```
opennms=# SELECT
opennms-#   e.eventid AS _eventid,
opennms-#   e.eventtime AS _eventtime,
opennms-#   now() AS _ts
opennms-# FROM
opennms-#   events e
opennms-# WHERE
opennms-#   e.eventuei = 'uei.opennms.org/MeineUSV/zuckt'
opennms-#   AND e.eventtime > now() - interval '5 minutes';

_eventid |       _eventtime        |             _ts
---------+------------------------+------------------------
      129 | 2009-08-18 15:43:27+02 | 2009-08-18 15:46:33.3902
(1 row)
```

Damit habe ich alle Informationen für meinen Trigger zusammen. Die `eventtime` entferne ich wieder aus der Query, sie interessiert mich jetzt nicht mehr.

```
<trigger name="Spannungsspitzen" operator="&gt;="
  row-count="3" >
  <statement>
    SELECT
      e.eventid AS _eventid,
      now() AS _ts
    FROM
      events e
    WHERE
      e.eventuei = 'uei.opennms.org/MeineUSV/zuckt' AND
      e.eventtime > now() - interval '5 minutes';
  </statement>
</trigger>
```

Unter `action-event` füge ich jetzt den auszulösenden Event hinzu:

```
<action-event name="MeldeSpannungsspitzen"
  for-each-result="false">
  <assignment type="field" name="uei"
    value="uei.opennms.org/MeineStromversorgung/istschlecht" />
</action-event>
```

OpenNMS benötigt für jede Automation auch eine Datenbankaktion; für diesen Test habe ich allerdings in der Datenbank nichts zu tun, sodass ich als Aktion, unter `<action>` ein leeres Statement einfüge:

```
<action name="Spitzenloeschen">
  <statement></statement>
</action>
```

Wenn alles geklappt hat, sollte ich jetzt in der Lage sein, mehrere Events zu senden, und dann, falls mehr als drei in der Datenbank sind, alle 30 Sekunden das */MeineStromversorgung/istschlecht*-Event automatisch erzeugt sehen.

Im Vacuumd-Logfile sieht das so aus:

```
2009-08-18 16:15:51,950 DEBUG [VacuumdScheduler-2 Pool-fiber1]
AutomationProcessor: runAutomation: MeineAutomation running...
2009-08-18 16:15:51,951 DEBUG [VacuumdScheduler-2 Pool-fiber1]
AutomationProcessor: runAutomation: MeineAutomation trigger
statement is: SELECT e.eventid AS \_eventid, e.eventtime AS
\_eventtime, now() AS \_ts FROM events e WHERE e.eventuei =
'uei.openn ms.org/MeineUSV/zuckt' AND e.eventtime > now() -
interval '5 minutes';
2009-08-18 16:15:51,951 DEBUG [VacuumdScheduler-2 Pool-fiber1]
AutomationProcessor: runAutomation: MeineAutomation action stat
ement is: SELECT 1
2009-08-18 16:15:51,951 DEBUG [VacuumdScheduler-2 Pool-fiber1]
AutomationProcessor: runAutomation: Executing trigger: Spannun
gsspitzen
2009-08-18 16:15:51,951 DEBUG [VacuumdScheduler-2 Pool-fiber1]
 AutomationProcessor: runAutomation: Processing automation: Me
ineAutomation
2009-08-18 16:15:51,955 DEBUG [VacuumdScheduler-2 Pool-fiber1]
AutomationProcessor: verifyRowCount: Verifying trigger result:
0 is >= than 3
2009-08-18 16:15:51,955 DEBUG [VacuumdScheduler-2 Pool-fiber1]
 AutomationProcessor\$TriggerProcessor: triggerRowCheck: Verif
ying trigger resulting row count 0 is >= 3
2009-08-18 16:15:51,955 DEBUG [VacuumdScheduler-2 Pool-fiber1]
 AutomationProcessor\$TriggerProcessor: Row count verification
 is: false
2009-08-18 16:15:51,955 DEBUG [VacuumdScheduler-2 Pool-fiber1]
 AutomationProcessor: runAutomation: Ending processing of auto
mation: MeineAutomation
```

In diesem Fall gab es in den letzten fünf Minuten keine drei Spannungsspitzen. Diese erzeuge ich jetzt manuell mit dem Skript `send-event.pl` und schaue wieder ins Logfile:

```
2009-08-18 16:36:48,932 DEBUG [VacuumdScheduler-2 Pool-fiber1]
AutomationProcessor\$ActionEventProcessor: ActionEventProcessor:
Sending action-event uei.opennms.org/MeineStromversorgung/ist
schlecht for automation MeineAutomation
```

Mein Event wurde erfolgreich erstellt (und wird jetzt alle 30 Sekunden wiederholt, bis die Bedingungen nicht mehr erfüllt sind).

Dieses Beispiel kann man so sicher nicht ohne Weiteres in den Produktionsbetrieb übertragen. Es zeigt aber die Flexibilität und die universelle Anwendungsmöglichkeit der Automation. Gerade wenn es darum geht, komplexere Sachverhalte zu erkennen, kann eine Automation oder sogar eine Verkettung von Automations interessant werden.

20 Fallstudien

Was wäre ein Buch wie dieses ohne Fallstudien, die einem die Möglichkeiten des Systems im täglichen Einsatz zeigen – man könnte es auch erlebnisorientiertes Lernen nennen (in der Hoffnung, dass beim Lesen in diesem Kapitel vielleicht so manches leise *»Interessant, so geht das also!«* oder einfach ein *»Wow! Das kann man damit machen!«* zu hören ist ...

Netzwerkmanagement kann man vielleicht studieren und auch lernen. In der Praxis hilft das gelernte Wissen auch weiter, aber selten ist die harsche Realität des lebenden Netzwerkes dieselbe wie die im Schulungsraum oder im Lehrbuch dargestellte. Oft sind es auch nicht die großen Dinge, die Probleme bereiten, sondern die kleinen, nervigen. Diese beanspruchen mehr Zeit, kommen immer wieder und typischerweise nimmt man sich dieser Dinge entweder an einem dunklen Winterabend im Büro an oder dann, wenn es einen aus Versehen an einem Wochenende an den Arbeitsplatz getrieben hat. Um Ihre Wochenenden zu retten, haben wir einige »typische« Themen in diesem Kapitel als Fallstudien zusammengefasst. Die Beispiele hier funktionieren und stellen durchaus auch unsere »Best Practices« dar – Dinge, die wir immer wieder brauchen und die wir deshalb von Anfang bis zum Ende einmal aufzeigen wollen. Während das Buch sich sonst Kapitel für Kapitel mit den Fähigkeiten von OpenNMS beschäftigt hat, wechselt die Perspektive in den Fallstudien: Es geht um die Lösung eines Problems. Dabei werden alle Möglichkeiten von OpenNMS übergreifend genutzt.

20.1 Festplattenplatz überwachen, komplettes Beispiel

Jeder Server lebt in der einen oder anderen Form von seinem Dateisystem. Und vollgelaufene Dateisysteme sind immer noch eine der häufigsten Ursachen für Probleme. Das werden sie vermutlich auch bleiben, denn Applikationsentwickler scheren sich typischerweise wenig darum, ob genug Speicherplatz da ist oder nicht (zu recht).

Deswegen ist *»Wie überwache ich die Festplatten?«* auch eine der häufigsten Fragen beim »Erlernen« von OpenNMS. Und genau darum folgt hier als Erstes dieses Beispiel von Anfang bis zum Ende.

Ja, aufräumen gehört eben auch zum Spielen ...

Das Beispiel gliedert sich in die Herstellung der Testumgebung, das Einrichten des `snmpd`, die Konfiguration von OpenNMS, schließlich den Test und am Ende heißt es: Aufräumen!

20.1.1 Testumgebung

Die Testumgebung besteht aus Ubuntu/Debian-Servern der »neueren« Generation. Das Beispiel sollte also 1:1 auf jede Ubuntu/Debian-Installation zu übertragen sein. Konkret ist das Zielsystem ein Asus EEPC (Intel(R) Atom(TM) CPU N270 @ 1.60 GHz) mit Kernel 2.6.26-2-686 auf Debian/Lenny, mein OpenNMS-Server ist eine »Dedibox« (VIA Esther processor 2000 MHz) in Paris mit Ubuntu Hardy, Kernel 2.6.24.2dedibox-r8-1-c7. Das Zielsystem ist mein Router/Firewall zu Hause, über einen OpenVPN-Tunnel an den OpenNMS-Server in Paris angebunden. Das Beispiel benutzt aber keine Funktionen oder Programme, die auf anderen modernen Distributionen nicht zu finden wären – lediglich die Pfade könnten sich unterscheiden.

Um eine »übervolle Partition« zu testen, möchte ich nicht mit großen Dateien arbeiten – meinen eigenen »Betrieb« möchte ich ja nicht zusätzlich noch testen (schließlich hängt an dem Server mein Netzwerk zu Hause, da sind die allerhöchsten Verfügbarkeitsanforderungen gestellt ...). Was also tun? Ganz einfach: Anstelle einer physikalischen Partition wird gewissermaßen eine virtuelle eingerichtet. Das erhöht den Aufwand ein wenig, spielt aber im Ergebnis keine Rolle.

Als Erstes erstelle ich daher eine Datei mit einer Größe von etwa 100 MB:

```
# dd if=/dev/zero of=/tmp/test_fs bs=1024 count=104857
104857+0 records in
104857+0 records out
107373568 bytes (107 MB) copied, 2.61022 s, 41.1 MB/s
```

Um die Datei mounten zu können, muss sie »formatiert« werden, also ein Dateisystem enthalten. Da es auf Schönheit und Performance an dieser Stelle nicht ankommt, richte ich mit `mke2fs` ein Extended2-Filesystem ein:

```
# mke2fs ./test_fs
mke2fs 1.41.3 (12-Oct-2008)
./test_fs is not a block special device.
Proceed anyway? (y,n) y
Filesystem label=
OS type: Linux
Block size=1024 (log=0)
Fragment size=1024 (log=0)
26312 inodes, 104856 blocks
5242 blocks (5.00%) reserved for the super user
First data block=1
Maximum filesystem blocks=67371008
13 block groups
8192 blocks per group, 8192 fragments per group
2024 inodes per group
Superblock backups stored on blocks:
        8193, 24577, 40961, 57345, 73729

Writing inode tables: done
Writing superblocks and filesystem accounting information: done

This filesystem will be automatically checked every 34 mounts
or 180 days, whichever comes first. Use tune2fs -c or -i to
override.
```

mke2fs bemerkt, dass es sich um eine Datei handelt und nicht um eine Festplatte – die entsprechende Frage beantworte ich also mit »y« und habe ein Dateisystem in einer Datei.

Das Testdateisystem muss jetzt noch »gemounted« werden – also dem Betriebssystem zur Verfügung gestellt werden. Dazu ist zuerst ein »Mount-Point« anzulegen (mkdir), anschließend wird über den mount-Befehl die Datei in das Dateisystem eingehängt. Hierzu lege ich ein Verzeichnis /test an, in das ich das neue Dateisystem einhänge:

Falls sich jemand fragt, ob das überhaupt geht: Ja das geht, aber es ist natürlich nicht besonders performant. Unix und seine Dateisysteme erlauben auch sehr kreative Setups, wobei die vom Systemadministrator eingebrachte Kreativität typischerweise umgekehrt proportional zu der von ihm erstellten Dokumentation ist.

```
/tmp# mkdir /test
/tmp# mount /tmp/test_fs /test
eeeblack:/tmp# mount  -o loop /tmp/test_fs /test
eeeblack:/tmp# mount
/dev/sda2 on / type ext3 \
  (rw,relatime,errors=remount-ro,commit=360)
tmpfs on /lib/init/rw type tmpfs (rw,nosuid,mode=0755)
proc on /proc type proc (rw,noexec,nosuid,nodev)
sysfs on /sys type sysfs (rw,noexec,nosuid,nodev)
procbususb on /proc/bus/usb type usbfs (rw)
udev on /dev type tmpfs (rw,mode=0755)
tmpfs on /dev/shm type tmpfs (rw,nosuid,nodev)
devpts on /dev/pts type devpts (rw,noexec,nosuid,gid=5,
mode=620)
/dev/sda1 on /boot type ext3 (rw,relatime,commit=360)
/dev/sda6 on /home type ext3 (rw,relatime,commit=360)
```

```
/dev/sda3 on /usr type ext3 (rw,relatime,commit=360)
/dev/sda5 on /var type ext3 (rw,relatime,commit=360)
/tmp/test_fs on /test type ext2 (rw,loop=/dev/loop0)
```

Die Option `-o loop` erlaubt es, eine Datei als sogenanntes »Block-Device« zu benutzen. Durch die Brille des Loop-Devices (hier `/dev/loop0`) betrachtet, sieht die Datei für das Betriebssystem aus wie die Partition einer Festplatte und kann entsprechend benutzt werden.

Im nächsten Schritt muss die Größe des Dateisystems in `/test` überwacht werden. Manuell kann das über das Kommando `df -h /test` erfolgen:

```
# df -h /test
Filesystem            Size  Used Avail Use% Mounted on
/tmp/test_fs          100M  1.6M   93M   2% /test
```

Der bereits genutzte Platz wird für das Dateisystem selbst benötigt.

Um die Kontrolle des genutzten Speicherplatzes zu automatisieren, kann man sich jetzt ein Skript schreiben, das die Daten ausliest und OpenNMS zur Verfügung stellt. Oder man benutzt SNMP, denn die Überwachung von Dateisystemen ist in SNMP auf Unix eine Standardfunktion. Nach einer SNMP-Installation (zum Beispiel mit `apt-get install snmpd`) muss noch ein wenig konfiguriert werden. Hierbei gibt es drei Dinge zu beachten:

- Der SNMP-Daemon (`snmpd`) sollte automatisch gestartet werden.
- Er muss von OpenNMS erreicht werden können.
- Und schließlich muss er die Partition `/test` überwachen.

Wie bereits erwähnt, wir testen hier auf einem Debian-System und das hat seit einiger Zeit einen kleinen Fallstrick eingebaut: Neben der Installation selber und der (späteren) Konfiguration des Verhaltens vom `snmpd` muss der SNMP-Dienst noch in der Datei texttt/etc/default/snmpd aktiviert werden:

```
# This file controls the activity of snmpd and snmptrapd

# MIB directories.  /usr/share/snmp/mibs is the default, but
# including it here avoids some strange problems.
export MIBDIRS=/usr/share/snmp/mibs
# snmpd control (yes means start daemon).
SNMPDRUN=yes
# snmpd options (use syslog, close stdin/out/err).
SNMPDOPTS='-Lsd -Lf /dev/null -u snmp -I -smux -p \
  /var/run/snmpd.pid 127.0.0.1 10.9.0.1'
```

SNMPDRUN muss auf yes gesetzt werden. Und weniger offensichtlich, aber genau so wichtig: In den SNMPDOPTS wurde aus Sicherheitsgründen eingestellt, dass der snmpd nur auf dem lokalen Interface zur Verfügung steht. Je nach Netzwerk-Setup muss dort das Interface hinzugefügt werden, über das OpenNMS den snmpd ansprechen wird. In meinem Fall ist das 10.9.0.1, denn das ist der OpenVPN-Tunnel, den ich zu meinem OpenNMS-Server aufgebaut habe.

Den Zugriff auf die SNMP-Objekte kann man auf einigen Systemen nicht nur mit Hilfe der Community, sondern auch durch Access-Listen schützen.

Vor dem nun notwendigen Neustart des snmpd konfiguriere ich aber noch die Überwachung der Partition und den Zugriff durch OpenNMS. Hierzu muss die Datei /etc/snmp/snmpd.conf bearbeitet werden. Ich wähle die einfachste Variante für dieses Beispiel – in Produktionssystemen sollte man mindestens die SNMP-Community anders wählen:

```
rocommunity  public
disk /test
```

In jeder Standarddistribution befindet sich ein weitaus umfangreicheres Beispiel und es lohnt sich, sich ein wenig mit den Möglichkeiten des snmpd zu beschäftigen. Hier halte ich mich aber nur an den wesentlichen Dingen fest: Der Community-Name, mit dem OpenNMS sich am snmpd anmelden soll, ist public und der snmpd soll die Partition /test überwachen. Nachdem snmpd nun konfiguriert ist, kann er neu gestartet werden (/etc/init.d/snmpd restart).

Windows-Benutzer können anstelle von snmpd die in Windows eingebauten WMI (Windows Management Instrumentation)-Funktionen nutzen.

Funktioniert nun auch alles? Das ist einfach zu testen: Zuerst soll der snmpd einmal auf Port 161 auf den benötigten Interfaces oder IP-Adressen zur Verfügung stehen. SNMP wird typischerweise über UDP bereitgestellt, was sich mit dem Kommando netstat leicht überprüfen lässt:

```
\BeginExample
# netstat -lpanu
udp  0  0 127.0.0.1:161 0.0.0.0:*   21301/snmpd
udp  0  0 10.9.0.1:161  0.0.0.0:*   21301/snmpd
```

Zur Erklärung: Das Programm netstat zeigt hier die genutzten Ports an. Die Optionen stehen für

- l - Zeige mir alle Prozesse, die auf einem Interface lauschen.
- p - Zeige mir den Prozess an, der den Port benutzt.
- a - Zeige Prozesse aller Benutzer an.
- n - Nenne mir die Portnummer (und nicht den Namen aus etc/services).
- u - Zeige nur Dienste an, die UDP verwenden.

Wie man sieht: Der snmpd steht auf dem Interface 10.9.0.1 wie gewünscht zur Verfügung. Mit den SNMP-Client-Tools kann man nun prüfen, ob der Festplattenplatz auch ausgegeben wird:

```
# snmpwalk  -v 2c -c public localhost | grep "'/test"
HOST-RESOURCES-MIB::hrStorageDescr.36 = STRING: /test
HOST-RESOURCES-MIB::hrFSMountPoint.6 = STRING: "'/test"
HOST-RESOURCES-MIB::hrSWRunParameters.21590 = STRING: "'/test"
```

Anstatt diesen Test von localhost auszuführen, kann man ihn natürlich auch bereits von der OpenNMS-Maschine aus starten. So hat man zugleich die Erreichbarkeit getestet.

Die Konfiguration auf dem Zielsystem ist damit jetzt abgeschlossen.

In OpenNMS muss das Zielsystem natürlich bekannt sein. Ist es das noch nicht, kann es über die unterschiedlichen Wege in die Datenbank eingefügt werden (siehe auch Kapitel 7). In meinem Fall war das System schon bekannt.

Fügt man das System neu hinzu, wird die Partition /test von alleine erkannt. Ist das System schon in OpenNMS vorhanden, wird die neue Partition auch erkannt: Beim nächsten Versuch, per SNMP Daten vom Zielsystem zu lesen, bemerkt OpenNMS, dass die SNMP-Informationen sich verändert haben. Die zu überwachende Partition wird in die Datacollection aufgenommen.

Vielleicht ist es aufgefallen, dass ich die SNMP-Community in OpenNMS nicht explizit gesetzt habe. Das liegt daran, dass der Wert public der Standardwert ist. Der sicherheitsbewusste User wird eine andere Community gewählt haben. Diese muss dann über das Admin-Menü (*Configure SNMP Community names by IP*) für das Zielsystem gesetzt werden.

> *Tipp: Fehler, die sich während der Datensammlung ergeben, sieht man im collectd.log.*

Ab jetzt sind die Daten über die Nutzung meiner Partition in OpenNMS. Über den Node kann ich die Graphen einsehen (NodeLevel) und bei mir ergibt sich jetzt ein Schaubild wie in Abbildung 20.1. Der erste Graph (Abb. 20.1) zeigt den Plattenplatz in absoluten Zahlen an. Der Graph in Abb. 20.2 zeigt die prozentuale Ausnutzung. Wenn die Festplatte nun vollläuft, muss OpenNMS reagieren. Dazu muss man aber erst festlegen, ab welchem Wert die Festplatte für »voll genug« angesehen wird. Hierbei sollte man beachten, dass Dateisysteme bis zu einer Nutzung von 80% optimal arbeiten – danach sinkt die Leistung. Deswegen setze ich meine persönliche Grenze bei 80%.

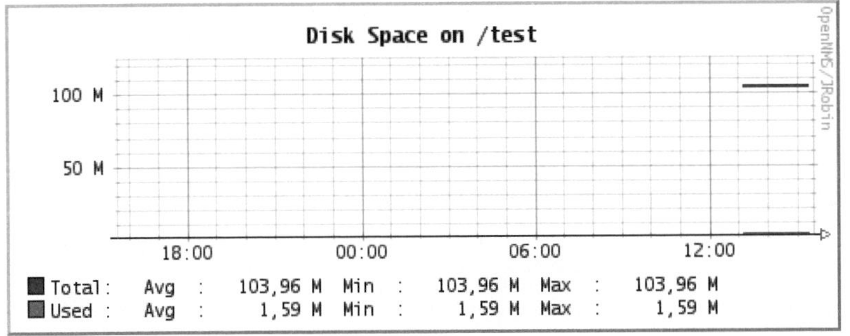

Abbildung 20.1
Absolut genutzter Platz

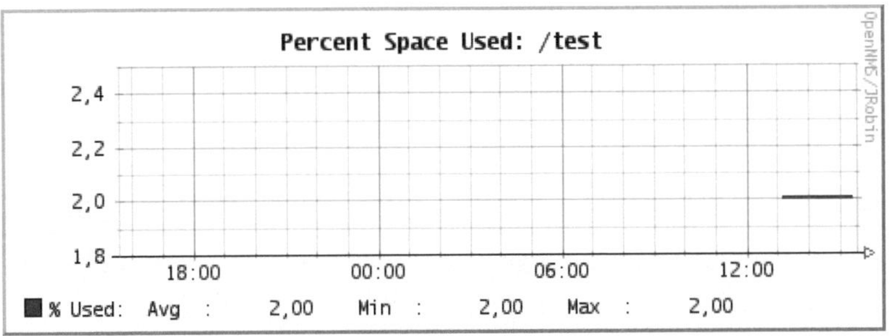

Abbildung 20.2
Prozentual genutzter Platz

Diese Grenze von `80` muss als Threshold gesetzt werden. Dabei gibt es prinzipiell zwei Möglichkeiten: Der Threshold kann »ex post« konfiguriert werden. In dem Fall analysiert `Threshd` (der Threshold-Daemon) die RRD/JRB-Dateien, in denen die Daten gespeichert werden, im Nachhinein. Die andere Möglichkeit ist, die Werte während der Sammlung zu analysieren. Dann wird der *Collectd* für die Überwachung der Thresholds zuständig gemacht (siehe Kapitel 12).

In jedem Fall ist aber zuerst die Datenquelle herauszufinden, die genutzt werden soll. Auch hier gibt es zwei Möglichkeiten: Entweder finde ich über die Konfigurationsdateien heraus, welche *Datasource* ich konfigurieren muss, oder ich gehe in das `/share/rrd/snmp/$node`-Verzeichnis und schaue nach.

In unserem Fall wird ein *ns-dskPercent* benötigt, so wie es auch in der Datacollection-Konfiguration steht:

```
<group name="net-snmp-disk" ifType="all">
  <mibObj oid=".1.3.6.1.4.1.2021.9.1.2" instance="dskIndex"
    alias="ns-dskPath" type="string" />
  <mibObj oid=".1.3.6.1.4.1.2021.9.1.6" instance="dskIndex"
    alias="ns-dskTotal" type="gauge" />
  <mibObj oid=".1.3.6.1.4.1.2021.9.1.7" instance="dskIndex"
    alias="ns-dskAvail" type="gauge" />
```

```
<mibObj oid=".1.3.6.1.4.1.2021.9.1.8" instance="dskIndex"
  alias="ns-dskUsed" type="gauge" />
<mibObj oid=".1.3.6.1.4.1.2021.9.1.9" instance="dskIndex"
  alias="ns-dskPercent" type="gauge" /> </group>
```

Die OID ist die SNMP-Variable (das SNMP-Objekt, wenn man genau sein will), in dem ich die *dskPercent* finde.

Von hier aus gibt es zwei Möglichkeiten: Ich kann entweder direkt die `thresholds.xml` editieren oder aber die WebUI benutzen. Ich entscheide mich für das Webinterface (und hoffe, dass die geneigte Leserin, der geneigte Leser dieselbe Version von OpenNMS benutzt).

Im Admin-Menü kann man die Verwaltung der Thresholds auswählen. Dort wähle ich dann die Gruppe *netsnmp* (siehe Abb. 20.3).

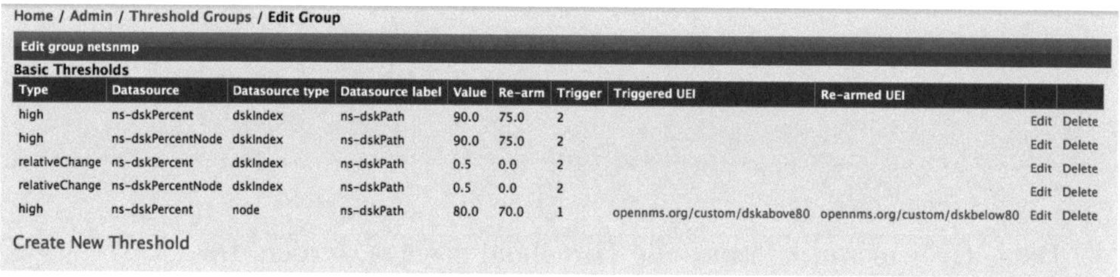

Home / Admin / Threshold Groups / **Edit Group**

Edit group netsnmp

Basic Thresholds

Type	Datasource	Datasource type	Datasource label	Value	Re-arm	Trigger	Triggered UEI	Re-armed UEI		
high	ns-dskPercent	dskIndex	ns-dskPath	90.0	75.0	2			Edit	Delete
high	ns-dskPercentNode	dskIndex	ns-dskPath	90.0	75.0	2			Edit	Delete
relativeChange	ns-dskPercent	dskIndex	ns-dskPath	0.5	0.0	2			Edit	Delete
relativeChange	ns-dskPercentNode	dskIndex	ns-dskPath	0.5	0.0	2			Edit	Delete
high	ns-dskPercent	node	ns-dskPath	80.0	70.0	1	opennms.org/custom/dskabove80	opennms.org/custom/dskbelow80	Edit	Delete

Create New Threshold

Abbildung 20.3
Verwaltung der Thresholds

Hier hat man die Möglichkeit, einen bestehenden Threshold zu ändern. Allerdings möchte ich die bestehende Regel mit 90% nicht ausschalten, sondern durch eine neue ergänzen. Daher füge ich nach einem Klick auf *Create New Threshold* diese Werte hinzu:

```
high  ns-dskPercent  dskIndex  ns-dskPath  80.0  70.0  1
opennms.org/custom/dskabove80  opennms.org/custom/dskbelow80
```

Mein neuer Event für »Festplatte hat mehr als 80%« heißt `opennms.org/custom/dskabove80`. Der »Gutfall« tritt ab 70% ein und erzeugt den Event `opennms.org/custom/dskbelow80`. Wenn ich für das Hinzufügen dieses Events das Webinterface benutzt habe, legt OpenNMS zudem automatisch eine Grundkonfiguration für meinen neuen Event an. Diese findet man anschließend in der Datei `/etc/opennms/events/programmatic.events.xml`:

```
<?xml version="1.0" encoding="UTF-8"?>
<events>
  <event>
    <uei>opennms.org/custom/dskabove80</uei>
    <event-label>
      User-defined threshold event
```

```
      opennms.org/custom/dskabove80
    </event-label>
    <descr>
      Threshold exceeded for %service% datasource %parm[ds]% on
      interface %interface%, parms: %parm[all]
    </descr>
    <logmsg dest="logndisplay">
      Threshold exceeded for %service% datasource %parm[ds]% on
      interface %interface%, parms: %p arm[all]%
    </logmsg>
    <severity>Warning</severity>
  </event>
  <event>
    <uei>opennms.org/custom/dskbelow80</uei>
    <event-label>
      User-defined threshold event
      opennms.org/custom/dskbelow80
    </event-label>
    <descr>
      Threshold rearmed for %service% datasource %parm[ds]% on
      interface %interface%, parms: %parm[all]
    </descr>
    <logmsg dest="logndisplay">
      Threshold rearmed for %service% datasource %parm[ds]% on
      interface %interface%, parms: %pa rm[all]%
    </logmsg>
    <severity>Warning</severity>
  </event>
</events>
```

In dieser Konfiguration wird der eigentliche Event (`dskabove80`), identifiziert mit seiner UEI (Unique Event Identifier), mit einem Label und etwas Text versehen. Auch wird die »Dringlichkeit«, die *Severity*, auf »Warning« gesetzt. Diese Texte könnte ich jetzt ändern, jedoch mache ich mich lieber erst an die Feinarbeit, wenn alles nach meinen Wünschen läuft.

Schließlich muss ich OpenNMS noch so konfigurieren, dass die gesammelten Werte überhaupt mit den konfigurierten Thresholds verglichen werden. Diese Konfiguration kann nicht im Webinterface vorgenommen werden: Man muss sich des Editors bemächtigen und in der `collectd-configuration.xml` die Dinge in den Zusammenhang bringen:

```
<service name="SNMP" interval="300000"
  user-defined="false" status="on">
  <parameter key="collection" value="default"/>
  <parameter key="thresholding-enabled" value="true"/>
</service>
```

Für die SNMP-Datacollection muss `thresholding-enabled` eingeschaltet werden. Vorsicht, diese Konfiguration gilt für die neuesten Versionen von OpenNMS. Vor 1.5.91 musste hier eine sogenannte Thresholding-Group bestimmt werden.
So weit sind alle notwendigen Konfigurationen erstmal abgeschlossen und es kann endlich getestet werden! Auf meinem Zielsystem bewege ich mich dazu in meine `/test`-Partition. Dort lege ich eine etwa 60 MB große Datei an:

```
/test# dd if=/dev/zero of=/test/60MB bs=1024 count=60000
60000+0 records in
60000+0 records out
61440000 bytes (61 MB) copied, 0.654471 s, 93.9 MB/s
/test# ls -l
total 60248
-rw-r--r-- 1 root root 61440000 2009-07-11 19:09 60MB
drwx------ 2 root root    12288 2009-07-11 12:42 lost+found
```

Wenn ich jetzt einen Überwachungszyklus lang warte (sprich: fünf Minuten), sollte ich bereits sehen, dass meine Graphen sich ändern (siehe Abb. 20.4).

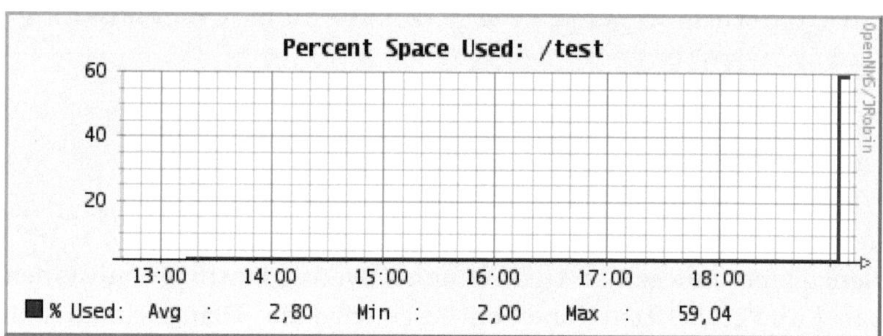

Abbildung 20.4 *Disk zu >60% genutzt*

Als Nächstes erzeuge ich auf dem Testsystem eine Datei, die die Nutzung auf über 80% erhöht:

```
/test# dd if=/dev/zero of=/test/21MB bs=1024 count=21000
21000+0 records in
21000+0 records out
21504000 bytes (22 MB) copied, 0.226591 s, 94.9 MB/s
/test# ls -l
total 81331
-rw-r--r-- 1 root root 21504000 2009-07-11 19:25 21MB
-rw-r--r-- 1 root root 61440000 2009-07-11 19:09 60MB
drwx------ 2 root root    12288 2009-07-11 12:42 lost+found
/test# df -h
Filesystem            Size  Used Avail Use% Mounted on
[..]
/tmp/test_fs          100M   81M   14M  87% /test
```

Jetzt müsste OpenNMS den von mir konfigurierten Event auslösen. Möglicherweise muss ich dafür einen Collection Cycle warten. Auf der Übersichtsseite wird für meinen Testknoten ein neuer Event angezeigt:

```
Warning: Threshold exceeded for SNMP datasource \
  ns-dskPercent on interface 10.9.0.1, parms: label="/test" \
  ds="ns-dskPercent" value="86.0" instance="6" trigger="1" \
  threshold="80.0" rearm="75.0"
```

Da ich keine andere »Severity« eingestellt habe, wird der Event nur als *Warning* angezeigt. Würde ich die *Severity* auf *Critical* stellen, dann wäre das Feld zusätzlich noch rot unterlegt.

20.1.2 Hintergrundarbeiten

Zu diesem Event, der für den Node angezeigt wird, laufen einige Vorgänge im Hintergrund ab; an erster Stelle natürlich die Abfrage des freien (respektive genutzten) Festplattenplatzes durch den SNMP-Datacollector, anschließend das Vergleichen des Wertes mit dem gesetzten Threshold. Wenn dieser Threshold überschritten wird, wird der von mir bestimmte Event ausgelöst: `opennms.org/custom/diskabove80`.

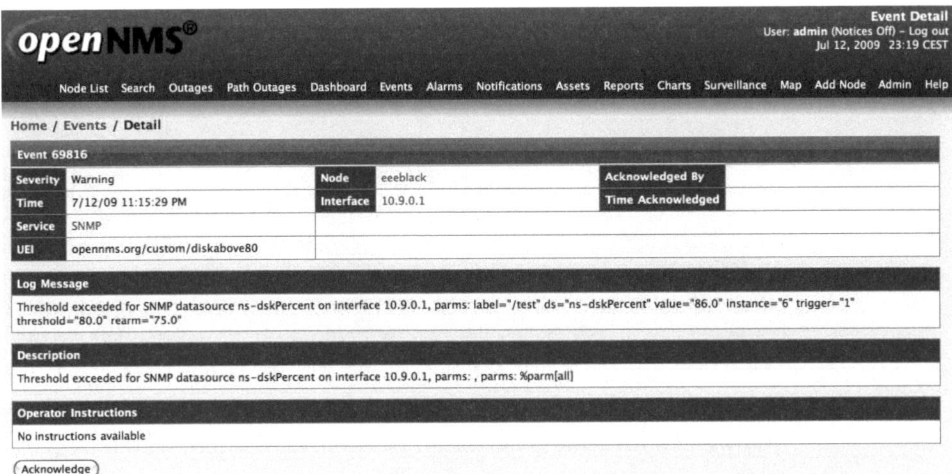

Abbildung 20.5 *Der Event wird auf der Node-Page angezeigt.*

Den Weg dieses Events kann man auch in der Datei `eventd.log` nachvollziehen:

```
2009-07-12 23:15:29,368 DEBUG [EventHandlerPool-fiber0] Defau
ltEventHandlerImpl:   uei   = opennms.org/custom/diskabove80
2009-07-12 23:15:29,368 DEBUG [EventHandlerPool-fiber0] Defau
ltEventHandlerImpl:   src   = OpenNMS.Threshd.ns-dskPercent
```

```
2009-07-12 23:15:29,368 DEBUG [EventHandlerPool-fiber0] Defau
ltEventHandlerImpl:   iface = 10.9.0.1
2009-07-12 23:15:29,368 DEBUG [EventHandlerPool-fiber0] Defau
lt EventHandlerImpl:   time  = Sunday, July 12, 2009 9:15:29
PM GMT
2009-07-12 23:15:29,369 DEBUG [EventHandlerPool-fiber0] Defau
ltEventHandlerImpl:   parms{
2009-07-12 23:15:29,369 DEBUG [EventHandlerPool-fiber0] Defau
ltEventHandlerImpl:     (label, /test)
2009-07-12 23:15:29,369 DEBUG [EventHandlerPool-fiber0] Defau
ltEventHandlerImpl:     (ds, ns-dskPercent)
2009-07-12 23:15:29,369 DEBUG [EventHandlerPool-fiber0] Defau
ltEventHandlerImpl:     (value, 86.0)
2009-07-12 23:15:29,369 DEBUG [EventHandlerPool-fiber0] Defau
ltEventHandlerImpl:     (instance, 6)
2009-07-12 23:15:29,369 DEBUG [EventHandlerPool-fiber0] Defau
ltEventHandlerImpl:     (trigger, 1)
2009-07-12 23:15:29,369 DEBUG [EventHandlerPool-fiber0] Defau
ltEventHandlerImpl:     (threshold, 80.0)
2009-07-12 23:15:29,369 DEBUG [EventHandlerPool-fiber0] Defau
ltEventHandlerImpl:     (rearm, 75.0)
2009-07-12 23:15:29,369 DEBUG [EventHandlerPool-fiber0] Defau
ltEventHandlerImpl:   }
2009-07-12 23:15:29,369 DEBUG [EventHandlerPool-fiber0] Defau
ltEventHandlerImpl: }
2009-07-12 23:15:29,396 DEBUG [EventHandlerPool-fiber0] Event
ConfData: Match found using key: EventKey
[
        uei    = [opennms.org/custom/diskabove80]

]
2009-07-12 23:15:29,402 DEBUG [EventHandlerPool-fiber0] JdbcE
ventWriter: JdbcEventWriter: processing opennms.org/custom/di
skabove80 nodeid: 10 ipaddr: 10.9.0.1 serviceid: SNMP
2009-07-12 23:15:29,502 DEBUG [EventHandlerPool-fiber0] JdbcE
ventWriter: EventWriter: DBID: 69816
2009-07-12 23:15:29,521 DEBUG [EventHandlerPool-fiber0] JdbcE
ventWriter: SUCCESSFULLY added opennms.org/custom/diskabove80
 related  data into the EVENTS table
```

In diesem Logfile sieht man, welche Events erstellt, welche Nodes und welche Interfaces betroffen wurden. Außerdem ist die Begründung angegeben: `value 86.0` bei einem `threshold 80.0`, der Threshold wurde also überschritten. Tatsächlich kann man nicht erkennen, ob der Threshold über- oder unterschritten wurde, es lässt sich aber daraus schließen, dass der Alarm bei einem Wert von 75 wieder »re-armed«, also »entschärft« werden soll.

Wenn das geschieht, wird in der WebUI auf der Seite des Nodes auch dieser Event angezeigt:

```
Threshold rearmed for SNMP datasource ns-dskPercent on \
interface 10.9.0.1, parms: label="/test" ds="ns-dskPercent" \
value="64.0" instance="6" trigger="1" threshold="80.0" \
rearm="75.0"
```

Um für diesen Event eine Notification zu erhalten, gehe ich in das Admin-Menü, *Configure Event Notifications*. Unter *Add New Event Notification* wähle ich meinen neuen Event aus. In der Liste werden die Events nach ihrem »Label« geführt, in meinem Fall also unter »U« wie »User-defined« (siehe Abb. 20.6).

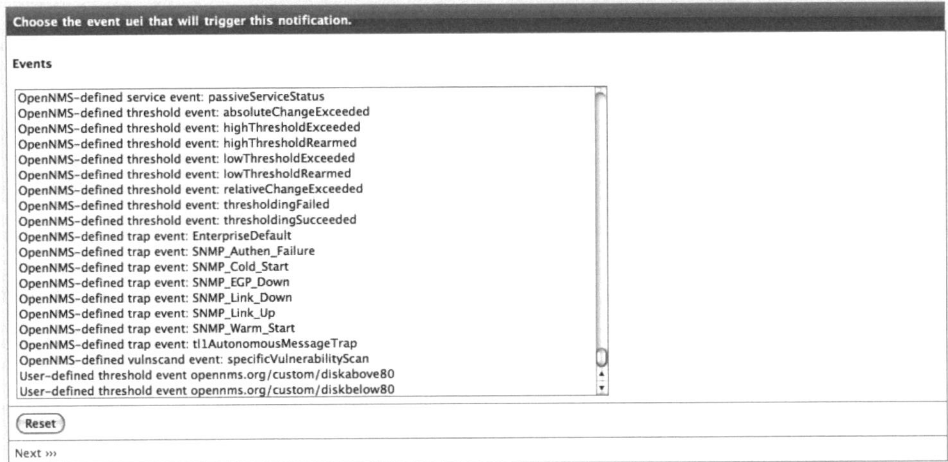

Abbildung 20.6
Custom Event auswählen

Anschließend klicke ich mich bis zur eigentlichen Notification durch und erstelle den Text, den ich zugesandt bekommen möchte. Um dem Empfänger die Möglichkeit zu geben, zu verstehen, worum es bei der Nachricht überhaupt geht, füge ich sowohl den Node-Namen als auch die Partition ein (siehe Abb. 20.7). Das erspart in der Analyse dann vielleicht ein paar Minuten Arbeit.

Nach dem Speichern steht meine neue Event Notification in der Liste – was bleibt, ist sie zu aktivieren.

20.1.3 Aufräumen

Nach dem Test, vielleicht nach einem weiteren, um zu sehen, ob ich auch die Notification-E-Mail bekomme, geht es ans Aufräumen.

Da ich in Gedanken noch auf dem OpenNMS-Server bin, fange ich dort an.

In den `log4j.properties` setze ich die Debug-Levels des collectd und Eventd wieder auf `ERROR`. Anschließend werfe ich einen

Choose the destination path and enter the information to send via the notification	
Name:	OpenNMS.org: Partition ueber 80
Description:	Eine Partition wird zu mehr als 80% genutzt
Parameter:	Name: Value:
Choose A Path:	Email-Admin
Text Message:	Die Partition %parm[ns-dskPath]% auf dem System %nodelabel% wird zu mehr als 80% belegt. Um optimale Performance sicherzustellen sollten die Nutzung auf unter 80% reduziert werden.
Short Message:	DiskSaturated-%noticeid%
Email Subject:	[Warnung] #%noticeid% - %nodelabel%: Partition > 80%
Special Values:	Can be used in both the text message and email subject:
Finish	

%noticeid% = Notification ID number	%time% = Time sent	%severity% = Event severity
%nodelabel% = May be IP address or empty	%interface% = IP address, may be empty	%service% = Service name, may be empty
%eventid% = Event ID, may be empty	%parm[a_parm_name]% = Value of a named event parameter	%parm[#N]% = Value of the event parameter at index N
%ifalias% = SNMP ifAlias of affected interface	%interfaceresolve% = Reverse DNS name of interface IP address	%operinstruct% = Operator instructions from event definition

Abbildung 20.7
Verständliche Informationen erleichtern die Arbeit.

Blick in $OPENNMS_home/log/daemon und prüfe, ob die Dateien eventd.log und collectd.log unverschämt groß geworden sind oder nicht. Falls ja lösche ich sie (wenn ich die Daten nicht mehr brauche).

Edit	Delete	⦿ Off ○ On	Low Threshold Rearmed	OpenNMS-defined threshold event: lowThresholdRearmed
Edit	Delete	⦿ Off ○ On	OpenNMS.org: Partition ueber 80	User-defined threshold event opennms.org/custom/diskabove80
Edit	Delete	○ Off ⦿ On	interfaceDeleted	OpenNMS-defined node event: interfaceDeleted

Abbildung 20.8
Das Endergebnis: neuer Event, neue Notification

Nach einer Veränderung in log4j.properties braucht OpenNMS übrigens nicht neu gestartet zu werden, die Änderungen werden nach einigen Minuten automatisch eingelesen.

Der OpenNMS-Server ist nun wieder betriebsfest, jetzt bleibt noch mein Testsystem aufzuräumen.

Wenn sich niemand mehr auf meiner »Test«-Partition aufhält, kann ich sie aus dem Dateisystem entfernen (umount /test). Anschließend lösche ich die Datei, in der sich das Dateisystem befand (rm /tmp/test_fs).

Das war's. Um die Testdateien kümmere ich mich nicht weiter, die waren ja im test_fs und sind mit diesem gemeinsam untergegangen.

Anmerkung: Während der Zusammenstellung dieses Beispiels bin ich auf einen Fehler in OpenNMS 1.7.4 gestoßen. Der war bereits bekannt und wurde in 1.7.5 behoben – das Beispiel funktioniert also mit »stable« und allen Releases nach 1.7.5.

20.2 BGP Monitoring

Das *Border Gateway Protocol* ([11], [10]), allgemein auch einfach als BGP bezeichnet, ist heutzutage einer der wichtigsten Stützpfeiler des Internets. Seine Aufgabe besteht darin, weltweit die Erreichbarkeit aller am Internet teilnehmenden Rechner sicherzustellen. Darüber hinaus gibt es auch immer wieder Fälle, in denen BGP zusätzlich zu Protokollen wie OSPF innerhalb von Unternehmensnetzen eingesetzt wird. OpenNMS unterstützt BGP

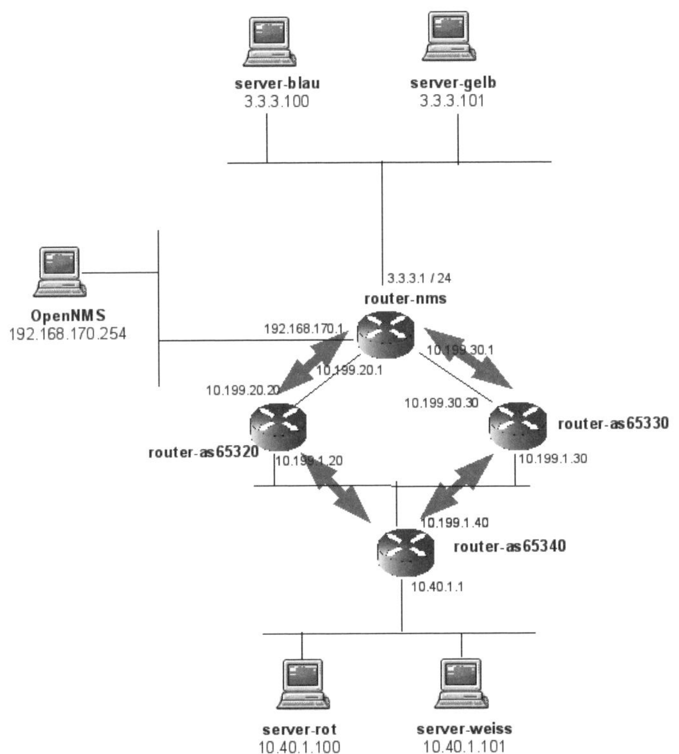

Abbildung 20.9 *Die Router router-nms, router-as65320, router-as65330 und rotuer-as65340 tauschen ihre Routing-Information über BGP aus.*

von Haus aus beim Management von Systemen bekannter Routerhersteller. In diesem Abschnitt wird nun erläutert, wie OpenNMS auf die Managementinformationen der Quagga Routing Suite [37] zugreifen kann und wie eine Überwachung eines BGP-Prozesses eingerichtet wird. Wer von der Quagga Routing Suite noch nichts gehört hat: Es ist eine unter der GNU General Public License [16] (kurz GPL) veröffentlichte Routing-Software. In diesem Abschnitt wird dargestellt, welche Schritte man tun muss, wenn man gänzlich neue Systeme von OpenNMS beobachten lassen möchte.

20.2.1 Erfassung von BGP-Update-Nachrichten

Ausgangspunkt dieser kleinen Demonstration ist wieder das Netzwerk aus Kapitel 10. Nun steht aber nicht der Ausfall eines Netzwerkpfades im Vordergrund, sondern die Überwachung der BGP-Sessions zwischen den Routern. Im Einzelnen sind das BGP-Peerings zwischen folgenden Routern:

- `router-nms` und `router-as65320`
- `router-nms` und `router-as65330`
- `router-as65340` und `router-as65320`
- `router-as65340` und `router-as65330`

Ohne weitere Maßnahmen kann OpenNMS diese Router scannen. OpenNMS erkennt auch, dass es Router sind – jedoch erhält es keine weiteren Informationen, dass die beteiligten Router untereinander BGP sprechen. *»Warum?«*, mag sich mancher fragen – aber das Verhalten lässt sich schnell erklären: Die beteiligten Router dieses Beispiels arbeiten auf der Basis einer Debian/GNU Linux Distribution und der dort installierte SNMP-Agent (Net-SNMP) weiß noch nichts über die Routing-Prozesse.

Um dieses Manko zu beheben, wird man wohl oder übel ein paar Konfigurationsdateien modifizieren müssen. Wir starten hierzu beim SNMP-Agenten auf den Routern und öffnen die Datei `/etc/defaults/snmpd`. Dort wird die mit `SNMPDOPTS=` beginnende Zeile wie folgt geändert:

```
SNMPDOPTS='-Lsd -Lf /dev/null -u snmp -p /var/run/snmpd.pid'
```

Diese Änderung gestattet es, durch das SMUX-Protokoll (SNMP Multiplexing Protocol, RFC 1227) über den Net-SNMP-Agenten mit weiteren Agenten des Systems zu kommunizieren. In unserem Fall ist das Ziel, BGP-bezogene Anfragen vom Net-SNMP-Agenten an Quagga weiterzureichen.

Anschließend wird die Datei `/etc/snmp/snmpd.conf` modifiziert. Sofern noch nicht vorhanden, werden die folgenden Zeilen ergänzt:

Neben der Einrichtung des SMUX-Protokolls wird zusätzlich mit dem Kommando `trapsink` *ein Ziel für SNMP-Traps definiert.*

```
trapsink 192.168.170.254
# Zebra
smuxpeer .1.3.6.1.4.1.3317.1.2.1.
# OSPF
smuxpeer .1.3.6.1.4.1.3317.1.2.5.
# BGP
smuxpeer .1.3.6.1.4.1.3317.1.2.2.
```

Entsprechend der Net-SNMP-Konfiguration müssen auch die Routing-Prozesse der Quagga Suite angepasst werden. Bei

Debian-Systemen befinden sich Konfigurationsdateien im Verzeichnis /etc/quagga. In unserem Beispiel müssen die Dateien zebra.conf, ospfd.conf und bgpd.conf mit den passenden SMUX-Kommandos ergänzt werden. Für den BGP-Prozess sieht das dann wie folgt aus:

```
smux peer .1.3.6.1.4.1.3317.1.2.2
```

Der OSPF-Daemon wird mit dem folgenden Kommando ergänzt:

```
smux peer .1.3.6.1.4.1.3317.1.2.5
```

und der Zebra-Prozess entsprechend der folgenden Zeile:

```
smux peer .1.3.6.1.4.1.3317.1.2.1
```

Sobald die Konfigurationen angepasst wurden, werden die beteiligten Prozesse neu gestartet. Anschließend lässt sich die Konfiguration einfach überprüfen, beispielsweise durch die Abfrage der BGP-MIB-Objekte auf dem Router router-as65340:

```
router-as65340:~#  snmpwalk -v 2c -c ek4voh8pie5ahX5eegh6
  localhost
NMPv2-SMI::mib-2.15.1.0 = Hex-STRING: 10
SNMPv2-SMI::mib-2.15.2.0 = INTEGER: 65340
SNMPv2-SMI::mib-2.15.3.1.1.10.199.1.20 = IpAddress: 10.199.20
.20
SNMPv2-SMI::mib-2.15.3.1.1.10.199.1.30 = IpAddress: 10.199.30
.30
SNMPv2-SMI::mib-2.15.3.1.2.10.199.1.20 = INTEGER: 6
SNMPv2-SMI::mib-2.15.3.1.2.10.199.1.30 = INTEGER: 6
SNMPv2-SMI::mib-2.15.3.1.3.10.199.1.20 = INTEGER: 2
SNMPv2-SMI::mib-2.15.3.1.3.10.199.1.30 = INTEGER: 2
SNMPv2-SMI::mib-2.15.3.1.4.10.199.1.20 = INTEGER: 4
SNMPv2-SMI::mib-2.15.3.1.4.10.199.1.30 = INTEGER: 4
SNMPv2-SMI::mib-2.15.3.1.5.10.199.1.20 = IpAddress: 10.199.1
.40
SNMPv2-SMI::mib-2.15.3.1.5.10.199.1.30 = IpAddress: 10.199.1
.40
SNMPv2-SMI::mib-2.15.3.1.6.10.199.1.20 = INTEGER: 56843
SNMPv2-SMI::mib-2.15.3.1.6.10.199.1.30 = INTEGER: 40708
SNMPv2-SMI::mib-2.15.3.1.7.10.199.1.20 = IpAddress: 10.199.1
.20
SNMPv2-SMI::mib-2.15.3.1.7.10.199.1.30 = IpAddress: 10.199.1
.30
SNMPv2-SMI::mib-2.15.3.1.8.10.199.1.20 = INTEGER: 179
SNMPv2-SMI::mib-2.15.3.1.8.10.199.1.30 = INTEGER: 179
SNMPv2-SMI::mib-2.15.3.1.9.10.199.1.20 = INTEGER: 65320
SNMPv2-SMI::mib-2.15.3.1.9.10.199.1.30 = INTEGER: 65330
...
```

Erfassung der BGP-Updates

Nachdem nun unsere »hausgemachten Router« betriebsbereit sind, wird es Zeit, die Datenerfassung zu konfigurieren. Als Linux-basierte Systeme melden sich die Router mit der Systemobjekt-ID (sysOID) .1.3.6.1.4.1.8072.3 – oder anders gesagt: mit dem eindeutigen Identifier für Net-SNMP. Im Gegensatz

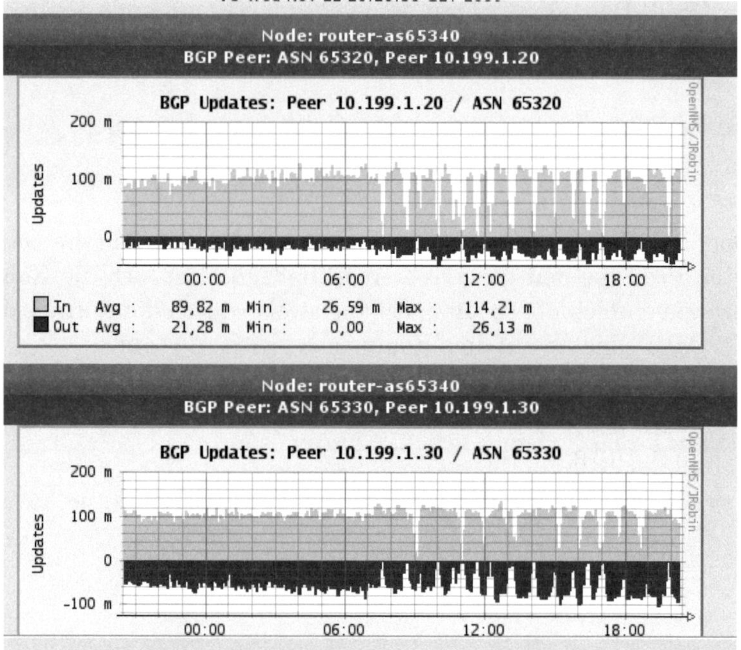

Abbildung 20.10 *In dieser neu konfigurierten Datacollection des Net-SNMP-Systems router-as65340 werden die BGP-Update-Nachrichten der Peers dargestellt.*

zu den vorkonfigurierten Datacollections bekannter Routerhersteller muss nun noch etwas konfiguriert werden. In der Datei `$OPENNMS_HOME/etc/datacollection-config.xml` gibt es einen Abschnitt für Net-SNMP, der letztlich durch die sysOID-Maske definiert ist:

```
<systemDef name="Net-SNMP">
  <sysoidMask>.1.3.6.1.4.1.8072.3.</sysoidMask>
  <collect>
    <includeGroup>mib2-host-resources-system
    </includeGroup>
    <includeGroup>mib2-host-resources-memory
    </includeGroup>
    <includeGroup>mib2-X-interfaces</includeGroup>
    <includeGroup>net-snmp-disk</includeGroup>
    <includeGroup>openmanage-coolingdevices
    </includeGroup>
    <includeGroup>openmanage-temperatureprobe
```

```
        </includeGroup>
        <includeGroup>openmanage-powerusage</includeGroup>
        <includeGroup>ucd-loadavg</includeGroup>
        <includeGroup>ucd-memory</includeGroup>
        <includeGroup>ucd-sysstat</includeGroup>
        <includeGroup>ucd-sysstat-raw</includeGroup>
        <includeGroup>ucd-sysstat-raw-more</includeGroup>
      </collect>
```

In dieser Collection-Definition werden lediglich bekannte Host-Objekte des Net-SNMP-Pakets erfasst. Um nun auch Statistiken über BGP zu erfassen, wird die für andere Router bekannte Gruppe `ietf-bgp4-peer-stats` einfach hinzugefügt:

```
        <includeGroup>ietf-bgp4-peer-stats</includeGroup>
```

Diese Änderung erfordert leider einen Neustart von OpenNMS. Anschließend werden auch für solcherart Linux-basierte Router Graphen wie in Abbildung 20.10 bereitgestellt. Darüber hinaus lassen sich diese Daten wiederum für ein Thresholding verwenden.

20.2.2 Polling des BGP-Peering-Status

Da nun die Anzahl der BGP-Updates grafisch erfasst werden kann, sollte es auch möglich sein, den Zustand des Peerings über ein Polling aktiv zu überwachen. Im Gegensatz zu zahlreichen anderen Routing-Protokollen, die ihre Routing-Informationen auf Multicast-Basis und über UDP-Pakete versenden, verwendet BGP aktive TCP-Verbindungen zwischen den Peering-Partnern (normalerweise wird hierzu Port 179 verwendet). Dadurch ist es auch recht einfach möglich, den Zustand einer Peering-Session zu erkennen. Das Protokoll unterscheidet dabei zwischen 6 verschiedenen Zuständen:

- *Idle* bezeichnet den Zustand, dass keine TCP-Verbindung zwischen den Partnern besteht.
- *Connect* beschreibt eine TCP-Verbindung zwischen beiden Prozessen.
- *Active*, *OpenSent* und *OpenConfirm* bezeichnen Zustände für den Austausch der initialen Protokolldaten der beiden Peers.
- *Established* ist der Zustand, in dem beide Peers die Session als korrekt aufgebaut betrachten und Routing-Informationen austauschen.

Ein BGP-Peering kann sich demnach immer nur in einem dieser sechs Zustände befinden. Ein naheliegender Gedanke ist daher, eine BGP-Session nur dann als O.K. zu betrachten, wenn sie sich im Zustand *Established* befindet. An dieser Stelle hilft uns wieder SNMP weiter, denn genau dieser Zustand lässt sich für jeden Peer auslesen. Ronny Trommer hat diesen Monitor für OpenNMS entwickelt, der seit der Version 1.6.5 allen Anwendern zur Verfügung steht.
Um diesen Poller näher kennenzulernen, schauen wir uns die Peerings von Router `router-as65340` etwas genauer an:

- `router-as65320` mit der AS-Nummer 65320 und der IP-Adresse 10.199.1.20
- `router-as65330` mit der AS-Nummer 65330 und der IP-Adresse 10.199.1.30

BGP teilt die Verantwortlichkeit fürs Routing in sogenannte autonome Systeme auf.

Mit der Angabe der Adresse des Peers, der Nummer des autonomen Systems und der Eindeutigkeit des Peering-Zustands haben wir bereits ausreichend Kriterien für ein aussagekräftiges Polling. Für den Einsatz müssen lediglich zwei Dateien, `$OPENNMS_HOME/etc/poller-configuration.xml` und `$OPENNMS_HOME/etc/capsd-configuration.xml`, modifiziert werden.

Im ersten Schritt wird durch die Änderung der Datei `$OPENNMS_HOME/etc/capsd-configuration.xml` dem System bekannt gemacht, auf welche Eigenschaften ein Node geprüft werden soll:

```
<protocol-plugin protocol="BGP-Peer-10.199.1.20-AS65320"
   class-name="org.opennms.netmgt.capsd.plugins.BgpSessionPlugin"
   scan="on">
    <property key="timeout" value="2000" />
    <property key="retry" value="1" />
    <property key="bgpPeerIp" value="10.199.1.20" />
</protocol-plugin>

<protocol-plugin protocol="BGP-Peer-10.199.1.30-AS65330"
    class-name="org.opennms.netmgt.capsd.plugins.BgpSessionPlugin"
    scan="on">
    <property key="timeout" value="2000" />
    <property key="retry" value="1" />
    <property key="bgpPeerIp" value="10.199.1.30" />
</protocol-plugin>
```

Mit anderen Worten: Es werden letztlich Dienste namens `BGP-Peer-10.199.1.30-AS65320` und `BGP-Peer-10.199.1.30-AS65330` definiert, die das Plugin

`BgpSessionPlugin` verwenden und den Node auf eine BGP-Session zum Peer `bgpPeerIp` testen.

Sofern es Nodes gibt, die diesen Dienst an Bord haben, soll dieser auch periodisch überprüft werden. Diese Aufgabe übernimmt der *Pollerd* und für dessen Konfiguration ist es sinnvoll, speziell für dieses Monitoring ein eigenes *Package* (siehe Abschnitt 8.1.1) zu definieren. Dadurch kann die Überprüfung des Dienstes von vornherein auf die benötigten Adressen eingeschränkt werden (hier sind es Adressen im Bereich 10.199.1.0/24). Die Definition der Services in der Datei `$OPENNMS_HOME/etc/poller-configuration.xml` sieht dann wie folgt aus:

```
<package name="bgprouter">
  <filter>IPADDR != '0.0.0.0'</filter>
  <include-range begin="10.199.1.1" end="10.199.1.254" />
  <rrd step="300">
    <rra>RRA:AVERAGE:0.5:1:2016</rra>
    <rra>RRA:AVERAGE:0.5:12:1488</rra>
    <rra>RRA:AVERAGE:0.5:288:366</rra>
    <rra>RRA:MAX:0.5:288:366</rra>
    <rra>RRA:MIN:0.5:288:366</rra>
  </rrd>

  <service name="BGP-Peer-10.199.1.20-AS65320"
   interval="300000" user-defined="false" status="on">
   <parameter key="retry" value="2" />
   <parameter key="timeout" value="3000" />
   <parameter key="port" value="161" />
   <parameter key="bgpPeerIp" value="10.199.1.20" />
   </service>

  <service name="BGP-Peer-10.199.1.30-AS65330"
   interval="300000" user-defined="false" status="on">
   <parameter key="retry" value="2" />
   <parameter key="timeout" value="3000" />
   <parameter key="port" value="161" />
   <parameter key="bgpPeerIp" value="10.199.1.30" />
   </service>

  <!-- Downtimes -->
  <!-- 5m, 0, 5d -->
  <downtime interval="300000" begin="0"
   end="432000000"/>
  <!-- anything after 5 days delete -->
  <downtime begin="432000000" delete="true" />

</package>
```

(Man sollte sich an dieser Stelle nicht wundern, dass hier Konfigurationsanweisungen für RRD-Daten vorhanden sind: OpenNMS sammelt automatisch auch Daten über die Antwortzeit.) Was die Parameter angeht, so sind hier in erster Linie die folgenden interessant:

- Der Wert 300000 für `interval` gibt an, dass der Service alle 5 Minuten (oder 300000 msec) überprüft wird.
- Als `timeout` definiert der Wert 3000 eine maximale Antwortzeit von 3 Sekunden.
- Und der Wert 161 für `port` definiert den Port 161 für den SNMP-Agenten auf dem Zielsystem.

Zusätzlich wird in dieser Datei noch konfiguriert, welchen Monitor diese Services verwenden sollen:

```
<monitor service="BGP-Peer-10.199.1.20-AS65320"
  class-name=
    "org.opennms.netmgt.poller.monitors.BgpSessionMonitor" />
<monitor service="BGP-Peer-10.199.1.30-AS65330"
  class-name=
    "org.opennms.netmgt.poller.monitors.BgpSessionMonitor" />
```

Nach einer Ergänzung dieser Konfigurationsparameter muss OpenNMS neu gestartet werden. Im Rahmen des nächsten Scans von Router `router-as65340` werden Events generiert, die die Verfügbarkeit der neu definierten Dienste am Router mitteilen (siehe Abb. 20.11). Wenn man sich nun das Interface 10.199.1.40

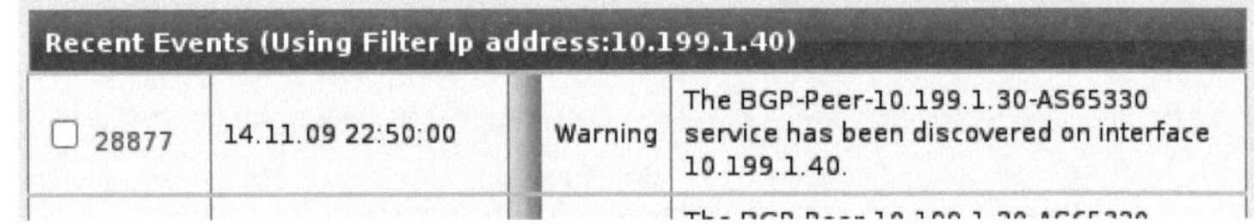

Recent Events (Using Filter Ip address:10.199.1.40)
28877
14.11.09 22:50:00
Warning
The BGP-Peer-10.199.1.30-AS65330 service has been discovered on interface 10.199.1.40.

Abbildung 20.11 *Das Peering wird beim Scannen des Systems erkannt.*

vom Router `router-as65340` näher betrachtet (zum Beispiel durch einen Doppelklick auf das Interface im Rahmen der Node-Ansicht), dann werden die Dienste *BGP-Peer-10.199.1.20-AS65320* und *BGP-Peer-10.199.1.30-AS65330* ebenfalls mit aufgelistet (siehe Abb. 20.12) Entsprechend der hier dargestellten Konfiguration wird der Dienst alle 5 Minuten überprüft. Sollte bei einem Polling die überprüfte BGP-Session nicht im Zustand *»Established«* sein, so wir dieser Service als *»Down«* betrachtet. Daraufhin werden entsprechende Events erzeugt, aus denen sich recht einfach Notifications (siehe Kapitel 14) erzeugen lassen.

Services
ICMP
StrafePing
SNMP
SSH
Router
BGP-Peer-10.199.1.20-AS65320
BGP-Peer-10.199.1.30-AS65330

Abbildung 20.12
Am Interface werden die neuen BGP-Services dargestellt.

20.2.3 Peering und SNMP-Traps

Neben dem aktiven Polling besteht bei den Routern der namhaften Hersteller in der Regel auch die Möglichkeit, Traps der SNMP-Agenten auszuwerten. Traps sind Nachrichten, die typischerweise bei einer Zustandsänderung eines Systems erzeugt werden. Darunter fallen Probleme mit der Hardware genauso wie Änderungen auf logischer Ebene oder auch eine Zustandsänderung im BGP-Peering zu einem Partner. SNMP-Traps werden in einem wohldefinierten Format verschickt – allerdings wird sich jeder, der sich die entsprechenden RFCs das erste Mal anschaut, sicher etwas verloren vorkommen. Zum Glück ist OpenNMS an dieser Stelle wieder

```
▽ data: trap (4)
  ▽ trap
      enterprise: 1.3.6.1.4.1.3317.1.2.2 (iso.3.6.1.4.1.3317.1.2.2)
      agent-addr: 10.40.1.1 (10.40.1.1)
      generic-trap: enterpriseSpecific (6)
      specific-trap: 2
      time-stamp: 96354360
    ▽ variable-bindings: 2 items
      ▽ 1.3.6.1.2.1.15.3.1.14.10.199.1.30: 0000
          Object Name: 1.3.6.1.2.1.15.3.1.14.10.199.1.30 (iso.3.6.1.2.1.15.3.1.14.10.199.1.30)
          Value (OctetString): 0000
      ▽ 1.3.6.1.2.1.15.3.1.2.10.199.1.30: 6
          Object Name: 1.3.6.1.2.1.15.3.1.2.10.199.1.30 (iso.3.6.1.2.1.15.3.1.2.10.199.1.30)
          Value (Integer32): 6
```

Abbildung 20.13
Ausschnitt aus einem mit Wireshark decodiertem SNMP-Trap

einmal ein hilfreiches Werkzeug, das einem die Decodierung der Traps abnimmt. Man kann sich daher auf die wesentlichen Dinge konzentrieren, wie zum Beispiel auf BGP-Traps, die von Quagga erzeugt werden. Denn beim Einsatz von Quagga helfen einem nicht die bereits in OpenNMS verfügbaren BGP-Standard-Traps – stattdessen muss man die Quagga-Variante erst dem System hinzufügen.

Zu Erinnerung: Die SNMP-Agenten auf dem Linux-System enthalten in ihrer Konfiguration die Zeile

```
trapsink 192.168.170.254
```

Wireshark ist ein sogenannter Sniffer oder Protocol-Analyzer.

und senden die Traps daher an die genannte Adresse – in unserem Falle den OpenNMS-Server. In Abbildung 20.13 ist ein Ausschnitt eines mit Wireshark [54] aufgezeichneten BGP-Traps dargestellt. Der Aufbau ist darin ganz einfach zu erkennen:

- Zuerst wird die betreffende Management Information Base (MIB) referenziert, hier die 1.3.6.1.4.1.3317.1.2.2 (wem diese Zahl nicht mehr bekannt vorkommt, der sollte mal einen Blick auf Seite 272 und die SMUX-Konfiguration werfen).
- Anschließend wird die Agent-Adresse genannt – hier ist es die 10.40.1.1 von `router-as65340`.
- Als nächstes wird definiert, dass es sich um einen generischen Trap mit der ID 6 handelt.
- Die spezifische Trap-ID ist 2 – was beim Quagga-BGP-Prozess den Abbruch einer BGP-Session bedeutet.

Nach diesem Header folgt ein weiterer Block mit sogenannten *Varbinds* oder variablen Daten. In diesem Fall sind es zwei Variablen – und bei genauem Hinsehen lässt sich hierbei durchaus die Adresse des BGP-Peers erkennen (10.199.1.30). Damit ist bereits das Wichtigste erfasst, um in OpenNMS passende Events für die vom BGP-Daemon der Quagga Routing Suite generierten Traps zu erzeugen. Schauen wir uns also nun detailliert eine solche Event-Beschreibung an:

```
<event>
  <mask>
    <maskelement>
      <mename>id</mename>
      <mevalue>.1.3.6.1.4.1.3317.1.2.2</mevalue>
    </maskelement>
    <maskelement>
      <mename>generic</mename>
      <mevalue>6</mevalue>
    </maskelement>
    <maskelement>
      <mename>specific</mename>
      <mevalue>1</mevalue>
    </maskelement>
  </mask>
```

In diesem Abschnitt wird die Maske für die MIB-Objekte definiert, also das Präfix .1.3.6.1.4.1.3317.1.2.2 aus der Quagga-typischen BGP-MIB. Die weiteren Maskenelemente definieren einen generischen Trap vom Typ 6 sowie einen spezifischen Trap vom Typ 1. Der Quagga-BGP-Prozess beschreibt mit diesen Werten eine erfolgreich zustande gekommene BGP-Session. Mit diesem Wissen lassen sich die weiteren Parameter des Events genauer festlegen und als Erstes wird der *Unique Event Identifier* oder kurz *UEI* definiert: `uei.opennms.org/vendor/Quagga/traps/QuaggaBGPEstablished`. Zu der eigentlichen UEI wird auch ein passendes Label (Name) angegeben. Damit lässt sich der Event überall im System wiederfinden und kann beispielsweise hervorragend für die Definition von Notifications verwendet werden:

UEI: Unique Event Identifier

```
<uei>
  uei.opennms.org/vendor/Quagga/traps/QuaggaBGPEstablished
</uei>
<event-label>
  Quagga-MIB defined trap event: bgpEstablished
</event-label>
```

Auf die UEI folgt eine detailliertere Beschreibung des Events. An dieser Stelle können auch HTML-Tags eingefügt werden, die dann bei der Ausgabe der Event-Tabelle in der WebUI mit eingebettet sind. Ferner lassen sich auch Parameter des Events auswerten, was sich gerade bei Varbinds anbietet. In diesem Beispiel ist die IP-Adresse des BGP Peers über die letzten vier durch ».« getrennten Objekte definiert. In OpenNMS lässt sich dieser Parameter durch die Anweisung `%parm[name-#1.-4:]%` extrahieren:

```
<descr>
  &lt;p&gt;The BGP Established event is generated when
  the BGP FSM enters the ESTABLISHED state. &lt;/p&gt;&lt;
  table&gt;&lt;tr&gt;&lt;td&gt;&lt;b&gt;

  bgpPeerRemoteAddr&lt;/b&gt;&lt;/td&gt;&lt;td&gt;
  %parm[name-#1.-4:]%;&lt;/td&gt;

  &lt;/p&gt;&lt;/td&gt;&lt;/tr&gt;&lt;/table&gt;
</descr>
```

Abschließend wird noch eine passende Log-Meldung definiert, die sich an der Beschreibung orientiert:

```
       <logmsg dest='logndisplay'>&lt;p&gt;
               QuaggaBGPEstablished trap received
               QuaggaBGPPeerRemoteAddr=%parm[name-#1.-4:]%
               &lt;/p&gt;
       </logmsg>
     <severity>Normal</severity>
</event>
```

So weit der erste Event für den Aufbau einer BGP-Session. Ein Event für den Abbau hat in diesem Fall die gleiche Struktur und unterscheidet sich lediglich in den Inhalten zwischen den Tags:

```
<event>
  <mask>
    <maskelement>
      <mename>id</mename>
      <mevalue>.1.3.6.1.4.1.3317.1.2.2</mevalue>
    </maskelement>
    <maskelement>
      <mename>generic</mename>
      <mevalue>6</mevalue>
    </maskelement>
    <maskelement>
      <mename>specific</mename>
      <mevalue>2</mevalue>
    </maskelement>
  </mask>
  <uei>
    uei.opennms.org/vendor/Quagga/QuaggaBGPBackwardTransition
  </uei>
  <event-label>
    Quagga-MIB defined trap event: bgpBackwardTransition
  </event-label>
  <descr>
    &lt;p&gt;The BGPBackwardTransition Event is generated
    when the BGP FSM moves from a higher numbered
    state to a lower numbered state.&lt;/p&gt;&lt;table&gt;
    &lt;tr&gt;&lt;td&gt;&lt;b&gt;

    bgpPeerRemoteAddr&lt;/b&gt;&lt;/td&gt;&lt;td&gt;
    %parm[name-#1.-4:]%;&lt;/td&gt;

    &lt;/p&gt;&lt;/td&gt;&lt;/tr&gt;&lt;/table&gt;
  </descr>
  <logmsg dest='logndisplay'>
    &lt;p&gt;
      QuaggaBGPBackwardTransition trap received
      bgpPeerRemoteAddr=%parm[name-#1.-4:]%
    &lt;/p&gt;
  </logmsg>
  <severity>Warning</severity>
</event>
```

Wenn diese beiden Events beispielsweise in der Datei `$OPENNMS_HOME/etc/events/quaggaBGP4.events.xml` gespeichert werden (nochmal insgesamt eingeklammert durch `<events>` und `</events>`), dann ist nun als letzter Schritt dafür Sorge zu tragen, dass diese Datei auch beim nachfolgenden Start von OpenNMS eingelesen wird. Dazu ist eine Zeile in der Datei `$OPENNMS_HOME/etc/eventconf.xml` zu ergänzen:

```
<event-file>events/quaggaBGP4.events.xml</event-file>
```

Home / Events / **Detail**

Event 52139					
Severity	Warning	**Node**	router-as65340	**Acknowledged By**	
Time	18.11.09 22:33:00	**Interface**	10.40.1.1	**Time Acknowledged**	
Service					
UEI	uei.opennms.org/vendor/Quagga /QuaggaBGPBackwardTransition				

Log Message

QuaggaBGPBackwardTransition trap received bgpPeerRemoteAddr=10.199.1.30

Description

The BGPBackwardTransition Event is generated when the BGP FSM moves from a higher numbered state to a lower numbered state.

bgpPeerRemoteAddr	10.199.1.30;

Operator Instructions

No instructions available

Abbildung 20.14
Mit der beschriebenen Event-Definition decodierter BGP-Trap

Einem Neustart von OpenNMS steht nun nichts mehr im Wege. Danach werden die vom Quagga/BGP erzeugten SNMP-Traps von OpenNMS verarbeitet und stehen den Anwendern zur Verfügung, wie man in Abbildung 20.14 sehen kann.

20.3 StrafePing: Leitungsqualität besser visualisiert

Als Netzwerkbetreiber möchte man natürlich nicht nur wissen, wie gut die Verfügbarkeit einer Leitung ist, sondern auch, wie es denn mit der Leitungsqualität aussieht. Denn neben der Auslastung spielt gerade für kritische Anwendungen auch die Qualität im Sinne von Jitter und RTT eine wichtige Rolle.

Es gibt Hersteller von Netzwerkgeräten, die die Sammlung solcher Daten auf ihren Geräten unterstützen. Sicherlich gehört hierbei *Cisco IOS IP Service Level Agreements (SLAs)* von Cisco Systems [12] zu den bekannten Architekturen. Wer Geräte von Cisco im Einsatz und von diesem Feature noch nicht gehört hat, der sollte unbedingt einen Blick darauf werden. Der Grundgedanke ist dabei, die vorhandenen Netzwerkgeräte als Probes einzusetzen und für Testzwecke IP-Pakete mit typischen Dienstmerkmalen zu erzeugen. Die gute Nachricht ist nun: OpenNMS unterstützt von Haus aus die Auswertung der IPSLA-Features von Cisco mit vordefinierten Datacollections! Aber wie soll man nun einen

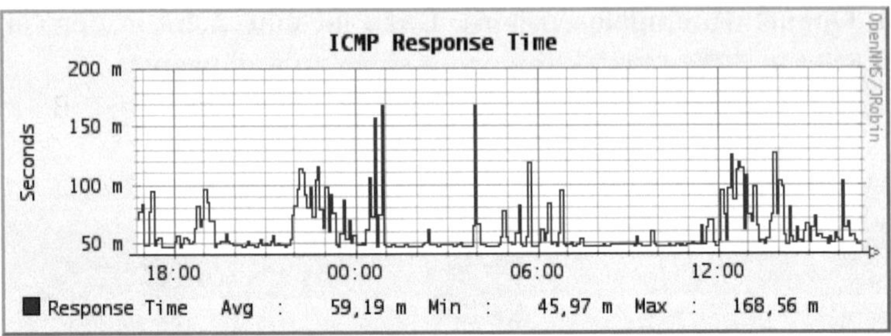

Abbildung 20.15 *Periodische Messungen mit einzelnen ICMP-Paketen können zu falschen Schlüssen über die Leitungsqualität führen.*

Eindruck über die Leitungsgüte bekommen, wenn man dieses Produkt nicht einsetzen kann, z.B. aufgrund von Firewallregeln oder weil am anderen Ende einer Leitung keine geeignete Hardware zur Verfügung steht? Schließlich ist ja bekannt, dass ein einfaches ICMP-Ping nicht gerade sehr aussagekräftig für die Leitungsqualität ist (siehe Abb. 20.15). Nun, für solche Fälle stellt OpenNMS eine einfachen Lösung bereit: *StrafePing*. StrafePing ist eine

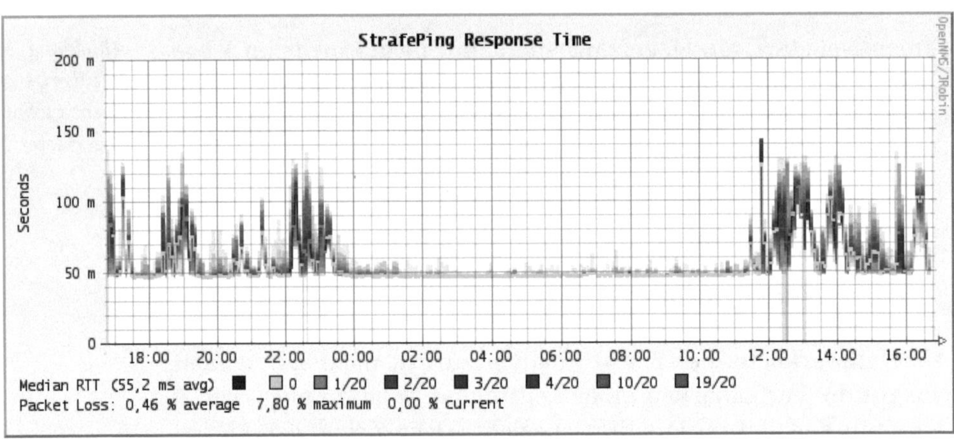

Abbildung 20.16 *Der gleiche Zeitabschnitt wie in Abb.20.15 mit den Daten des StrafePing-Pollers*

Java-Adaption von Tobi Oetikers *SmokePing* [46]. Der Grundgedanke ist dabei, nicht nur ein einziges ICMP-Paket zu versenden und die Round Trip Time (RTT) zu messen, sondern gleich eine ganze Gruppe von Paketen zu verschicken, und dabei für jedes einzelne Paket einer Gruppe separat die RTT zu ermitteln. Auf diese Weise kann man auch jeweils für eine Gruppe die Varianz bestimmen. Die auf diesem Wege erhaltenen Daten bieten daher eine andere Basis zur Beurteilung der Leitungs- beziehungsweise Verbindungsgüte. In Abbildung 20.16 ist das gleiche Beobachtungsintervall wie in Abbildung 20.15 dargestellt und man kann ganz leicht erkennen, wie groß die Werte für die RTT schwanken. Visuell wird das durch die dunklen Bereiche im Graphen sichtbar: Wenige Ausreißer erzeugen ein helles Grau, viele Ausreißer ein dunkles Grau bis Schwarz. Darüber hinaus wird auch protokolliert, wie viele Pakete jeweils verloren gegangen sind. Bei der vergrößerten Darstellung des Zeitraums in Abbildung 20.17 wird deutlich, dass zwischen 12:15 Uhr und 13:10 Uhr ein Teil der Pakete verloren gegangen ist.

20.3.1 Konfiguration

Man sollte allerdings beachten, dass der Einsatz von StrafePing zusätzliche I/O-Last auf dem OpenNMS-Server erzeugt. Aus diesem Grunde ist StrafePing in der Standardinstallation von Haus aus für die meisten Nodes deaktiviert, denn gerade bei unüberlegtem Einsatz dieses Pollers werden automatisch alle bekannten IP-Interfaces der Nodes mit dem StrafePing überwacht. Dass dies nicht unbedingt immer sinnvoll ist, kann man sich leicht anhand von Multilayer-Switches vorstellen, die mehrere Hundert VLAN-Interfaces mit IP-Konfiguration besitzen.

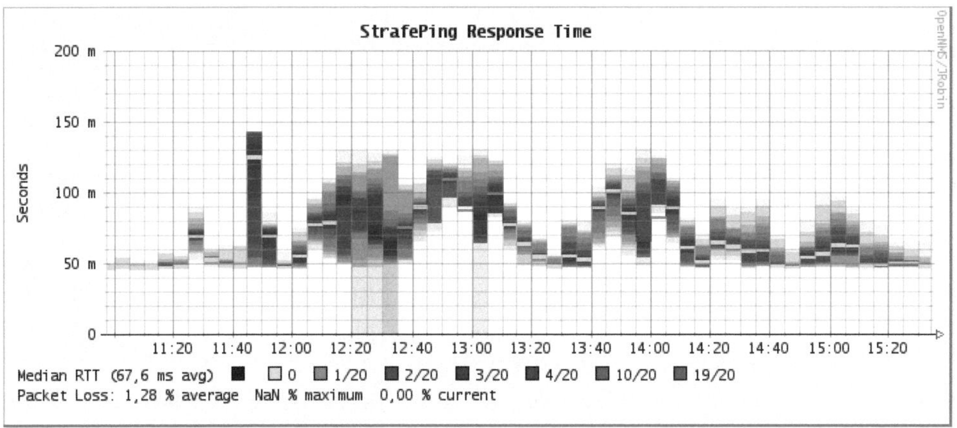

Abbildung 20.17 *Vergrößerte Darstellung der StrafePing-Daten. Deutlich sind die unterschiedlichen Laufzeiten und die Paketverluste zwischen 12:15 Uhr und 13:10 Uhr sichtbar.*

Um nun selektiv den StrafePing zu aktivieren, muss lediglich die Datei `$OPENNMS_HOME/etc/poller-configuration.xml` um die interessanten Bereiche ergänzt werden. Für eine Überwachung der Router `router-as65320`, `router-as65330` und `router-as65340` aus Abbildung 20.9 wird dann einfach der entsprechende `include-range` definiert – in diesem Fall das Netz 10.199.1.0/24:

```
<package name="strafer" >
  <filter>IPADDR != '0.0.0.0'</filter>
  <include-range begin="10.199.1.0" end="10.199.1.255"/>
  <rrd step="300">
    <rra>RRA:AVERAGE:0.5:1:2016</rra>
    <rra>RRA:AVERAGE:0.5:12:1488</rra>
    <rra>RRA:AVERAGE:0.5:288:366</rra>
    <rra>RRA:MAX:0.5:288:366</rra>
    <rra>RRA:MIN:0.5:288:366</rra>
  </rrd>
  <service name="StrafePing"
           interval="300000"
           user-defined="false" status="on">
    <parameter key="retry" value="0"/>
    <parameter key="timeout" value="3000"/>
    <parameter key="ping-count" value="20"/>
    <parameter key="failure-ping-count" value="20"/>
    <parameter key="wait-interval" value="50"/>
    <parameter key="rrd-repository"
               value="/usr/share/opennms/share/rrd/response"/>
    <parameter key="rrd-base-name" value="strafeping"/>
  </service>
  <downtime interval="30000" begin="0" end="300000"/>
  <downtime interval="300000" begin="300000" end="43200000"/>
  <downtime interval="600000" begin="43200000" end="432000000"/>
  <downtime begin="432000000" delete="true"/>
</package>
```

Der Service StrafePing kann über verschiedene Parameter an die eigenen Vorstellungen oder Bedürfnisse angepasst werden. Dabei handelt es sich um die folgenden Variablen:

- `timeout`: Gibt die Dauer in Millisekunden an, in der ein Antwortpaket ankommen muss. Sollte eine Antwort länger unterwegs sein, so gilt es als verloren.
- `retry`: Definiert, ob ein Paketversand wiederholt werden soll.
- `ping-count`: Beschreibt, wie viele Pakete in einer Gruppe verschickt werden sollen. Der Standardwert ist hier 20.
- `failure-ping-count`: Gibt an, wie viele Pakete einer Gruppe verlorgen gehen müssen, um den Service auf *Down* zu setzen.
- `wait-interval`: Definiert den zeitlichen Abstand beim Versand der Pakete einer Gruppe (in Millisekunden).
- `rrd-repository`: Definiert das Verzeichnis, in dem die gemessenen Werte in RRD-Datenbanken abgelegt werden.
- `rrd-base-name`: Bezeichnet den Dateinamen (ohne Extension), unter dem die Daten abgelegt werden.

Die Standardwerte sind dabei wiederum ein guter Startpunkt für eigene Experimente.

20.4 Integration mit Syslog

Syslog (System Log) steht für einen Dienst, mit dem auf einem Server Ereignisse protokolliert werden. Der Dienst besteht dabei aus einem Daemon (Syslogd), der Syslog-Nachrichten entgegennimmt und weiterverarbeitet. Im einfachsten Fall schreibt der Syslogd die eingehenden Nachrichten in eine Datei. Diese Datei wird üblicherweise eine bestimmte Zeit lang (Woche, Monat, ...) aufbewahrt und dann gelöscht.

Wenn man von mehreren Geräten Syslog-Nachrichten auf einem einzigen Server empfangen und verarbeiten möchte, kann man dem zentralen Syslog-Server diese Nachrichten über das Netzwerk übermitteln. An dieser Stelle setzt OpenNMS mit dem eingebauten Syslogd an. Ist der Dienst aktiviert, wartet der Daemon auf dem Port 10514 auf eingehende Syslog-Nachrichten. Diese Nachrichten können dann von OpenNMS analysiert, Nodes zugeordnet und wie die anderen OpenNMS-Events verarbeitet werden.

Das Ziel dieses Fallbeispiels ist, Sie einmal durch die Konfiguration von Syslog-NG und OpenNMS bis zur Erstellung einer Notification zu führen.

Syslog-NG

Syslog-NG, NG steht für Next Generation, erfüllt dieselben Aufgaben wie der altbekannte Syslog-Daemon von Unix: Er muss Meldungen entgegennehmen und etwas damit tun. Während der Standard-Syslog aber nur auf Basis der vom Sender gesetzten Nachrichtenattribute die Entscheidung trifft, wohin die Nachricht gesendet oder geschrieben wird, kann Syslog-NG mehr: Auf Basis des Absenders und des Inhaltes der Nachrichten kann entschieden werden, was mit der Nachricht geschieht.

Syslog-NG bietet mit dieser Funktion die Möglichkeit, bereits vor dem Eintreffen der Nachrichten in OpenNMS mit einer hoher Granularität entscheiden zu können, welche Informationen im Netzerkmanagement später berücksichtigt werden sollen. Gerade in Umgebungen mit vielen Sendern ist das hilfreich, um die Anzahl der von OpenNMS zu verarbeitenden Nachrichten zu verringern.

Syslog als »Event-Transport-Mechanismus« ist weit verbreitet. Fast alle Unix-Anwendungen sind irgendwann in ihrem Leben an einem Punkt angekommen, an dem sie in der Lage sind, mit Syslog zu kommunizieren. Eigene Programme oder Skripte kann man mit dem `logger` einfach an Syslog anbinden.

Aber auch Netzwerkkomponenten wie Router, Switches oder Access Points sind üblicherweise in der Lage, mit einem zentralen Syslog-Server zu kommunizieren. Oft ist die Arbeit mit Syslog für den noch nicht gänzlich in die Tiefen von SNMP abgesunkenen Administrator wesentlich intuitiver und damit schneller – Traps kann man sich ja immer noch erschließen, aber mit Syslog hat man schnell gute Ergebnisse – und man verbaut sich nichts.

20.4.1 Reduktion – lower the noise

Die Verringerung der Menge der in das Monitoring-System gesendeten Nachrichten bezeichnet man entweder als Reduktion oder als Aggregation. Von Reduktion spricht man, wenn gefiltert wird, von Aggregation, wenn gleichlautende Nachrichten zusammengefasst werden. Je weniger Nachrichten in OpenNMS verarbeitet werden, desto besser ist natürlich die Performance. Um die unwichtigen Nachrichten auszufiltern, kann ein Setup mit einem zentralen Syslog-Server eine wichtige Rolle spielen. Der Vorteil eines vorgelagerten Aggregators ist, dass die Daten zwar erhalten bleiben, aber dennoch nicht ungebremst auf OpenNMS treffen. Zudem ist der Syslog-Server darauf ausgelegt, ja geradezu dafür entworfen worden, Nachrichten zu filtern. Er macht das, bei einer großen Menge, wesentlich ökonomischer als OpenNMS, das ja zudem noch etwas mehr Logik bei der Beurteilung der eingehenden Nachrichten anwendet. Ein letzter Vorteil bei der Verwendung eines zentralen Syslog-Servers liegt darin, dass über die Filter die Nachrichten auch an mehrere Empfänger verschickt werden können – zum Beispiel wenn zwei OpenNMS-Systeme für unterschiedliche Aufgaben zuständig sind.

20.4.2 Vorbereitung von OpenNMS

Syslogd

Für den Empfang von Syslog-Nachrichten muss der Syslog-Service (*Syslogd*) von OpenNMS gestartet sein. Die Services von OpenNMS werden in der Datei `$OPENNMS_HOME/etc/service-configuration.xml` konfiguriert. In der Datei befindet sich für jeden Service ein Eintrag in dieser Form:

```
<service>
  <name>OpenNMS:Name=Syslogd</name>
  <class-name>
    org.opennms.netmgt.syslogd.jmx.Syslogd
```

```
    </class-name>
    <invoke at="start" pass="0" method="init"/>
    <invoke at="start" pass="1" method="start"/>
    <invoke at="status" pass="0" method="status"/>
    <invoke at="stop" pass="0" method="stop"/>
  </service>
```

Der Syslog-Service ist standardmäßig auskommentiert. Um ihn zu aktivieren, entfernt man die entsprechenden Kommentar-Tags. Bevor man OpenNMS nun gleich neu startet, sollte man noch einen Blick in die Datei `$OPENNMS_HOME/etc/syslogd-configuration.xml` werfen, denn in den ersten Zeilen werden dort einige wichtige Parameter gesetzt:

```
<?xml version="1.0"?>
<syslogd-configuration>
  <configuration
      syslog-port="10514"
      new-suspect-on-message="false"

     forwarding-regexp="^.*\s(19|20)\d\d([-/.])(0[1-9] \
                             |1[012])\2(0[1-9]|[12][0-9]|3[01]) \
                             (\s+)(\S+)(\s)(\S.+)"
     matching-group-host="6"
     matching-group-message="8"
     discard-uei="DISCARD-MATCHING-MESSAGES"/>
```

Hat man einen eigenen Syslog-Server auf der OpenNMS-Maschine laufen, sollte man den in der Datei konfigurierten Port auf 10514 belassen. Ist das nicht geplant, kann der Port auch auf 514 gesetzt werden. Das ist der allgemeine Standardport für den Syslog-Dienst. Für eine solche Änderung spricht, dass man vielleicht weniger Arbeit mit widerspenstigen Firewalls hat. Außerdem muss man sich bei der späteren Konfiguration von Clients eine Besonderheit weniger in Erinnerung rufen, was das Leben einfacher machen kann. Für den Port 10514 spricht hingegen das Prinzip der »toleranten« Installation von OpenNMS, die auf möglichst vielen Systemen »nebenbei« oder »neutral« erfolgen kann. Sie haben die Wahl!

20.4.3 Konfiguration von Syslog-NG

Quellen (Sources), Filter und Ziele (Destinations) machen die Konfiguration von Syslog-NG aus. In einem Log-Eintrag werden die vorher festgelegten Parameter dann kombiniert.

```
source s_all {
        internal();
        unix-stream("/dev/log");
        file("/proc/kmsg" log_prefix("kernel: "));
        udp();
};
```

Wenn Syslog-NG Nachrichten über das Netz entgegennehmen soll, muss als Quelle `udp()` hinzugefügt werden, wie oben angezeigt. Im nächsten Schritt ist ein Ziel für OpenNMS einzurichten:

```
destination d_opennms {
        udp 1.2.3.4,10514;
};
```

`1.2.3.4` ist die Adresse des OpenNMS-Servers, darauf folgt der Port, auf dem OpenNMS die Syslog-Meldungen entgegennimmt.

Für eine Einschränkung der Nachrichten, die an OpenNMS weitergeleitet werden, können Filter definiert werden:

```
filter f_at_least_info { level(info..emerg); };
```

In diesem Fall wird der Filter alle Nachrichten weiterleiten, die mindestens die Priorität »info« haben. Wesentlich mächtiger sind aber Filter, die den Sender der Nachrichten berücksichtigen oder sich regulärer Ausdrücke bedienen.
Im einfachsten Fall sieht ein solcher Filter so aus:

```
filter f_bubu { match(bubu); };
```

Dieser Filter würde alle Nachrichten akzeptieren, in denen ein `bubu` vorkommt.

Die bis hierher gemachten Einstellungen werden dann in einer »log«-Definition zusammengeführt:

```
log {
        source(s_all);
        filter(f_bubu);
        destination(d_opennms);
};
```

Bei diesem Beispiel würden also alle Nachrichten, die beim Syslog-NG ankommen und das Schlüsselwort *bubu* enthalten, via UDP an den Server 1.2.3.4 auf den Port 10514 weitergeleitet werden.

20.4.4 Verarbeitung der Nachrichten in OpenNMS

Die Syslog-Nachrichten treffen bei OpenNMS in einem strukturierten Format ein. Um sie aber dem richtigen Node zuordnen zu können, müssen sie analysiert werden. Gleichzeitig muss die

(Freitext-)Nachricht in einen von OpenNMS verarbeitbaren Event umgewandelt werden.

Dazu werden reguläre Ausdrücke verwendet, da sie sehr flexibel und mächtig sind. Die bei der Installation von OpenNMS mitgelieferten Beispiele reichen für den Start aus, um die eingegangenen Nachrichten einem Node zuzuordnen.

Die Konfigurationsdatei ist `$OPENNMS_HOME/etc/syslog-configuration.xml`. Nach den Anweisungen, wie der Syslog-Dienst von OpenNMS sich verhalten soll, folgen die Informationen, wie eingehende Nachrichten in UEIs umzuwandeln sind.

Im mitgelieferten ersten Beispiel werden die eingehenden Nachrichten nach dem Wort »CRISCO« durchsucht (*substring match*). An dieser Stelle können auch reguläre Ausdrücke verwendet werden wie im zweiten Beispiel:

```
<ueiList>
  <ueiMatch>
    <match type="substr" expression="CRISCO"/>
    <uei>CISCO</uei>
  </ueiMatch>
  <ueiMatch>
    <match type="regex" expression=".*fancyd: \
                .*failed for user (\S+) on \
                ((pts\/\d+)|(tty\d+)).*"/>
    <uei>uei.example.org/syslog/fancyd/userFailure</uei>
    <!-- In the event definition for the above UEI, you can
         refer to the parenthesized match groups above:
         %parm[group1]% or %parm[#1]% will have the username
         %parm[group2[% or %parm[#2]% will have the device name
    -->
  </ueiMatch>
</ueiList>
```

Wird ein »Crisco« in einer eingehenden Syslog-Nachricht gefunden, erzeugt OpenNMS einen »CISCO«-Event. Die im zweiten Beispiel verwendete Methode mit dem regulären Ausdruck erlaubt umfangreichere Abfragen. Die Match-Groups füllen die Variablen `parm[#1]` und `parm[#2]`. Diese Parameter können anschließend im Event-Text verwendet werden.

Um die gesamte Integration zu testen, kann man vom Ursprungssystem (oder dem Syslog-NG-Server) eine Testnachricht mit diesem Schlüsselwort an OpenNMS senden oder weiterleiten lassen. Im OpenNMS selber sollte dann in der Log-Datei des Syslogs und im Event-Log ein entsprechender Eintrag erscheinen.

20.5 Strom zählen

Dieses Kapitel ist ganz besonders Nils gewidmet.

Mindestens ein Energieversorger in Deutschland installiert seit einiger Zeit Stromzähler bei seinen Kunden, die über das Internet erreichbar sind. Verbindet man sich mit so einem Gerät, erhält man den aktuellen und den durchschnittlichen Verbrauch angezeigt. Die Seite, auf der die Daten angezeigt werden, ist denkbar einfach aufgebaut: etwas HTML, ein wenig CSS und schließlich die Zahlen mittendrin.

HTTP-Collector

Um sich diese Zahlen nicht nur auf einer Webseite anzeigen zu lassen, sondern sie auch in OpenNMS zu sehen, kann man den *HTTP-Collector* verwenden. Die Vorgehensweise schaut folgendermaßen aus:

Zuerst wird der Quelltext der Webseite analysiert. Dann erstellt man einen regulären Ausdruck (*regular expression*, kurz *regex*), der die gewünschte Zahl findet.

Hat man das geschafft, kann man sich an das Drumherum machen. Der HTTP-Collector muss konfiguriert werden – in dessen Konfiguration wird der reguläre Ausdruck eingetragen. Auch der Name für die JRB/RRD-Datei und die in ihr gespeicherte Variable wird dort festgelegt. Ebenfalls an dieser Stelle wird die Struktur der JRB/RRD-Datei konfiguriert.

```
<rrd step="300">
```

Der Wert für den `step`, das Zeitintervall zwischen den Werten, die in die Datei geschrieben werden, ist in Sekunden angegeben. Auf diese Weise stellen wir sicher, dass sich beim Management von OpenNMS keine Routine einschleicht.

Eigentlich könnte man alle Werte, die von einer Seite geladen werden, in derselben HTTP-Collection konfigurieren. Die Besonderheit bei diesem Stromzähler ist jedoch, dass er zwei Werte anzeigt. Der eine, die aktuelle Leistung, wird jede Sekunde aktualisiert. Der andere, der Durchschnittsverbrauch, alle fünfzehn Minuten.

Aus diesem Grund müssen auch zwei Collections erstellt werden – die eine mit einem `step` von 1, die andere mit einem `step` von 900.

Bevor ich hier weitermache: Ein Step von 1 bedeutet, dass OpenNMS tatsächlich jede Sekunde bei dem Stromzähler nachfragen soll. Bevor man so eine Konfiguration vornimmt, sollte man sich die Frage stellen, ob die zu erwartende System- und Netzlast in Ordnung ist oder ob man doch lieber auf etwas Messgenauigkeit verzichtet, um die Ressourcen zu schonen.

Dann wird die neu definierte HTTP-Collection in eine Collection aufgenommen. In der Datei `$OPENNMS_HOME/etc/http-datacollection.xml` sind diese beiden Einträge für das Einsammeln der Werte alle fünf und alle fünfzehn Minuten zuständig:

```
<http-collection name="powercount5">
  <rrd step="1">
    <rra>RRA:AVERAGE:0.5:1:8928</rra>
    <rra>RRA:AVERAGE:0.5:60:8784</rra>
    <rra>RRA:MIN:0.5:60:8784</rra>
    <rra>RRA:MAX:0.5:60:8784</rra>
  </rrd>
  <uris>
    <uri name="powercounts5">
      <url path="/index.html"
           user-agent="Mozilla/5.0 (Macintosh; U; PPC Mac OS
           X; en) AppleWebKit/412 (KHTML, like Gecko) Safari /412"
           matches="(?s).*?akt_leistung..([0-9]+).*"
          response-range="0-399" >
      </url>
      <attributes>
        <attrib alias="powercount5" match-group="1" type=
       "gauge"/>
      </attributes>
    </uri>
  </uris>
</http-collection>
<http-collection name="powercount15">
  <rrd step="900">
    <rra>RRA:AVERAGE:0.5:1:8928</rra>
    <rra>RRA:AVERAGE:0.5:12:8784</rra>
    <rra>RRA:MIN:0.5:12:8784</rra>
    <rra>RRA:MAX:0.5:12:8784</rra>
  </rrd>
  <uris>
    <uri name="powercounts15">
      <url path="/index.html"
           user-agent="Mozilla/5.0 (Macintosh; U; PPC Mac
           OS X; en) AppleWebKit/412 (KHTML, like Gecko) Safari/412"
           matches="(?s).*?durch_leistung..\n\s*([0-9]+).*"
           response-range="0-399" >
      </url>
      <attributes>
        <attrib alias="powercount15" match-group="1"
        type="gauge"/>
      </attributes>
    </uri>
  </uris>
</http-collection>
```

Diese Konfiguration kann man in der Datei `$OPENNMS_HOME/collectd-configuration.xml` vornehmen. Für den »aktuellen« Wert wird das Intervall auf 1000 (Millisekunden, also eine Sekunde) gesetzt, für den Durchschnittswert auf 900000:

```
<service name="HttpPowerCount5" interval="1000" user-defined=
 "false" status="on" >
 <parameter key="http-collection" value="powercount5" />
 <parameter key="retry" value="5" />
 <parameter key="timeout" value="1000" />
 <parameter key="thresholding-enabled" value="true"/>
</service>
<service name="HttpPowerCount15" interval="900000"
 user-defined="false" status="on" >
 <parameter key="http-collection" value="powercount15" />
 <parameter key="retry" value="5" />
 <parameter key="timeout" value="1000" />
 <parameter key="thresholding-enabled" value="true"/>
</service>
```

Die Abfrageintervalle von einer Sekunde und 15 Minuten werden zweimal konfiguriert. In der HTTP-Collection bestimmen sie, wie und mit welchen Informationen die RRD/JRB-Dateien erzeugt werden. In der Collection selber wird dann gesteuert, wie oft der Wert erhoben und in die Datei geschrieben wird. Wenn diese Werte nicht zusammenpassen ist der Inhalt der JRB/RRD-Dateien nicht mehr sinnvoll: Die JRB/RRD-Datei ist dafür ausgelegt, einen Wert alle fünf Minuten zu erhalten. Schreibt man jede Sekunde in die Datei, stimmen die Auswertungen nicht mehr.

Das Werteformat für den Stromzähler ist vom Typ »Gauge« (und nicht Counter), denn schließlich verändert sich der Wert je nach aktuellem Verbrauch. Damit diese Daten richtig interpretiert werden, wird das Werteformat in der RRD-Konfiguration eingestellt.

Im letzten Schritt muss OpenNMS noch erfahren, von welchen Systemen die Daten erhoben werden sollen. Ich habe mich entschieden, dafür den *Capsd* zu verwenden. Capsd testet bestimmte Plug-ins an einem neu hinzugefügten Node (und danach alle 24 Stunden nochmal). Solchen Plug-ins können auch Parameter übergeben werden. Meinen Capsd habe ich so konfiguriert, dass er jeden Node auf das Vorhandensein einer Stromzähler-Webseite testet. Hat Capsd damit Erfolg, reicht er diese Information weiter und *Collectd* beginnt mit seiner Arbeit.

Nun bleibt noch der Graph selbst übrig – schließlich müssen die Früchte unserer Arbeit bunt und bewegt sein, damit sie akzeptiert werden `;-)`.

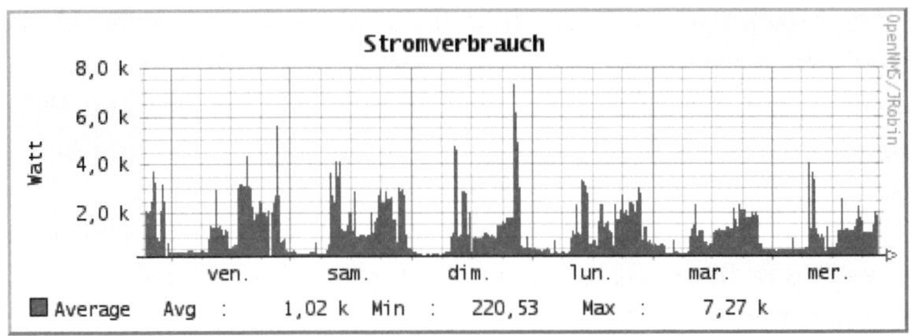

Abbildung 20.18
Stromverbrauch

Die Graphen werden in der Datei `$OPENNMS_HOME/etc/snmp-graph.properties` definiert. Besser wäre es eigentlich, diese Datei würde »node-graph.properties« heißen: Hier werden alle Graphen konfiguriert, die sich auf »Node-Level«-Werte beziehen. Im Gegensatz zu den Graphen für die Antwortzeiten (»Response-Time«), die immer auf ein Interface bezogen sind.

Nach einiger Zeit erhält man eine grafische Kurve über die Stromnutzung. Basierend auf einer gewissen Erfahrung lassen sich auch Thresholds definieren, die bei einer bestimmten Nutzung Alarm schlagen würden. Nur mit Bordmitteln könnte man so bereits eine Überwachung umsetzen, die beispielsweise bei einer ungewöhnlichen Stromaufnahme in der Nacht Alarm schlagen würde.

20.6 OpenNMS-Updates

OpenNMS ist kein starres Produkt – im Gegenteil: Als Open-Source sind die Quellen öffentlich verfügbar und wer immer möchte, kann sich den Quellcode anschauen und ihn nach seinen Vorstellungen verändern oder modifizieren. Das gilt unter einer Bedingung: Er (oder sie) muss sich an die Regeln der GNU General Public License (GPL) [16] halten. Das gilt sowohl für die vielen Freiwilligen auf der Welt als auch für die bei der *The OpenNMS Group, Inc.* angestellten Entwickler. Und Fakt ist: OpenNMS ist ein lebendiges Produkt, das sich beständig weiterentwickelt. Daher stellt sich dann auch immer wieder die Frage: *»Was muss bei einem Upgrade gemacht werden?«*

Vor der Installation eines Updates sollte grundsätzlich sichergestellt werden, dass ein Backup vorhanden ist. Zu diesem Thema gibt es passende Hinweise in Kapitel 22.

Im Anschluss an die Sicherung kann das eigentliche Update installiert werden. Je nach der vorhandenen Installation werden dazu die der Allgemeinheit zur Verfügung gestellten Paket-Repositories verwendet und mit dem Paketmanager installiert oder man »baut« sich OpenNMS aus dem Quelltext.

Bei der Installation steckt der Teufel wie so oft im Detail und insbesondere in den Konfigurationsdateien: Wer hier die Installation mit einem Paketmanager durchführt, ist klar im Vorteil, denn hier werden vorhandene Dateien, die den eigenen Anforderungen entsprechend angepasst wurden, nicht ohne Weiteres überschrieben. Üblicherweise wird die Datei erhalten und/oder der Anwender gefragt, was gemacht werden soll. Es gilt also: Augen auf und aufpassen!

Nach der Installation des Updates müssen die bisher eingestellten Konfigurationsparameter wieder gesetzt werden. Genau hierfür ist ein Backup unheimlich wichtig ...

Im Rahmen eines Updates können auch neue OpenNMS-Dienste hinzukommen. Hierzu sollte ein Blick in die Datei `$OPENNMS_HOME/etc/service-configuration.xml` geworfen werden und je nach Bedarf der Dienst aktiviert oder deaktiviert werden. Manche neue Dienste haben wiederum eigene Konfigurationsdateien, die bei Bedarf angepasst werden müssen – oder sie erwarten eine Variable in der Datei `$OPENNMS_HOME/etc/opennms/opennms.properties`.

Ach ja, eins sollte auf keinen Fall vergessen werden: der obligatorische Blick in die Release Notes der jeweiligen Version! Dort findet man immer die notwendigen Informationen für das spezifische Update.

20.7 Wartungsfenster im Netzwerk: Scheduled Outages

Es gibt sie immer wieder in einem Netzwerk: die Wartungsarbeiten an Systemen, Leitungen und sonstigen Einrichtungen, die den Betrieb eines Netzwerks beeinträchtigen.

Aus der Sichtweise eines Netzwerkmanagementsystems ist eine Wartung nichts anderes als eine Outage, jedoch mit einem kleinen Unterschied: Der Zeitpunkt und die mutmaßlichen Auswirkungen sind vorab bekannt! Mitten in der Nacht von OpenNMS wegen eines geplanten Ausfalls geweckt zu werden ist sicherlich nicht nach jedermanns Geschmack. Daher bietet OpenNMS natürlich auch die Möglichkeit, auf Wartungsintervalle Rücksicht zu nehmen.

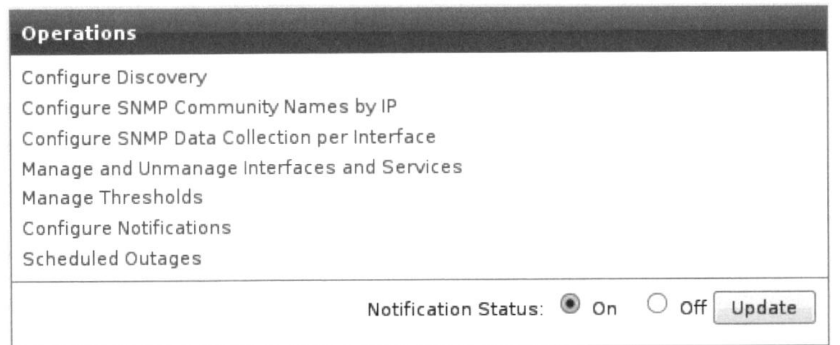

Abbildung 20.19
Wartungen können über die »Scheduled Outages« eingerichtet werden.

Für die Einrichtung von Wartungsfenstern in OpenNMS wird der Punkt *Scheduled Outages* im Admin-Menü ausgewählt (siehe Abb. 20.19). Anschließend erscheint eine Liste der bereits im System bekannten Wartungsfenster. Zur Veranschaulichung der weiteren Schritte wird nun wieder das Netzwerk aus Abschnitt 20.2, Abbildung 20.9, verwendet, bei dem eine ganztägige Wartung für den 4. Januar 2010 angekündigt ist.

Home / Admin / Scheduled Outages

Name	Type	Nodes/Interfaces

Wartung-AS65340 | Add new outage

Abbildung 20.20
Eine neue Wartung mit Namen »Wartung-AS6530« wird eingetragen.

Zu Beginn der Definition wird ein Name für die Wartung festgelegt. Da es sich um das autonome System AS65340 handelt, soll hier der Name `Wartung-AS65340` verwendet werden (siehe Abb. 20.20). Durch den Button *Add new outage* erscheint eine Maske für die konkrete Definition der neuen Wartung (siehe Abb. 20.21). Die Definition einer Scheduled Outage gestaltet sich nun in drei Schritten:

1. Festlegung der betroffenen Nodes,
2. Wartungstyp (einmalig, wiederkehrend, ...) und Festlegung des Wartungsintervalls,
3. Auswirkung auf Polling und Notifications.

In Abbildung 20.21 sind die einzelnen Punkte bereits für den Node `router-as65340` erfasst. Weitere Nodes oder Interfaces lassen sich in die Auswahlliste durch Drücken des *Add*-Buttons hinzufügen.

Die hier verwendete Outage ist vom Typ *specific*, was im konkreten Fall eine einmalige Wartung bedeutet. Alternativ lassen sich mit den Typen *daily*, *weekly* und *monthly* auch periodisch stattfindende Wartungsfenster definieren. Wie bei der Auswahl des Nodes oder des Interface werden die Werte erst durch das Drücken des Buttons *Add* übernommen. Im letzten Schritt wird

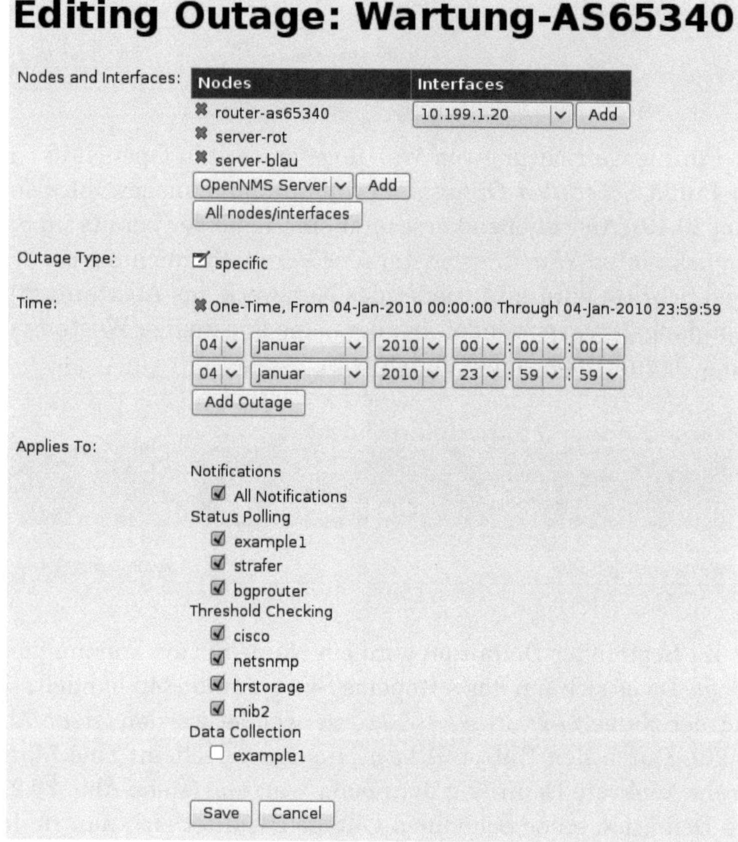

Abbildung 20.21 *Definition der Parameter für ein Wartungsfenster von AS65340*

nun definiert, welche Operationen OpenNMS im definierten Zeitfenster für die ausgewählten Nodes durchführen beziehungsweise nicht durchführen soll. Durch die verfügbaren Checkboxen lässt sich das Verhalten für Notifications, Polling, Datacollection und Thresholding sehr einfach nach den eigenen Erfordernissen regeln. Abschließend wird die Wartung durch ein Drücken des Buttons *Save* ins System übernommen und erscheint nun in der Liste der *Schedules Outages* (siehe Abb. 20.22).

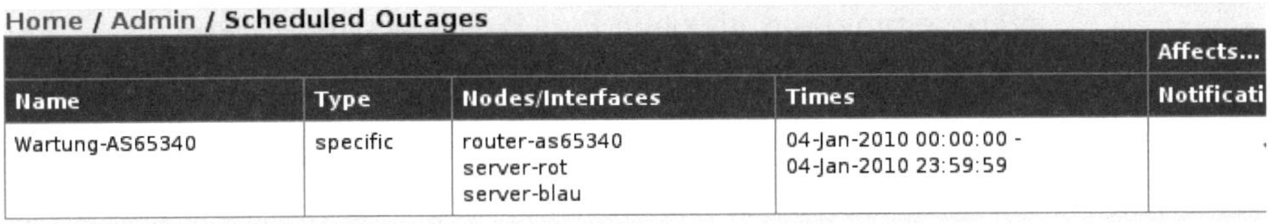

Home / Admin / Scheduled Outages

Name	Type	Nodes/Interfaces	Times	Affects... Notificati
Wartung-AS65340	specific	router-as65340 server-rot server-blau	04-Jan-2010 00:00:00 - 04-Jan-2010 23:59:59	

Abbildung 20.22
Das neue Wartungsfenster wurde eingetragen.

Eine Scheduled Outage wird übrigens auch dann noch in der Liste dargestellt, wenn das Wartungsfenster bereits in der Vergangenheit liegt. Das hat den Vorteil, dass man bei einem weiteren Wartungsfenster in Zukunft alle bereits ausgewählten Nodes oder Interfaces einfach übernehmen kann. In diesem Fall muss lediglich ein weiteres Zeitintervall hinzugefügt werden.

20.8 Notifications mit Prowl

Growl
http://growl.info

Apple-Benutzer kennen möglicherweise *Growl*. Growl ist, schlicht gesagt, ein Popup-Programm. Ich hoffe kein Growl-Entwickler liest das und ist dann beleidigt, aber im Kern ist es so: Ein Programm kann Nachrichten an Growl senden und Growl zeigt diese Nachrichten dann dem Benutzer auf dem Desktop an. Das Besondere an Growl ist dabei, dass man konfigurieren kann, welche Nachrichten man bekommen möchte – fast wie ein Filter auf dem OpenNMS-Notification-System.

Prowl
http://prowl.weks.net

Prowl folgt demselben Prinzip, nur werden die Notifications auf einem iPhone angezeigt. Prowl besteht also aus einer Applikation auf dem iPhone, einem Server, der die Nachrichten hin- und herschiebt, und einem Client. Der Client sendet die Nachricht an den Server, der Server stellt die Kommunikation mit dem iPhone sicher.

Interessant ist das vor allem deshalb, weil eine Prowl-Nachricht ebenso gut ist wie eine SMS, aber die Kosten viel geringer sind (je nach Mobilfunkvertrag und je nach dem, wo man ist, natürlich ...).

In der Ursprungsversion von Prowl gab es vor allem eine Kopplung mit Growl, sodass die Notifications vom Mac auf dem iPhone ankamen – aber mit OpenNMS zu integrieren ist viel spannender.

Die API von Prowl (siehe *http://prowl.weks.net/api.php*) ist offen und gut dokumentiert. Und es gibt Beispielskripte in unterschiedlichen Programmiersprachen. Da ich der Programmiersprache Java nicht so mächtig bin, wohl aber des Perls, habe ich mir zuerst einmal das offizielle Perl-Beispielskript angesehen. Direkt erkennen kann man die folgenden Perl-Module:

```
use strict;
use LWP::UserAgent;
use Getopt::Long;
use Pod::Usage;
```

Weniger sichtbar sind die für SSL notwendigen Module. Da die Kommunikation mit dem Prowl-Server prinzipiell per SSL erfolgt, muss auch das entsprechende Perl-Modul `Crypt::SSLeay` installiert werden, z.B. mit `apt-get install libcrypt-ssleay-perl` auf einem Ubuntu- oder Debian-System. Das Skript holt sich dann über die Kommandozeile seine Optionen:

```
# Grab our options.
my \%options = ();
GetOptions(\%options, 'apikey=s', 'apikeyfile=s',
           'application=s', 'event=s', 'notification=s',
           'priority:i', 'help|?') or pod2usage(2);

$options{'application'} ||= "ProwlScript";
$options{'priority'} ||= 0;
```

Nach dem Aufruf der Funktion `GetOptions` werden bestimmte Defaultwerte gesetzt. Da ich auf meinem Server (hoffentlich) alleine bin, habe ich den `apikey` in derselben Form als Defaultwert angegeben – wird das Skript ohne Parameter `s` aufgerufen, benutzt es meinen API-Key als Defaultwert:

```
\$option{'apikey'} ||="myapikey";
```

Anschließend sollte Prowl nach einem solchen Aufruf:

```
./prowl.pl -application=OpenNMS \
           -event=NodeDown \
           -notification="Host x is down"
```

eine Nachricht an das registrierte iPhone senden. Das so modifizierte Skript lege ich in `/usr/local/bin/` ab. Noch einmal: Das bedeutet, dass jeder Nutzer auf dem System den API-Key zumindest nutzen kann. Wer also Sicherheitsbedenken hat, muss einen anderen Weg wählen!

Mit dieser Methode kann ich nun Notifications zustellen. Im nächsten Schritt erkläre ich OpenNMS, wie man diese Methode benutzt!

Dazu muss mein Prowl-Skript OpenNMS als Notification-Command bekannt sein. Völlig intuitiv befinden sich diese Kommandos in der Datei `$OPENNMS_HOME/etc/notificationCommands.xml`. Ich möchte ein Programm aufrufen, also suche ich nach einer Konfiguration, die bereits vorhanden ist. Da gibt es zum Beispiel `qpage`:

```
<command binary="true">
  <name>textPage</name>
  <execute>/usr/bin/qpage</execute>
  <comment>text paging program</comment>
  <argument streamed="false">
    <switch>-p</switch>
  </argument>
  <argument streamed="false">
    <switch>-t</switch>
  </argument>
</command>
```

Setzt man `binary` auf den Wert `true`, wird OpenNMS versuchen, das in `execute` angegebene Programm auszuführen. In der bei der Installation mitgelieferten Datei finden sich unterschiedliche Beispiele für diesen Fall – sowie auch Beispiele dafür, eine für OpenNMS verfügbare Java-Klasse aufzurufen.

Name und Kommentar dienen dieser Konfigurationsdatei ganz besonders als Beschreibung; je sinnvoller beide sind, desto einfacher ist es für den nächsten Administrator, sich in der Konfiguration zurechtzufinden. Hier gut zu dokumentieren sollte eine Selbstverständlichkeit sein – ich vergleiche das oft mit dem Verhalten, dass man beim Besuch des stillen Örtchens an den Tag legen sollte. Immer alles so machen, dass der nächste Benutzer sich auch noch wohlfühlen kann `;-)`.

Nachdem das Programm und seine Beschreibung in die Datei eingetragen wurden, folgt die Auflistung der Parameter. Jeder Übergabewert wird mit einem `argument`-Segment definiert. Für Werte, die einfach übergeben werden sollen, muss `streamed` auf `false` gesetzt werden (der andere Fall wäre eine Pipe).

OpenNMS kann bestimmte Informationen an ein aufgerufenes Programm übergeben:

```
<command binary="true">
  <name>Prowl</name>
  <execute>/usr/local/bin/prowl.pl</execute>
  <comment>Send a message to my iPhone</comment>
  <argument streamed="false">
    <switch>-tm</switch>
  </argument>
</command>
```

Der Parameter `-tm` enthält die Text-Message, die ich später bei der Notification (siehe Kapitel 14) eingebe.

Um zu testen, ob meine Konfiguration syntaktisch korrekt ist, benutze ich `xmllint`:

```
# xmllint --noout notificationCommands.xml
#
```

Wenn keine Fehlermeldung kommt, ist zumindest der XML-Code schon korrekt.

Nachdem man einen Notification Path gesetzt hat, ruft OpenNMS das Programm mit der Text-Message als Parameter auf. Welche Parameter übergeben werden, bestimmt man in der Definition der Notification:

```
<notification name="myhome_prowl_nodelostsvc"
              status="on"
              writeable="yes">
  <uei>uei.opennms.org/nodes/nodeLostService</uei>
  <description>Prowl me on my iPhone</description>
  <rule>(IPADDR IPLIKE *.*.*.* &amp; catincmyhome)</rule>
  <destinationPath>ProwlMe</destinationPath>
  <text-message>
    %noticeid% - %nodelabel% lost %service%
  </text-message>
  <subject>
    Notice %noticeid% - %nodelabel% lost %service%
  </subject>
  <numeric-message>
    %noticeid% - %nodelabel% lost %service%
  </numeric-message>
</notification>
```

Diese habe ich allerdings nicht in der Datei `$OPENNMS_HOME/etc/notifications.xml` definiert, sondern über die WebUI. Im Filter (`rule`) lege ich zudem fest, dass ich Nachrichten nur für die Nodes bekommen möchte, die in der Kategorie `myhome` sind. Abbildung 20.23 zeigt, wie die Definition der Notification in der WebUI aussieht.

Aus Sicht von `prowl.pl` stellt sich der Versuch einer Notification dann folgendermaßen dar:

```
13473 - eeeblack lost HTTP-8080
```

Die Informationen, die in OpenNMS für die Text-Message eingetragen werden, werden auf der Kommandozeile übergeben, und zwar als *ARGV* (Arguments) in einem *Array*. Dieses Array benutze ich im nächsten Schritt.

Choose the destination path and enter the information to send via the notification

Name: mexhome_prowl_nodelostsvc

Description: Prowl me on my iPhone

Parameter: Name: Value:

Choose A Path: ProwlMe

Text Message: %noticeid% - %nodelabel% lost %service%

Short Message:

Email Subject: Notice %noticeid% - %nodelabel% lost %service%

Special Values: Can be used in both the text message and email subject:

%noticeid% = Notification ID number	%time% = Time sent	%severity% = Event severity
%nodelabel% = May be IP address or empty	%interface% = IP address, may be empty	%service% = Service name, may be empty
%eventid% = Event ID, may be empty	%parm[a_parm_name]% = Value of a named event parameter	%parm[#N]% = Value of the event parameter at index N
%ifalias% = SNMP ifAlias of affected interface	%interfaceresolve% = Reverse DNS name of interface IP address	%operinstruct% = Operator instructions from event definition

Finish

Abbildung 20.23
Notification für Prowl

Um `prowl.pl` nahezubringen, dass alle übergebenen Parameter die Nachricht enthalten, kann man entweder sauber programmieren oder eine Abkürzung wählen:

```
\$options{'notification'} || = "@ARGV";
\$options{'application'} ||= "OpenNMS";
\$options{'event'} ||= "Event";
```

Falls keine Information auf der Kommandozeile angegeben ist, wird das ganze Array eingelesen. Damit habe ich `prowl.pl` so modifiziert, dass es in jedem Fall die auf der Kommandozeile angegebenen Daten an mein iPhone sendet. Es funktioniert aber trotzdem noch in der ursprünglichen Variante.

Das ist zugegebenermaßen nicht schön, aber es funktioniert. Wenn es um den Einsatz in einer Produktionsumgebung mit unterschiedlichen Empfängern geht, würde man das Skript sicher deutlich erweitern – aber ich möchte im gezeigten Beispiel ja nur eine Nachricht via Prowl bekommen, wenn mein Server zu Hause ausfällt `;-)`.

20.9 Konfigurationsmanagement mit RANCID-RWS

Im Alltagsleben der Netzwerkadministration geht es üblicherweise nicht nur um den laufenden Betrieb. Man musss sich selbstverständlich auch Gedanken um eine Wiederherstellung von Systemen oder Komponenten nach einem Ausfall machen. Für diesen Zweck ist die Sicherung von Konfigurationen essenziell.

Einige Hersteller bieten für das Management ihrer Systeme mitsamt den Konfigurationen spezielle Managementsysteme an –

typischerweise lassen sich mit diesen Systemen jedoch nur die Geräte eines Herstellers managen. Wer nun Geräte von unterschiedlichen Herstellern verwendet, ist im Zugzwang: Es läuft dann wohl auf mehrere Managementstationen hinaus.

Wer eine Alternative sucht, landet sehr schnell bei *RANCID* [38]. RANCID steht für *Really Awesome New Cisco confIg Differ* und ist alles andere als nur in der Lage, die Konfiguration einer Vielzahl von Cisco-Geräten zu sichern. Es kann ebenso mit Geräten von Alteon, Nortel, F5, Fortinet, Juniper, HP, Extreme und vielen anderen Herstellern zusammenarbeiten.

Der Clou bei RANCID ist: Es kooperiert mit bekannten Systemen zur Versionsverwaltung – oder genauer gesagt: Es setzt die Verfügbarkeit eines solchen Tools voraus! Typische Vertreter sind hierbei RCS, CVS oder Subversion (SVN). Der Vorteil bei der Versionsverwaltung liegt darin, dass man exakt die Gerätekonfiguration eines bestimmten Tages wieder herstellen kann.

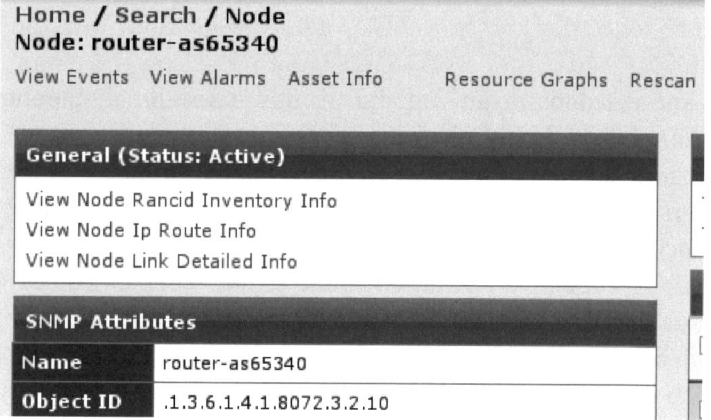

Abbildung 20.24 *Nach der Aktivierung des RANCID RWS in OpenNMS werden die zugehörigen Links sichtbar.*

Für die Erläuterung des folgenden Beispiels wird angenommen, dass RANCID bereits auf dem System installiert ist. Es muss nicht notwendigerweise auf dem gleichen Server wie OpenNMS arbeiten – der Einfachheit halber wird in diesem Beispiel aber davon ausgegangen. RANCID befindet sich im Verzeichnis `/usr/local/rancid` und die Konfigurationen werden durch den Benutzer `routeradmin` eingesammelt. Anzumerken ist noch, dass die Integration von RANCID in OpenNMS seit der Version 1.7.1 unterstützt wird.

Um aus OpenNMS heraus die Dienste von RANCID in Anspruch nehmen zu können, wird ein *RESTful Web Service* verwendet [41]. Dieses Interface wird in unserem Fall RANCID RWS genannt und arbeitet nach folgendem Prinzip:

- OpenNMS sendet Requests über das HTTP-Protokoll an RANCID RWS.
- RANCID RWS übernimmt die Anfragen und führt die RANCID-Kommandos aus.
- RANCID RWS sendet die Ergebnisse über das HTTP-Protokoll an den OpenNMS-Server.

20.9.1 Vorbereitung des Systems

Zur Installation von RANCID RWS lädt man sich das Paket *RANCID Web Services* von `http://sourceforge.net/projects/opennms/files/` herunter und beginnt mit der Installation. Die Installation gestaltet sich dabei in zwei Schritten: Einrichtung von RANCID RWS auf einem Webserver für die Interaktion zwischen RANCID und OpenNMS. Anschließend wird das Tool *viewvc* eingerichtet, damit aus der WebUI heraus die Konfigurationen betrachtet werden können.

siehe auch `http://www.opennms.org/wiki/RANCID_RWS`

Innerhalb des ersten Teils der Integration müssen zwei Programme aus dem RANCID-Paket mit einem Patch modifiziert werden. Angenommen, das heruntergeladene Archiv der RANCID Web Services wurde im Verzeichnis `/usr/local/src/rancid-api-0.98` extrahiert, dann ist der folgende Befehl auszuführen:

Der Patch klappt einwandfrei, wenn RANCID in der Version 2.3.2a9 installiert ist.

```
# cd /usr/local/rancid/bin
# patch -Nbp1 -z .original < /usr/local/src/rancid-api-0.98
/contrib/rancid-patch
```

Kurz gesagt: Der Patch erweitert das RANCID-Tool um die Fähigkeit, Events an OpenNMS zu senden. Danach geht es ans Eingemachte: Ein Webserver muss her – üblicherweise einer der Sorte Apache (`http://www.apache.org`). Bei einer Debian/Ubuntu-Installation wird der folgende Weg gewählt:

```
# cd /var/www
# mkdir rws-server
# cp -R  /usr/local/src/rancid-api-0.98/rws/cgi-bin rws-serv
er/rws-cgi
# chmod -R 755 rws-server
# mkdir rws-server/html
# chown -R  routeradmin:root rws-server
# chown rancid:rancid rws-server/*
```

Dadurch ist nun innerhalb der Apache-Dateisystemstrukturen die Basis für das RANCID RWS gelegt. Im nächsten Schritt gilt es, den Webserver zu konfigurieren. Für unser Beispiel sollen das

RANCID RWS über den Port 10080 verfügbar sein und entsprechend wird der virtuelle Host des Apache-Servers konfiguriert:

```
<VirtualHost *:10080>
 DocumentRoot /var/www/rws-server/html
 ServerName rws.mycompany.org
 ErrorLog /var/log/apache2/rws-error_log
 TransferLog /var/log/apache2/rws-access_log
 ScriptAlias /rws "/var/www/rws-server/rws-cgi/rws-cgi.tcl"
 SuexecUserGroup routeradmin routeradmin
 AddHandler cgi-script .tcl

 SetEnv RWS_LOGFILE  /tmp/rws-cgi.log
 SetEnv RWS_LOGLEVEL debug
 SetEnv RWS_STORAGE_ROOT  /usr/local/rancid/var/storage

 <Directory /var/www/rws-server/rws-cgi>
    AllowOverride None
    Order allow,deny
    Allow from all
 </Directory>

 <Directory "/var/www/rws-server/html">
    Options Indexes FollowSymLinks
    Options Indexes FollowSymLinks
    AllowOverride None
    Order allow,deny
    Allow from all
 </Directory>

ScriptAlias /viewvc "/var/www/rws-server/html/cgi-bin/viewvc.cgi"

</VirtualHost>
```

Anschließend muss das RANCID RWS konfiguriert werden. Dazu werden in der Datei `/var/www/rws-server/rws-cgi/rancid.rws.rc` die folgenden Variablen definiert:

```
set pathRancidHome        "/home/routeradmin"
set fileRancidConf        "/usr/local/rancid/etc/rancid.conf"
set pathBackup            "/home/routeradmin/tmp"
set pathTemp              "/tmp"
set commandCVS            "/usr/bin/cvs"
set urlViewVC             "/viewvc"
```

Diese Variablen geben RANCID RWS Kenntnis über die bestehende Installation. Insbesondere sind dabei zwei Variablen zu beachten:

- pathRancidHome definiert das Verzeichnis, in dem RANCID die Datei .cloginrc findet, in der die Zugangsdaten für die einzelnen Maschinen stehen.
- fileRancidConf definiert das Verzeichnis, in dem sich die Konfigurationsdatei rancid.conf von RANCID befindet.

Die weiteren Variablen sind selbsterklärend.

20.9.2 RANCID-RWS-Konfiguration in OpenNMS

Innerhalb von OpenNMS muss nicht besonders viel konfiguriert werden. Für die Aktivierung der RANCID-spezifischen Links in der WebUI reicht es, die Datei $OPENNMS_HOME /etc/opennms.properties zu öffnen und folgenden Wert zu setzen:

```
opennms.rancidIntegrationEnabled = true
```

Der Standardwert dieser Variablen ist false.
Als Nächstes gilt es, OpenNMS die notwendigen Daten für den Zugriff auf RANCID RWS zu geben. Hierzu wird in die Datei $OPENNMS_HOME/etc/rws-configuration.xml der passende Eintrag für die URL http://192.168.10.111:10080 eingefügt:

Wie man an den auskommentierten Zeilen sehen kann, sind auch Konfigurationen mit Passwort möglich.

```
<rws-configuration>
    <base-url server_url="http://192.168.10.111:10080"/>
    <!-- The following URLs are test based urls where you can
         find the current rws server -->
    <!-- base-url server_url=
         "http://www.rionero.com/rws-current"/ -->
    <!-- base-url server_url=
         "http://www.rionero.com/auth/rws-current"
         username="opennms" password="MyRancidApi"/-->
</rws-configuration>
```

Nach Abschluss dieser Konfigurationschritte muss OpenNMS neu gestartet werden.

20.9.3 Der Lohn der mühsamen Installation

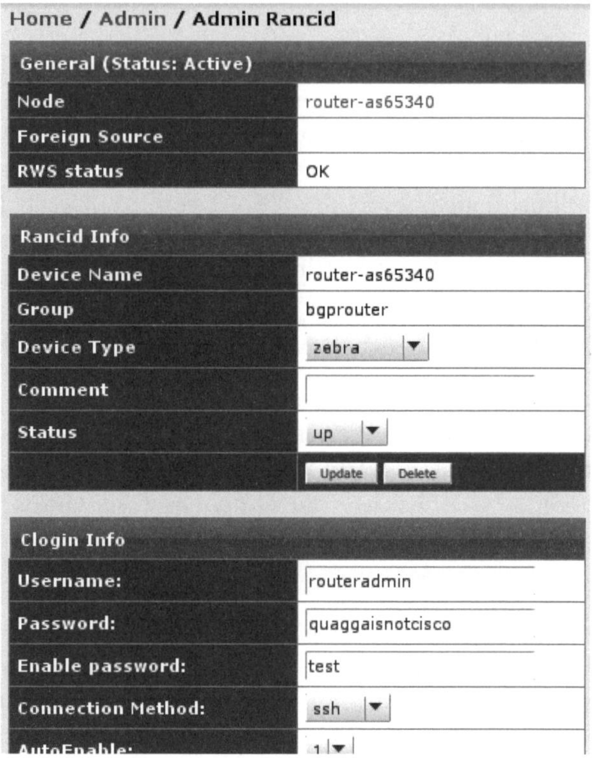

Abbildung 20.25 RANCID-Konfiguration für router-as65340

Auf den Testgeräten sind Prozesse aus der Quagga Routing Suite aktiviert. Quagga ist ein Ableger von GNU Zebra (`http://www.zebra.org`).

Nachdem nun die Konfiguration abgeschlossen ist, wenden wir uns dem Vergnügen `;-)` zu und schauen, welche RANCID-Funktionen über die WebUI zur Verfügung stehen. Als Erstes wählen wir uns den Router `router-as65430` aus und gehen in seinen `Admin`-Bereich. Nach der Auswahl des nun vorhandenen Links *Configure Rancid Integration* erscheint eine Darstellung wie in Abbildung 20.25. In dieser Maske wird das Gerät klassifiziert und die Zugangsdaten festgelegt. Bei unserem Router wird der Typ `zebra` ausgewählt.

> *Tipp: Quagga-Konfigurationen lassen sich ganz einfach mit RANCID archivieren, wenn auf dem Basissystem des Routers ein eigener Benutzer angelegt wird, dessen Shell die `vtysh` von Quagga ist.*

Die Daten, die in den Feldern aus Abbildung 20.25 dargestellt sind, sind dann in der Datei `/home/routeradmin/.cloginrc` wiederzufinden:

```
routeradmin@c-3po:~$ more .cloginrc
add method router-as65340 ssh
add user router-as65340 routeradmin
add password router-as65340 quaggaisnotcisco test
add autoenable router-as65340 1
routeradmin@c-3po:~$
```

Hier sieht man insbesondere die Passwörter und auch die Zugangsmethode via `ssh`.

Anmerkung: Eigentlich sollte dieser Eintrag automatisch durch das Zusammenspiel von OpenNMS und RANCID RWS angelegt werden. Allerdings hat das bei der in diesem Beispiel eingesetzten Version nicht funktionert. Lediglich das Modifizieren von Werten gelingt reibungslos. Daher mussten hierfür initial die Werte für den Router `router-as65340` *manuell eingetragen werden.*

Inventory Elements

Group	Total Revisions	Last Version	Last Update
bgprouter (configurations)	1 (list)	1.2 (inventory)	Sun Jan 24 17:31:40 CET 2010
entire group list...			

Abbildung 20.26
Informationen über das Konfigurationsarchiv des Routers router-as65340

Nachdem ein Schwerpunkt von RANCID die Archivierung von Konfigurationen ist, bietet auch OpenNMS hierfür eine Darstellung an. Über den Link *View Node Rancid Inventory Info* innerhalb der detaillierten Darstellung werden nicht nur die RANCID-Parameter definiert, sondern auch die aktuelle Konfigurationsversion ist sichtbar wie in Abbildung 20.26 dargestellt. Durch die Auswahl des Links *Configurations* kann direkt Einblick in die aktuelle Konfiguration genommen werden, wobei OpenNMS die Hilfe von *ViewVC* in Anspruch nimmt. In Abbildung 20.27 ist beispielhaft die aktuelle Konfiguration von `router-as65340` dargestellt.

www.viewvc.org

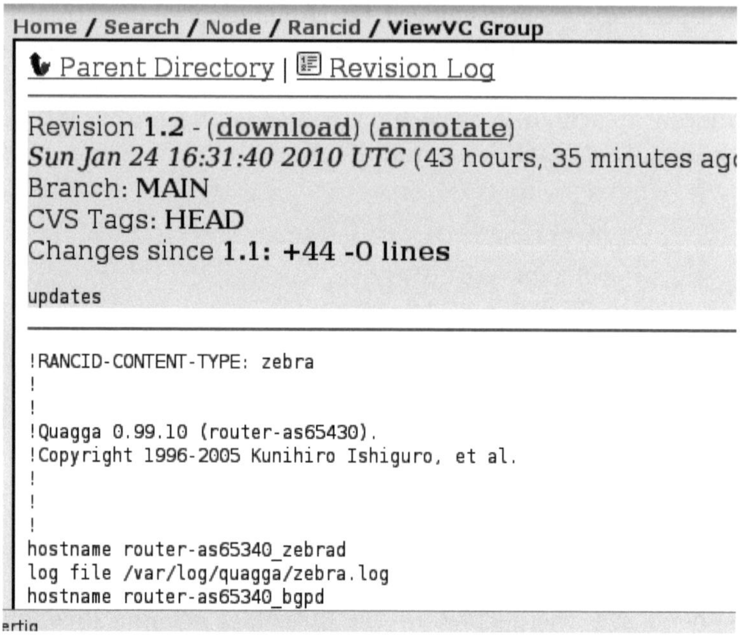

Abbildung 20.27 *Die aktuelle Konfiguration von router-as65340 wird mithilfe von ViewVC dargestellt.*

Home / Search / Node / Rancid / ViewVC Group

Parent Directory | Revision Log

Revision **1.2** - (download) (annotate)
Sun Jan 24 16:31:40 2010 UTC (43 hours, 35 minutes ag
Branch: **MAIN**
CVS Tags: **HEAD**
Changes since **1.1: +44 -0 lines**

updates

```
!RANCID-CONTENT-TYPE: zebra
!
!
!Quagga 0.99.10 (router-as65430).
!Copyright 1996-2005 Kunihiro Ishiguro, et al.
!
!
!
hostname router-as65340_zebrad
log file /var/log/quagga/zebra.log
hostname router-as65340_bgpd
```

20.9.4 »Hallo, hier spricht RANCID!«

Nachdem RANCID erfolgreich in OpenNMS integriert ist, stehen auch viele der schönen Funktionen von OpenNMS zur Verfügung. Hervorzuheben ist an dieser Stelle natürlich die bekannte Notification, zum Beispiel bei einem erfoglosen Versuch, die Konfiguration eines Gerätes zu sichern.

Man kann diesen Event ganz einfach mithilfe von `rancid-trap` erzeugen:

```
routeradmin@c-3po:~$ rancid-trap -c public -r 127.0.0.1 --fai
lure "Just a Test"
```

Zu den Parameter ist Folgendes zu sagen: `-r` gibt den Empfänger an, `-c` eine passende SNMP-Community und `-failure` den eigentlichen Event-Text.

Abbildung 20.28 *Dieser Event wurde mit dem Werkzeug rancid-trap erzeugt.*

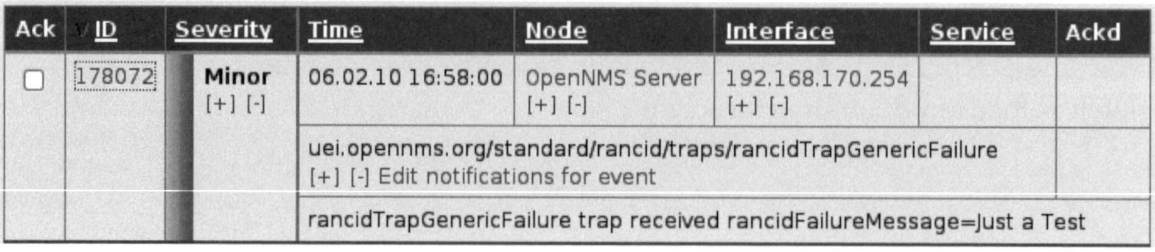

Ack	ID	Severity	Time	Node	Interface	Service	Ackd
☐	178072	Minor [+] [-]	06.02.10 16:58:00	OpenNMS Server [+] [-]	192.168.170.254 [+] [-]		
			uei.opennms.org/standard/rancid/traps/rancidTrapGenericFailure [+] [-] Edit notifications for event				
			rancidTrapGenericFailure trap received rancidFailureMessage=Just a Test				

`rancid-trap` ist nicht von Haus aus ein Teil des RANCID-Paketes, sondern wird im Rahmen des Patches für die Zusammenarbeit mit RANCID RWS erzeugt. Vor dem Aufruf des Programms ist darauf zu achten, dass noch die passenden Rechte gesetzt werden müssen, beispielsweise mithilfe von:

```
root@c-3po:/usr/local/rancid/bin# chmod 755 rancid-trap
root@c-3po:/usr/local/rancid/bin# ls -l rancid-trap
-rwxr-xr-x 1 root root 9884 2010-01-23 12:35 rancid-trap
root@c-3po:/usr/local/rancid/bin#
```

Um nun automatisch bei jedem Lauf von RANCID einen Event erzeugen zu können, muss noch eine passende Umgebungsvariable in der Datei `/usr/local/rancid/etc/rancid.conf` definiert werden:

```
OPENNMS_NOTIFY_CMD="rancid-trap -c OpenNMSCommunity -r
127.0.0.1"
export OPENNMS_NOTIFY_CMD
```

Wie bei dem vorhergehenden Test ist es hier auch möglich, über den Parameter `-r` einen anderen Empfänger zu definieren. Dadurch muss RANCID nicht notwendigerweise auf dem gleichen System arbeiten wie OpenNMS.

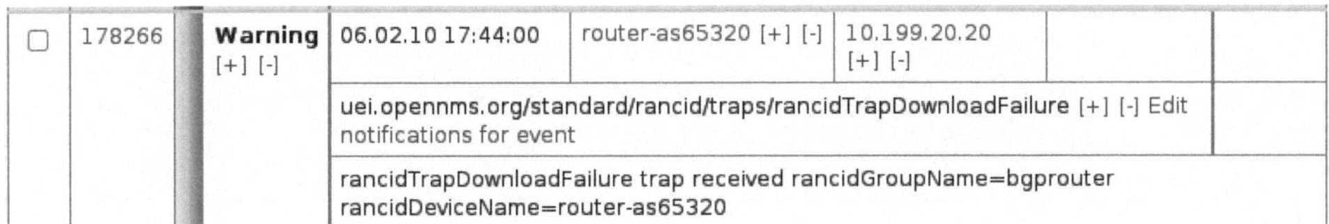

Abbildung 20.29 *Das Sichern der Konfiguration von router-as6520 ist fehlgeschlagen.*

Beim nächsten Aufruf von `rancid-run` werden nun die RANCID-Events automatisch erzeugt. OpenNMS ist bereits seit den frühen Versionen von 1.7 in der Lage, diese Events passend zu decodieren. In Abbildung 20.29 wird OpenNMS beispielsweise davon in Kenntnis gesetzt, dass die Konfiguration von dem Router `router-as65320` nicht erfolgreich gesichert werden konnte.

Durch den Empfang von RANCID-Events können nun auch entsprechende Notifications definiert werden. Worüber und wer hier eine Nachricht bekommt, möge der geneigte Leser am besten gleich selber am System erforschen `;-)`.

21 Fortgeschrittene Themen und weitere Möglichkeiten

OpenNMS lebt von der I/O-Kapazität der Hardwareplattform, auf der es installiert ist. Für die Leistung des Systems müssen die folgenden Faktoren beachtet werden:

- Wie schnell können Daten in die Datenbank und auf das Dateisystem geschrieben werden?
- Wie schnell stehen sie dem System dann wieder zur Verfügung?

Während viele Systeme auf das schnelle Abrufen von Daten hin optimiert wurden, ist für OpenNMS genau das Gegenteil wichtig. Gerade bei größeren Installationen muss ein ganz erheblicher Berg an Daten schnell auf die Festplatte gebracht werden – entweder direkt oder über den Umweg Datenbank.

Während das Layout des Servers am Anfang nicht so eine große Rolle spielt, empfiehlt sich für die Produktion folgendes Vorgehen:

- Die RRD-Daten und die Postgres-Datenbank sollten auf unterschiedlichen Partitionen, besser auf unterschiedlichen Festplatten, liegen. Im Idealfall stehen dem Server sogar zwei unterschiedliche Controller zur Verfügung.
- Wird dann noch mehr Performance benötigt, kann in einem ersten Schritt die Postgres-Datenbank auf einen zweiten Server gelegt werden. Das alleine bringt erfahrungsgemäß einen spürbaren Gewinn an Performance.
- Ein weiterer Schritt wäre die Verwendung eines Filers, eines dedizierten Storage-Systems. Je nach Geldbeutel und Anforderungen an die Leistung kann der über das Netz (iSCSI, NFS) oder eben direkt (Fibre Channel) angeschlossen werden.

Als Dateisystem hat sich XFS für größere Datenmengen als gute Wahl herausgestellt. Sicherlich hat die Wahl eines Dateisystems ähnlich parareligiösen Charakter wie die Diskussion über die ideale Programmiersprache, aber im Gegensatz zu Religionen kann man Dateisysteme ohne größere Kollateralschäden einfach mal ausprobieren. Bei einem Test für ein System mit mehr als 50.000 Nodes und entsprechenden Mengen an RRD-Dateien hat sich die Kombination »Fibre Channel mit XFS« als am besten herausgestellt.

Wenn diese relativ einfachen Optionen des Scaling-outs ausgeschöpft sind, kann man aufgrund der Event-orientierten Architektur von OpenNMS auch noch die einzelnen Programmteile separat voneinander ausführen. Hier bewegt man sich aber in den Bereich hinein, in dem es vielleicht ratsam wäre, professionelle Hilfe in Anspruch zu nehmen `:-)`.

21.1 Housekeeping

Mit »Housekeeping« bezeichnet man die Aufgaben, die in einem guten Haushalt typischerweise vom Personal übernommen werden: Staub wischen, Betten machen, den Müll hinaustragen usw. In OpenNMS übernehmen diese Aufgaben der *Logger* (*log4j*) und der *Vacuumd*. Währen der Logger für das Löschen von Log-Dateien zuständig ist, räumt Vacuumd in der Datenbank auf.

In der Datei `$OPENNMS_HOME/etc/vacuumd-configuration.xml` ist festgelegt, wann welche Events gelöscht werden. Mit diesen Werten kann man vorsichtig spielen, aber die Defaultkonfiguration stellt bereits sicher, dass auf einem normalen System die Datenbank vor dem Überlaufen geschützt ist.

Aufgrund der Struktur von OpenNMS sind die Logfiles und die Datenbank die einzigen Stellen, an denen erhöhte Aufmerksamkeit geboten ist.

22 Backup

Hab' ich doch SNMP und HTTP gesammelt,
Variablen viele erfasst,
Nodes und Services konfiguriert,
bis alles, alles! in OpenNMS passt,
Die Graphen scheinen,

die Notifications fließen,
das NOC ist in heller Freude entzückt,
die Administratoren schlafen entrückt,
Da kam der Absturz.

Ich war allein.
Doch im Datacenter brannte noch Licht,
der Backupmurkel,
er schlief noch nicht.
In seinen Händen, den schrumpeligen,

von Pizzafett und Nikotin gestählt,
sah ich ein Tape fein liegen,
ich hatte das richtige Backup gewählt!
Gerettet war ich, das System kam zurück!

die Graphen graphten,
die Notifications notifizierten,
endliche Wochenende. An einem Stück.

Tja, nicht immer geht es so gut aus.

Zur Erinnerung: OpenNMS besteht im Wesentlichen aus folgenden Zutaten:

- Programmen,
- Daten in der Datenbank,
- RRD-Dateien auf der Festplatte
- und den Konfigurationsdateien.

Die Konfigurationsdateien sind größtenteils im Verzeichnis $OPENNMS_HOME/etc von OpenNMS selbst gespeichert, es gibt aber zum Beispiel auch Konfigurationen in $OPENNMS_HOME/jetty-webapps/opennms/ WEB-INF. Je nach Disziplin und Gedächtnis kann man auf sein Erinnerungsvermögen vertrauen oder aber eine Datei anlegen, in der man aufschreibt, was ins Backup gehört. Oder man benutzt Subversion (SVN) [50] für das Backup der Konfigurationsdateien, was auch noch den Vorteil der Versionskontrolle hat. Für den Anfang reicht aber vielleicht auch ein täglicher Archivierungsjob wie

```
# tar -zcvf $OPENNMS_HOME/etc mein.opennms.backup.tgz
```

um wenigstens die Konfigurationsdaten zu sichern.
Die Datenbank selber kann mit dem mitgelieferten Werkzeug von PostgreSQL gesichert und auch wiederhergestellt werden: pg_dump und pg_restore stellen diese Funktionalitäten zur Verfügung. Der Einfachheit halber sollte man diese mit den Benutzerrechten und der Umgebung des PostgreSQL-Benutzers ausführen. Beispielsweise reicht unter vielen Linux-basierten Systemen ein

```
# sudo su - postgres
```

und schon ist man der Datenbank-Superuser. Nie war der Identitätswechsel so einfach ;-).

Auch wenn bei den Autoren das Backup der Datenbank immer bei laufendem OpenNMS geklappt hat: Bei wirklich wichtigen Daten sollte man auf Nummer sicher gehen und OpenNMS vorher stoppen, z.B. durch das Kommando

```
# /etc/init.d/opennms stop
```

bei einem Debian-basierten Linux. Für die folgende Sicherung der Datenbank kann das Kommando

```
# pg_dump -U opennms opennms > opennms.backup.sql
```

eingesetzt werden. Nach einer erfolgreich durchgeführten Sicherung (»dump«) befindet sich der komplette Inhalt der OpenNMS-Datenbank in der Datei opennms.backup.sql.

Nur für den Fall, dass mal etwas schiefgeht: Der alte Datenbankzustand kann auf folgende Weise wiederhergestellt werden:

```
# dropdb -U opennms opennms
# createdb  -U opennms opennms
# psql -U opennms opennms < opennms.backup.sql
```

Dabei löscht das erste Kommando dropdb die Datenbank im System, das zweite Kommando createdb legt die Datenbank opennms wieder an und das letzte Kommando liest die PostgreSQL-Daten wieder ein.

Abhängig vom Bedarf kann die Sicherung der Datenbank dann manuell oder per Cronjob ausgeführt werden. Bevor man die Dateien dann auf derselben Festplatte desselben Systems liegen lässt, sollte man sich aber noch darüber klar werden, wogegen man sich eigentlich schützen will – typischerweise ist das Wichtigste, auf einen Ausfall der Festplatte oder des ganzen Systems vorbereitet zu sein. Die gesicherten Daten gehören also auf jeden Fall auf einen anderen Server.

RRD-Dateien zu sichern ist eine Glaubensfrage. Zuerst sollte man sich überlegen, welchen Wert die historischen Daten wirklich haben. Typischerweise kommt man zu dem Ergebnis, dass die Daten wichtig sind, aber nicht so wichtig, als dass es sich lohnen würde, sie komplett zu sichern. Kommt man doch zu dem Schluss, dass die RRD-Dateien in ihrer Gesamtheit sicherzustellen sind, geht das relativ problemlos. Einfach ist sicher die Speicherung mittels rsync, einmal täglich und mit möglichst geringer Priorität auf dem Netz. Der Restore ist ebenfalls problemlos, nur sind für die exakte Zeit des Ausfalls keine Werte auf dem Graphen vorhanden.

Die Programmdateien selbst müssen nur bedingt gesichert werden. Wer stets eine von OpenNMS bereitgestellte Version benutzt, kann typischerweise auch auf die alten Versionen zurückgreifen. Der Sourcecode ist, im schlimmsten Fall, stets auch für alte Versionen verfügbar.

23 Troubleshooting

OpenNMS benutzt das *log4j Framework* für das Logging der Applikation. Die Konfiguration befindet sich in der Datei `$OPENNMS_HOME/etc/log4j.properties`. Änderungen werden von der Applikation ohne Neustart berücksichtigt. Das bedeutet, dass man einen Service während des Betriebes in den Modus `Debug` setzen kann, ohne neu starten zu müssen.

logging.apache.org

Jeder einzelne Service kann mit diesen *Log-Levels* arbeiten:

- `FATAL`: *Very severe error events that will presumably lead the application to abort*: Schwerwiegende Fehler, die zum Absturz des Dienstes führen können.
- `ERROR`: *Error events that might still allow the application to continue running*: Fehler in der Ausführung, die aber nicht zum Absturz führen.
- `WARN`: *Potentially harmful situations*: Möglicherweise kritische Probleme.
- `INFO`: *Informational messages that highlight the progress of the application at coarse-grained level*: Informationen über die Arbeit des Dienstes.
- `DEBUG`: *Fine-grained informational events that are most useful to debug an application*: Detaillierte Informationen über die Arbeit und Aktivität des Dienstes.

Praktische Bedeutung haben vor allem `DEBUG` und `ERROR`. Im Produktivbetrieb sollten alle Dienste im Log-Level `ERROR` arbeiten. Für die detaillierte Fehlersuche benötigt man das »DEBUG«-Log-Level, den man bei Bedarf aktiviert. Die Konfiguration sieht für die Dienste wie folgt aus:

```
# Eventd
log4j.category.OpenNMS.Eventd=DEBUG, EVENTD
log4j.additivity.OpenNMS.Eventd=false
log4j.appender.EVENTD=org.apache.log4j.RollingFileAppender
log4j.appender.EVENTD.MaxFileSize=100MB
log4j.appender.EVENTD.MaxBackupIndex=4
log4j.appender.EVENTD.File=/var/log/opennms/daemon/eventd.log
```

```
log4j.appender.EVENTD.layout=org.apache.log4j.PatternLayout
log4j.appender.EVENTD.layout.ConversionPattern=%d %-5p
  [%t] %c{1}: %m%n
```

Das Log-Level wird dabei in der zweiten Zeile gesetzt: `log4j.category.OpenNMS.Eventd=DEBUG, EVENTD` teilt dem EventD mit, dass er im `DEBUG`-Log-Level arbeiten soll.

Die weiteren Parameter beschreiben unter anderem die Logfilegröße (`MaxFileSize`), die Anzahl der aufzubewahrenden Logfiles (`MaxBackupIndex`) und den Dateinamen des Logfiles (`File`).

Bei dem Thema »Diskspace« sei hier schon der Hinweis erlaubt: In einem produktiven System sollte man sich Gedanken darüber machen, ob man wirklich viermal 100 MB Log-Daten pro Service benötigt. Solange es keine Probleme gibt, kann man sowohl die Größe der Datei als auch die Anzahl der gespeicherten Backups drastisch reduzieren. Wenn dann doch Probleme auftauchen sollten, können die Parameter bei laufendem Betrieb angepasst werden.

Die sogenannte Rotation wird durch *log4j* durchgeführt. Damit ist OpenNMS »wartungsfrei«, was das Aufräumen von Logfiles betrifft.

Jeder Service hat seine eigene Log-Datei. Drei Dateien sind nicht direkt einem Service zugeordnet:

- *manager.log*: Hier befinden sich Informationen über den Start/Stopp-Vorgang.
- *output.log*
- *uncategorized.log*: Nachrichten, die durch die Filter in log4j rutschen, werden ins »uncategorized« geschrieben.

23.1 Nach einem Update

Mit dem Update wird oft auch die Datenbankstruktur verändert. Falls OpenNMS also nach dem Einspielen des Updates nicht wie erwartet funktioniert, sollte man als Erstes den Update-Prozess noch einmal durchspielen. Die Änderungen an der Datenbank müssen manuell gestartet werden. Dazu wird das 'install'-Programm benutzt:

```
# install -dis
```

Eine weitere Fehlerquelle sind sich ändernde Konfigurationsdateien. Wer selbst Veränderungen vorgenommen hat, muss sicherstellen, dass diese Veränderungen nicht durch das Upgrade versehentlich überschrieben wurden. Wir geben bei den Beschreibungen der Konfigurationsdateien Tipps zur »sauberen« Konfiguration. Eine klare Gliederung der Dateien hilft nicht nur beim Verstehen, sondern macht auch Upgrades einfacher.

23.2 Performance

OpenNMS ist, allen Vorurteilen gegen Java zum Trotz, leistungsfähig! Vor allem die Architektur der Software erlaubt es, bereits auf recht sparsamen Hardwareplattformen ein schnelles Monitoring-System zu haben. Dabei ist noch zwischen dem System selber und der WebUI zu unterscheiden. Die WebUI präsentiert vor allem Daten, die aus der Datenbank oder dem Dateisystem geholt und aufbereitet werden. Dass diese Darstellung gefühlt langsam ist, bedeutet noch nicht, dass das ganze System ein Performance-Problem hätte – auch wenn man sicher nicht weit davon entfernt ist. Während aber substanzielle Performance-Probleme des Gesamtsystems auch substanzielle Änderungen am System erfordern, kann die WebUI mit einem konsequenten Aufräumen der Datenbank oft »schneller« gemacht werden. Ausnahmen bestätigen die Regel ;-).

Die »gefühlte« Performance des Systems ist unbestritten wichtig. Von schlechter Performance im technischen Sinne sprechen wir jedoch erst dann, wenn das System mehr Daten einsammelt, als es verarbeiten kann.

23.3 Java

Java ist neben der reinen Programmiersprache auch ein Konzept zur Entwicklung und zum Betrieb von Programmen unabhängig von dem Computer, auf dem sie ausgeführt werden. Java-Applikationen sind »portabel«, können also auf unterschiedlichen Hardware- und Betriebssystemen ausgeführt werden. Deswegen besteht eine Java-Applikation auch stets aus mindestens zwei Teilen: der Laufzeitumgebung und dem eigentlichen Programm. Die Laufzeitumgebung steht als »Übersetzer« zwischen dem Programm und dem Betriebssystem zur Verfügung.

JRE: Java Runtime Environment

Der englische Begriff für Laufzeitumgebung ist *runtime environment*, demnach braucht OpenNMS ein *Java Runtime Environment*, kurz JRE.

Wer die Installation über einen Paketmanager wie `yum` oder `apt` vornimmt, muss sich darüber üblicherweise keine Gedanken machen – im Zweifel lohnt es sich aber dennoch, sicherzustellen, dass die richtige Java-Version zur Verfügung steht. Gegenwärtig benötigt OpenNMS die Java Standard Edition 5.0, die im Java Runtime Evironment 1.5 bereitgestellt wird. Genaue Informationen hierüber finden sich in jedem Release und im Wiki.

Die Laufzeitumgebung selbst kann konfiguriert werden. Damit ist sichergestellt, dass einer Applikation nicht mehr Ressourcen zur Verfügung gestellt werden, als das System besitzt. Die Standardwerte dieser Konfiguration sind bei OpenNMS sehr bescheiden ausgelegt. Sie finden sich in dem Skript `$OPENNMS_HOME/bin/opennms`, das OpenNMS startet:

```
# Value of the -Xmx<size>m option passed to Java.
JAVA_HEAP_SIZE=256
```

»Out of the box« wird OpenNMS demnach mit 256 MB Speicher bedacht. Für einen Test oder einen Proof-of-Concept mag das reichen, im Betrieb mit mehreren Hundert Nodes könnten 256 MB jedoch knapp werden. (Es gibt immer wieder Fälle, in denen über ein langsames OpenNMS geklagt wird – auf nähere Nachfrage stellt sich dann heraus, dass auf der dedizierten 4GB-Maschine gerade 256 MB für OpenNMS bereitgestellt wurden – die Verbesserungen sind beeindruckend ...)

Die Anpassung dieses Wertes sollte jedoch nicht in der Datei direkt vorgenommen werden. Hierfür ist die Datei `$OPENNMS_HOME/etc/opennms.conf` zu verwenden:

```
JAVA_HEAP_SIZE=512
```

Die maximale Speichergröße auf 32bit-Systemen ist für Java auf 2 GB begrenzt.

Ob die Einstellung erfolgreich war, lässt sich über die Prozessliste kontrollieren:

```
root      2066   2.3 10.0   922196 209108 s000  S 1:37PM
  0:19.84 /usr/bin/java -Dopennms.home=/Users/af/Documen
  ts/workspace/Opennms-Trunk/target/opennms-1.7.0-SNAPSH
  OT -Xmx512m -jar /Users/af/Documents/workspace/Opennms
  -Trunk/target/opennms-1.7.0-SNAPSHOT/lib/opennms_boots
  trap.jar start 1
```

Der Wert, der in der Datei `opennms.conf` festgelegt wurde (512), ist in der Java-Kommandozeile zu sehen: `-Xmx512m`.

Im Verzeichnis `$OPENNMS_HOME/examples` findet sich eine beispielhafte `opennms.conf`. Diese Datei kann in das Verzeichnis `$OPENNMS_HOME/etc` kopiert werden. Sie wird dann beim nächsten Start von OpenNMS gelesen.

23.4 Dateisystem

Dateisysteme laufen heutzutage oft »nebenbei«. Festplatten im Terybyte-Bereich sind im Versandhandel erhältlich und sogar erschwinglich, Probleme mit der Kapazität scheinen erst einmal weit weg zu sein. Trotzdem sollte man auch daran denken, dass große Netzwerke viele Komponenten haben könnne: Es gibt etliche OpenNMS-Instanzen, die mehr als 40.000 oder sogar 80.000 Systeme überwachen.

EXT3, eines der populäreren Dateisysteme unter Linux, hat eine Begrenzung von 32.000 Subdirectories pro Directory. Aufgrund der Art und Weise, wie OpenNMS Performance-Daten speichert, wird jedoch ein Subdirectory pro Node angelegt.

Bevor also irgendwelche Geschwindigkeitsüberlegungen angestellt werden, muss man sich zuerst fragen, ob das Dateisystem von seiner Architektur her überhaupt für die Speicherung der Daten geeignet ist. Zugegebenermaßen stellt sich die Frage nur bei sehr großen Systemen – aber man sollte sie sich gestellt haben. Bei entsprechenden Systemanforderungen fällt die Wahl des Dateisystems unter Linux dabei oft auf XFS (Stand 2009).

Wenn die Kapazität des Dateisystems mit den Anforderungen abgestimmt ist, geht es um die Geschwindigkeit. Kritisch sind dabei eigentlich nur die Performance-Daten. Diese Daten werden von OpenNMS im RRD-Format gespeichert. *RRD* steht für Round Robin Data, eine von Tobias Oetiker im RRDtool verwendete Art und Weise zur Speicherung von Daten. Die Besonderheit dieser Daten ist, dass sie zeitlich fortlaufend gespeichert werden.

Website: oss.oetiker.ch/rrdtool/

Man kann sich eine RRD-Datei wie eine Form für das Selbermachen von Eiswürfeln mit nur einer einzigen Reihe von Vertiefungen vorstellen: Angenommen ich will die Zimmertemperatur alle fünf Minuten für ein Jahr messen. Für jeden Messwert benötige ich eine Vertiefung in meiner Form. Eine Stunde hat sechzig Minuten, ich erfasse also zwölfmal pro Stunde die Temperatur. Der Tag hat 24 Stunden, demnach habe ich 24*12 = 288 Messwerte pro Tag. Das Jahr hat im allgemeinen 365 Tage, also sind 105.120 Vertiefungen zur Speicherung der Werte eines Jahres nötig. Wenn das

Jahr vorbei ist, wird wieder die erste Vertiefung benutzt und der alte Wert überschrieben.

Diese Dateien werden übrigens von vornherein in kompletter Größe erzeugt – einmal angelegt verändert sich die Größe nicht mehr. Wenn ein Wert hinzugefügt werden soll, nimmt man die Form in die Hand, sucht die passende Stelle, schreibt den Wert hinein und legt sie wieder weg.

Nichts anderes machen das RRDtool und die von OpenNMS genutzte Java-Implementierung, JRobin.

Wenn ein Wert geschrieben werden soll, wird die Datei geöffnet, die Stelle gesucht, an der der Wert gespeichert werden soll, der Wert wird geschrieben und schließlich wird die Datei geschlossen. Das sind im besten Fall vier Vorgänge, es können aber auch mehr sein. Diese Vorgänge sind, auf unterster Ebene, Aufträge an das Dateisystem, etwas zu tun: öffne eine Datei, schreibe einen Wert, ... – man spricht allgemein von »Operations«.

Die Messung von Festplatten-Leistungen ist nicht ganz klar, jeder Hersteller gibt gerne möglichst vorteilhafte Zahlen bekannt. Aber selbst wenn man annimmt, dass das Schreiben in eine RRD-Datei nur zwei (anstatt vier) Operationen benötigt, kann man schon einen Eindruck von der notwendigen Performance bekommen.

OpenNMS ermittelt typischerweise alle fünf Minuten Daten von einem Node. Das Speichern eines Messwertes erzeugt zwei Operationen (günstig gerechnet). Fünf Minuten sind 5*60 Sekunden, es sind zwei Operationen notwendig, demnach werden 2/300 IOPS benötigt, wenn man im Folgenden eine Normalverteilung annimmt. Das ist »fair enough«, angemessen, schließlich hat OpenNMS einen eingebauten Cache, der das Schreiben auf die Festplatte auf die zu Verfügung stehenden Ressourcen verteilt.

In einem typischen System sind jedoch mehr als ein Parameter zu speichern – neben ICMP (Ping) sind auf einem Unix-Server oft noch SSH, HTTP und SMTP verfügbar – also schon vier Dienste, die dann zusammen 8/300 IOPS benötigen.

Um mit solchen einfachen Systemen einen Bedarf von »1« zu erzeugen, müsste man etwa 300/8, also ungefär 40 Systeme überwachen.

Eine normale Festplatte (SATA) hat heutzutage eine Kapazität von etwa 90 IOPS. Demnach sollte es auf einem handelsüblichen System ohne IO-Probleme möglich sein, etwa 90*40 = 3600 Server zu überwachen – allerdings unter günstigsten Voraussetzungen.

Vor allem unter der Bedingung, dass kein SNMP genutzt wird. Ein einzelnes Ethernet-Interface kann schon bis zu zwölf SNMP-Werte erzeugen, ein logisches Dateisystem fünf, die CPU-Last drei, der Hauptspeicher acht, die Systemstatistik dreizehn. Da ein Produktionssystem wohl eher zwei als ein Ethernet-Interface und eher drei als eine Partition benutzt, kommen schnell 24+15+3+8+13 = 63 Messpunkte für einen Server zusammen. Wer einen Switch mit hundert Ports überwacht, erzeugt entsprechend mehr Daten.

Bei 64 Messpunkten pro System sieht die Berechnung von oben schon anders aus – 64*2 = 128, 128/300 IOPS pro System – die 90 IOPS einer SATA-Platte reichen dann noch gerade mal für 210 Systeme aus.

Für ein normales Netz ist das immer noch komfortabel, aber die Grenzen werden sichtbar.

Und es wird auch verständlich, warum große OpenNMS-Installationen mit mehreren Zehntausend überwachten Systemen auf Network Attached Storage zurückgreifen müssen. Daraus ergibt sich dann auch, dass Unternehmen, die OpenNMS nutzen, oft mehr in die Hardware als in die Software investieren müssen – als Trost sei hier angemerkt, dass OpenNMS wenigstens sicherstellt, dass die Hardware optimal genutzt wird, sich die Investition also auf jeden Fall lohnt.

Wer von vornherein weiß, dass viele SNMP-Daten gesammelt werden, kann OpenNMS so konfigurieren, dass die sogenannte *Store by Group*-Strategie gewählt wird. Im Normalfall wird für jeden Wert eine eigene Datei angelegt (*Store by Data Source*). Wenn in der Datei `$OPENNMS_HOME/etc/opennms.properties` der Wert `org.opennms.rrd.storeByGroup` auf `true` gesetzt wird, erzeugt OpenNMS eine einzige Datei, in der alle in der Collection gesammelten Daten gemeinsam gespeichert werden.

Aber Vorsicht: Wer diese Einstellung im Nachhinein ändern möchte, sollte sich vor Augen führen, dass er, ohne weitere Maßnahmen, seine bisher gespeicherten Performance-Werte nicht fortschreibt, sondern mit leeren Dateien anfängt!

Eine weitere Anpassung ist beim Erstellen von Graphen notwendig: Da die Konfiguration der Graphen einen Verweis auf die Datei mit den Daten enthält, müssen alle betroffenen Graphen (im Zweifelsfall: alle) angepasst werden. Zusammenfassend kann man zum

Thema »Performance und Dateisysteme« sagen, dass

- das Dateisystem in der Lage sein muss, die Daten überhaupt zu speichern (EXT2, EXT3 haben ihre Grenzen),
- die Hardware in der Lage sein muss, die erfassten Daten zu speichern,
- und dass sich das relativ banal anhört, aber auf großen Systemen eine gewisse Überlegung wert ist.

Als generelle architektonische Maßnahme kann man sich auch überlegen, die Datenbank auszulagern.

23.5 Datenbank

OpenNMS braucht eine Datenbank. Diese sollte konfiguriert und gestartet sein – ansonsten darf man sich über die Meldung »*OpenNMS runs better if you start up the database first.* « nicht wundern ...

Ohne jetzt weiter ins Detail zu gehen: Wer seine OpenNMS-Installation aus dem Stand schneller machen will, spendiert dem System einen zweiten Server als dedizierten Datenbankserver. Die Datenbank wird zentral in der Datei `$OPENNMS_HOME/etc/opennms-datasources.xml` konfiguriert. Dort ist `localhost` zweimal mit dem neuen Server zu ersetzen.

Natürlich sollten vorher die Datenbank und die Zugriffssrechte migriert werden – da dies kein PostreSQL-Buch ist, raten wir an dieser Stelle schlichtweg nach Hilfe zu suchen.

Nun aber zurück zur Datenbank oder besser zu ihrem Inhalt.

23.6 Logische Fehler

Ein Node ist *down* und kommt nie mehr *up*, es wird also nicht angezeigt, dass der Node wieder verfügbar ist. Das ist ein Beispiel für ein logisches Problem. Andersherum kann es auch passieren, dass Fehler angezeigt werden, die gar keine sind.

Wenn logische Fehler in der Applikation auftreten, sollte zuerst die Konfiguration geprüft werden: Stimmt das, was konfiguriert ist, mit dem überein, was ich von der Anwendung erwarte?

Falls das der Fall ist, gibt es typischerweise drei mögliche Ursachen für logische Probleme: das Netzwerk, der Server oder die Datenbank.

Fehlerquelle: Netzwerk

Das Netzwerk: Hat es Änderungen im Netz gegeben? Eine neue Firewall, geändertes Routing? Während das Netz selbst mit OpenNMS wenig zu tun hat, kann nicht überwacht werden, was man nicht erreichen kann. Eigentlich logisch, aber dennoch eine Prüfung wert. Diese Prüfung führt man am besten von der Konsole auf dem OpenNMS-Server aus. Wenn die SNMP-Client-Tools `ping` und `traceroute` zur Verfügung stehen, werden Ursachen im Netzwerk schnell gefunden.

Als Reihenfolge bietet sich an:

1. Zuerst mit `ping` überprüfen, ob der Zielrechner überhaupt erreichbar ist
2. Falls der Zielrechner nicht antwortet: Mit `traceroute` schauen, wo das Problem liegt – auf dem OpenNMS-System selbst oder im Netz. Insbesondere wenn aufwendige Netze überwacht werden, fügt man auf der OpenNMS-Maschine selbst Routing-Anweisungen hinzu. Deren »Fortbestand« wird allzu leicht bei Systemupgrades vergessen oder sie wurden eventuell nicht »Reboot-fest« installiert.
3. Falls der Rechner antwortet, sollte das Protokoll überprüft werden. Viele Dienste können grundsätzlich mit `telnet` getestet werden: Ein `telnet` auf den Port führt entweder zum Erfolg oder zeigt, dass zwischen OpenNMS und dem zu testenden Service (seit neuestem?) eine Firewall ihre Dienste tut. Ab hier ist dann tiefer gehendes Debugging gefragt.
4. Wenn der Dienst erreichbar und gesprächig ist, muss die Antwort selbst geprüft werden. Hier ist an erster Stelle ein erneuter Blick in die Logfiles angeraten, bevor man sich mit `tcpdump` oder anderen Werkzeugen an die Entschlüsselung des Datenverkehrs macht.

Die Art und Weise, wie OpenNMS Informationen per SNMP sammelt, öffnet eine bestimmte Fehlerquelle: In der »Standard«-Konfiguration wird versucht, so viele Informationen wie möglich in einem Vorgang einzusammeln (»BulkGet«, siehe Abschnitt 4.2.2 auf Seite 38). Trifft dieser Versuch auf ein System, dass nicht nur über sehr viele Daten verfügt, sondern auch noch etwas langsam ist, gibt es ein SNMP-Timeout. Der Lösungsansatz ist hier nicht die Veränderung des Timeouts. Das würde zwar dazu führen, dass im »Normalfall« die Daten wie gewünscht gelesen werden. Aber: Sobald das Zielsystem unter Last ist und dann langsamer wird, würde der Fehler wieder auftreten. Besser ist es, die Konfiguration zu ändern (siehe Kapitel 11).

23.6.1 Fehlerquelle: Der Server

Falls das Netzwerk funktioniert ist eine nächste mögliche Fehlerquelle der Server selbst. Wenn kein Platz mehr auf der Festplatte ist, wird OpenNMS zwar noch überwachen, hat aber ein Problem, die Daten zu speichern. Nodes, die nie mehr »zurückkommen« sind typisch für dieses Fehlerbild. Gut wäre also, den OpenNMS-Server selbst auch zu überwachen ;-).

23.6.2 Fehlerquelle: Datenbank

Die dritte »typische« Ursache für Fehler, wenn auch selten, ist die Datenbank. Fehler in der Datenbank werden zwar weniger, können aber auftreten. Um das herauszufinden, muss der Service (Collectd oder Pollerd) in den Debug-Modus gesetzt werden. Die Fehler beim Schreiben in der Datenbank sind dann schnell zuzuordnen.

23.7 Graphen

Wenn nach dem Setup die Graphen leer bleiben, gibt es drei Ansatzpunkte für die Fehlersuche: Datacollection, Logfile oder Konfiguration der Graphen.

23.7.1 Fehlerquelle: Datacollection

Um zu prüfen, ob überhaupt Daten eingesammelt werden, kann der Collectd in den Debug-Modus gesetzt werden. Für Performance-Werte ist auch der Pollerd in den Debug-Modus zu setzen.

Im Logfile sollte dann zu sehen sein, dass der Graph angelegt wird:

```
2009-03-14 10:12:55,829 INFO  [PollerScheduler-30 Pool-fiber3]
RrdUtils: createRRD: creating RRD file /Users/af/Documents/
workspace/Opennms-Trunk/target/opennms-1.7.0-SNAPSHOT/share/
rrd/response/127.0.0.1/icmp.jrb
```

In diesem Fall wurde eine RRD-Datei von JRobin für die Speicherung der Antwortzeiten von ICMP für `localhost` angelegt. Das Schreiben in die Datei wird auch mitgeloggt:

```
2009-03-18 17:05:51,779 INFO  [PollerScheduler-30 Pool-fiber
2] RrdUtils: updateRRD: updating RRD file /Users/af/Document
s/workspace/Opennms-Trunk/target/opennms-1.7.0-SNAPSHOT/shar
e/rrd/response/192.168.1.150/http.jrb with values '123739235
2:10.554'
```

Wer sich auf einem sehr großen System befindet und den Debug-Modus scheut, kann auch in das entsprechende Verzeichnis schauen:

```
afs-macbook:127.0.0.1 root# ls -l
total 160
-rw-rw-r--  1 root  staff  37388 Apr 13 14:10 http-8000.jrb
-rw-rw-r--  1 root  staff  37388 Apr 13 14:10 icmp.jrb
```

Da für jeden Performance-Wert (oder jede Collection Group) eine Datei angelegt wird, kann anhand des Datums der letzten Veränderung (hier der 13. April, 14:40 Uhr) festgestellt werden, ob die Datei fortgeschrieben wird oder nicht.

Während man im Logfile auch die Werte sieht, die in die Datei geschrieben werden, muss man eine andere Herangehensweise wählen, um an die Daten zu gelangen.

Wer eine grafische Benutzeroberfläche zur Verfügung hat, kann sich des *jrobin-inspectors* bedienen. Dieses Tool befindet sich im Verzeichnis `$OPENNMS_HOME/bin` der OpenNMS-Installation. Der jrobin-inspector ist nicht nur gut, um zu verifizieren, dass und welche Daten geschrieben wurden, er hilft auch, das Konzept von RRD/JRobin zu verstehen.

Wer keine grafische Benutzeroberfläche zur Hand hat, kann sich die Daten auch über die Konsole holen:

```
echo -e dump icmp.jrb\\n . | java -jar ~/lib/jrobin-x.y.z.jar
```

Man kann JRobin auch direkt als Jar-File aufrufen und sich dann durch die Kommandozeile bewegen:

```
java -jar ~/lib/jrobin-x.y.z.jar

== JRobin's RRDTool commander ==
Type a RRDTool command after the dollar sign and press Enter.
Start your RRDTool command with 'create', 'update', 'fetch' etc.
Start line with 'create', 'update', 'fetch' etc.
Enter dot ('.') to bail out
Current directory is: /Users/af/Documents/workspace/Opennms-Tru
nk/target/opennms-1.7.0-SNAPSHOT
================================
```

Mit den beiden Ansätzen (Logfile, JRobin-Datei) lässt sich zuverlässig feststellen, ob und welche Daten OpenNMS überhaupt erfasst. Bei allen Problemen mit der Datenspeicherung sollte man aber – nur der Sicherheit halber – auch immer prüfen, ob tatsächlich genug Platz auf der Platte ist und noch Inodes frei sind. Das klingt zwar selbstverständlich, tatsächlich tauchen diese Probleme im Alltagsbetrieb aber auch in den professionellsten Umgebungen immer wieder auf.

23.7.2 Fehlerquelle: Konfiguation des Graphen

Schließlich bleibt noch zu überprüfen, ob bei der Aufbereitung der Daten für den Graphen etwas falsch läuft. Im entsprechenden Kapitel 16 über die Konfiguration der Graphen wird die Konfigurationsdatei ausführlich aufgeschlüsselt. Typische Fehlerquellen sind dort Verweise auf Dateien, die es nicht mehr gibt, und Formatfehler. Diese Fehler werden alle in den Debug-Logs angezeigt, wenn auch nicht im Klartext.

23.8 Community

Oft wird für Open-Source-Projekte »die Community« als wichtiger Faktor hervorgehoben. Ob es so eine Community, Gemeinschaft, gibt oder nicht, merkt man dann ganz gut, wenn man Probleme hat. Die OpenNMS-Community bewegt sich um drei Fixpunkte herum:

- Das OpenNMS-Wiki beherbergt die chronisch leicht veraltete Dokumentation, aber vor allem auch Referenzen und Beispiele. Diese sind typischerweise echte Fälle, deren Lösung im Wiki dargestellt wird. Wenn man ein Problem erfolgreich gelöst hat, wird man oft gebeten, den Lösungsweg mit Beispielen im Wiki aufzuzeigen. Die Qualität des Wikis lebt von der Beteiligung der Benutzer, es ist also durchaus sinnvoll, seine Erfahrungen in das Wiki einfließen zu lassen.
- Der nächste Fixpunkt ist die englischsprachige Mailingliste (`opennms-discuss`). Dort werden alle Fragen zu OpenNMS diskutiert – von Strategien, wie OpenNMS eingesetzt werden kann, bis hin zu konkreten Konfigurationsfragen. Auch hier hängt die Qualität von der Beteiligung aller ab – auch von der Qualität der gestellten Fragen. Je genauer ein Problem beschrieben ist, desto eher bekommt man eine hilfreiche Antwort (schließlich haben alle, die auf der Mailingliste lesen und schreiben, einen eigentlichen Job und helfen nur nebenbei).

- Der letzte Fixpunkt ist der IRC-Channel #opennnms auf (chat.freenode.net). Auf diesem Channel findet man typischerweise den harten Kern des Projektes, oft aber nicht aktiv, sondern als Zuhörer. Dennoch ist der IRC-Channel die beste Möglichkeit, schnell und direkt Hilfe zu bekommen – wenn gerade jemand Zeit hat. Da die Nutzer von OpenNMS sich mittlerweile um den ganzen Globus verteilen, ist die Chance gut, dort jemanden zu finden. Die Aktivität ist zur Arbeitszeit in den USA am höchsten.

23.9 Bugzilla

Irgendwie muss ein Projekt die Bearbeitung von Features und auch Fehlern strukturieren. OpenNMS benutzt dazu Bugzilla (http://bugzilla.opennms.org), ebenfalls ein Open-Source-Tool. Nachdem man sich ein Konto im Bugzilla eingerichtet hat, kann man dort strukturiert Fehler und auch Feature-Requests erfassen. Wird an dem Fehler – oder Feature – gearbeitet, bekommt man automatisch eine E-Mail mit einem entsprechenden Status-Update.

Man kann an dieser Stelle nicht deutlich genug hervorheben, dass Bugzilla der einzig gangbare Weg ist, um Probleme gelöst zu bekommen und um Feature-Requests in die Bewertung mit einzubeziehen. Es gibt zwar keine Garantie, dass die im Bugzilla erfassten Wünsche oder Fehler behoben werden – andererseits ist es aber garantiert, dass ein Fehler, der nicht im Bugzilla auftaucht, auch nicht behoben wird.

24 OpenNMS einführen

In der Vergangenheit hat es sich gezeigt, dass es zwei Wege zur Einführung von OpenNMS gibt. Zum einen sind es die Netze, die mehr oder weniger schnell, vor allem aber unkontrolliert wachsen. Typischerweise gibt es irgendwann irgendeine Form von Überwachung, die von einem Sysadmin nebenbei »rock-solid« betreut wird.

Nach einer gewissen Zeit verschlingt diese Überwachung entweder weitaus mehr Zeit, als nebenbei zur Verfügung steht, und wird aufgrund des Personalaufwandes kostspielig oder sie platzt einfach aus ihren Nähten (oder sie wird vergessen und es gibt dann großes Geschrei, wenn ein Ausfall nicht rechtzeitig bemerkt wurde).

Als »rock-solid« werden Systeme bezeichnet, die vom Verantwortlichen durch Nacht- und Wochenendarbeit, hektisches Patchen im Rahmen eines permanenten Trial and Errors kontinuierlich an der Apokalypse entlang schleifen und das Unternehmen substanziell gefährden. Aufgrund der großen emotionalen Verbundenheit mit dem System ist allerdings jeder Versuch zur Strukturierung oder Erneuerung zum Scheitern verurteilt.

Es kommt auch vor, dass immer mehr Tools benutzt werden, bis die Menge an Überwachungstools wächst und die Tools sich gegenseitig behindern oder die Bandbreite im Wesentlichen für sich beanspruchen. Der Wunsch nach »einer« und zudem »einer funktionierenden« Lösung wird dann irgendwann aufkommen und natürlich auf den heftigen Widerstand der jeweiligen Tool-Administratoren stoßen. Diesen Widerstand kann man nicht brechen, sondern man muss überzeugen und zeigen, dass die wirklich wichtigen Daten mit OpenNMS ohne Probleme zu erheben sind. Die Betonung liegt dabei auf »wirklich wichtig« – dazu später mehr.

Der andere Weg zu OpenNMS wird meistens von Organisationen beschritten, die bereits ein kommerzielles Netzwerkmanagementtool im Einsatz haben und deren Netzwerk wächst – oder die die jährliche Supportrechnung erhalten und sich fragen, ob die Lizenzgebühr pro überwachtem Node wirklich das Modell für die Zukunft ist.

In beiden Fällen sollte man sich in entspannter Atmosphäre, in heilsamer Distanz vom Alltagsstress, zurücklehnen und sich fragen, was wirklich wichtig (siehe oben) ist. Und für wen.

Das Ergebnis der Arbeit eines jeden Managementwerkzeugs ist schließlich immer menschliches Handeln. Das kann aus dem Reparieren eines Switches bestehen, aber auch aus der Entscheidung, mehr Bandbreite für ein Datacenter zu beschaffen. Für jedes Netz und für jede Organisation sind diese Entscheidungshorizonte unterschiedlich. Das hört sich komplizierter an, als es ist, denn die eigentlichen Fragen sind: »Wer ist für die Behebung von Problemen verantwortlich?« und »Wie viele Menschen sind das und wie arbeiten sie?«.

Diese Fragen gehören ganz an den Anfang einer Betrachtung – und vielleicht kommt man am Ende des Prozesses zu der Erkenntnis, dass man entweder zu viele oder zu wenig Menschen in dieser Gruppe hat.

Nachdem diejenigen, die die Arbeit machen sollen, identifiziert sind, lauten die nächsten Fragen: »Was ist wichtig?«, »Welche Dinge müssen funktionieren, damit die Organisation funktioniert?« und »Wie lange kann die Organisation leben, überleben, wenn diese Dinge ausfallen?«. Das sind prinzipiell dieselben Fragen wie im Risikomanagement.

Ist für die Organisation der Betrieb eines Webservers ausschlaggebend, weil zum Beispiel ein Onlineshop den Umsatz erzeugt, wird man die Konfiguration des Netzwerkmanagements so auslegen, dass sie »top-down« die Funktionen des Onlineshops permanent überwacht. Über Thresholds wird dann festgelegt, ab welcher Verzögerung eines bestimmten Service eine Aktion notwendig ist. Und wenn der Service von mehreren Webservern erbracht wird, die über einen Loadbalancer angesteuert werden, ist der Ausfall eines einzelnen Systems nicht wichtig. Fallen aber drei von vier Servern aus, sollte sich möglicherweise jemand aus dem Bett und ins Büro bewegen: Diese Szenarien lassen sich über Alarme und Automations gut abbilden.

Die technische Überwachung von Parametern wie Festplattenplatz tritt dann in den Hintergrund.

Dieses Vorgehen »von oben nach unten« hat auch den Vorteil, dass zwischen Management und Technik qualifizierte Diskussionen stattfinden. Ein Beispiel für eine unqualifizierte Diskussion ist, wenn ein Mitglied der Geschäftsführung eine Erklärung dafür verlangt, warum eine Festplatte zu 80% voll war – nur weil das einen Alarm auslöste. Dieser Alarm hätte nie in die Eskalation gehen dürfen, schließlich hatte er keine Auswirkung auf den operativen Betrieb. Aber das in einem von großer Aufregung (»Es war schließlich ein ALARM!«) geprägten Meeting zu erklären, ist weitaus mühsamer, als von vornherein die Auswirkungen auf den Geschäftsbetrieb (keine) im Auge zu behalten.

Fazit: Ein gut konfiguriertes Monitoring-System macht dann allen das Leben einfacher.

Als Reihenfolge für die Einführung bietet es sich deshalb an, die Vorgehensweise der folgenden Abschnitte in Betracht zu ziehen.

24.1 Menschen

Aufgabe: Identifikation der »Kunden«, typischerweise befinden sich diese nicht in der IT-Abteilung, und Identifikation der »Betroffenen«, also derjenigen, die später direkt mit OpenNMS arbeiten werden.

Diesen Menschen wird in zwei unterschiedlichen Präsentationen die Lösung vorgestellt – und hoffentlich gibt es auch ein Problem, das tatsächlich gelöst wird ;-).

Während jemand mit guten Präsentationsfähigkeiten sich an die Powerpoints macht, können »die anderen« (die es hoffentlich gibt) sich damit beschäftigen, diese vielen Menschen in Gruppen einzuteilen. Da später die Notifications auf Basis dieser Gruppen (oder auf Basis von Rollen, die auf Gruppen basieren) zugestellt werden, macht man sich hier bereits über die »Netzwerkmanagementrealität« Gedanken.

24.2 Datenbanken

Im nächsten Schritt muss verstanden werden, wie Daten über Netze und Systeme eigentlich vorgehalten werden. Gibt es gar nichts, Excel-Sheets oder sogar ein Assetmanagement? Hat man das herausgefunden, muss man entscheiden, wie OpenNMS mit diesen Datenbanken integriert wird. Wird OpenNMS der Master? Bleibt das Assetmanagement führend? An dieser Stelle entscheidet sich auch bereits, ob man später mit der Discovery-Funktion arbeiten möchte und sein Netzwerk automatisch von OpenNMS scannen lassen will, oder ob man manuell oder automatisch dem System vorschreibt, welche Nodes es zu überwachen und welche Daten es einzusammeln hat.

Discovery ist sicher einer der großen Vorteile von OpenNMS, aber es kann auch sinnvoll sein, das System nicht durch das Netz laufen zu lassen, sondern dediziert vorzuschreiben, was überwacht werden soll.

Wenn Datenbanken gekoppelt werden sollen, ist hier bereits der Bedarf für die Schnittstelle zwischen OpenNMS und dem »anderen« System zu notieren. Definieren würde ich diese Schnittstelle aber erst am Ende, wenn die technischen und logischen Anforderungen genau bekannt sind.

24.3 Dienstleistungen

Welche Dienstleistungen erbringt die Organisation und aufgrund welcher automatisierter Tests lässt sich die Funktionsfähigkeit dieser Dienste messen? Fängt man von oben an, so kann oft mit relativ einfach gestrickten, Webbasierten Tests bereits eine große Menge der notwendigen Systeme getestet werden. Der Page Sequence Monitor erlaubt es beispielsweise, einfache Websequenzen durchzuspielen.

Neben diesen High-Level-Tests spielt natürlich auch die Überwachung der Systeme und Netze eine Rolle, dafür ist OpenNMS schließlich eigentlich entwickelt worden. Ich habe das aber bewusst an die zweite Stelle gesetzt – einmal weil es einfacher ist, zum anderen weil aus meiner Sicht das gut funktionierende Netz, auf das leider keine Kunden zugreifen können, nicht wirklich einen Mehrwert bietet.

24.4 Systeme

Wenn noch keine Bestandsaufnahme über die zu überwachenden Systeme gemacht wurde, ist das jetzt zu tun. Die Granularität kann dabei variieren – mindestens erfassen sollte man aber die Typen und Betriebssystemversionen. An dieser Stelle lohnt es sich auch, das Vorhandensein der MIBs, der SNMP-Bibliotheken zu verifizieren. Das kann man entweder oberflächlich tun, indem man die Namen der Systeme in der Event-Konfiguration und dem Verzeichnis `$OPENNMS_HOME/etc/events` sucht, oder gründlich, indem man dasselbe mit den System-OIDs macht. Die meisten heute handelsüblichen Geräte sind OpenNMS aber bekannt, es kann allerdings sein, dass man bei Geräten neueren Typs einen neuen Eintrag in der Eventconfiguration und Datacollection machen muss.

Ist das System OpenNMS überhaupt nicht bekannt, kann mit dem mitgelieferten Tool (`mib2opennms`) die typischerweise vom Hersteller bereitgestellte SNMP-MIB in OpenNMS eingelesen werden.

Um das System übersichtlicher zu halten, empfehle ich, alle nicht benötigten Event-Bibliotheken auszukommentieren. Das mag zwar radikal erscheinen, aber »wieder einkommentieren« kann man stets – und wenn jemand später Notifications konfigurieren soll, wird er über die dann vermutlich deutlich schlankere Event-Bibliothek dankbar sein.

24.5 Netze

Schließlich sind die zu überwachenden Netze zu erfassen, und zwar möglichst genau. Je nach Entscheidung (Discovery oder nicht?) sind diese Informationen dann für die Konfiguration der Discovery notwendig.

Im Idealfall steht für die Überwachung von Systemen ein dediziertes Netz zur Verfügung. Ist das nicht der Fall, sollte vorzugsweise das Backend benutzt werden. Erst wenn wirklich keine andere Möglichkeit besteht – und natürlich für Dienste, die aus Kundensicht überwacht werden sollen –, sollte das Frontend für die Überwachung benutzt werden.

Produktive Server haben meistens mehr als ein Netzwerkinterface. Typischerweise wird dabei zwischen »öffentlichen« und »privaten« Interfaces unterschieden. »Öffentlich« ist das Interface, auf dem für den Nutzer verfügbare Dienste angeboten werden. Das Backend-Interface, »privat«, wird für die administrativen Aufgaben, die Verbindung von Servern untereinander und das Backup genutzt.

Hat ein System mehrere Netzwerkschnittstellen, so versucht OpenNMS stets von der IP-Adresse mit dem niedrigsten Wert per SNMP Daten zu beziehen. Diese Einstellung kann manuell geändert werden.

Möglicherweise ist es auch sinnvoll, ein eigenes Monitoring-Netz mittels VPN aufzubauen – gerade unter Linux stellt das eine leichte Übung dar, die sich mit ebenso geringem Aufwand auch auf Windows-Systeme ausdehnen lässt.

24.6 SNMP

Jetzt ist es an der Zeit, die notwendigen SNMP-Communities zu erfassen. »public« ist aus hoffentlich nicht weiter zu erläuternden Gründen eine weniger gute Wahl. Wer jetzt mithilfe der SNMP-Client-Tools validiert, dass der zukünftige OpenNMS-Server auch mittels SNMP auf die SNMP-Server auf den Zielsystemen zugreifen kann, macht sich das Leben später etwas leichter.

24.7 Services

Fehlen noch die Services: Befinden sich im Netz PostgreSQL-Server, Microsoft-SQL, HTTP-Server? An dieser Stelle lohnt sich ein Blick in die `$OPENNMS_HOME/etc/capsd-configuration.xml`. Dort sind alle »mitgelieferten«

Service-Plug-ins (»protocol-plugins«) aufgeführt. Auch hier empfiehlt es sich, die nicht benötigten (oder nicht gewünschten) Services auszukommentieren.

Während ich bei den Events recht rücksichtslos vorgehe, bin ich hier vorsichtiger. Falls ein System einen Event zu OpenNMS sendet, den OpenNMS nicht kennt, sehe ich den Event zumindest. Wenn ich hingegen die Discovery eines Dienstes unterdrücke, erfahre ich niemals, ob und dass ein System diesen Dienst anbietet. Diese Funktion finde ich aber besonders sinnvoll, wenn ich eine strikte Trennung zwischen den Netzen habe und auf keinen Fall SSH im Frontend sehen will. In dem Fall könnte ich mir sogar einen eigenen Alarm basteln.

24.8 Hardware

Es gibt keine Hardwareanforderungen aus dem Katalog für OpenNMS. Aber es gibt Erfahrungen und Erkenntnisse, die bei der Auswahl des Systems helfen. Grundsätzlich lebt OpenNMS – als Java-Applikation – vom zur Verfügung stehenden Speicher. Eine großzügige Ausstattung des Servers mit RAM und die Zuteilung eines spürbar großen Happens davon an OpenNMS stellen sicher, dass man zumindest auf der Ebene verfügbaren Speichers gut dasteht.

Gleich nach dem Hauptspeicher kommt die I/O-Kapazität: Eine schnelle Backplane, ein schneller Bus und schnelle Festplatten helfen. RAID-Systeme gewinnen ungefähr bis zur 19. hinzugefügten Platte an Performance (danach ist der Gewinn kaum noch spürbar). Aber: OpenNMS läuft bereits auf einem handelsüblichen Server der »5000 Euro-Klasse« typischerweise hervorragend und kann mehrere Hundert Nodes überwachen. Auf virtuelle Maschinen kann man zurückgreifen, aber OpenNMS lebt von der I/O – und gerade da macht sich der sogenannte »Virtualization Layer« heute noch bemerkbar.

24.9 Betriebssystem

OpenNMS läuft sogar auf Windows und BSD. Damit bestehen vielfältige Wahlmöglichkeiten. Am einfachsten ist es aber, wenn man sich auf das Betriebssystem konzentriert, für das regelmäßig neue Packages bereitgestellt werden: Linux. Man muss nicht, man macht sich das Leben aber einfacher.

Wer es also einfach und stabil mag, der wählt eine Linux-Basis aus. Die OpenNMS-Entwickler sind dabei CentOS recht nahe – aber auch Redhat selbst und Debian bereiten keine Probleme. Ein Grund dafür ist, dass OpenNMS mit relativ wenigen Abhängigkeiten (Dependencies) auskommt. Wenn auf der Maschine Java läuft, läuft eigentlich auch OpenNMS.

24.10 OpenNMS-Version

Benutzen Sie die »latest stable«. Man könnte möglicherweise in Versuchung geführt werden, die »unstable« Version wegen des einen oder anderen Features zu nutzen, im Produktivbetrieb ist davon allerdings abzuraten: Es ist ein No-Go! Einzige Ausnahme: Man hat einen Supportvertrag mit OpenNMS Inc. und die Schöpfer des Produktes garantieren, dass alles läuft.

24.11 Installation

Die Installation selbst sollte problemlos in wenigen Stunden, die initiale Konfiguration an einem halben Tag zu schaffen sein. Danach sollte sich das System erst einmal in das Netz einarbeiten. Die Notifications sollten jetzt noch ausgeschaltet sein, um niemanden zu verschrecken.

24.12 Warmlaufen

Nach ein oder zwei Tagen kann mit dem Feintuning begonnen werden. Ich empfehle dabei, schrittweise vorzugehen. Zuerst sollte man sicherstellen, dass alle Daten wie erwartet von OpenNMS eingesammelt werden und auch an der richtigen Stelle liegen. Jetzt, bevor sich die Benutzer an die Graphen gewöhnt haben, kann man noch korrigieren. Ist alles so wie gewünscht, fängt man langsam mit den Notifications an. Im Gegensatz zur Herangehensweise von vorher, »top-down«, empfehle ich hier »bottom-up« vorzugehen und zuerst die technischen Notifications zu aktivieren: Festplatte voll wird immer gerne genommen, fehlende Services und so weiter. Die Sysadmins sind typischerweise fehlertoleranter als Produktmanager ;-).

24.13 Betrieb

Im Betrieb selbst muss vor allem die I/O-Last im Auge behalten werden, das aber auch erst dann, wenn man merkt, dass das System langsam wird. Da die WebUI recht sensibel ist, bemerkt man eventuelle I/O-Engpässe bereits in der Oberfläche recht schnell.

Des Weiteren sollte man stets den Hinweisen auf der »opennms-discuss«-Mailingliste folgen und wenn nötig die Installation auf den neuesten Stand bringen.

25 In aller Kürze

In diesem abschließenden Kapitel werden kurze Abstecher zu weiteren interessanten Themen gemacht, die jedoch aufgrund der »späten Stunde« nicht in aller Ausführlichkeit beschrieben werden.

25.1 Versionen

OpenNMS ist in unterschiedlichen Versionen verfügbar. Diese Versionen unterscheiden sich durch ihren Entwicklungsstand und die Stabilität. Zudem gibt es sogenannte »Branches« für spezielle Entwicklungen, die sich noch in den Kinderschuhen befinden.

Im produktiven Einsatz sollte man stets auf die »stable« Version zurückgreifen. Diese Version erhält keine neuen Features mehr, sondern nur Bugfixes zur Behebung von konkreten Fehlern. Man erkennt sie an den geraden Versionsnummern.

Wer Zeit und Gelegenheit hat, sich am Test neuer Funktionen zu beteiligen, und die Ungemach von Fehlern im Programm nicht scheut, kann sich die »Unstable« installieren. Um mit der »Unstable« Spaß zu haben, sollte man über hinreichende Erfahrung mit dem System verfügen und sich vor allem nicht frustrieren lassen, wenn Dinge nicht das tun, was man von ihnen erwartet. Dafür hat man im Gegenzug die neuesten Features zur Verfügung. Die »Unstable« hat stets eine ungerade Versionsnummer.

Sowohl für »Stable« als auch für »Unstable« wird Releasemanagement betrieben, es gibt also ein Changelog und es werden Installationspakete für die populären Betriebssysteme bereitgestellt.

Wenn das zu langweilig ist, kann man sich auf »Head« stürzen. »Head« enthält jede Änderung, die von einem Projektmitglied gemacht wurde.

Die »Feature-Branches« dienen der Entwicklung bestimmter, neuer Funktionalitäten und sind nur dann von Interesse, wenn man an diesen Funktionalitäten mitentwickelt oder sie testet.

25.2 Packungsbeilage

Als relativ »erfahrene« Software, die von verschiedenen Menschen mit unterschiedlichen Philosophien und Fähigkeiten entwickelt wurde, hat OpenNMS sich manchmal in unterschiedliche Richtungen entwickelt. Da die Entwickler zudem über die ganze Welt verstreut waren und sind, muss man sich darüber im Klaren sein, dass das System selbst komplett in Englisch gehalten ist.

Eine weitere Fallgrube sind unsere Umlaute, die Sonderzeichen. Während die neueren Elemente des Systems sämtlich in der Lage sind, mit Umlauten zu arbeiten, verlassen sich einige historische Funktionen noch darauf, dass Zeichen maximal sieben Bit benötigen – und dass Strings keine Leerzeichen enthalten. Das Problem bei Umlauten ist, dass sie ihre Tücken nicht sofort zeigen. Da das Web-Frontend komplett überarbeitet wurde, bemerkt man auf der Oberfläche typischerweise keine Probleme. Wenn aber alte Codefragmente durch ein »äh« an der falschen Stelle aus dem Tritt gebracht werden, ist die Fehlersuche aufwendig!

Um sich das Leben zu vereinfachen, sollten Namen von Gruppen, Kategorien, Nodes und die Texte von Notifications prinzipiell keine Umlaute enthalten. Während in Textfeldern Leerzeichen kein Problem darstellen, können sie bei Gruppen, Kategorien und Nodes zur Verwirrung des Systems beitragen. Benutzt man doch Leerzeichen, kann es sein, dass eine Notification nicht ankommt, weil der Notifd verzweifelt versucht, die Gruppe »Alle Benutzer« zu finden, aber aufgrund des Leerzeichens nur nach »Alle« sucht.

Über die nächsten Versionen wird sich das Problem auf »biologische« Weise lösen, aber gegenwärtig sind noch nicht alle Bestandteile von OpenNMS Umlaut-fähig.

25.3 IPhone

Notifications machen dem geplagten Administrator das Leben schon einfach. Egal wo man ist, die Information über den abgestürzten Server oder die überlastete Leitung erreicht einen. Aber dann? Zuerst muss die Notification bestätigt werden, damit in der Eskalationsfolge die nächste Nachricht nicht an den Chef geht. Normalerweise geht das über die WebUI. Also: Laptop auf, Internet an, angemeldet und bestätigt. Wenn man schon dabei ist, kann man auch gleich noch schauen, was sonst noch falsch läuft im Netz – schließlich ist der Abend ja eh bereits vorbei ;-).

Mit der OpenNMS-Applikation auf dem IPhone kommt man zwar um das Arbeiten nicht herum, aber der Aufwand wird deutlich geringer. Die Anwendung verbindet sich mit OpenNMS. Angezeigt werden Outages, Alarme und Nodes. Alarme können »acknowledged« und eskaliert werden. Im Node-Menü kann man nach dem Namen eines Nodes suchen und sich die Details anzeigen lassen. Voraussetzung für das Funktionieren der Anwendung ist,

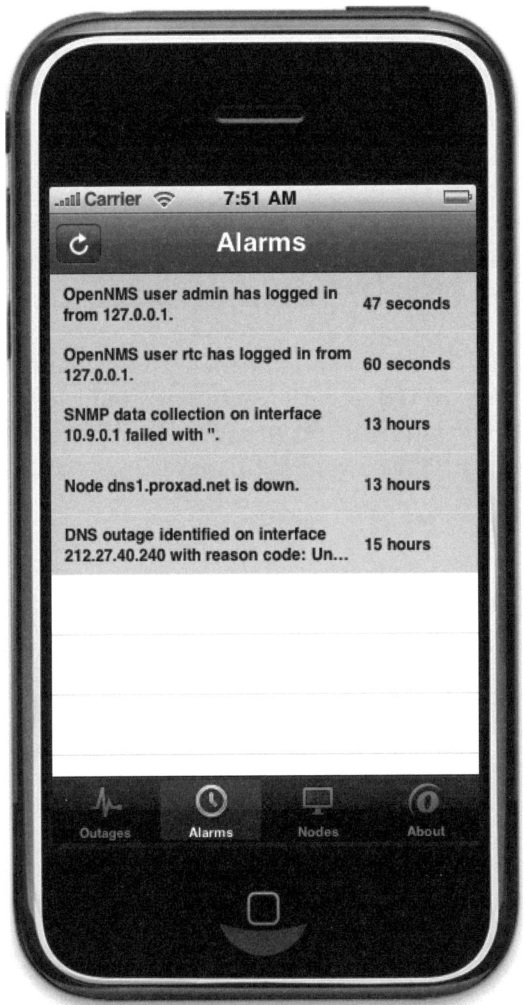

Abbildung 25.1
Alarme auf dem IPhone

REST: REpresentational State Transfer [40]

dass OpenNMS in einer der neuesten Versionen (ab 1.8) installiert ist, die über die sogenannten RESTful Services [41] verfügt. REST ist ein Weg, um über sprechende URLs Daten auszutauschen, in beide Richtungen. Anders als SOAP ist REST sehr einfach zu implementieren und »menschenlesbar«. Die IPhone-Applikation verbindet sich also mit dem OpenNMS-Server und tauscht über REST Daten aus.

SOAP: Simple Object Access Protocol [47]

Die Konfiguration wird, üblich für Applikationen auf dem IPhone, im generellen »Settings«-Menü des IPhones vorgenommen. Dort stellt man den OpenNMS-Server, das zu benutzende Login und das zugehörige Passwort ein. Auf der Serverseite ist nichts zu konfigurieren. Während die Applikation selbst kosten-

Abbildung 25.2 *Konfiguration*

los ist, fallen natürlich für die Datenübertragung zwischen dem IPhone und dem OpenNMS-Server Kosten an. Um die gering zu halten, speichert die Anwendung bestimmte Daten zwischen, natürlich nicht alle. Also gilt: Vorsicht bei Reisen ins Ausland :-).

25.4 Scriptd

Scriptd und *Actiond* erlauben das Ausführen von Aktionen als Folge von Events. Diese Aktionen werden programmiert. Basierend auf Java (oder der Beanshell) können so komplexe Integrationsszenarien geschaffen werden, die OpenNMS dynamisch in eine Umgebung einbinden. Da die Beanshell auf alle in OpenNMS zur Verfügung stehenden Funktionen (Klassen) zugreifen kann, steht auch »alles, was OpenNMS kann« zur Verfügung.

Im Verzeichnis mit den Beispielen für die OpenNMS-Konfiguration (`$OPENNMS_HOME/etc/opennms/examples`) befindet sich auch ein Beispiel für den Scriptd.

In einem umfangreichen Beispiel wird das Weiterleiten eines SNMP-Traps aufgezeigt.

Um auf Basis von Scriptd zu entwickeln, sind umfangreiche Kenntnisse des OpenNMS-Quelltextes hilfreich – vielleicht ist das auch der Grund dafür, dass die Dokumentation an der Stelle recht dürftig ist.

Attraktiv ist Scriptd dann, wenn man bereits in OpenNMS vorhandene Klassen in einem bestimmten Zusammenhang benutzen möchte und mit den vorhandenen Bordmitteln, zum Beispiel dem Aufruf eines Skriptes in Perl oder der Bash, nicht weiterkommt.

25.5 Asset Management

OpenNMS ist ein Netzwerkmanagementtool und kein Asset-Management-Tool. Deswegen darf man auch von den eingebauten Funktionen zum Asset-Management nicht zu viel erwarten.

Für jeden Node in OpenNMS können neben den technischen Daten, die über SNMP eingesammelt werden, auch logische Daten gespeichert werden. Dazu gehören Informationen darüber, was der Node macht, aber auch wann er in Betrieb genommen wurde, wo er steht, von wem das System gekauft wurde – und schließlich gibt es die Möglichkeit, einen Benutzernamen und Passwörter zu hinterlegen, um sich direkt über OpenNMS auf dem Node anzumelden (ein ebenso geniales wie gefährliches Feature).

Asset-Informationen eingeben kann man pro Node – bei jedem Node findet sich der Menüpunkt *Asset Information*, über den man zu genau diesen Informationen für diesen Node gelangt.

Configuration Categories

Display Category	VIP Worker	Notification Category	24/7_SMS
Poller Category	platinum	Threshold Category	platinum

Identification

Description	24/7 online Laptop			Category	Unspecified
Manufacturer	A..le	Model Number	MBP	Serial Number	423423423
Asset Number	23	Date Installed	12/08/2009	Operating System	OS X

Location

Region		Division		Department	
Address 1	Downtown 12				
Address 2					
City	Springfield	State	to be defined	ZIP	90701
Building	A&M University	Floor	2nd	Room	423
Rack	2	Slot	3	Port	45
Circuit ID	A7				

Abbildung 25.3
Asset-Informationen

Das Abrufen und Suchen in den Information geschieht über den Menüpunkt *Assets* auf der Startseite selbst. Dort können Suchanfragen nach unterschiedlichen Kriterien gestellt werden, als Ergebnis erhält man die passenden Nodes.

Möchte man die Informationen für mehrere Nodes bearbeiten, kann man sich eine Liste als CSV-Datei herunterladen. »Comma«, wie »C«, ist für OpenNMS übrigens ein Semikolon, kein Komma! Immer wieder eine beliebte Falle für den unbedarften Europäer.

OpenNMS speichert die folgenden Asset-Informationen:

```
"Node Label","Node ID","Category","Manufacturer","Vendor",
"Model Number","Serial Number","Description","Circuit ID",
"Asset Number","Operating System","Rack","Slot","Port",
"Region","Division","Department","Address 1","Address 2",
"City","State","Zip","Building","Floor","Room","Vendor
Phone","Vendor Fax","Date Installed","Lease","Lease
Expires","Support Phone","Maint Contract","Vendor Asset
Number","Maint Contract Expires","Display Category",
"Notification Category","Poller Category","Threshold
Category","Username","Password","Enable","Connection",
"Auto Enable","Comments"
```

Einige dieser Informationen können in Notifications genutzt werden, vor allem aber auch in Filtern. Damit besteht die Möglichkeit, gezielt nach bestimmten Eigenschaften von Nodes zu filtern – nach dem Standort, dem technischen Verantwortlichen oder dem Hersteller.

Um die Asset-Daten gesammelt herunterzuladen, geht man über das *Admin*-Menü, anschließend findet sich weiter unten der Menüpunkt *Import / Export Assets*. Dort kann man genau das dann auch tun.

Description und *Comments* werden übrigens auf der Node-Seite selbst mit angezeigt. In diesen Feldern kann man auch HTML-Code eintragen.

Im Prinzip müsste es auch möglich sein, für die Asset-Tabelle Automations zu schreiben, die beim Ablauf einer Garantie einen Event auslösen.

25.6 Access Control Lists

»Tu vois, la vie, c'est comme les lumières dans la plaine. C'est chouette, ça brille, mais c'est pas c'qu'on croit.«

Das Rollen- und Benutzermodell in OpenNMS ist auf den Betrieb eines Netzwerkmanagementtools in einer geschlossenen Organisation ausgelegt. Das Ergebnis ist, dass OpenNMS ein Sicherheitsmodell hat, das nur in einer Umgebung funktioniert, in der jedem Benutzer alle Daten gezeigt werden können.

Um der Anforderung gerecht zu werden, dass unterschiedliche Benutzer aber zumindest unterschiedliche Bedürfnisse haben, wurden sogenannte *Acess Control Lists*, *ACLs*, eingeführt. Der Name ACL ist an dieser Stelle jedoch irreführend – die Bezeichnung »Views« wäre passender. Deswegen auch der leicht melancholische Einstieg mit einer Liedzeile der französischen Rockband »Mickey 3d« in diesen Abschnitt.

In der Gruppenverwaltung gibt es einmal die Option, Benutzer einer Gruppe hinzuzufügen oder zu entfernen. Unter diesem Auswahlfeld befindet sich ein weiteres für das Hinzufügen von Kategorien. Damit sind die Surveillance Categories gemeint.

Um eine Gruppe mit einer Surveillance Category zu verbinden, fügt man die entsprechende Kategorie zu der Gruppe hinzu (*assign*/*unassign*).

Im Ergebnis werden die Mitglieder der Gruppe die Daten zu dieser Kategorie angezeigt bekommen, wenn sie sich anmelden.

Diese Anzeige ist jedoch eine Auswahl, sie ist nicht wirklich ausschließend – durch die Suchfunktionen oder das Auswählen eines Nodes über die Eingabe der Node-ID in der URL kann jeder User von OpenNMS auch auf alle anderen Nodes zugreifen.

Mandantenfähig wird OpenNMS heute nur durch externe Programme, die gezielt aufgrund der Benutzerinformationen auswählen, wer welche Daten sehen darf.

25.7 Asterisk-Integration

Kennen Sie Asterisk? Sicher, denn Asterisk ist wie OpenNMS ein sehr erfolgreiches Open-Source-Projekt. Kurz zusammengefasst ist Asterisk [6] gleichbedeutend mit einer Telefonanlage, aber in Software. Asterisk ist bestens ausgerüstet für Voice-over-IP und bietet eine Vielzahl von Eigenschaften, die gerade auch im geschäftlichen Betrieb von Interesse sind.

Nun wollen wir hier aber nicht Asterisk erklären. Stattdessen möchte ich Sie bitten, sich einmal vorzustellen, wie so eine Verbindung von OpenNMS und Asterisk aussehen könnte. Nein, es geht dabei nicht um die Frage des Monitorings eines Asterisk-Servers. So etwas ist leicht eingerichtet.

Stellen Sie sich doch einfach mal vor, was wäre, wenn Sie keine SMS, sondern einen Anruf mit einer netten Stimme bekommen und diese Ihnen mitteilt, dass etwas in Ihrem Verantwortungsbereich nicht mehr so funktioniert, wie es sollte? Das wäre doch mal etwas anderes. Und wenn Sie dann das Ereignis am Telefon gleich quittieren können (ACK), dann wäre das doch wirklich klasse, oder? Natürlich macht es wenig Sinn, das für sämtliche Ereignisse einzurichten – bei manchen, sehr wichtigen, kann aber so ein Anruf manchmal schneller und hilfreicher sein als eine SMS.

OpenNMS schafft das zusammen mit Asterisk. Das soll hier an dieser Stelle nun nicht detailliert konfiguriert werden, aber vielleicht kommen Sie etwas auf den Geschmack, wenn Sie sich den kurzen Videoclip von Jeff Gehlbach unter [7] anschauen. Jeff ist ein Mitglied aus dem Entwicklungsteam und hat die Integration maßgeblich durchgeführt. Tipp: Klicken Sie zu der genannten Adresse – es lohnt sich!

25.8 Maps automatisch erzeugen

In Kapitel 17 wurde gezeigt, wie Karten manuell dargestellt werden können. Seit Version 1.7.7 gibt es die Möglichkeit, Karten automatisiert aufbauen zu lassen. Die Dokumentation zur Erstellung findet sich im OpenNMS-Wiki [8]. Die eigentliche Idee besteht darin, hierarchische Maps auf Basis von *Sites* zu erstellen. Einer *Site* werden über Regeln und Filter Nodes zugeordnet. Alle Nodes, auf die diese Regeln und Filter zutreffen, werden in dieser Map entsprechend dargestellt. Zusätzlich kann dann definiert werden, wie die Hierarchie der Maps aussehen soll. Wir beziehen uns hier auf das Beispiel aus dem OpenNMS-Wiki [8]. Die hier dargestellte Konfiguration erzeugt die folgende Hierarchie:

```
<?xml version="1.0"?>
<maps-adapter-configuration element-dimension="50">
  <package name="site-a">
    <filter>nodeLabel like 'site-a-%'</filter>
    <include-range begin="1.1.1.1" end="254.254.254.254" />
  </package>
  <package name="site-b">
    <filter>nodeLabel like 'site-b-%'</filter>
    <include-range begin="1.1.1.1" end="254.254.254.254" />
  </package>
  <cmaps>
    <cmap mapName="Sites" mapOwner="admin" \
        mapAccess="RW" mapWidth="800" mapHeight="600">
      <csubmap name="site-a" label="Site A" x="485" y="350" />
      <csubmap name="site-b" label="Site B" x="485" y="450" />
    </cmap>
    <cmap mapName="site-a" mapOwner="admin" \
        mapAccess="RW" mapWidth="800" mapHeight="600">
      <celement package="site-a" icon="switch"/>
    </cmap>
    <cmap mapName="site-b" mapOwner="admin" \
       mapAccess="RW" mapWidth="800" mapHeight="600">
      <celement package="site-b" icon="switch"/>
    </cmap>
  </cmaps>
</maps-adapter-configuration>
```

Aus der oben angegebenen Konfiguration erstellt sich eine Map-Hierarchie die wie in Abbildung 25.4 skizziert dargestellt ist.

Mit dieser Funktion lassen sich für sehr große Netze hierarchische Karten erstellen. Der Aufbau und die Pflege der Karten beschränkt sich hierbei auf die verwendeten Unterkarten. Der Status der entsprechenden Karten wird jeweils nach oben sichtbar.

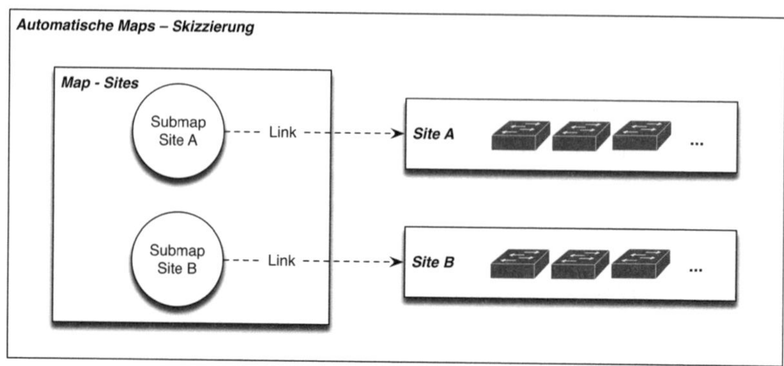

Abbildung 25.4 *Skizzierung automatische Maps*

Quellenverzeichnis

[1] *Aboute RRDtool.* http://oss.oetiker.ch/rrdtool/.

[2] *Abstract Syntax Notatipon One.* http://de.wikipedia.org/wiki/Abstract_Syntax_Notation_One.

[3] *Acegi Security for Spring.* http://www.acegisecurity.org/.

[4] *ACME.* http://de.wikipedia.org/wiki/ACME.

[5] *Advanced Encryption Standard.* http://de.wikipedia.org/wiki/Advanced_Encryption_Standard.

[6] *Asterisk | The Open Source Telephony Project.* http://www.asterisk.org.

[7] *Asterisk Integration in OpenNMS.* http://asterisk-java.org/static/opennms-asterisk-notifications.swf.

[8] *Automatic Map Creation.* http://www.opennms.org/wiki/Automatic_Map_Creation.

[9] *Bastard Operator From Hell.* http://de.wikipedia.org/wiki/Bastard_Operator_From_Hell.

[10] *Border Gateway Protocol.* http://de.wikipedia.org/wiki/Border_Gateway_Protocol.

[11] *A Border Gateway Protocol 4 (BGP-4).* http://tools.ietf.org/html/rfc4271.

[12] *Cisco IOS IP Service Level Agreements (SLAs) - Cisco Systems.* http://www.cisco.com/web/go/ipsla.

[13] *Copyright Changes.* http://www.adventuresinoss.com/?p=997.

[14] *Daemon.* http://de.wikipedia.org/wiki/Daemon.

[15] *DNS-Import.* http://www.opennms.org/wiki/DNS_Importing.

[16] *GNU General Public License.* http://de.wikipedia.org/wiki/GNU_General_Public_License.

[17] *Happy Anniversary.* http://www.adventuresinoss.com/?p=129.

[18] *Hot Standby Router Protocol.* http://de.wikipedia.org/wiki/Hot_Standby_Router_Protocol.

[19] *Internet Control Message Protocol.* http://de.wikipedia.org/wiki/Internet_Control_Message_Protocol.

[20] *Internet Control Message Protocol.* http://tools.ietf.org/html/rfc792.

[21] *iReasoning Download.* http://www.ireasoning.com/download.shtml.

[22] *Jicmp.* http://www.opennms.org/wiki/Jicmp.

[23] *JRobin, a Java port of RRDTool by Sasa Markovic.* http://www.jrobin.org/index.php/Main_Page.

[24] *Jrrd.* http://www.opennms.org/wiki/Jrrd.

[25] *LaTeX.* http://de.wikipedia.org/wiki/LaTeX.

[26] *Net-SNMP.* http://www.net-snmp.org.

[27] *Net-SNMP: Readme zu SMUX.* http://www.net-snmp.org/docs/README.smux.html.

[28] *OpenNMS.* http://www.opennms.org.

[29] *OpenNMS-Datenbankschema.* http://www.opennms.org/index.php/OpenNMS_database_schema.

[30] *OpenNMS Mail Transport Monitor.* http://www.opennms.org/wiki/Mail_Transport_Monitor.

[31] *OpenNMS Page Sequence Monitor.* http://www.opennms.org/index.php/Page_Sequence_Monitor_%28PSM%29_Setup.

[32] *OpenNMS Passive Status Keeper.* http://www.opennms.org/wiki/Passive_Status_Keeper.

[33] *OpenNMS Wiki Filters.* http://www.opennms.org/wiki/Filters.

[34] *OpenNMS Wiki StrafePing.* http://www.opennms.org/wiki/StrafePing.

[35] *Ping (Datenübertragung).* http://de.wikipedia.org/wiki/Ping_(DatenÃijbertragung).

[36] *PostgreSQL.* http://www.postgresql.org/.

[37] *Quagga Routing Suite.* http://www.quagga.net.

[38] *RANCID – Really Awesome New Cisco conflg Differ.* http://www.shrubbery.net/rancid/.

[39] *Request for Comments.* http://www.rfc-editor.org/.

[40] *REST; Representational State Transfer.* http://de.wikipedia.org/wiki/Representational_State_Transfer.

[41] *RESTful Web Services.* http://java.sun.com/developer/technicalArticles/WebServices/restful/.

[42] *Secure Hash Algorithm*. http://de.wikipedia.org/wiki/Secure_Hash_Algorithm.

[43] *Secure Shell*. http://de.wikipedia.org/wiki/Ssh.

[44] *Simple Network Management Protocol*. http://http://de.wikipedia.org/wiki/Simple_Network_Management_Protocol.

[45] *A Simple Network Mangement Protocol (SNMP)*. http://tools.ietf.org/html/rfc1157.

[46] *SmokePing*. http://http://oss.oetiker.ch/smokeping/.

[47] *SOAP*. http://de.wikipedia.org/wiki/SOAP.

[48] *Spring Security*. http://static.springsource.org/spring-security/site/.

[49] *Status Code Definitions*. http://www.w3.org/Protocols/rfc2616/rfc2616-sec10.html.

[50] *Subversion (SVN)*. http://de.wikipedia.org/wiki/Subversion_(Software).

[51] *Umgekehrte Polnische Notation*. http://de.wikipedia.org/wiki/Umgekehrte_Polnische_Notation.

[52] *Virtual Router Redundancy Protocol*. http://de.wikipedia.org/wiki/Virtual_Router_Redundancy_Protocol.

[53] *Windows Management Instrumentation*. http://de.wikipedia.org/wiki/Windows_Management_Instrumentation.

[54] *Wireshark*. http://www.wireshark.org.

[55] *Wood*. http://www.adventuresinoss.com/?p=1100.

[56] *XSD Provisiond*. http://www.opennms.org/documentation/java-xsddocs-snapshot/provisiond-configuration.html#element_requisition-def.

[57] Tom Clancy. *Jagd auf Roter Oktober*. Goldmann, 2001.

[58] Sebastian Abeck Heinz-Gerd Hegering. *Integriertes Netz- und Systemmanagement*. Addison-Wesley (Deutschland) GmbH, Januar 1993.

[59] Clifford Stoll. *Das Kuckucksei*. Fischer (Tb.), Frankfurt, 1998.

[60] David Hustace The OpenNMS Group, Inc. *OpenNMS Provisioning*. http://www.opennms.org/images/c/ca/ProvisioningUsersGuide.pdf.

Index